잊지 않고 항상 깨어 있음으로 완벽하게 하라.

Appamādena Sampādetha

11일간의
특별한 수업 - 완벽한 행복, 온전한 자유

2024년 7월 10일 초판 1쇄 인쇄
2024년 7월 20일 초판 1쇄 발행

법문   아신 빤딧짜
녹취기록   김영아
윤문편집   황보금옥
펴낸곳   자비법수레

신고번호   제2024-000024호
신고일   2024년 4월 29일
주소   세종시 전동면 이목동길 112-8
전화   010-4885-3969
web   http://dhammayana.com
카페   http://cafe.daum.net/middleway 法乘 법수레
E-mail   ashinpandicca@hanmail.net

디자인   나라연

ISBN   979-11-988260-0-8   93220

이 도서의 국립중앙도서관 출판예정도서목록(CIP)은 서지정보유통지원시스템 홈페이지
(http://seoji.nl.go.kr)와 국가자료공동목록시스템(http://www.nl.go.kr/kolisnet)에서 이 용
하실 수 있습니다.(CIP제어번호: CIP2018025261)

11일간의 특별한 수업

- 완벽한 행복, 온전한 자유

아신 빤딧짜 법문

자비법수레

책을 내며

2013년 7월 어느 날, 호두마을에서 집중수행에 참여하셨던 정진숙 수행자님께서 본 강좌 내용을 많은 사람과 함께 나누면 좋겠다며, 법공양을 하겠다는 뜻을 전해왔습니다. 이에 본 강좌를 책으로 내는 작업을 시작하게 되었습니다.

제가 한국에 거주한 지 4년이 되었습니다. 사실 이 강좌는 2002년 한국에 처음 올 때부터 겪었던 여러 가지 일들로 시작되었습니다. 그동안 만났던 한국 스님분들, 수행자분들, 불자분들과 법에 대해 이야기 나눌 때마다 서로서로 뜻이 통하지 않아 갑갑했던 일들이 많았습니다.

그런 문제들을 토론을 통해 해결하고 원활한 의사소통을 하고자 노력하는 과정에서, 불교의 핵심적인 개념과 정의를 정리함으로써 한국 불자들의 불교에 대한 체계적인 이해에 보탬이 되면 좋겠다는 생각을 하게 되었습니다.

그래서 2002년부터 2008년까지 한국에서 초청이 있을 때마다 1년에 한두 번 정도, 짧으면 15일 길면 한 달 동안, 보리수 선원과 조계사 청년 법회 등에서 불교 교리의 개념과 정의를 위한 법문을 하기 시작했습니다.

6년에 걸친 한국 수행자들과의 문답을 통한 경험으로 '근본불교의 기초적인 이해'라는 강좌가 구성되었고, 2008년 보리수 선원에서 처음으로 10회 강좌를 하게 되었습니다. 그때 강좌를 들었던 분들의 반응이 좋아서 보리수 선원에서 동영상 CD와 MP3를 제작하여 배포하게 되었습니다.

그 후 2010년 부산 불자와의 인연으로 부산에서 거주하게 되었고, 그 CD를 들은 조성래 씨의 요청으로 그 해 3월부터 5월까지 '불교의 핵심과 위빳사나'라는 제목으로 10회 강좌 1기를 부산 담마야나 선원에서 시작하게 되었습니다. 또 그 1기 수료자분들의 소개로 9월부터 12월까지 2기 강좌를 하게 되면서 지금까지 10기 강좌가 진행되고 있습니다. 이 강좌를 통해 많은 분들이 막혔던 부분이 많이 정리되었다는 말을 들었습니다. 특히 불교를 10년 이상 공부하셨던 법사님과 포교사님들도 정리가 되지 않았던 부분들이 해결되었다고 격려해 주셨습니다.

그러던 중 2011년부터 호두마을에서 매달 1주일씩 수행지도를 하게 되었습니다. 2013년 6월, 호두마을 집중수행 때 중앙승가대 학인 스님 20분과 국제 불교학교 학인 비구니 스님들이 일반 수행자들과 함께 집중수행에 참여하였습니다.

저의 법문 방식은 크게 세 가지로 나눌 수 있습니다.

첫 번째는 가끔 한 번씩 있는 대중법회에서 부처님의 핵심적인 가르침 하나를 가지고 아주 쉽고도 재미있게, 그리고 신심이 우러나도록 법문을 하는 것이고, 두 번째는 집중수행 수행자들께 그들의 성향과 지혜가 계발된 상태에 맞춰 이해를 시키고 격려해 주면서 좋은 결과를 얻을 수 있는 방향으로 이끄는 것, 그리고 세 번째는 아주 알차게 강의식으로, 체계적인 방식으로 법문을 하는 것, 이렇게 세 가지 방식으로 그때그때 상황에 따라 법문을 합니다.

보통 호두마을 집중수행에서는 수행자 위주의 법문을 하였는데, 이 책의 인연이 되는 6월 집중수행에서는 비구 비구니 스님들의 참여가 많아서 부처님의 정법을 정확하게 이해하는 것이 좋겠다는 생각으로 기존 법문 방식을 바꿔서 강의식 법문을 하게 되었습니다. 그랬더니 스님분들과 수행자분들의 반응이 매우 좋았습니다. 그 법문을 들었던 수행자분들 중에서, 2년 전 호두마을 집중수행 첫 회부터 지금까지 꾸준히 수행지도를 받으면서 법문을 들었던 정진숙 수행자님께서 이전의 법문에선 느껴보지 못했던 큰 감명을 받았다고 하였습니다. 그러면서 이 법문 내용을 책으로 내고 싶다고 요청하여 왔습니다.

지난 10년 동안 제가 한국에서 법문해 오면서 체험하고 알게 된 경험으로는, 이 강좌가 한국 불자분들에게 적합한 '맞춤형 강좌'라고 자신할 수 있기에 정진숙님의 뜻을 받아들였습니다. 이 책을 통해서 많은 한국 불자분들이 부처님의 가르침을 올바르게 이해하고, 받아들이고, 실천할 수 있는 계기가 되기를 바랍니다.

이 책의 출간은 여러 수행자분들의 도움이 있어 가능했습니다. 특히 처음으로 마음을 내고 재정적 후원을 전적으로 해 주신 정진숙 수행자님과 법문을 모두 녹취하고 타자한 호두마을 사무국 김영아님, 그 원고들을 윤색하고 빡빡한 일정에도 부산까지 내려와서 편집한 글을 다듬어 주신 황보금옥 수행자님께 깊이 감사드립니다.

2014. 4. 15
부산 용당동 담마야나선원에서

아신 빤딧짜

차례

이 책을 읽는 분들께

『11일 간의 특별한 수업』은 아신 빤딧짜 사야도께서 2013년 6월 21일부터 7월 1일까지 열하루 동안 천안의 위빳사나 수행 센터인 '호두마을'에서, 중앙승가대와 국제 불교학교 학인 스님들, 그리고 일반 수행자들이 참가한 집중수행을 지도하시면서 법문하신 것을 모아 엮은 것입니다.
빤딧짜 스님께서는 수행자들의 수행을 돕기 위하여 매일 하루에 두 번씩, 새벽 네 시와 오후 두 시에 법문해 주셨습니다.

이 책은 한국어를 자연스럽게 구사하시는 스님께서 법문하신 것을 거의 그대로 하였으며, 법문하실 때마다 스님께서 밝혀주신 법문 주제를 본문 각 장의 제목으로 삼았습니다. 다만 독자들의 이해와 수행에 도움이 되도록 부분적으로 순서를 약간 바꾸었고, 같은 주제의 법문이 몇 회에 걸쳐 이어진 경우에는 하나의 장으로 묶었습니다. 내용이 다소 긴 경우 각 장을 몇 개의 단락으로 나누면서 소제목을 새로 달았습니다. 일부 녹음이 누락된 부분은 다른 기간에 빤딧짜 스님께서 하셨던 법문 내용을 추가하였음을 밝힙니다.

그리고 수행에 참가하지 않은 독자들께서도 스님의 법문을 직접 듣는 듯한 느낌을 가질 수 있도록 스님께서 사용하신 빠알리어를 본문에 그대로 실었습니다. 스님께서 빠알리어를 하나하나 해석해 주셨기 때문에 빠알리어가 낯선 분들도 책을 읽는 데에는 큰 무리가 없으리라고 봅니다.

가능한 한 스님의 가르침이 독자들에게 정확하게 전달될 수 있도록 노력하였고, 불분명한 부분은 스님께 일일이 여쭈어 확인하면서 고치고 보완하였습니다. 엮으면서 스님께서 구사하신 한국어의 어감을 그대로 살리고자 하였으나 읽으시는 분들의 이해를 위해서 불가피하게 단어나 문장 일부를 바꾸기도 하였는데, 이것이 스님께 누가 되지 않기를 바라는 마음입니다. 그리고 이 과정에서 생긴 잘못된 부분이 있다면 이것은 순전히 엮은이의 부족함에서 비롯된 것임을 말씀드리며, 읽으시다 오류를 발견하실 경우 알려 주시면 다음에 수정하도록 하겠습니다.

아울러 빤딧짜 스님께서 강의하시는 불교 경장과 논장에 대한 많은 가르침이 앞으로도 계속 책으로 만들어지는 데에 이 책이 소중한 출발점이 되기를 간절히 바랍니다.

일러두기

* '11일간의 특별한 수업' 교정본에서는 빤딧짜 스님 발음 위주의 한글빠알리어 표기를 로만빠알리어 발음에 의거하여 수정하였습니다.

빠알리 모음의 경우　　a : 아　　ā : 아 또는 아-

i : 이　　ī : 이 또는 이-

u : 우　　ū : 우 또는 우-

e : 에　　o : 오

* 외래어 표기 원칙 "받침에는 'ㄱ, ㄴ, ㄹ, ㅁ, ㅂ, ㅅ, ㅇ'만을 쓴다." 에 의거 한글빠알리어 받침을 표기하였습니다.

* 빠알리어는 기본형이 있고 문장 내에서는 변형된 모습으로 나타납니다. 물론 변화하지 않는 단어(불변화사, 부사)도 있습니다. 명사·형용사는 성性·수數·격格에 따라, 동사는 인칭과 수·시제에 따라서 변화합니다.

예) Buddha-남성명사. 기본형/buddho-단수, 주격/buddhā-복수, 주격 등

bhaya-중성명사. 기본형/bhayaṃ-단수, 주격/bhayaṃ -단수, 목적격

* 복합어의 경우 모음으로 끝난 단어와 모음으로 시작하는 단어가 만나 복합어를 이룰 경우, 어느 한쪽의 모음이 탈락을 하거나 다른 모음으로 변화하거나 합니다. 뒷단어가 자음으로 시작되는 경우에는 자음이 더 첨가되기도 합니다.

* ṃ(=ṁ닉가히따)은 자체 발음을 가지고 있지 않습니다. 어떤 경우에는 'ㅇ'으로, 어떤 경우에는 'ㅁ'으로 발음됩니다. ṃ 뒤에 오는 음소가 어느 계열에 속하느냐에 따라 그 계열의 비음으로 발음됩니다. 이외에 예외 사항도 많이 있습니다. ṃ은 'ㅁ' 또는 'ㅇ'으로 발음된다고 생각하시면 되겠습니다.

첫째 날

위빳사나의
기본적인 이해

Namo tassa bhagavato arahato sammāsambuddhassa. (3번)
나모 땃사 바가와또 아라하또 삼마삼붓닷사

아라하또 모든 번뇌를 완전히 여의시어 온갖 공양과 예경 받으실 만하며
삼마삼붓닷사 사성제 진리 모든 법을 올바르게 스스로 깨달으신
땃사 바가와또 그 존귀하신 부처님께
나모 절합니다.

모든 번뇌를 완전히 여의시어 온갖 공양과 예경 받으실 만하며
사성제 진리 모든 법을 올바르게 스스로 깨달으신
그 존귀하신 부처님께 절합니다.

· · ·

고통 받는 중생들 모든 고통에서 벗어나기를
위험 처한 중생들 모든 위험에서 벗어나기를
걱정 있는 중생들 모든 걱정 근심에서 벗어나기를 (3번)

Dukkhappattā ca niddukkhā

Bhayappattā ca nibbhayā

Sokappattā ca nissokā

Hontu sabbepi pāṇino (3번)

둑캅빳따 짜 닛둑카

바얍빳따 짜 닙바야

소깝빳따 짜 닛소까

혼뚜 삽베삐 빠니노

사두 사두 사두

특별하게 볼 수 있는 지혜

반갑습니다.

한국의 출가자 스님들이 이렇게 한자리에 많이 모이기가 쉽지 않은데, 오늘 아주 보기 좋습니다. 공기 좋고, 물도 좋고, 우리 스님들이 이렇게 많이 계신 곳에 오니까 정말 기분이 좋습니다.

11일간의 집중수행 첫날인 오늘은 위빳사나 수행이 무엇인지를 설명하는 것으로 시작하겠습니다.

위빳사나vipassanā란 무엇인가.

'위빳사나'라는 단어는 '위'와 '빳사나'로 나눠 볼 수 있습니다. '위'는 '특별하게, 특별한', '빳사나'는 '봄'이라는 뜻이 있습니다. 그러므로 '위빳사나'는 '특별한 봄'이라는 의미입니다. 흔히 위빳사나를 수행법이라고 하지만 그 단어가 지니는 본래의 의미는 '지혜'입니다. 그러므로 위빳사나 지혜를 '특별하게 보는 지혜'라고 해석하면 되겠습니다.

지혜에는 여러 가지가 있습니다. 학교 다니는 학생들에게 필요한 것은 학교 공부의 지혜, 돈을 벌어야 할 때는 돈 버는 지혜가 필요할 것입니다. 이런 것은 일상생활에서 필요한 일반적인 지혜입니다.

위빳사나 지혜란 이런 일반적인 지혜와 달리 특별한 지혜입니다. 즉 수행하지 않는 사람들과는 달리 특별하게 볼 수 있는 지혜를 '위빳사나'라고 합니다.

조금 더 자세하게 보겠습니다. '위'라는 단어의 본래 뜻이 '특별하다, 특별한'이고, '빳사나'는 '봄'인데 그냥 눈으로 보는 것이 아니라 지혜의 눈으로 보는 것을 말합니다. 그래서 영어로 말하면 special view라고 할 수 있고, 번역하면 insight라는 말을 쓸 수가 있습니다. insight meditation. insight라는 것은 아주 깊이 꿰뚫어 봄을 의미합니다. 위빳사나의 의미가 바로 그러한 것입니다.

그러면 '수행하지 않는 일반 사람들보다 특별하게 볼 수 있다는 말은 무슨 뜻인가, 무엇이 특별하게 본다는 말인가?'라는 의문을 가질 수 있습니다. 세 가지로 나눠서 살펴보겠습니다.

일반 사람들은 사람이 태어나서 죽을 때까지 변하지 않는 나, 독립적인 하나의 '나'가 있다고 착각하고, 태어날 때 지니고 온 이 몸과 마음이 영원하다고 착각합니다. 수행하지 않는 자, 위빳사나 지혜가 없는 자, 깨닫지 못한 범부들은 백 명이면 백 명이 모두 그렇게 봅니다. 그러나 위빳사나 수행을 해서 지혜가 생기면 그렇게 보지 않습니다. '무상하구나, 영원하지 않구나'라고 바르게 알게 됩니다. 그 무상을 볼 수 있는 지혜를 위빳사나 지혜라고 합니다. 그 무상을 일반 사람들은 제대로 볼 수 없습니다. 이렇게 일반 사람들과 다른 특별한 봄, 즉 일반 사람들이 영원하다고 보는 것을 무상함으로 보기 때문에 특별하다고 합니다.

또한 일반 사람들, 수행하지 않아 수행을 모르는 사람들, 수행을 하지만 아직 지혜가 생기지 않은 사람들은 고통이 고통인 줄 모르고 그것을 행복으로 착각합니다. 태어나는 것이 행복하고, 살고 있는 것이 행복하고, 그래서 또 태어나고 싶고, 어떠어떠한 이로 태어나고 싶고, 부자가 되고 싶고, 뭐가 되고 싶고, 무엇을 갖고 싶고, 무엇을 하고 싶고……. 항상 그렇게 바라고, 희망하고, 그렇게 되기를 기대합니다. 그것이 고통인 줄 모르고 행복이라고 착각하기 때문에 그런 것입니다. 일반 사람들, 수행을 모르는 사람들, 범부, 수행했더라도 위빳사나 지혜가 없는 이들이면 백 명 중에 백 명이 그렇습니다. 행복하고, 행복할 것 같고, 행복하다고 착각하고 있기 때문입니다. 그러나 위빳사나 지혜가 생기면 그 모든 것이 고통임을 압니다. '이 몸과 마음, 즉 색色·수受·상想·행行·식識이라고 하는 오온이 진짜 고통스럽구나, 이 생이 고통스럽구나, 태어남이 고통스럽구나'라고 알게 됩니다. 이것을 또한 위빳사나 지혜, 특별한 봄이라고 합니다.

특별하게 본다는 것의 세 번째 의미는 다음과 같습니다.

수행을 하지 않는 사람들, 범부들 모두가 태어날 때의 '나'가 지금의 '나'라고 착각하고 있습니다. 어제의 마음이 오늘의 마음이고, 20대 때의 마음이 30대 때의 마음이고, 그것이 지금의 나이고, 내 마음이며 내 몸이고, 그것이 변함없는 '하나'라고 착각하고 있는 것입니다. 뿐만 아니라 죽어서 다음 생까지, 이 몸이 죽어도 영혼은 다음 생까지 간다고 보는 것이 '아我'입니다.

이 세상에는 다양한 종교가 있고 여러 종류의 가르침들이 있지만 공통적인 핵심은 '아我'를 가르친다는 것입니다. 기독교, 유대교, 이슬람교, 바라문교 등에서 가르치고 있는 것이 모두 이 '아我'입니다. 창조자가 따로 있고, 창조된 나, 아我, 자아自我가 실제로 존재한다고 봅니다. 오직 부처님만이 '무아無我'를 가르치십니다. 이 '무아無我'를 일반 사람들은 잘 모릅니다. 일반 사람들은 '무아無我'를 '아我'라고 착각하여 나, 아我, 자아가 분명히 있다고 보는 것입니다. 우리가 열심히 수행하여 위빳사나 지혜가 생기면 이것이 사견임을 알게 되기 때문에 위빳사나를 특별한 봄, 특별한 앎, 특별한 지혜라고 하는 것입니다.

이렇게 위빳사나 지혜가 무엇인지, 위빳사나 수행이 무엇인지를 바르게 알면, 어떤 주장을 들었을 때 그것이 부처님의 가르침인지 아닌지 쉽게 알 수 있습니다.

부처님의 가르침이 '무상無常·고苦·무아無我'라는 것은 어느 정도 불교 지식이 있는 사람이면 다 알고 있습니다. 그러나 위빳사나라는 단어가 지닌 본래의 의미를 정확히 알아야 부처님의 가르침인 '무상·고·무아'의 뜻도 제대로 알 수가 있습니다.

지금까지 설명한 위빳사나 지혜의 의미를 간단히 정리하자면, 일반 사람들이 보는 것보다 특별하게, 즉 일반 사람들이 영원하다고 보는 것을 무상하다고 보고, 일반 사람들이 행복이라고 보는 것을 고통이라고 보고, 일반 사람들이 자아라고 보는 것을 무아라고 보는 것을 말합니다.

한편 '위빳사나'를 또 다른 측면으로 해석하기도 합니다. '위'를 '여러 가지'로, '빳사나'는 '봄', 그러므로 '여러 가지, 다양한 측면으로 보는 것'을 의미하기도 합니다. 그 여러 면에 40가지가 있는데 무상도 여러 가지 측면이 있고, 무아와 고통에도 또한 여러 가지 측면이 있습니다.

수행 중에 위빳사나 지혜가 일어나면 고통에 대해서 25가지를 알 수 있습니다. 무상에 대하여 10가지, 무아에 대해서는 5가지를 알 수가 있지요. 그런 지혜들이 일어나는 것이 바로 '여러 가지로 봄'이라는 의미입니다.

'위'는 두 가지 의미로 '특별한'과 '여러 가지'로, '빳사나'는 '봄'. 일반 사람들은 한쪽 면만을 보는데 위빳사나 수행자는 위빳사나 지혜가 생기면 40가지의 측면을 보게 됩니다. 그 여러 가지를 짧게 줄이면 곧 '무상·고·무아'입니다. 여러분이 수행해서 자신의 몸과 마음을 꿰뚫어 보며 '아, 이 몸과 마음이 무상·고·무아구나' 하고 알게 되는 것입니다.

이 몸과 마음을 다른 말로 하면 '색色·수受·상想·행行·식識', 즉 오온입니다. 이 오온을, 이 물질과 정신을 꿰뚫어 봄으로써 사실을 사실 그대로 아는 것이 위빳사나 지혜입니다.

지금 우리가 알고 있는 것, 일반 사람들, 범부들이 알고 있는 것은 사실이 아닙니다. 어리석음, 즉 무명無明이 가리기 때문에 사실을 바르게 보지 못합니다. 그 무명無明, 어리석음을 닦고 또 닦아서 지혜의 눈, 위빳사나 지혜가 생겨야 사실이 제대로 보입니다. 그 사실은 다른 것이 아니라 지금 말하고 있는 무상·고·무아입니다. 그러므로 무상·고·무아를 아는 지혜가 위빳사나 지혜이고, 무상·고·무아를 알 수 있는 지혜를 키우는 수행법이 위빳사나 수행법이라고 정리할 수 있습니다.

일반 사람들은 못 보는 '아니짜(aniccā 무상), 둑카(dukkha 고통), 아나따(anattā 무아)'를 특별하게 볼 수 있기 때문에 위빳사나 지혜이고, 그것의 40가지 측면을 볼 수 있기 때문에 여러 가지로 봄이고, 그렇게 할 수 있도록 닦아가는 것이 바로 위빳사나 수행입니다.

그렇다고 왜 우리가 위빳사나 수행을 해야 되는가? 사람들이 그렇게 물을 수 있습니다.

우리는 모두 행복을 원한다

우리는 모두 행복을 원하지 고통을 바라는 중생은 없지요. 종교도 바로 거기에서 출발하는 것입니다. 이 세상에 종교가 왜 생겨났는가? 여러 가지 이유가 있겠지만 가장 핵심적인 것은 우리 인간들이 괴롭고 행복하지 못하기 때문입니다. 우리가 행복하지 못하기 때문에 태어날 때부터 죽을 때까지 행복을 찾고 있는 것입니다.

그러면 행복하지 못한 이유는 무엇일까? 누군가는 돈 때문이라고 할 수 있지만 돈은 최종적인 목적지가 아닙니다. 돈을 벌어서 그 돈으로 내가 무얼 하려고 하는지, 권력을 얻어 그 힘을 쓰면서 내가 무엇을 하려고 하는지, 사람을 만나고 그 사람을 이용해서 내가 어떻게 하려고 하는지를 잘 살펴보면, 그 모든 것의 최종적인 목적은 결국 행복입니다. 사람들은 모두 행복해지고 싶어서 태어날 때부터 죽을 때까지 끊임없이 노력합니다. 몸의 힘과 마음의 힘을 엄청나게 쏟아 부으면서 노력합니다.

그러면 지금 우리는 행복한가? 스스로에게 물어 보면, 그렇지 않습니다. 지금까지 살아오면서 나름대로 열심히 노력했는데 나는 과연 행복한가? 그렇지 않기 때문에 종교를 찾게 되는 것입니다. 그 종교가 참된 종교로서의 자격이 있다면 우리에게 행복을 줄 수 있어야 합니다. 다른 교단들이 어떻게 가르치는가는 그 교단에서 알아서 할 일이고, 불자佛子인 우리는 부처님의 가르침을 바르게 알아야 행복해지는 길을 제대로 찾을 수 있겠지요.

그렇다면 행복이란 무엇입니까? 먹고 싶은 것을 맘껏 먹으면서 행복해 한다면 행복이다, 그것도 행복이라고 할 수 있지요. 하지만 우리는 그것이 진정한 행복이 아니라는 것을 압니다. 행복을 제대로 정의 내려야 제대로 된 답이 나옵니다.

부처님의 가르침에서 행복이라는 것은 한계가 없는 행복입니다. 노는 것, 자는 것, 먹는 것, 남자와 여자가 좋아하는 것……. 이러한 행복은 즐겁긴 하지만 완전한 행복이 아닙니다. 그래서 부처님께서는 그런 것을 두고 고고(苦苦 dukkha-dukkha), 괴고(壞苦 viparināma-dukkha), 행고(行苦 saṅkhāra-dukkha)라고 하셨습니다. 우리가 흔히 행복이라고 하는 것이 사실은 고통의 한 모습이라는 것입니다.

우리가 행복이라고 굳게 믿고 있는 것이 어느 순간에는 고통으로 변합니다. 고고苦苦는 아주 확실하지요. 자동차 사고가 났다, 그런 것을 고고라고 합니다. 고고는 아주 확실한 고통, 그것은 수행을 하지 않아도 다 압니다. 동물도 알고 어린애도 압니다. 수행자가 말하는 고苦는 그런 것이 아니고, 그것보다 깊은 고통을 의미합니다. 먹을 것이 풍부하거나 값비싼 입을 것을 가지고 있어 행복하다 해도 진짜 지혜로운 이들은 그것이 참된 행복이 아니라는 것을 압니다. 그것이 진정한 행복이라면 싯닷타 태자께서 출가할 이유가 없고, 우리들도 굳이 애써서 수행할 필요가 없지요. 먹을 것, 입을 것, 잠 잘 곳, 살 곳 다 있지만 그런 것은 궁극적인 행복이 아니라는 것입니다.

부처님의 가르침에서 행복이란 다시 고통으로 돌아가는 한계가 있는 행복이 아닙니다. 완벽한 행복, 완벽한 자유, perfect happiness, perfect freedom, 다시 고통으로 되돌아가지 않는 행복. 부처님께서는 우리에게 그런 최종적인 행복을 알려 주고 싶어 하신 것입니다.

그렇다면 다시 고통으로 돌아가지 않는 진짜 행복을 우리가 얻지 못하는 이유는 무엇일까요.

행복을 얻지 못하는 이유

부처님의 가르침에 따르면 모든 것은 다 원인과 결과가 있습니다. 원인 없는 결과는 없습니다. 모든 결과에는 원인이 있습니다. 그러므로 우리가 행복하지 못하다면, 최종적인 행복을 얻지 못했다면 거기에는 그럴 만한 원인이 있는 것입니다. 그 원인이 바로 번뇌입니다.

끼레사kilesa. 한국어 번역으로는 번뇌煩惱입니다. 그 번뇌란 무엇인가. '끼레사'라는 단어 자체가 가지고 있는 의미가 있습니다.

kilissatīti kilesā 낄릿사띠띠 끼레사.

'kilissati'는 더럽게 하다, 때 묻게 하다, 뜨겁게 태우다 등의 의미입니다. 'iti'는 '그러므로', 'kilesā'는 '번뇌'라고 합니다.

그래서 끼레사가 들어오면 바로 더러워지는 겁니다. 여러분이 지금 법문을 듣고 있지요. 바른 마음을 갖고 바른 태도로 법문을 듣고 있으면 끼레사가 없습니다. 그러면 마음이 편안하고 깨끗하고 맑습니다. 그런데 만약 탐·진·치·시기·질투·혼침·의심·사견

등이 들어오면 바로 마음이 더러워집니다. 부처님께서는 '끼레사'라는 말을 이렇게 '더럽게 함, 때 묻게 함, 망가지게 함, 마음을 태움' 등의 의미로 사용하셨습니다. 우리의 마음에 끼레사가 없으면 마음이 편안하고, 끼레사가 들어오면 바로 더러워집니다. 망가지고, 뜨거워지고, 타는 것, 그것이 끼레사의 원래 의미입니다.

그러므로 부처님의 이론을 간단하게 다음과 같이 정리할 수 있습니다.

모두가 행복해지기를 원한다. 행복은 여러 가지가 있는데, 먹는 것을 좋아하는 사람에게는 먹는 것이 행복이고, 자는 것을 좋아하는 사람에게는 자는 게 행복이다. 그런데 그런 행복은 최종적인 행복이 아니다. 이와 달리 한계가 없는 궁극적인 행복은 생노병사生老病死, 삼세윤회三世輪廻 모든 고통에서 벗어나 완벽한 행복, 완벽한 자유를 얻는 것이다. 그 완벽한 행복을 성취하지 못하는 이유는 번뇌 때문이다.

우리한테는 원죄가 없습니다. 번뇌가 있을 뿐이지요. 부처님의 가르침에서는 원죄가 문제가 아니고 번뇌가 문제입니다. 우리가 나쁜 게 아니고 번뇌가 나쁜 것입니다. 그 번뇌를 제거해야 우리가 행복할 수 있습니다. 번뇌를 갖고 있는 한은 행복할 수 없다고 알아야 합니다. 돈이 아주 많아도 아무리 큰 권력을 가져도 행복하지 않고, 공부를 매우 잘해도 유명한 사람이 되어도 행복하지 못합니다. 항상 불만족한, 그 마음에 채워지지 못하는 고통, 그것이 바로 번뇌 때문입니다. 그 끼레사를 제거해야 우리가 행복할 수 있기 때문에 번뇌 제거, 이것이 중요합니다.

자, 그러면 왜 우리가 위빳사나 수행을 해야 하는지 바로 답이 나오지요. 위빳사나는 끼레사, 번뇌를 제거하는 수행법입니다. 우리가 갖고 있는 번뇌가 많을수록 고통이 많고, 그 번뇌를 긁어내고 닦는 만큼 우리는 행복해집니다. 번뇌가 엷어지면 행복이 상승하고, 번뇌가 두꺼워지면 행복이 줄어드는 것입니다.

수행을 한다는 것은 지혜를 키우는 일입니다. 빤냐 빠라미paññā pāramī, 지혜 바라밀, 지혜를 키우는 것. 위빳사나 수행을 함으로써 지혜가 높아지면 번뇌가 낮아지고, 수행을 못하여 번뇌가 높아지면 지혜가 낮아집니다. 이렇게 위빳사나 수행은 우리들에게 내면화되고 있는 번뇌를 제거하는 일입니다.

다시 한번 정리해 보겠습니다.

왜 행복하지 못한가? 번뇌 때문입니다. 번뇌가 많을수록 고통스럽고 번뇌가 엷을수록 행복합니다. 왜 위빳사나 수행을 해야 하는가? 행복해지기 위해서입니다. 그러니 지혜와 행복은 동전의 양면과 같습니다. 우리들의 지혜 수준이 곧 행복 수준입니다. 지혜가 낮은 사람은 괴로울 수밖에 없고, 지혜가 높을수록 행복하게 되어 있습니다. 그러므로 올바른 지혜, 바른 견해가 필요합니다.

위빳사나 수행을 통해서 사실을 바르게 알고, 우리의 몸과 마음을 있는 그대로 볼 수 있습니다. 가짜 속에서 진리를 찾을 수는 없습니다. 우리의 몸과 마음, 색·수·상·행·식, 오온을 있는 그대로 꿰뚫어 보는 지혜가 있어야 사실을 바르게 봅니다. 그 사실 속에서 지혜를, 진리를 깨달을 수 있는 것입니다.

행복으로 이끄는 위빳사나 수행법

그러면 위빳사나 수행은 어떻게 하는가? 간단하게 말하면 한 줄로 끝납니다. 경전을 가지고 이야기하면 끝이 없지요. 그렇지만 핵심은 그것입니다. 바로 이 순간을 있는 그대로 보는 것.

'있는 그대로'라는 것이 무엇인가? 예를 들자면 우리가 숨을 쉬고 있지요. 지금 숨을 들이쉬고 있으면 들이쉬고 있음을 아는 것, 숨을 내쉴 때 내쉬는 것을 그대로 관찰하여 아는 것. 이것이 '있는 그대로'를 아는 것이고, 이렇게 하는 것이 위빳사나 수행입니다.

'관찰'이라는 단어를 정의하면, 한국에서 지법止法, 관법觀法이라고 하는데, 지법은 사마타samatha이고, 관법은 관찰, 즉 부처님께서 말씀하신 위빳사나vipassanā입니다. 부처님의 가르침에서 수행은 사마타와 위빳사나, 이 두 가지밖에 없습니다. 여러 가지가 있다고 말하는 사람들은 첫째는 몰라서 그렇고, 둘째는 착각해서 그렇습니다. 단어의 뜻을 정확하게 파악하지 못했기 때문에 제대로 정의를 내리지 못하는 것입니다. 마음이 어떻게 움직이고 있는

지 파악이 안 되기 때문에 수행의 종류에 여러 가지가 있다고 말하는 것입니다. 다시 말하지만 부처님 가르침에서 수행은 두 가지밖에 없습니다. 지법과 관법. 즉 사마타와 위빳사나.

사실 이름은 중요하지 않습니다. 사마타, 위빳사나, 지, 관, 간화선, 젠zen……. 무엇이라 말하든 간에 그 사람이 어떻게 수행을 하는가 물어보면 쉽게 알 수 있습니다. 대상 하나에 마음을 집중시킨다면 사마타입니다. 마음을 통제하여 다른 대상은 다 무시하고 대상 하나에 집중한다면 그것은 모두 사마타입니다. 나는 관세음보살, 관세음보살 한다, 관세음보살 수행. 나는 석가모니불, 석가모니불 한다, 석가모니불 수행. 나는 아미타불, 아미타불 한다, 아미타불 수행. 이것은 모르는 사람들의 말입니다. 바르게 아는 사람에게 그것은 똑같은 한 가지 수행입니다.

대상 하나에 마음을 딱 묶어 놓습니다. 집 생각, 남편 생각, 아들, 딸, 회사, 돈, 내가 미워하는 사람……. 무슨 생각이 일어나든 다 잘라 버리고, 오로지 내가 선택한 이 대상 하나에만 마음을 집중시킨다는 의미에서 모두 사마타법, 지법입니다.

마음을 집중하는 대상으로는 어떤 사물이나 추상적인 개념, 또는 자신의 호흡도 가능합니다. 무조건 호흡에만 집중한다면 그것도 사마타입니다. 수행을 백 가지 천 가지 만 가지 한다고 하지만 사실은 대상 하나에 마음을 집중시키는 것일 뿐입니다.

그러면 위빳사나는 어떤가. 위빳사나는 대상을 가리거나 정해놓지 않습니다. 위빳사나는 집중이 목적이 아니라 지혜가 목적입니다. 이렇게 사마타와 위빳사나는 분명하게 다릅니다. 사마타는 집중 위주이고 위빳사나는 지혜 위주입니다.

그 둘이 어떻게 다른지를 같은 대상으로 설명해 보겠습니다. 똑같이 호흡을 봤다고 했을 때 사마타 수행자는 그냥 들이쉬고 내쉬고, 호흡이 들락날락하는 것을 알기만 하면 됩니다. 처음부터 끝까지 똑같아요. 오로지 들락날락하는 이 숨을 알면 됩니다. 호흡을 하나의 개념으로 잡는 것입니다. 그러나 위빳사나는 그냥 보는 것이 아니라 관찰하여 그 특성을 파악하는 것입니다. 따뜻한 것, 움직이는 것, 닿는 것, 부드러운 것……. 이러한 사실들, 호흡의 변화 등을 파악합니다. 그래서 위빳사나 수행자가 호흡을 봤다고 하면 그 호흡이 따뜻하거나 차가운 것, 세게 때리는 것, 약하게 때리는 것, 그리고 들이쉬는 것도 들이쉬고 싶은 마음 하나, 들이쉬는 호흡 하나, 내쉬고 싶은 마음 하나, 내쉬는 호흡 하나, 이렇게 하나하나 변하는 과정을 파악합니다. 물질과 정신의 특징, 본성을 파악하고 그 물질과 정신의 특징들이 매순간 앞뒤가 다르게 계속 변화하는 그런 사실을 파악하는 것입니다. 사마타는 그런 것이 필요 없고 오로지 마음이 호흡에 있으면 됩니다. 이제 사마타와 위빳사나는 완전히 다른 것임을 이해하셨을 것입니다.

자, 이 두 가지 수행 외에 다른 수행을 할 수 있다면 말씀해 보십시오. 수행을 한다고 하면 이 두 가지밖에 안 합니다. 내가 관찰하는 대상의 특징, 본성을 파악하거나 그냥 마음을 그 대상에 딱 붙여 놓거나 둘 중 하나입니다. 내 마음을 대상에다 붙여 놓으면 사마타식, 대상을 파악하고 있으면 위빳사나식입니다.

내가 위빳사나 수행을 한다고 말하면서 무조건 대상에 붙어 있다면 그것은 사마타식이에요. 또 나는 사마타 수행을 한다고 말하면서 들숨 날숨에서 따뜻함, 차가움, 앞뒤의 연결성, 관계성, 거기서 앞뒤가 각각 하나 다음에 하나라는 것이 파악되고 있으면 말은 사마타라고 해도 사실은 위빳사나를 하고 있는 것입니다. 그래서 수행에 여러 가지 있다고 하는 것은 첫째는 모르고 하는 말이고, 둘째는 심리 분석을 못해서 하는 말이며, 셋째는 교리教理를 몰라서 하는 말입니다.

간화선을 말해도 마찬가지입니다. 대상에 집중만 하고 있으면 사마타, 대상의 특성, 사실이 파악되면 위빳사나입니다. 사마타와 위빳사나에서 벗어나는 수행은 없습니다. 여러분이 공부하면 할수록 그것을 알게 될 것입니다. 이것은 제가 주장하는 것이 아니고 부처님의 가르침 자체가 그렇습니다. 그래서 간화선이라 말하든 다른 어떤 수행이라 말하든, 사마타나 위빳사나라고 말하든 그 말이 중요한 것이 아니고 그 수행자가 이 순간 마음이 어떻게 움직이는가를 정확히 아는 것이 중요합니다. 마음이 지금 어떻게 하고 있는가. 대상을 파악 못하고 무조건 대상에만 집중하고 있다면 그것은 사마타이고, 대상이 파악되고 있다면 위빳사나인 것입니다.

그렇지만 수행의 대상에는 여러 가지가 있습니다. 사마타의 대상으로 부처님께서는 38가지, 그에 따른 주석서까지 하면 40가지를 가르칩니다. 4가지 색깔, 10가지 시체, 우리 몸의 32가지 부분 등. 또 부처님과 부처님의 공덕, 법의 공덕, 승가의 공덕, 보시의 공덕, 이런 것들을 수행 대상으로 할 수 있고, 그런 것이 다 사마타식입니다. 그런 사마타식으로 부처님의 가르침에 38가지, 주석서까지 하면 40가지가 있는데 그것은 대상이지 수행법이 아닙니다. 수행법은 사마타 하나입니다.

위빳사나를 할 때는 4가지를 말합니다. 한국어로 말하면 사념처인 몸(신)·느낌(수)·마음(심)·법(법), 이 '몸·느낌·마음·법'이 다른 것이 아니고 곧 몸과 마음이지요. 또 다른 말로 하면 색·수·상·행·식, 오온입니다. 그러나 이것은 대상이 다른 것이지 수행법이 다른 것은 아닙니다. 그러니 요즘 시대에 수행 방법이 여러 가지가 있다, 천 가지 만 가지가 있다고 하는 것은 착각인 것입니다.

이렇게 수행법에 두 가지가 있다고 하는 것은 제 개인적인 견해가 아니고 부처님께서 하신 말씀임을 잘 기억하시고 앞으로 탐구해 보시기 바랍니다. 부처님의 경전으로도 연구해 보시고 본인의 수행 중 체험을 가지고도 분석해 보면 이 두 가지밖에 없다는 것을 알게 될 것입니다.

물론 한 사람이 사마타식으로 했다가 위빳사나식으로 했다가 그렇게 수행 방법을 바꿀 수는 있습니다. 한 시간 만에 바꿀 수도 있고 5분 만에도 바꿀 수 있어요. 5분 사이에도 사마타가 됐다가 위빳사나가 됐다가 할 수 있는 것입니다.

위빳사나 수행에서 가장 중요한 것

　위빳사나를 어떻게 할까? 이제 여러분들은 조금 감을 잡을 수 있을 것입니다. 위빳사나는 대상의 특성이 파악되어야 합니다. 이 몸과 마음의 특징, 본성을 파악해야 위빳사나가 됩니다.

　일단 처음에 우리가 시작할 때는 호흡을 보거나 배를 보라고 합니다. 아니면 자세를 보라고도 합니다. 여러분이 앉아 있을 때는 앉아 있는 것을 관찰하는 거지요. 서 있으면 서 있는 것을 관찰하는 것입니다. 누워 있으면 누워 있는 것을 관찰하고, 걷고 있으면 걷고 있는 것을 관찰하는 것이지요. 이렇게 자세를 관찰하고, 호흡을 관찰하고, 배를 관찰하고, 여러 가지를 관찰할 수 있습니다.

　그런데 위빳사나는 무조건 이 대상만 보는 것은 아닙니다. 사마타와는 다르지요. 사마타는 호흡을 보자면 아침에 깰 때부터 밤에 잘 때까지 호흡입니다. 밥 먹을 때도, 화장실 갈 때도 호흡, 대변 소변을 보면서도 호흡이지요. 그것이 사마타식입니다.

　위빳사나는 대상을 가리지 않습니다. 몸과 마음의 바로 이 순간을 봅니다. 지나가는 것은 벌써 지나갔습니다. 미래는 아직 안 왔어요. 지금 살아 있는 게 1초 정도 사는 것입니다. 지금 바로 이 순간, 1초 정도만 열심히 집중하면서 관찰하면 되는 것입니다. 내가 지금 서 있다면 서 있는 것을 관찰하면 됩니다. 서 있을 때 서 있는 것보다 발바닥이 닿아 있는 마룻바닥에서 발의 무게가 느껴진다면 바로 그 무거움을 관찰합니다. 딱딱함을 관찰한다 하면, 그 딱딱함을 보면 됩니다. 지금 내 몸, 내 발에서 딱딱함을 알고 있는 것입니다. 종아리에서 당김이 느껴진다면 그 당김을 보면 됩니다.

또 덥다, 그러면 내 몸에 지금 더움이 있는 거예요. 더움이 있으면 더움을 봅니다. 더우니까 내 마음이 불편하다, 그 불편한 마음을 봅니다. 이렇게 위빳사나는 아주 간단하고, 대상을 가리지도 않습니다. 바로 이 순간 내 마음이 아는 것을 바로 뒤에서 내가 관찰하는 것, 그러므로 위빳사나는 관법, 관찰입니다. 관찰은 지금 바로 이 순간에 내가 인식한 대상을 놓치지 않도록 노력하는 것입니다.

삼마와야마sammāvāyāma. '삼마'는 '올바른', '와야마'는 '노력'. 바른 노력, 정정진正精進이지요. 수행을 어떻게 하느냐? 정진하는 것이다. 그렇다면 정진이란 무엇인가를 제대로 알아야 합니다.

수행은 앉아서 그냥 폼만 잡는 것이 아닙니다. 잊지 않으려고, 놓치지 않으려고 노력하는 것입니다. 수행의 올바른 노력이라는 것이 몸의 겉모양, 자세를 보는 것이 아닙니다. 내 마음이 호흡을 관찰하면 호흡을 놓치지 않고, 배를 관찰하면 배의 움직임을 놓치지 않으려고 하는 것, 지금 이 순간에 내 마음이 어떤 것을 인식하고 있는지 바로 바로 놓치지 않고 바르게 알려고 하는 것, 마음이 무엇을 인식하면 바로 뒤에서 따라가며 관찰하는 것입니다.

그렇게 그 순간순간을 알기 위해서는 노력이 필요합니다. 그것이 바로 삼마와야마, 바른 노력입니다. 바른 노력이 없으면 매 순간 놓치게 되어 있습니다. 처음 수행을 할 때에는 한 시간 수행하면 관찰하는 시간이 5분이 채 안 됩니다. 55분은 계속 놓치고 있어요. 바른 노력이 없기 때문입니다. 놓치지 않도록 하는 것이 바른 노력인데 우리는 다른 노력을 합니다. 시간 채우려는 노력, 한 시간 내내 앉아 있겠다든가 움직이지 않겠다든가 하는 것은 아무 소용이 없습니다. 그것은 바른 노력이 아닙니다. 수행은 시간 채우기가 아닙니다. 단지 폼만 잡으면서 진짜 수행 잘하는 양 불상같이 그저 앉아 있기만 한다면 그건 참된 수행이 아닙니다.

이 마음이 대상을 놓치지 않으려는 노력, 그것이 중요한 것입니다. 호흡을 보더라도 들이쉴 때 들이쉼을 알고, 내쉴 때 내쉼을 알고, 내쉬었다가도 잊어버리지 않고 다시 들이쉬는 것을 알고, 들이쉬었다가도 놓치지 않고 다시 내쉬는 것을 알고 그렇게 지속적으로 관찰할 수 있어야 합니다. 이때 필요한 것이 바로 '바른 노력'입니다. 바른 노력이 없으면 수행이 무너져 버립니다.

정진의 뜻을 정확하게 아는 것은 매우 중요합니다. 정정진, 바른 노력이란 잊지 않도록, 놓치지 않도록 노력하는 것입니다. 무엇을 놓치지 않도록 노력하는가? 내 마음이 지금 무엇을 알고 있는지, 바로 지금 이 순간에 내 몸과 마음이 어떻게 되고 있는지 그 사실을 놓치지 않으려고 노력하는 것이 바로 바른 노력, 바른 정진입니다. 그렇게 놓치지 않도록, 잊지 않도록 노력하면 잊어버리지 않습니다. 그 잊지 않음이 삼마사띠입니다.

삼마사띠sammāsati, 바른 사띠입니다. 한국에서는 알아차림, 마음 챙김, 마음 새김 등으로 번역합니다. 제가 다시 번역한다면 잊지 않음, 조심함, 주의를 기울임, 깨어 있음, 놓치지 않음, 움켜쥐지 않음 등으로 하고 싶습니다. 원래 부처님의 말씀 그대로 사띠는 주의, 조심, 조심스러움, 주의 깊음, 잊지 않음, 그런 의미입니다. 그래서 호흡을 볼 때에도 조심스럽게 주의 깊게 보고, 놓치지 않도록 봐야 합니다. 움켜쥐지 않으면서 봐야 하고, 깨어 있으면서 봐야 하지요. 그 깨어 있음을 한국말로는 정념正念이라고 합니다. 바른 사띠, 삼마사띠입니다.

바른 사띠가 생기면 대상을 놓치지 않게 됩니다. 기억하고 있는 것이지요. 사띠라는 것이 잊지 않음, 즉 마음속에 있는 것입니다. 들이쉴 때 들이쉼이 마음속에 있고, 내쉴 때 내쉼이 마음속에 있습니다. 지금 마음속에 화가 나면 마음이 화남을 갖고 있는 것입니다. 지금 졸립다면 졸리움을 마음이 기억하고 있는 것입니다.

이렇게 마음이 대상을 가지는 것을 사띠라고 합니다. 제가 지금 여기서 종이를 여러분에게 보여주면 마음이 여러분에게 주의를 주게 되지요. 사띠는 그런 것입니다. 마음속의 대상을 분명하게 해 주는 것입니다. 제가 지금 강의를 하고 있는데 여러분이 이 소리에 주의를 집중하고 있다면 이 소리에 사띠가 있는 것입니다. 그래서 다른 것은 별로 기억나지 않고 이 강의 내용만 계속 기억하게 됩니다. 그런데 지금 법문 듣고 있는 사람이 이 강의 소리에서 사띠를 놓쳤다고 합시다. 그러면 딴 생각을 하고 있는 것입니다. 집 생각, 과거의 생각, 미래의 생각, 이 생각, 저 생각 등등을 하고 있는 것이지요. 이렇게 대상을 마음속에 분명하게 해주는 것이 바로 사띠입니다.

다시 정리해 보겠습니다.

수행을 어떻게 하는가? 바른 노력, 바른 사띠로 합니다. 바른 노력이 있어야 바른 사띠가 있습니다. 정정진, 정념. 그 다음이 정정입니다.

삼마사마디sammāsamādhi, 바른 집중, 정정正定입니다. 바른 노력과 바른 사띠가 있으면 바른 집중이 생깁니다. 바른 집중이란 마음이 그 대상에서 떨어지지 않고 딱 붙는 겁니다. 그런 상태에서 호흡을 보면 호흡 외에 다른 것은 거의 모릅니다. 소리를 관찰하면 그 소리에 집중되는 것이지요.

사마타식으로 집중해도 집중이고 위빳사나식으로 집중해도 집중인데 그 둘 사이에는 차이점이 있습니다. 사마타식으로 집중될 때에는 오직 이 소리 자체에 마음이 딱 고정되어 있습니다. 위빳사나식으로 집중될 때는 그 소리의 강함, 약함, 하나 다음에 하나를 알고 있는 것입니다.

그렇게 바른 집중이 되면 그 다음에는 어떻게 될까요?

삼마딧티sammādiṭṭhi, 바른 견해, 정견正見이 일어납니다.

그리고 삼마상깝바sammāsaṅkappā, 바른 생각, 정사유正思惟도 생깁니다. 바르게 노력하고 바르게 사띠를 가지니까 마음속에 대상이 분명해지고, 그 대상에서 마음이 딱 가만히 있어 주니까 흔들리지 않는 마음, 집중이 생기고, 그에 의해 꿰뚫어 보는 지혜가 따라옵니다. 그 대상은 물질이 될 수도 있고 정신이 될 수도 있습니다. 그 물질과 정신을 꿰뚫어 보니까 바른 견해가 생기는 것입니다. 일체 거짓 없이 사실 그대로를 꿰뚫어 보게 됩니다. 사실 그대로 보는 것이 바른 견해입니다. 사실 그대로를 꿰뚫어 보는 지혜가 없을 때 사견을 가지게 됩니다. 사견을 가지는지 바른 견해를 가지는지는 바른 노력과 사띠, 집중이 있느냐 없느냐에 의해 결정됩니다.

사실을 보는 것이 바른 견해이고 그러면 바른 생각이 일어납니다. 바른 견해, 바른 생각이 일어나면 욕심이 계속 죽어갑니다.

우리는 부처님의 가르침이 사성제, 고·집·멸·도임을 다 알고 있습니다. 정확히 말하자면 알고 있다고 착각하고 있는 것이지요. 사실은 제대로 알고 있지 못합니다. 고성제에서 무엇을 해야 하고 집성제에서 무엇을 해야 하는지, 멸성제에서 무엇을 하고 도성제에서 무엇을 해야 하는지를 모릅니다.

부처님의 가르침은 고성제를 알아야 한다고 하는데 우리는 고성제를 버리려 하고 있습니다. 거꾸로 하고 있는 것입니다. 고통스러울 때마다 그것을 어떻게 없앨까를 궁리합니다. 그러나 고통은 버려야 하는 것이 아니고 알아야 하는 것입니다. 고통이 고통인 줄 알아야 욕심을 버릴 수 있습니다. 욕심을 버리라고 쉽게 말은 하지만 고통을 모르는데 어떻게 욕심을 버리겠습니까. 고통이 고통인 줄 모르기 때문에 욕심 부리면서 그것을 계속 쥐고 있습니다. 그러니 계속 괴로울 수밖에 없습니다.

고통이란 것이 원인이 아니고 결과인데, 결과에서는 문제를 해결할 수 없고 원인에서 해결해야 합니다. 그래서 고성제는 버려야 하는 것이 아니고 알아야 하는 것입니다. 버려야 하는 것은 집성제이고 고성제는 알아야 하는 것인데 사람들은 고성제를 버리려고 노력하기 때문에 극단적으로 가면 자살까지 하게 되는 것입니다. 너무 고통스러우니까 스스로 목숨을 끊어버리면 고통이 없어지는 줄 알아요. 하지만 결코 그렇지 않습니다. 고통의 원인이 있는 경우에는 이번 생이 끝나도 다음 생에서 그 고통을 다시 받게 되어 있습니다.

위빳사나 수행은 그 사성제를 바르게 알기 위한 수행입니다. 고苦를 바르게 알면 바른 견해, 바른 생각이 일어나서 집集, 즉 욕심과 애착, 집착이 떨어지게 됩니다. 그 욕심과 애착, 집착이 떨어지는 것이 바로 멸滅, 그래서 멸성제는 도착해야 하는 곳입니다. 멸성제는 버려야 하는 것이 아니고 알아야 하는 것도 아니고, 도착해야 하는 곳입니다. 도착이라는 것은 따로 무엇을 할 게 없습니다. 목적지이기 때문에 그냥 도착하면 되는 것입니다.

수행하여 도착하는 곳

다시 정리해 보겠습니다. 고성제는 알아야 하는 것이고, 집성제는 버려야 하는 것입니다. 많은 불자들이 멸성제를 알아야 하는 것으로 잘못 알고 있는데, 멸성제는 알아야 하는 것이 아니고 도착해야 하는 곳, 즉 목적지입니다. 그리고 도성제는 실천 수행해야 하는 것입니다.

그래서 지금 여러분들이 바른 노력, 바른 사띠, 바른 집중, 바른 생각, 바른 견해 등 팔정도 중 다섯 가지를 닦고 있지요. 또한 비구 비구니는 비구 비구니 계를 지켜야 하고 사미 사미니도 그에 따른 계율을 지킵니다. 사미에게는 119가지 계율이 있습니다. 일반 사람들은 5계가 기본이지요. 그 계율을 지키는 것이 바른 말, 바른 행동, 바른 생계입니다. 그렇게 바른 말, 바른 행동을 하고 생계를 바르게 하면서 바른 노력, 바른 사띠, 바른 집중, 바른 생각, 바른 견해로써 팔정도를 실천하는 것이 바로 고를 아는 길입니다. 그래서 도성제를 수행 실천해야 고성제를 알고, 집성제를 버리면 멸성제에 도착한다는 것입니다. 이렇게 수행자가 사성제에 맞게 해야 할 일이 있는 것입니다. 내 맘대로 하는 것이 아닙니다. 부처님의 가르침대로 해야 부처님의 가르침을 얻을 수 있습니다. 내 마음대로 하면 내 나름의 깨달음은 될지언정 부처님의 가르침을 깨달을 수는 없습니다.

지금까지의 내용을 요약해 보겠습니다.

팔정도인 도성제를 실천해야 고성제를 알고, 집성제를 버리면 멸성제에 도착한다, 우리가 수행한다는 것이 바로 이것입니다.

지금 이 순간 우리 몸과 마음의 있는 그대로를 바른 노력, 바른 사띠, 바른 집중으로 관찰하다 보면 매 순간 번뇌를 닦게 되어 있습니다. 그렇게 함으로써 매 순간 이 몸과 마음의 사실을 있는 그대로 알게 되는 것입니다.

물론 수행에는 과정이 필요합니다. 유치원에 다니는 어린 아이에게 고등학교 교과서를 가르칠 수 없듯이 처음 수행을 시작할 때는 위빳사나 지혜가 바로 일어나지 않겠지요. 위빳사나 지혜가 생기기 위해서, 도道지혜, 과果지혜가 생기기 위해서는 어쩔 수 없이 기본부터 닦아 나가야 합니다. 많이 닦는 사람이 당연히 빨리 깨닫습니다. 그래서 많이 닦아야 하고 매 순간 닦아야 합니다.

하루 24시간이 있습니다. 이 24시간 동안 얼마나 닦느냐는 사람마다 다르겠지만 기본적으로는 14시간입니다. 새벽 4시에 일어나서 4시 반부터 밤 9시, 10시까지 수행 시간이 14시간 정도입니다. 좌선 7시간 행선 7시간이 기본입니다. 그 정도로 닦아 나가다 보면, 그냥 시간 채우기가 아니고 매 순간 번뇌 닦기를 하고 있으면 확실하게 여러분이 달라짐을 스스로 알게 될 것입니다. 하루하루가 다르고, 그 다음 날이 다르고, 일주일이 다르고, 한 달이 다릅니다. 그러나 그냥 시간 채우기만 하고 있으면 일주일이건 7년이건 아무 변화가 없겠지요.

수행은 오직 자신에게 달려 있습니다. 이것은 부처님도 대신해 주지 못합니다. 부처님께서는 "나는 길을 알려주기만 할 뿐, 그 길을 가는 것은 오직 본인 자신이다."라고 하셨습니다. 고귀하신 부처님, 세존도 못하시는 일인데 우리 같은 사람이 할 수 있는 것은 아무것도 없겠지요. 오로지 본인이 스스로 해야 하는 일입니다. 매 순간 닦고, 닦고, 또 닦으면서 자신의 번뇌를 제거하는 딱 그만큼 여러분의 행복지수가 올라가고 청정해집니다. 그 청정함이 여러분을 행복하게 하고, 궁극에는 깨달음으로 가게 할 것입니다.

위빳사나 수행 방법

1) 좌선 방법

지금부터는 실천하는 시간을 갖겠습니다. 편안하게 좌선 자세를 잡아보고, 자신이 가장 편한 자세로 앉습니다. 제가 말하는 것을 그대로 따라해 보십시오.

좌선을 할 때에 가부좌를 해도 되고, 자신이 편하다면 다른 어떤 자세로 앉아도 됩니다.

부처님께서는 항상 '우줌 까얌 빠니다야ujuṃ kāyaṃ paṇidhāya'라고 말씀하셨습니다. '우줌'은 '반듯하게 똑바로', '까얌'은 '몸을', '빠니다야'는 '해 놓는다'는 뜻입니다. 즉 몸을 반듯하게 펴고 앉으라는 뜻입니다. 부처님의 가르침에는 오른손이 밑에 있어야 한다거나 왼손이 위에 있어야 한다는 것이 없습니다. 그러므로 여러분이 편안하게 오래 앉을 수 있는 자세로 하시면 됩니다. 부처님께서 특별히 중요시한 것은 의학적인 부분과 일치합니다. 허리부터 목과 뇌까지 신경의 중요한 부분들을 반듯하게 세우라고 하셨습니다. 팔 모양이나 위치 등이 중요한 게 아니고 허리부터 머리까지 반듯하게 되는가 안 되는가 그것이 중요합니다. 눈을 감으면 집중이 빨리 되는데 몸이 힘들거나 졸음, 혹은 나태, 혼침이 오는 상태라면 눈을 뜨고 빛을 보는 것도 괜찮습니다. 그렇지 않다면 눈을 감고 시작하는 것이 좋습니다.

자, 준비가 되었으면 찬찬히 마음으로 따라해 보십시오.

첫 번째는 수행을 준비하는 것에서 출발합니다.

부처님을 마음속에 떠올려 보십시오. 부처님, 붓다, 깨달은 자, 사성제를 알아 깨친 자, 붓다, 붓다, 붓다……. 모든 번뇌에서 벗어나신 아라한, 아라한, 아라한……. 탐·진·치·자만·질투·시기·나태·혼침·의심·사견 등 모든 더러운 번뇌에서 떠나신 분, 아라한, 아라한, 아라한…….

부처님의 마음이 얼마나 깨끗한가, 얼마나 지혜로운가, 얼마나 고귀한가, 얼마나 평화로운가. 붓다, 붓다, 아라한, 아라한……. 부처님께서는 우리들의 모범입니다. 나도 부처님처럼 번뇌가 없는 자, 번뇌에서 벗어난 자가 되기를 간절히 바라는 마음을 새기고 기억합니다. 이렇게 수행의 준비 과정은 부처님을 생각하는 것으로 시작합니다.

두 번째, 자애를 베푸십시오.

내가 건강하고 행복하고 평화롭기를, 내가 건강하고 행복하고 평화롭기를, 내가 건강하고 행복하고 평화롭기를……. 또한 모든 중생들이 건강하고 행복하고 평화롭기를, 모든 중생이 건강하고

행복하고 평화롭기를, 모든 중생이 건강하고 행복하고 평화롭기를……. 이렇게 자애를 베풂으로써 수행 도중에 생기는 어려움을 잘 견딜 수 있고 인내력도 좋아집니다.

세 번째는 몸에 대한 부정관.

내 몸에 무엇이 있는지를 떠올려 봅니다. 머리카락이 있지요. 머리카락이 더럽다, 샤워 안 하면 냄새 나고, 떨어지면 더럽다……. 머리카락 외에도 온몸에 털이 있습니다. 머리카락을 다 모아 놓고, 온몸에 있는 털도 다 모아 놓고, 손톱 발톱도 다 떼어서 놓고 봅니다. 치아 하나하나도 자세히 봅니다. 냄새도 느껴 보고, 색깔도 보고 모양도 봅니다. 몸에서 하나하나 떼어 놓고 보면 매우 더럽습니다. 몸에 붙어 있을 때는 괜찮은 것 같지만 분리해서 보면 더럽다는 것을 압니다.

몸 안을 봅니다. 뇌도 있고, 심장, 신장, 간, 피, 지방 덩어리, 근육, 대변, 소변……. 이 몸에 있는 것을 하나하나 떼어서 보면 진짜 더러운 것이지요. 이 몸이 더러운 것이다, 이 몸이 더러운 것이다, 이 몸이 더러운 것이다…….

눈에서 나오는 눈곱, 입에서, 귀에서, 코에서, 내 몸에서 매 순간 떨어져 나오는 것들이 간직하여 가질 만한 것인가. 이 몸이 더러운 것이다, 이 몸이 더러운 것이다, 이 몸이 더러운 것이다……. 이렇게 몸에 대한 부정관을 많이 할수록 성욕이 점점 떨어지고, 욕심도 떨어지게 됩니다. 또한 수행 중 몸을 아끼지 않고 열심히 수행할 수 있는 용기가 일어납니다. 아무것도 아닌 더러운 이 몸을 이용해서 아주 최상의 행복을 찾겠다는 마음이 일어납니다.

네 번째는 죽음을 보는 것입니다.

죽음은 언제든지 나에게 올 수 있습니다. 죽은 자들 거의 모두가, 백 명이면 백 명이 내가 죽을 것이란 생각을 하지 않고 살다가 어느 순간에 죽음을 맞이합니다. 나보다 나이가 위이거나 같은 또래이거나 혹은 아래인 사람들이 계속 죽어가고 있어요.

나도 언젠가는 죽을 것입니다. 지금까지 살아오면서 내가 무엇을 하였는가, 지금 이 순간 죽어도 괜찮을 만큼 충실하게 살았는가, 이 삶의 가치를 얻었는가……. 죽음은 언제 어디서든 맞닥뜨릴 수 있습니다. 앉아 있다가 일어서기 전에, 눈을 감고 있다가 뜨기 전에, 눈을 뜨고 있다가 감기 전에 죽을 수도 있습니다. 이렇게 죽음을 생각하면서 수행을 하면 진정한 삶의 가치를 알게 되고, 죽기 전에 내가 꼭 해야 하는 일이 무엇인지, 진짜 급한 일이 무엇인지를 알 수가 있습니다. 죽음에 대한 깊은 사유는 사람을 깊이 있게 만들어 줍니다. 수행의 준비 과정으로 이렇게 부처님을 생각하고, 자애를 베풀고, 몸의 부정함을 보고, 죽음을 봅니다.

그 다음 다섯 번째로는 출가심입니다.

나는 출가자다, 오욕락五欲樂을 떠난 출가자다 하는 그 출가심을 지니는 것이 매우 중요합니다. 출가심이 강한 사람은 수행 중 오욕락에 대한 생각이 별로 없지만, 출가심이 약한 자는 수행 중에도 떨쳐내지 못하고 그 주변을 빙빙 도는 것이 먹는 것, 자는 것, 입는 것, 되고 싶은 것, 하고 싶은 것, 가고 싶은 곳 등 그런 생각을 하면서 시간을 허비합니다. 그러므로 출가심을 키움으로써 내 수행을 원활하게 할 수 있습니다. 강한 출가심이 있어야 수행 도중에 오욕락을 별로 생각하지 않을 수 있고, 수행 대상을 놓치지 않으면서 자연스럽고 편안하게 수행할 수 있습니다.

일을 놓고 가족을 놓고 집을 떠나 이렇게 수행처에 와서 일주일간 수행을 한다면, 머리 깎지 않은 사람도, 가사 입고 수계 받지 않은 사람도, 일주일 동안은 출가자라고 할 수 있습니다.

자, 다시 몸으로 주의를 돌려 봅니다.

몸을 느껴 보세요. 머리 끝부터 발가락 끝까지를 스캔하듯이. 지금 이 순간에 내가 아는 것이 무엇인가. 몸에 쓸데없는 힘을 주고 있다면 그것을 내려놓으십시오. 편안하게 충분히 이완시켜 보십시오. 릴렉스, 릴렉스, 릴렉스……

왼쪽 발바닥과 오른쪽 발바닥을 비교해 보세요. 만약 힘주고 있다면 필요 없습니다. 힘을 빼십시오. 오른쪽 발목과 왼쪽 발목을 비교해 보세요. 힘주고 있나요? 힘을 빼십시오. 왼쪽 종아리에 오른쪽 종아리에, 힘주고 있다면 그 힘도 남김없이 버리십시오. 편안하게 허리부터 머리까지 반듯하게 세우고, 그것을 유지시키기만 하면 됩니다.

모든 근육들의 힘을 빼십시오. 왼쪽 무릎에 오른쪽 무릎에 당기는 힘이 있다면 그 힘을 빼시고, 오른쪽 허벅지 왼쪽 허벅지에 힘을 주고 있다면 그 힘도 빼십시오. 배꼽에 힘주고 있다면 필요한 만큼만 남기고 버립니다. 필요 없이 숨을 많이 참고 있다면 그것 또한 필요 없으니 편안하게 이완시키세요. 골반에, 허리에, 등의 왼쪽 부분 오른쪽 부분……. 온몸에서 힘을 필요한 만큼만 남기고 편안하게, 편안하게 하십시오. 왼쪽 어깨 오른쪽 어깨를 편안하게, 그 어깨부터 손가락 끝까지, 양쪽 손가락 하나하나까지 편안하게 힘을 빼 보십시오. 몸도 편안하고 마음도 편안하도록 릴렉스, 릴렉스, 릴렉스……

목의 오른쪽 왼쪽, 뒤통수, 머리 위……. 이마도 왼쪽 이마 오른쪽 이마, 양쪽을 비교하듯이 스캔해 보세요. 억지로 찾으려 하지 말고 그냥 느껴 보세요. 왼쪽 눈썹 오른쪽 눈썹, 힘을 빼시고 편안하게. 오른쪽 볼 왼쪽 볼, 힘주고 있으면 힘을 빼세요, 편안하게. 인상 쓸 필요도 없지요. 입술도 딱 다물 필요 없이 미소 짓는 듯 편안하게…….

내 마음이 어떤가, 그 마음의 느낌을 봅니다. 불편하면 불편한 대로 불편하다, 편하면 편하다, 그렇게 마음의 사실을 알려고 합니다. 몸의 사실 마음의 사실을 바로 이 순간 있는 그대로 봅니다. 내 마음이 불편한가 편안한가, 속이 시원한가 갑갑한가. 갑갑하면 갑갑함, 갑갑함, 갑갑함……. 마음이 조급한가요, 아니면 차분한가요. 차분하다면 차분하다, 차분하다, 차분하다. 급하면 급하다, 급하다, 급하다……. 마음이 맑게 깨어 있나요, 아니면 무겁고 해태, 혼침이 있나요. 해태, 혼침이 있다면 그것을 보는 겁니다. '아, 머리가 어질어질하고 마음이 약해지고, 또 느낌이 안 좋고 단단하구나.' 하는 마음의 소리가 들리면 그 소리를 관찰해 보세요. 소리가 크게 들렸다가, 약해졌다가, 없어졌다가, 또 생겼다가……. 몸도 편안하게 마음도 편안하게 합니다.

또 호흡을 보고 싶은 사람은 코끝에 주의를 집중합니다. 들이쉴 때 들이쉬는 것을 알면서 들이쉬고, 내쉴 때 내쉬는 것을 알면서 내쉽니다. 호흡을 일부러 할 필요 없고 자연스럽게, 원래 숨 쉬는 것 그대로를 알기만 하면 됩니다.

노력하는가, 안 하는가. 노력을 하면 잊지 않고, 노력을 안 하면 바로 잊어버립니다. 무슨 노력을 하는가? 잊어버리지 않으려고, 놓치지 않으려고 하는 것이 노력입니다. 들이쉴 때 들이쉬는 것을 처음부터 끝까지 놓치지 않으려 하고, 내쉴 때 내쉬는 것을 시작할 때부터 끝날 때까지 마음이 달라붙어서 놓치지 않고 지속적으로 알려고 하는 것이 바른 노력입니다.

사띠가 있는가, 잊고 있는가. 잊고 있다면 잊고 있음을 알고, 생각하고 있다면 생각하고 있음을 알고, 생각, 생각, 생각……. 그 생각하는 마음을 관찰하고 다시 호흡으로 돌아가 들숨 날숨, 들숨 날숨……. 꼬리에 꼬리를 물듯이 놓치지 않고 계속 합니다.

한 번씩 현재 본인의 마음 상태를 확인합니다. 마음이 괴로운지 편안한지를 느껴 봅니다. 마음이 괴롭다면 그 마음을 관찰해야 합니다. 괴롭다, 괴롭다, 괴롭다……. 불편하다면 불편함, 불편함, 불편함……. 편안하다면 편안함, 편안함, 편안함……. 그리고 다시 들숨 날숨…….

일차적인 대상으로 들숨 날숨을 보되 내 마음이 다른 곳으로 가면 그것을 관찰합니다. 눈감고 들숨 날숨을 관찰하고 있는데 눈 속에 어떤 것이 보입니다. 그러면 봄, 봄, 그 봄을 관찰합니다. 보는 것이 없어지면 다시 들숨 날숨을 봅니다. 들숨 날숨을 열심히 보고 있는데 조금 있다 보니 호흡은 잊어버리고 소리를 듣고 있어요. 그러면 들음, 들음, 들음 하면서 들음을 관찰합니다. 소리가 없어졌다면 다시 들숨 날숨. 들숨 날숨을 관찰하고 있는데 냄새가 나요. 그러면 냄새, 냄새, 냄새. 향기, 향기, 향기……. 없어지면 다시 들숨 날숨. 들숨 날숨을 열심히 보고 있는데 몸에서 추위, 더위, 딱딱함, 부드러움, 가벼움, 움직임, 때림 그런 것이 느껴지면 마음이 거기로 가버린 것입니다. 그러면 그것을 관찰합니다. 마음이 조용해지면 다시 들숨 날숨. 호흡을 열심히 보고 있는데 조금 있다 보니 다시 잊어버리고 있어요. 그러면 다시 생각하고 있네, 생각, 생각, 생각. 귀찮다면 귀찮음, 귀찮음, 귀찮음. 게을러지면 게으름, 게으름, 게으름……. 이렇게 이 몸과 마음의 바로 이 순간 있는 그대로를 관찰합니다. 바른 노력으로 관찰, 바른 사띠로 관찰해 봅니다.

오 분, 십 분……. 다시 몸의 상태와 마음의 상태를 파악합니다. 몸의 상태가 흐트러졌다면 다시 잡아주는 게 좋습니다. 잡아줄 때 그냥 하는 것이 아니고 잘 관찰해서 허리가 구부러졌으면 구부러진 것을 알고, 허리를 펴려는 마음을 먼저 알아차립니다. 그 다음에 허리를 편다, 펼 때 힘이 들어오는 것을 알면서 합니다. 그 과정 하나하나를 놓치지 않고 모두 알아차리면서 하는 것, 그것이 수행입니다.

내 몸의 움직임 하나하나, 힘주는 한 순간 한 순간을 모두 놓치지 않으려고 노력합니다. 머리가 숙여지면 머리를 조심해서 다시 제 자리로 올려줍니다. 올릴 때도 주의 깊게, 알면서 합니다. 알고, 알고, 알고……. 알면서 하는 것이지요. 그것이 깨어 있음의 바른 의미입니다. mindfulness, 사띠, 주의를 기울임, 조심스러움.

2) 행선 방법

다음에는 행선에 대해 알아보겠습니다. 수행과정에서 행선行禪이라는 것을 우리가 일부러 하게 되는데, 실은 움직일 때 관찰하는 모든 것이 행선입니다. 이런 방안에서 왔다 갔다 할 때는 짱까마cankama 한다고 합니다.

짱까마할 때의 방법입니다. 서 있을 때부터 관찰합니다. 서 있음, 서 있음, 서 있음……. 팔짱을 껴도 되고, 앞에 내려놓아도 되고, 뒷짐을 져도 됩니다. 손을 움직이면서 하면 집중이 잘 되지 않기 때문에 어떤 방식으로든지 잡고 있는 게 좋습니다. 자신이 편안한 대로 하면 됩니다. 중요한 것은, 머리는 똑바로 하고 시선만 밑을 봐야 한다는 것입니다. 고개를 숙여 밑을 보지 않도록 하십시오. 많은 수행자들이 고개를 숙이면서 경행을 하는데 그것은 안좋은 자세입니다. 그렇게 하면 머리가 아플 수 있고, 목도 아프고, 또 다리의 움직임이 보이니까 집중력이 떨어집니다. 하루에 7시간 짱까마 하게 되는데 그렇게 하면 좋지 않습니다. 머리를 될 수 있으면 반듯하게 하고 시선만 아래로 두도록 합니다.

서 있음을 볼 때 머리부터 발가락까지 내 몸을 관찰합니다. '서 있음'이라고 하지만 명칭으로 수행하는 것이 아니고 그때 내 몸의 상태를 스스로 아는 것이 수행입니다. 발가락을 알 수도 있고, 허리를 알 수도 있고, 다른 어디를 알 수도 있고, 내 몸의 어느 한 부분을 알면 됩니다. 서 있을 때 힘이 들어가는 곳, 느낌이 일어나는 그 부분을 알아차리고 그것에 집중하는 것을 말합니다. 다시 말하면 현재 서 있는 자세를 유지하게 하는 그 힘을 보는 것입니다. 서 있음, 서 있음, 서 있음…….

그 다음으로 왼발이 걸을 때 왼발, 오른발이 걸을 때 오른발에 주의를 집중하면서 아주 자연스럽게 걷습니다. 그런데 보폭을 넓게 하면 자세히 관찰하기가 어렵습니다. 그러므로 짧게, 그리고 천천히 걸어야 합니다. 걸을 때도 스트레스 받지 않도록 부드럽게, 자연스럽게 하면서 마음과 몸의 움직임을 일치시킵니다. 왼발이 걸을 때 왼발의 걸음과 내 마음이 일치되게 하면서 걷습니다. 오른발이 걸을 때 오른발의 걸음걸음, 발뒤꿈치를 떼어서 앞으로 나아가고 바닥을 디딜 때까지, 그 걸음의 동작 하나하나에 마음을 일치시키면서 걷는 거예요. 강제로 통제하면서 하는 것이 아닙니다. 위빳사나는 마음을 통제하여 강제로 하는 것이 아니라 자연스럽게, 오직 깨어서 알아차리기만 하면 됩니다.

여러분들이 차를 마실 때에도 똑같습니다. 차의 향을 맡을 때, 찻잔을 앞으로 가져올 때, 잔을 조심스럽게 입에 대고, 마시고, 그 모든 과정을 그저 놓치지 않고 알아차립니다. 모든 것을 부드럽고 자연스럽게 합니다.

걸을 때에도 자연스럽게, 그 걸음 속에 내 마음이 일치되도록 합니다. 일상생활에서 어쩔 수 없이 빨리 걸을 때는 오른발 왼발, 그 걸음을 알고 있으면 됩니다. 그렇지만 집중수행 기간에 집중력을 키우기 위해서는 어느 정도 속도를 늦춰서 해야 마음이 쉽게 밖으로 달아나지 않습니다. 너무 빨리 걸으면 집중이 어렵기 때문에, 수행을 할 때는 천천히 걸어야 앞뒤가 끊어지지 않게 연결시키면서 관찰할 수 있습니다.

너무 느린 것도 안 좋고, 너무 빠른 것도 안 좋고, 자연스럽게 부드럽게 걸으면서 내 마음이 일치시키는 만큼 걸으면 되겠습니다. 이쪽에서 시작해서 저쪽 끝까지 걷는 동안 내 마음이 딴 데로 가버렸는가, 아니면 걷는 내내 마음이 걸음과 확실하게 일치가 되었는가, 그런 것을 알고 있으면 좋습니다. 또 끝에 가서도 바로 돌지 않고 서 있음, 서 있음, 서 있음……. 그 서 있는 것을 다시 관찰하면서 돕니다. 돌 때도 돈다, 돈다, 도는 것을 관찰하고, 돌고 나서 반대 방향을 향해 선 후 다시 서 있음, 서 있음, 서 있음을 관찰하고, 그 다음에 오른발 왼발의 움직임을 관찰합니다.

이렇게 왼발 오른발의 걸음을 관찰할 수 있고, 이쪽부터 저쪽 끝까지 가는데 수행이 잘 된다면 이제는 한 걸음을 들음 놓음으로 관찰해 보십시오. 발뒤꿈치가 올라갈 때, 앞부분을 뗄 때, 앞으로 나갈 때, 밑으로 내리면서 발을 디딜 때, 그때그때의 힘이 다다릅니다. 열심히 관찰하면서 집중이 잘 되고 있으면 한 시간이 어떻게 지나가는지 모릅니다. 그런데 마음이 걸음에 일치하지 않고 계속 밖으로 달아난다면 행선이 매우 지루하고 한 시간이 너무 길게 느껴질 것입니다.

행선을 할 때에도 마음 편안하게 하고 힘을 빼야 합니다. 힘주고 있으면 몸이 때리는 것처럼 아플 수도 있고 몹시 힘이 듭니다. 바른 노력이라는 것은 적당하게 하는 것을 말합니다. 수행 자체가 힘든 것이 아니고 내가 너무 긴장하고 쓸데없이 애를 쓰기 때문에 힘든 것입니다.

이때 명칭을 붙여서 하기도 합니다. 명칭 자체가 수행은 아니지만 명칭이 수행을 돕는 역할을 할 수 있습니다. 노약자들이나 환자들이 지팡이를 가지고 다닙니다. 명칭 붙이기는 갑자기 힘이 빠졌을 때 환자가 넘어지지 않도록 지팡이가 도와주는 것과 같은 이치입니다. 수행 중에 명칭을 붙인다는 것은 그런 의미입니다.

수행 초보자는 힘이 없어서 딴 데로 마음이 자꾸 도망갈 수 있습니다. 그러면 부풂 꺼짐이라든가 들숨 날숨, 볼 때 봄, 들을 때 들음, 이렇게 명칭을 붙여주면 마음이 대상으로 향하도록 하는 데 도움이 됩니다. 그렇게 하면 마음이 약해도 딴 데로 도망가지 않고 대상에 머물 수 있어서 쉽게 마음이 깨지거나 잊어버리지 않고, 대상을 반복적 지속적으로 관찰하게 해줍니다. 회사일 가정일 등 복잡한 여러 가지 일들로 마음이 산만하고 망상이 많은 사람들에게 명칭은 큰 도움이 됩니다.

어느 정도 수행을 해서 명칭이 없어도 마음이 대상에서 떨어지지 않는다면 굳이 명칭을 붙일 필요는 없습니다. 그렇게 아시고 명칭을 붙이거나 안 붙이는 것은 상황에 따라서 수행자가 알아서 하시면 되겠습니다.

모든 일은 반복할 때 스킬이 붙습니다. 수행에도 반복이 필요합니다. 바른 노력으로 쉬지 않고 해야 합니다. 수행 자체가 힘이 든 것은 아니지만 그렇다고 쉽게 되는 것은 아닙니다. 제대로 수행하려면 마음을 편안하게 해야 합니다.

몸이 있으면 아프게 되어 있습니다. 아픈 것은 어쩔 수 없어요. 수행을 해서 아픈 것이 아니라 원래부터 있는 통증을 수행하면서 또렷하게 알게 되는 것입니다. 바른 노력으로 꾸준히 수행을 반복하다 보면 차츰 기술이 붙어서 힘이 덜 들고 덜 아프게 될 것입니다.

바른 노력으로 중단하지 않고 꾸준히 하여 집중이 이어질 때 지혜가 생깁니다. 좌선이건 행선이건 지속적으로 하는 것이 중요합니다. 좌선 중 자세를 자주 바꾸거나 수행 기간 중에 이야기를 많이 하는 사람들은 수행의 진도가 잘 나가지 않습니다. 집중력이 길러지지 않기 때문에 그렇습니다. 그래서 한 시간 좌선 끝나면 한 시간 행선, 좌선에서 모인 힘을 행선에서 이어받아서 가야 합니다. 또 행선의 힘을 좌선에서 이어받아서 가고 그런 식으로 반복합니다.

아침에 깰 때부터 밤에 잠자리에 들 때까지 수행의 힘을 계속 이어받아서 가는 사람은 사흘 만에도 지혜가 생길 수 있습니다. 제대로 해보면 위빳사나 지혜가 생기는 데 이틀, 사흘밖에 안 걸려요. 하루에 14시간씩 태도도 바르고 노력도 제대로 한다면, 많이 하면 할수록 깨끗해지고 청정해집니다. 이에 따라 지혜도 올라가게 되어 있어 있습니다.

수행자들이 일주일, 열흘을 해도 안 된다면 그것은 제대로 하지 않아서 그렇습니다. 한 시간 수행을 한다고 하면서 앉았다가 일어났다가, 다른 이와 이야기를 했다가, 잠을 자다가, 잠깐 앉았다가…… 이런 식으로 한다면 결코 수행이 발전하지 못합니다. 예를 들어 돈을 열심히 모아 백만 원이 되었어요. 그런데 그것을 다 불에 태워 버려요. 다시 열심히 돈을 모아서 천만 원이 되었어요. 이번에는 이것을 몽땅 물에 던져 버렸어요. 그럼 무엇이 남겠습니까? 수행도 그와 같습니다. 수행을 열심히 했을지라도 그것을 잘 간수하지 못하고 모두 날려버리면 남는 것이 없게 됩니다. 그러므로 수행은 끊어지지 않게 해야 하는 것입니다.

중간에 번뇌가 자꾸 끼어들어도 진도가 나가지 않습니다. 초보자는 한 시간 닦는다 해도 한 시간에 오 분, 십 분밖에 집중하지 못합니다. 하지만 오 분을 닦으면 꼭 그만큼, 십 분을 닦으면 바로 그만큼 마음이 청정해집니다. 자신이 제대로 수행한 힘을 계속 이어받아야 날이 갈수록 수행의 힘이 늘어나는데, 그런 힘을 이어받을 줄 모르는 사람은 스스로에게 벌주는 것과 같습니다.

이때 필요한 것이 수행자의 강한 의지입니다. 절대로 중간에 번뇌가 끼어들어 가지 않게 하겠다, 아침에 깨어서 밤에 잘 때까지 끊임없이 잊지 않고 깨어 있겠다, 사띠를 유지시키려고 노력하겠다……. 볼 때 보는 것, 들릴 때 듣는 것, 바로 이 순간 깨어 있으려고 노력해야 합니다. 누워 있건 서 있건, 물을 마시든 식사하든, 양치하든 샤워하든, 그때그때 깨어 있으려고 매 순간 노력하는 것이 필요합니다.

그렇게 했을 때 수행자들에게 지혜가 생기게 되어 있습니다. 일주일 수행한다면 일주일 만에 알 수 있는 지혜가 있습니다. 전생에 수행하여 닦은 힘이 있는 사람들은 일주일 만에 깨닫는 사람도 있습니다.

수행은 시간으로 따지는 것이 아닙니다. 그 사람의 신심과 노력, 사띠와 집중, 그리고 지혜의 힘이 수행의 결과를 결정합니다. 그 다섯 가지 힘을 얼마나 투자하느냐에 따라 수행의 하루하루가 달라질 수 있는 것입니다.

행선과 좌선을 번갈아서 하게 되는데, 처음 수행을 시작할 때는 행선을 많이 하는 것이 좋습니다. 초보자가 처음부터 좌선을 하면 거의 졸고 망상하는 마음이 많습니다. 행선은 대상이 분명하기 때문에 좌선보다 쉽게 할 수 있습니다. 왼발 나가고 오른발 나가고 하는 것이 대상이 분명하기 때문에 집중, 사띠, 대상을 기억하기가 상대적으로 쉽습니다. 행선을 하여 집중력이 길러지면 좌선이 쉬워집니다. 그래서 초보자는 앉기 전에 먼저 행선을 하는 것이 효과적입니다.

행선으로 몸이 풀리고 순환만 잘 되는 것이 아니라, 행선을 하는 과정에서 신심도 좋아지고 노력, 사띠, 집중도 좋아지고 지혜도 높아지게 됩니다. 그 힘을 그대로 좌선으로 가져가서 조심해서 주의 깊게 관찰하면서 앉습니다. 그러면 그 행선의 수행력이 좌선으로 이어집니다. 그러면 좌선이 쉽고 편하고 통증이 별로 없이 수행이 잘 됩니다. 또 이 좌선에서 길러진 차분함과 고요함을 가지고 다시 행선을 합니다. 그러면 그 연결이 잘 되면서 하루하루가 확실하게 달라집니다. 그것은 누구보다도 먼저 본인이 확인할 수 있습니다.

지혜 계발, 인간 성장의 길

우리는 거의 매 순간을 번뇌로 살아갑니다. 보면서 욕심
부리거나 화내거나, 싫어하거나 좋아하는 식으로 계속 반응하면
서 지냅니다. 듣고 싫어하거나 좋아하거나, 맛을 보고 싫어하거나
좋아하거나, 몸의 감촉을 싫어하거나 좋아하거나…… 탐욕(탐)·
성냄(진)·어리석음(치)의 연속이지요. 그렇게 탐·진·치로 살아
가던 사람도 매 순간 닦아나가면 탐·진·치가 일어나지 못합니
다. 24시간 내내 번뇌에 젖어 살던 사람이 24시간 중 먹고 자는 시
간 10시간 빼고 수행 14시간을 제대로만 하게 되면, 그 14시간 번
뇌에서 벗어나는 것만으로도 완전히 달라집니다. 이렇게 일주일
만 열심히 해도 사람의 피부 색깔, 눈빛조차 달라집니다. 스스로
도 알고 남들도 알 수 있습니다. 심신이 가벼워지고, 개운하고, 맑
고…… 본인이 스스로 검증할 수 있습니다.
　우리가 가만히 있어도 탐·진·치·자만·질투·시기·나태·혼
침·의심·사견이 마음을 아주 더럽게 하는데 수행은 매 순간 그런

것이 일어나지 못하도록 제어하는 일을 합니다. 그 순간의 사실만을 알게 되기 때문에 어리석음이 일어나지 않는 것입니다. 어리석지 않기 때문에 탐욕과 성냄이 쉽게 일어나지 않습니다. 탐욕과 성냄이 일어나도 바로 바로 알아차리기 때문에 크게 탐욕과 성냄이 일어나지 않아요. 화가 나도 화남, 화남, 화남 하고 계속 알아차리면 오래지 않아 곧 사라집니다.

그래서 수행을 하면 일단 내가 행복해지는 것입니다. 그러나 수행하지 않는 사람은 화나는 마음이 하루 종일 일어나고 그 다음날까지도 계속 이어집니다. 밤에 잠도 잘 못 잡니다. 먼저 본인이 괴롭고 주변을 고통스럽게 합니다.

수행자 여러분은 지금 아주 큰 기회, 참으로 좋은 기회를 얻은 것입니다.

부처님께서 자주 하신 말씀도 바로 이것입니다. "사람으로 태어나는 것이 힘들다, 부처님을 만나는 것이 힘들다, 정법을 만나는 것이 힘들다, 신심이 있는 것이 힘들다, 출가하는 것이 힘들다."

얻기 어려운 이 다섯 가지를 여러분은 지금 다 갖추고 있는 것입니다. 얼마나 귀한 기회입니까. 우리가 할 게 없어서 여기 오는 것이 아닙니다. 이야기하려고 여기에 오는 것도 아니지요. 꼭 필요한 이야기 외에는 하지 않는 것이 서로를 도와주는 것입니다. 좋은 도반이 있어야 깨달을 수 있습니다. 부처님 가르침에서 깨달음의 요소 중 하나가 좋은 도반입니다. 자신이 좋은 도반이 되려면 쓸데없는 말을 많이 하지 말아야 합니다.

부처님의 말씀 중에 사람은 저마다 입안에 칼을 물고 태어난다는 게송이 있습니다. 그 칼로 스스로를 잘라서 지옥에 간다고 합니다. 칼이란 곧 혀를 말합니다. 그래서 수행자들은 입이 있어도 말 못하는 벙어리처럼, 눈이 있어도 맹인처럼, 건강해도 환자처럼 살아야 한다고 합니다. 힘이 있다고 마음대로 움직이면 놓치게 되어 있습니다.

환자들은 무엇 하나를 하려면 아주 조심스럽게 움직이지요, 아프니까. 수행자는 아프지 않아도 환자처럼 조심스럽게 해야 수행이 잘 된다는 뜻입니다. 작은 것 하나를 할 때에도 조심스럽게, 주의 깊게 하라, 그렇게 할 때 수행을 놓치지 않을 수 있습니다. 눈이 보인다고 다 보고 있으면 안 되지요. 항상 눈을 챙겨야 합니다. 눈이 잘 보여도 맹인처럼 살아라. 입이 있어도 벙어리처럼 살아라.

사띠 없이 보고 말하는 그 순간 모든 것이 다 날아가 버립니다. 한 시간 열심히 집중했다가 말을 십 분 정도 해보십시오. 집중되었던 그 힘이 다 사라져 버립니다. 또 십 분 정도 얘기하고 다시 앉아 보세요. 그 했던 이야기가 계속 떠오릅니다. 그런 식으로 하면서 수행 일주일 해봐도 달라지는 것이 없으니 이 수행법이 안 맞는다고 생각합니다. 수행법이 잘못된 것이 아니라 수행자의 수행이 잘못된 것입니다.

오늘이 수행 첫날입니다. 여러분께서 그런 정신을 가지고 열심히 해보시면 하루하루가 확실하게 달라질 것입니다. 일주일만 해도 위빳사나 수행이 무엇인지 확실하게 알게 되고, 수행에 대한 확신과 신심이 생길 것입니다.

지금까지 설명한 것을 간략하게 정리하고 마무리하겠습니다.

위빳사나란 특별한 봄, 여러 가지 측면으로 보는 것이고 그렇게 보는 지혜를 뜻합니다. 지혜가 없는 일반 사람들이 '영원하다, 행복하다, 나이다'라고 보고 있는데, 위빳사나 수행을 바르게 하면 그것이 무상·고·무아임을 아는 특별한 봄, 특별한 지혜가 생깁니다. 무상·고·무아는 40여 가지의 측면으로 볼 수 있습니다. 그래서 위빳사나 지혜를 여러 가지로 보는 지혜라고도 합니다.

행복해지기 위해서는 위빳사나 수행을 해야 합니다. 위빳사나 수행을 조금 하면 조금 행복하고, 많이 하면 많이 행복하고, 완벽하게 하면 완벽한 행복을 얻게 됩니다.

번뇌, 끼레사 때문에 행복하지 못한 것인데, 위빳사나 수행은 번뇌를 제거하는 것입니다. 위빳사나 수행을 함으로써 탐·진·치라는 번뇌가 일어나지 않게 하고, 일어난 번뇌는 제거함으로써 진정한 행복, 자유를 얻게 됩니다.

그러면 위빳사나 수행은 어떻게 하는가?

내 몸과 마음에 있는 것을 그대로만 관찰하고 있으면 이 몸과 마음의 사실을 차차 알게 됩니다. 본인의 수행 정도에 따라 지혜가 계발되고, 지혜가 계발되면 여러분의 심리에 분명히 변화가 옵니다.

위빳사나는 지혜 계발, 심리 변화, 인간 성장의 길입니다. 여러분들이 지혜를 계발할 수 있는 만큼 계발하십시오. 지혜가 계발되면 심리가 따라 변화합니다. 그러면 여러분들은 지금의 '나'가 아닌, 죽지 않으면서 새로 태어나는 더 나은 '나'가 됩니다. 그렇게 인간은 성장합니다.

어느 정도까지 성장할 수 있겠습니까? 부처님까지 될 수 있습니다. 부처님이 안 되어도 아라한은 될 수 있습니다. 아나함, 사다함, 수다원도 될 수 있습니다. 수다원이 못 되어도 일반 범부보다는 훨씬 성숙한 사람이 될 수 있습니다. 부처님께서는 이 중생 중에 하나뿐인 사람입니다. 그 단계에 도달하기 위해 어떻게 하셨습니까? 이 수행을 하셨습니다. 지혜를 계발하고 심리가 변화되어 인간이 성장하니까 부처가 되신 것입니다. 이 지구상에 있는 몇십 억 명 중에 나는 어느 정도의 수준을 가진 사람일지 스스로 가늠해 보십시오.

여러분들이 열심히 수행하여 지혜를 계발하시고, 그 계발되는 지혜로 여러분들의 심리를 변화시키고, 그 변화된 심리로 여러분들이 성장하기를 바랍니다. 부처님의 가르침인 팔정도를 수행하시어, 모든 고통에서 벗어나 닙바나를 성취하기를 기원합니다.

Sādhu Sādhu Sādhu
사두, 사두, 사두.

Buddha sāsanaṃ ciraṃ tiṭṭhatu (3번)
붇다사사낭 찌랑 띳타뚜

부처님의 가르침이 오래오래 머무소서.

사두, 사두, 사두.

둘째 날

부처님과
위빳사나

고통 받는 중생들 모든 고통에서 벗어나기를
위험 처한 중생들 모든 위험에서 벗어나기를
걱정 있는 중생들 모든 걱정 근심에서 벗어나기를 (3번)

Dukkhappattā ca niddukkhā

Bhayappattā ca nibbhayā

Sokappattā ca nissokā

Hontu sabbepi pāṇino (3번)

둑캅빳따 짜 닛둑카

바얍빳따 짜 닙바야

소깝빳따 짜 닛소까

혼뚜 삽베삐 빠니노

사두 사두 사두

••••

이 연민심 게송을 간단히 살펴보면 이렇습니다.

둑카 빳따 짜, '둑카'는 '고통'이고 '빳따'는 '빠졌다', '짜'는 '그리고'라는 의미입니다. '고통스러운 자'라는 뜻이지요. 그래서 '둑카 빳따 짜'라고 할 때 이 세상의 모든 고통스러운 사람들을 내 품으로 다 안아주는 느낌으로 읽으면 됩니다. '닛둑카'의 '니'는 '벗어나기를'. 그러므로 '닛둑카'는 '고통에서 벗어나기를'이라는 뜻이 됩니다. 이때는 고통 속에 있는 이들을 구해주는 느낌으로 하면 아주 좋습니다.

바야 빳따 짜, '바야'가 '위험'이니까 '바야 빳따'는 '위험에 빠져 있는 사람들, 위험을 겪고 있는 사람들'이라는 말입니다. 본인이 위험에 빠져 봤으면 그 위험이 얼마나 무서운지 알지요. 위험에 빠져 있는 이 세상 사람들을 모두 다 안아주는 마음으로 게송을 암송합니다.

바야 빳따 짜 닙바야. '닙바야'라고 할 때는 구해주고 싶은 마음, 구해주는 마음으로 하면 되겠지요.

소까 빳따 짜, 걱정 근심에 빠져 있는 모든 중생을 다 따뜻하게 안아주는 마음으로, 닛소까, 그 걱정 근심에서 구해주는, 걱정 근심이 없기를 바라는 마음으로 합니다.

혼뚜, '혼뚜'가 동사로 '~되기를' 하고 바라는 거예요. '닛둑카'는 고통 없기를. '닙바야'는 위험 없기를. '닛소까'는 걱정 근심 없기를.

삽베삐, '삽베삐'는 '모두, 모두 다'.

빠니노, '빠니노'는 '살아 있는 중생들'.

삽베삐 빠니노, '모든 살아 있는 중생들'이라고 하면 지옥에서 범천생까지 다 포함되지요. 지옥생 · 축생 · 귀신 · 아수라 · 인간 · 천신 · 범천, 모든 중생을 다 의미합니다. 그래서 이 연민심 게송은 사무량심의 큰 의미가 있습니다. 차별 없는 마음, 내가 좋아하는 사람 싫어하는 사람의 차별이 없고, 우리나라 사람과 다른 나라 사람을 나누지 않고, 모두를 하나로 보기 때문에 '무량'이라고 말하는 것입니다. 연민심도 무량심의 하나입니다.

모든 것이 훈련입니다. 처음 할 때에는 연민심이 안 나올 수도 있습니다. 그러나 억지로라도 계속 해나가다 보면 언젠가는 연민심이 우러나오게 되어 있습니다. '훈련으로 안 되는 일이 없다'라는 말이 있지요. 수행도 마찬가지예요.

붓다에 대한 올바른 인식의 중요성

오늘은 여러분께 '부처님과 위빳사나'라는 제목으로, 수행이 부처님과 어떤 관련이 있는가를 이야기하겠습니다.

지금 여기에 스님들이 많이 계신데, 부처님에 대한 올바른 인식을 지니는 것이 얼마나 중요한지를 특별히 강조하고 싶습니다. 모든 출가자들은 부처님을 보고 출가합니다. 즉 부처님의 가르침을 배우고 따르겠다는 제자의 마음으로 출가하는 것입니다. 그러므로 국가나 종단, 특정 스승을 위해서 희생하려는 것이 결코 아닙니다.

불자佛子도 마찬가지입니다. 불자들이 삼귀의를 하고자 하면 그 의미를 정확히 알아야 합니다. 우리가 귀의하려는 부처님이 어떤 분인지, 법이 어떠한지, 승가란 무엇인지, 그것의 올바른 정의와 개념이 아주 중요합니다.

부처님이 어떤 분인지를 바르게 알지 못하면 부처님의 법에 대한 정의도 틀리게 되어 있습니다. 또한 부처님의 법에 대한 정의가 옳지 않으면 승가에 대한 정의도 당연히 바르지 않을 수밖에 없습니다. 다시 말하면, 부처님을 제대로 정의 내리지 못하는 사람은 불법에 대한 정의도 바르지 않다는 말입니다. 이 법도 부처님 법 같고 저 법도 부처님 법 같고, 이것도 맞는 것 같고 저것도 맞는 것 같고…… 그래서 애매모호한 상태 속에 있게 됩니다. 부처님을 제대로 모르면 바른 법을 알 수가 없고, 정법을 알지 못하면서 불법을 제대로 실천할 수는 없습니다. 그러면 승가에 대한 정의도 당연히 불분명할 수밖에 없고, 깨달음에 대한 정의도 매우 이상해지고 혼란스럽게 되고 맙니다.

그래서 붓다의 정확한 개념을 정의하려고 합니다.

붓다buddha, 한국말로 부처님이지요. 그러나 부처님께서는 스스로 부처님이라는 말을 쓰지 않으셨습니다. 부처님께서는 당신 자신을 지칭하실 때 '따타가따tathāgata'라는 단어를 쓰셨지요. 따타가따를 한국에서는 여래如來라고 번역합니다. '따타tathā'는 '같은, 똑같이'라는 뜻이고 '가따gata'는 '오신 분, 가신 분'이라는 뜻이 있습니다. 경전을 보면 그 단어가 많이 나오는데, 부처님께서 당신 자신을 가리킬 때 그 단어를 자주 사용하셨습니다. 즉 '나는 앞서 오셨던 부처님들과 똑같은 부처이다. 앞서 가신 부처님들과 똑같은 공덕을 갖춘 부처이다'라는 의미에서 따타가따라는 말을 쓰셨던 것입니다.

오신 곳은 이 세상(loka)을 의미하고 가신 곳은 세상을 초월함(lokuttara), 닙바나nibbāna, 해탈, 열반을 뜻합니다. '아가따'라는 단어는 '오다, 가다'라는 두 가지 의미가 있습니다. 사실 원어 그대로 풀이하자면 '머물지 않고 움직임'이라는 뜻이지요.

부처님이라는 말을 원어에서 찾으면 붓다buddha입니다. 붓자띠띠 붓도Bujjhatīti buddho, '붓자띠Bujjhatī'는 '안다', '이띠īti'는 '그래서', '붓도buddho'는 '붓다buddha이다', 그래서 붓다라는 말을 풀이하면 '안 자, 알았던 자', 지금 현재가 아니라 이미 알았던 자가 붓다입니다. 그러므로 부처님을 원어 그대로 정의 내리자면 '알았던 자, 이미 안 자', 영어로 번역할 때는 enlightened one입니다. 아니면 붓자띠를 '깨어난 자, 이미 깬 자'라는 의미의 awakened one이라고 번역합니다. 이렇게 '알았던 자', 또는 '깨어난 자'라는 두 가지 의미로 부처님을 정의하십시오. 그러면 어떤 혼란도 없는 확실한 정의가 됩니다.

1) 붓다의 실체

그렇다면 붓다란 어떤 분인가. 간절히 소원을 빌면 그것을 들어주는 분이 부처님이라고 말하는 사람도 있고, 그렇다면 기독교의 하느님 또는 힌두교의 브라만이나 이슬람의 알라와 무슨 차이가 있느냐고 묻는 이들도 있습니다.

어떤 교단이든 공통적으로 주장하는 것이 창조자, 전지전능한 신의 존재입니다. 무엇이든 다 알고 있고 나의 모든 것을 내려다보고 있는 신, 나에게 사랑과 복을 주는 신이 있어서 그 존재를 믿는 것이라고 말하지요.

그러나 부처님께서는 우리와 똑같은 인간입니다. 다만 '깨어난 자, 알아 깨우친 자, 깨달은 자'라는 점에서 우리와 다를 뿐 신이 아닙니다. 그러면 사람들은 다시 물을 것입니다. '안다'라고 하는데 도대체 붓다가 무엇을 알았느냐고 말이지요.

무엇을 알았던 자가 부처이냐? 그렇습니다. 무엇을 알았느냐가 참으로 중요하지요. 그러면 이렇게 답하십시오. "사성제를 알았던 자가 부처이다." 그것이 원어 그대로의 의미입니다. 짜뚜삿짬 붓자띠띠 짜뚜삿짜붓도catusaccaṃ bujjhatīti catusaccabuddho.

'사성제를 알았던 자가 붓다'라는 부처님의 정의가 확고해야 부처님의 법이 확실하고, 부처님의 제자 승가에 대한 정의 또한 분명해집니다. 이 명확한 정의가 없으면 모든 것이 애매모호하고 혼란스러워지고 맙니다.

부처님에 대한 개념도 확실하지 않고, 불법도 분명하지 않고, 승가의 의미도 명확하지 않으면 부처님의 가르침을 그대로 지키며 따를 수가 없습니다. 불법을 제대로 알지 못하면서 어떻게 바르게 실천할 수 있겠습니까.

부처님이 우리의 병을 낫게 해주는 존재라면 의사도 부처가 될 수 있겠지요. 그러나 붓다의 참된 의미는 그런 것이 아님을 이제는 분명히 알 수 있을 것입니다. 부처님에 대한 정의가 '사성제를 알았던 자'라고 분명해지면 불법이 무엇인지도 따라서 명료해집니다. 사성제가 부처님의 법입니다. 그러므로 불법, 부처님의 가르침에 귀의한다고 하는 것은 부처님의 사성제를 알아 깨치는 법에 귀의한다는 의미입니다. 반복하자면 사성제를 알아 깨칠 수 있는 법만이 부처님의 법이라고 할 수 있는 것입니다. 당연히 사성제를 깨달을 수 있는 법을 실천하고 있는 자들의 모임이 승가가 되는 것입니다. 그래서 불·법·승 삼보의 개념이 확고해지면 그 어떤 혼란도 있을 수 없습니다.

　이와 같이 바르게 알고 있으면 통도사에 있는 사리탑이, 지리산에 있는 무슨 탑이, 이 탑보다 저 탑이, 이 부처님보다 저 부처님이 더 낫다는 등의 말을 하지 않습니다. 불상이나 탑이 부처님이 될 수 없기 때문입니다. 그리하여 큰스님들께서는 말씀하시기를,

　"부처님을 모르는 사람들을 불상이 가리고 있으니 그들이 진정한 부처님을 볼 수가 없다. 불법을 모르는 사람들 앞에서 스님들이 설법을 하여 불법을 가리니 그들이 진정한 부처님의 법을 알기가 어렵다. 승가를 모르는 사람들을 스님들이 가리고 있기 때문에 사람들이 진정한 승가를 알 수가 없다."

라고 하셨습니다. 불·법·승에 대한 정의가 확실하지 않은 사람들을 항상 불상이 가리고, 설법이 가리고, 스님이 가려 참된 삼보를 볼 수가 없다는 말입니다.

　붓다의 두 번째 정의인 '깨어난 자(Awakened one)'의 의미를 다시 살펴보겠습니다. 어젯밤에 잠을 자고 오늘 아침 깨어났으니 나도 부처라고 할 수 있는가? 누구나 잠을 자고, 잠을 자던 사람들은 모두 깨어납니다. 그럼 그들이 다 부처일까요? 어떤 면에서는 그렇게 말할 수도 있겠네요. 그러나 그것은 진정한 붓다의 정의가 아닙니다.

　부처님이 깨어났다는 것의 의미를 제대로 알기 위해서는 '잠을 자다'가 무슨 뜻인지를 바르게 알아야 합니다.

　우리가 깨어난다는 것은 하루 24시간 중 어두운 밤에 잠들었다가 날이 밝아 어둠에서 깨어나는 것이고, 부처님께서 깨어나셨다는 것은 무명, 어리석음이라는 어둠 속에서, 시작도 끝도 알 수 없

는 윤회라는 아주 길고 긴 밤에서 깨어나셨다는 뜻입니다. 범부들 중에서 최초로 깨어나신 분, 누가 와서 깨운 것이 아니라 스스로 깨어나신 분이 바로 붓다입니다. 이제 여러분은 붓다의 정의가 아주 분명하여 더 이상 혼란이 없으리라고 봅니다.

어리석음, 무명의 반대가 지혜, 깨달음입니다. 부처님이 성취하신 지혜, 사성제, 진리, 그 깨달음이 바로 '깨어났다'의 올바른 의미입니다. 그리하여 비로소 윤회에서 벗어났고 무명, 어리석음에서 완전히 자유로워졌다는 뜻입니다. 그 부처님의 깨달음, 사성제를 아는 지혜가 바로 위빳사나 지혜입니다.

2) 인간 붓다의 생애

부처님에 대한 이야기를 조금 더 해 보겠습니다.

부처님께서는 싯닷타Siddhattha 태자로 태어나 16살 때 결혼하시고 29살에 아들을 낳았습니다. 바로 그 아들이 태어나던 날 밤에 출가하셨습니다. 흔히 부처님의 아들을 라훌라Rāhulā라고 하는데, 사실 '라훌라'라고 아들의 이름을 지어준 것은 아닙니다. 원래 라훌라는 인도의 많은 신 중 하나입니다. 요즘 과학적으로 말하면 해와 달과 지구가 한 직선 위에 있을 때, 이 지구에서 보면 해가 달을 가려서 달이 어둡게 보이죠. 그럴 때, 옛날 인도 소설을 보면 라훌라 신이 달의 신을 붙잡아 두어 달이 어두워진다고 합니다.

싯닷타 태자는 병들고 아픈 사람, 늙고 죽어가는 사람을 보고 심한 충격을 받습니다. 그리고 아들이 태어나던 날, 드디어 공원에서 출가자를 보자 아주 기뻤습니다. '예전에 보았던 노·병·사의 고통에서 벗어나기 위한 것이 바로 이 출가자의 길이구나. 나도 출가해서 수행해야겠다'라고 결심을 하게 됩니다. 그러자 아직 출가하기 전인데도 그 생각 자체만으로 너무나 기뻤습니다. 머리 깎고 가사 입고 혼자 생활하고 돈 벌지 않고 가정을 갖지 않고…….. 아주 자유롭게 수행하는 생활을 생각하기만 해도 마음에 기쁨이 충만해져서 왕궁으로 돌아왔는데, 그때 태자의 아들이 태어났다는 소식을 듣습니다. 방금 태어난 아들을 보니까 바로 전의 그 충만했던 행복이 바로 사라지는 거예요. 출가하겠다는 마음으로 매우 기뻤는데 아들이 태어났다는 말을 듣자, 아, 달의 신이 라훌라 신에게 붙잡힌 것처럼 아들에게 붙잡히고 말았구나! 그래서 '라훌라!'라는 말을 충격적으로, 탄식하듯이 하게 된 것입니다.

태자의 아버지인 숫도다나 왕은 손자의 이름을 그대로 '라훌라'라고 지었습니다. 이것이 부처님 아들의 이름이 라훌라가 된 유래입니다.

부처님께서는 아들이 태어난 29세 때의 그날 밤, 큰 결심을 하면서 출가하셨습니다. 출가한 뒤 내내 수행을 많이 하셨지요. 출가 후 먼저 부처님께서 하신 수행은 사마타입니다. 부처님이 출가하자마자 유명한 두 스승을 만나게 됩니다. 그때 만난 두 명의 스승 밑에서 사마타 수행, 지법을 공부하셨습니다. 흔히 싯닷타 태자가 이번 생에서 스승 없이 스스로 깨달았다고 말하지만, 사마타 수행을 하실 때에는 스승이 있었다고 할 수 있습니다. 7선정, 8선정까지 알라라 깔라마, 우다까 라마뿟따라는 두 스승 밑에서 선정 수행을 배우고 익혔습니다. 8선정까지 다 통과했지만 그것이 진정한 깨달음이 아니라는 것을 싯닷타 태자는 알게 됩니다. 이 선정 수행으로 나름대로 행복하고, 번뇌를 다스릴 수는 있지만 번뇌를 완전히 제거할 수는 없다는 것을, 이것이 번뇌를 뿌리까지 뽑아 없애버릴 수 있는 가르침은 아니라는 것을 태자가 알았던 것입니다.

그러자 1년도 채 되지 않아 바로 그 스승 곁을 떠납니다. 사실 그때 이미 싯닷타 태자는 그 종단에서 거의 큰 스승이 되어 있었습니다. 스승들의 최고 제자로서 그 스승들과 거의 동등한 위치에서 가르칠 수 있었습니다. 그러나 그것이 최종적인 깨달음이 아니라는 것을 알고는 곧바로 그들을 떠난 것입니다. 그때까지 태자는 고집멸도라는 사성제를 몰랐기 때문에 다시 운수납자雲水衲子가 되어 진정한 진리를 찾는 길에 오릅니다.

찾고 찾다가 결국엔 고행에 빠집니다. 고행을 6년 가까이 했지요. 부처님께서 성취하신 8선정은 전생에서 보살행을 하면서도 이미 얻었고 습이 되었던 것이어서 그리 어렵지 않았습니다. 사마타 수행의 최종 목적지인 선정을 얻은 후 죽으면 범천입니다. 그러나 범천은 윤회에서 벗어나는 것이 아니고 윤회하는 세계 중 최고의 중생, 최고의 세상일 뿐입니다. 태어남이 있으면 죽음도 있는 것이고, 그러면 다시 생노병사를 반복할 수밖에 없습니다. 그것을 깨달은 운수승雲水僧 싯닷타는 '이 선정으로는 깨달을 수 없다. 사마타 수행, 지법으로는 깨달을 수 없다' 하며 다시 진리의 길을 찾아 나섰던 것입니다.

그리하여 6년 가까운 고행을 하게 되었지만 그 고행 또한 올바른 길이 아님을 깨닫고 마침내 중도의 길을 선택합니다. 그 중도가 다름 아닌 팔정도입니다. 부처님의 첫 번째 법문인 『초전법륜경』에서 그 사실을 분명히 밝히셨습니다.

중도가 팔정도이고 그 팔정도를 수행해야 깨달을 수 있다고 단언합니다. 부처님 당신도 팔정도를 수행하여 드디어 깨달음, 즉 사성제 진리를 성취하셨습니다. 누구든지 팔정도를 수행해야 부처님의 법을 깨달을 수 있습니다. 여러분들이 부처님을 보고 출가했다면 다른 수행법이 필요 없고 팔정도 수행법이 중요합니다. 팔정도를 수행해야 깨달을 수 있다는 것을 분명하게 알아야 합니다. 이 팔정도 수행이 바로 위빳사나입니다.

붓다 가르침의 요체

　　지금까지 설명한 내용을 요약해 보겠습니다. 부처님의 정의가 흔들리면 법의 정의가 흔들리고, 법의 정의가 흔들리면 승가의 정의가 흔들립니다. 자기 나름대로 하고 있는 것이 부처님의 법이라 말하고, 자기 나름대로 깨달은 것을 부처님의 가르침이라고 말은 할 수 있겠지만 그것은 사실이 아닙니다. 내가 아무리 금이라고 주장할지라도 금이 아니면 아닌 것입니다. 은이면 은이고 동이면 동이지, 은과 동이 금일 수는 없습니다.

　　부처님께서는 『초전법륜경』에서 "내가 양쪽 극단, 쾌락과 고행을 버리고 중도를 찾았다. 이 중도가 팔정도이다."라고 하셨고, 돌아가시기 직전에 하신 『열반경』에서도 팔정도의 중요성을 강조하셨습니다. 그러면 중도, 맛지마 빠띠빠다majjhimā patipadā란 무엇인가. 중도는 고행과 쾌락이라는 양 극단을 버리고 어떤 치우침에서도 벗어났다는 뜻입니다.

　　'맛지마'는 '중간', '빠띠빠다'는 '수행의 길, 수행 실천법', 그래서 중간적인 수행 실천법이 바로 맛지마 빠띠빠다, 팔정도입니다.

우리는 수행하면서 대상을 잊지 않으려고, 깨어 있으려고, 놓치지 않으려고 항상 노력합니다. 그것이 팔정도의 바른 노력입니다. 수행의 대상을 잊지 않고 몸·느낌·마음·법의 사념처, 색·수·상·행·식, 즉 오온이라는 수행의 대상, 간단하게 말하면 몸과 마음의 바로 이 순간 있는 그대로를 잊지 않고 깨어 있으면서 알아차리려고 노력하는 것이 바른 노력입니다.

그러면서 알아차리게 되는 것을 놓치지 않으며, 움켜쥐지 않고 잊지 않으며, 조심스럽게, 주의 깊게 앞뒤로 연결시키면서 지속적으로 기억하고 있는 것, 대상을 잊지 않으면서 기억하고 있는 것이 팔정도의 바른 사띠입니다.

몸·느낌·마음·법이라는 네 가지 대상에만 오로지 집중하여 거기에 머무는 것, 이것이 바른 집중입니다. 이 바른 집중이 있으면 바른 견해와 바른 사유가 생깁니다.

수행할 때 여러분이 지키고 있는 계율, 비구 비구니가 지키고 있는 계율, 사미 사미니가 지키고 있는 계율이 있습니다. 아침마다 우리가 암송하는 '식카빠당 사마디야미sikkhāpadaṃ samādiyāmi'라고 하는 것은 재가자들을 위한 8계이고 사실 비구 비구니, 사미 사미니는 이 '식카빠당 사마디야미'라는 말이 따로 필요하지 않습니다. 비구가 227계, 비구니는 그것보다 조금 더 많지요. 계단(戒段 sīma) 안에서 비구 비구니 계를 받은 그 순간부터 출가자는 바로 계를 지키게 되어 있습니다. 그러므로 '그 계율을 지키겠습니다'라는 의미의 '식카빠당 사마디야미'라는 말을 굳이 다시 할 필요가 없다는 말입니다.

비구 승가, 비구니 승가가 부처님의 가르침 그대로 계단 안에서 수계를 갖추게 되면 그 비구 비구니가 파계하지 않는 이상 227계 혹은 그 이상의 계는 항상 그대로 있는 것입니다. 또한 사미 사미니들이 삼귀의하고 은사 스님으로부터 계를 받으면 100계가 넘는 계율이 있는 것이지요. 그래서 일반 재가자들처럼 매번 "이 계율을 지키겠습니다"라고 반복하여 말할 필요가 없고, 자기 안에 내면화시켜 반드시 스스로 지켜야 합니다.

이렇게 재가불자들이 지키는 5계, 8계 혹은 10계나 출가자들이 지키는 계율이 바로 바른 말, 바른 행동, 바른 생계입니다. 계율이 깨끗해야 마음이 청정해지므로 부처님 가르침인 삼학 중에서도 계가 기본입니다. 계율은 지키지 않으면서 수행만 하면 깨달을 수 있다고 착각하지 마십시오. 건물을 지을 때 건물의 기초가 튼튼하지 않으면 건축물이 올라갈 수 없고, 올라간다 해도 결국은 무너지고 맙니다. 마찬가지로 계율을 안 지키면 집중이 안 되고, 집중이 없으면 지혜를 얻을 수 없습니다.

반복하자면 부처님의 가르침이 계·정·혜인데 계율이 깨끗해야 정定, 즉 마음이 청정해지고, 청정한 마음이 있어야 지혜가 생길 수 있습니다.

마음의 청정함, 찟따 위숫디citta visuddhi. '찟따'가 '마음', '위숫디'는 '청정함'. 마음의 청정함이 정, 집중입니다. 집중이란 마음이 깨끗해져서 번뇌가 생기지 않기 때문에 마음의 힘이 차 있는 상태를 말합니다. 계율을 깨끗이 지키지 않는 사람들은 때 묻은 걸레에 다시 때가 묻어도 잘 모르는 것처럼 자신의 마음 상태가 어떠한지를 잘 모릅니다. 그런데 계율을 지켜보면 계율이 깨끗할수록 마음이 깨끗하기 때문에 때가 조금만 묻어도 바로 알게 됩니다. 아주 깨끗한 수건에 때가 조금만 묻어도 곧바로 표가 나는 것과 같은 이치입니다. 이렇게 계율을 지켜보아야 마음의 맑고 깨끗함이 무엇인지를 알 수 있습니다. 마음이 깨끗하지 않은 사람은 진정한 맑음, 깨끗함을 모르기 때문에 계율의 힘을 알 수가 없습니다. 계율이 청정할수록 마음 또한 청정해져서 마음의 힘이 차고, 마음의 힘이 차야 그 집중의 힘으로 지혜의 꽃이 필 수 있습니다.

부처님의 가르침인 삼학, 즉 계·정·혜를 아시지요. 그 첫 번째 가르침이 실라(sīla, 계), 계율입니다. 이것은 다름이 아니라 우리의 몸과 입을 챙기는 것을 의미합니다. 몸으로 나쁜 짓을 하지 않고 입으로 나쁜 말을 하지 않는 것이 곧 지계입니다. 더 나아가 몸으로 좋은 행동을 하고 입으로 좋은 말을 하는 것이 계율입니다. 계를 지킨다는 것은 이렇게 두 가지 측면이 있습니다. 몸으로 입으로 나쁜 행동 나쁜 말을 하지 않는 것, 그리고 몸으로 입으로 좋은 행동 좋은 말을 하는 것, 그것이 계율, 곧 실라입니다.

그 다음이 사마디(samādhi, 집중, 선정, 정). 정定이란 마음의 청정함을 말합니다.

그리고 빤냐(paññā, 지혜). '빤냐'를 한국에서는 반야라고 말하지요. 그러나 소리가 다르면 뜻도 다릅니다. 이것은 어느 나라 말이라도 마찬가지인데, 소리가 달라지면 어쩔 수 없이 전달되는 의미도 변하게 되어 있습니다. 그래서 원어인 빤냐와 한국어인 반야는 소리가 다른 것처럼 의미에서도 차이가 납니다.

이제 '부처님과 위빳사나'의 연관성을 어느 정도 이해하셨으리라고 생각합니다.

위빳사나 수행으로 얻을 수 있는 것

　　위빳사나 수행을 하면 순간적인 사성제를 얻을 수 있습니다. 위빳사나 지혜가 없으면 매 순간 우리는 아상, 인상, 중생상, 수자상을 일으킵니다. 그러면 무상·고·무아를 제대로 알 수 없고, 그러니 계속 무언가에 집착하고 욕심을 부리게 됩니다. 그 욕심 즉 집성제集聖諦가 생기니 고가 계속되고……. 이렇게 악순환이 반복되는 것입니다. 집성제를 버리지 못하기 때문에 고성제가 계속된다는 말입니다.

　　한국말에 '고집이 세다'는 말이 있지요. 고, 집, 고, 집. 이것들이 계속 빙빙 돌고 있으면서 나가라 해도 안 나가는 것이 고집 센 거예요. 윤회에서 빙빙 돌고 있는 것. 그렇게 고와 집, 고성제와 집성제는 윤회에서 빙빙 도는 길입니다. 그러니 우리 수행자들은 '고집'하지 말고 도道, 도성제를 활성화해야 합니다. 바른 말, 바른 행동, 바른 생계의 중요성을 항상 기억하고 실천해야 합니다. 비구 비구니는 스님답게 살아야 하고 수행자는 수행자답게 살아야 합니다.

바른 말, 바른 행동, 바른 생계로 살면서 바른 노력, 바른 사띠, 바른 집중을 해야 바른 견해, 바른 사유가 생기고 그렇게 하는 것이 바로 도성제를 활성화하는 것입니다. 바른 바퀴, 도성제라는 법의 바퀴를 굴려야 고성제를 제대로 보게 됩니다. '아, 고통스럽구나. 계속 일어나서 사라지는 것만 있을 뿐 나(我)라고 잡고 있을 것이 따로 없구나'라고 바르게 알 때 욕심 부리지 않을 수 있습니다. 그렇게 함으로써 도성제를 얻으니까 고를 알고 집을 버리면서 매 순간 멸성제에 도착하게 됩니다.

이와 같이 위빳사나 수행으로 순간적인 멸성제를 얻을 수 있습니다. 매 순간마다 번뇌가 일어나지 않는 것 자체가 순간적인 멸성제라고 할 수 있지요. 그 작은 멸성제가 많이 모여야 큰 멸성제에 이르고 해탈에 도달합니다. 작은 것 없이 큰 것을 이루지 못합니다. 돈 한 푼 없는 사람이 갑자기 1억을 모을 수는 없습니다. 일원 이 원이 모여 백 원이 되고 천 원이 되고 만 원이 되고, 결국 1억도 될 수 있습니다.

수행도 이와 같습니다. 여러분들은 지금 시작했습니다. 아침에 깰 때부터 밤에 잘 때까지 이 팔정도를 활성화하도록 노력하십시오. 이 법의 바퀴가 멈추지 않도록 매 순간 팔정도라는 법, 해탈에 이르는 법의 바퀴를 굴려야 합니다. 순간적인 도성제와 순간적인 멸성제가 계속 모이고 모일 때 수행의 궁극적 목적인 완벽한 자유, 완벽한 행복을 얻을 수 있습니다. 부처님도 8선정까지 이르렀지만 깨닫지 못했기 때문에 선정을 버리고 다시 수행을 하고, 마지막으로 위빳사나 수행으로 무상·고·무아를 보면서 순간적인 번뇌를 죽이고 죽임으로써 마침내 깨끗하게 되어 결국 삼마삼붓다, 아눗따라 삼마삼붓다anuttara sammāsambuddha, 위없는 붓다가 되셨습니다.

부처님의 정의와 개념이 확실하지 않으면 불법, 부처님의 가르침에 대한 개념과 정의가 확실하지 않을 것이고 그러면 불제자, 승가, 부처님의 법을 깨달은 자에 대한 정의 또한 명확할 수 없다는 이야기를 앞에서 하였습니다. 부처님이 어떤 분인지, 또 부처님 본인의 마지막 수행이 어떤 것이었는지도 이야기했습니다.

사성제를 스스로 깨달아 안 자가 붓다이고, 또 다른 말로 붓다는 윤회라는 길고 긴 밤, 어리석음·무명이라는 어둠 중에서도 가장 어두운 속에서 최초로 스스로 깨어난 자라고도 이야기했지요.

우리가 부처님에 대해 정확하고 확실하게 알면 아무나 부처님이라 하지 않고, 아무에게나 보살이라고 하지 않게 될 것입니다.

보살이 부처가 되기 위해서는 십바라밀을 열심히 닦아야 합니다. 부처님께서 보살행을 하신 시간과 양은 실로 엄청납니다. 그러므로 우리가 붓다, 부처님이라 할 때 그 기준이 무엇인지를 바르게 아는 것은 아주 중요합니다.

보디삿따bodhisatta, 즉 보살이 무엇이냐 하면 첫째는 예언을 받았느냐, 다른 말로 수기를 받은 사람이냐 아니냐가 그 기준입니다. 예언을 받지 못한 사람은 자신이 보살이라고 아무리 주장해도 진정한 보살로 인정받을 수가 없습니다. 보살로 인정을 받기 위해서는 살아 있는 부처님과 만나야 합니다. 석가모니 부처님도 과거에 현존하는 부처님을 만나 "당신은 앞으로 언제, 어떤 법명으로, 어떤 겁에서 부처가 될 겁니다." 이런 식으로 예언을 받아 보살로 인정받을 수 있었습니다.

석가모니 부처님께서는 이 겁에서 거꾸로 계산해 보면 4아승기와 10만 대겁이라는 기나긴 세월 동안 보살행으로 바라밀을 모두 성취하고 보살의 마지막 삶에서 왕자로 태어나셨습니다. 석가모니 부처님의 전신인 수메다Sumedhā 행자는 디빵까라Dīpaṅkarā 부처님으로부터 예언을 받으셨습니다. 한국에서는 연등燃燈부처님이라고 하나요? 한국 사찰에도 그와 관련된 그림들이 있을 것입니다.

앞으로 석가모니불이 될 사람으로 수기를 받은 수행자 수메다는 원래 부잣집 아들이었지만 자신이 가진 재산을 모두 보시하고 출가한 은자입니다. 출가 수행자 수메다는 신통지를 갖추었는데 그 말은 곧 선정력을 성취했다는 뜻입니다.

색계 선정의 제일 높은 단계가 5선정입니다. 한국에서는 흔히 8선정이라고 하여 선정에 8단계가 있다고 생각하는 이들도 있는데 그렇지 않습니다. 색계 선정을 말할 때 기준을 달리하면 4선정이 되고 거기에 무색계의 4선정을 합쳐 8선정이라고 하는 것이고 실은 선정의 제일 높은 단계는 5선정이라고 알면 됩니다. 색계 5선정과 무색계 선정의 단계는 똑같은 계급이고 그 대상만 다른 것입니다. 새처럼 날아가고 물 위에서 걷는 등 여러 가지 신통력들이 있는데 그러한 신통지를 가지려면 색계 선정 5단계까지를 그것도 아주 능숙하게 모두 성취해야 합니다. 수메다는 그때부터 이미 그런 신통력을 갖고 있었습니다. 그래서 선정으로는 깨닫지 못한다는 것을 확실하게 알 수 있었던 것입니다.

수기를 받는다는 것에 대해 조금 더 말해 보자면, 일단 수기를 받기 위해서는 몇 가지 조건을 갖추어야 합니다. 사람이어야 하고, 남자여야 합니다. 여자는 깨달을 수 없다는 뜻이 아니라 부처가 되리라는 예언을 받을 때는 남자의 몸일 때라는 뜻입니다. 능숙한 선정력을 갖추어야 하고, 살아 계신 부처님을 만나야 하며, 온갖 공덕을 갖추어야 한다는 등의 조건이 필요합니다. 이런 여러 조건들을 갖추었을 때 보살이라고 할 수 있습니다. 그러니 아무나를 보고 보살이라고 할 수가 없겠지요.

싯닷타 태자가 사성제 진리를 깨달아 붓다가 되고 나서 당신 고향을 찾아가셨습니다. 그때 부처님보다 나이가 많은 친척들은, '그는 나보다 나이가 어린 동생뻘인데, 내 사촌인데, 조카인데……' 하면서 부처님께 절을 하지 않았다고 합니다. 석가족은 자존심이 강하기로 유명합니다. 그러자 부처님이 그들에게 신통지를 드러내셨습니다. 위와 아래, 양측에서 계속 물과 불이 동시에 나오는 특별한 신통력을 본 사람들, 왕들, 학자들, 신과 범천들, 모든 중생들이 '나도 부처가 되어야겠다'고 마음을 먹었답니다. 그러나 부처님을 보고 자신도 부처가 되겠다고 마음을 먹는다고 보살이 되는 것이 아니고 보살의 자격이 갖춰져야 합니다. 석가모니 부처님도 부처가 되겠다고 마음속으로 서원하는 것 자체만으로도 7겁, 그것을 입으로 말하는 데에 9겁, 그 다음에 진짜 보살행을 하면서 4아승기와 십만 겁이 지나서야 석가모니 부처님이 되신 것입니다.

수메다 은자는 수기를 받은 그때부터 석가모니 부처님이 될 때까지 끊임없이 십바라밀을 남김없이 닦았습니다.

붓다와 아라한의 차이

여러분들이 분명하게 알아야 할 것이 있습니다. 부처님이건 아라한이건, 누구든지 깨달으려면 십바라밀을 반드시 실천해야 한다는 것입니다. 그렇다면 부처님과 일반 아라한의 차이는 무엇인가. 부처님께서는 십바라밀을 무수한 겁 동안 엄청난 정도로 실천해야 될 수 있는 데 비해 일반 아라한의 보살행은 수행의 양과 기간에서 훨씬 얕고 짧습니다. 즉 깨달음을 성취하기 위해서 십바라밀을 실천해야 하는 것은 같은데 그 서원誓願과 투자의 정도에서 차이가 난다는 뜻입니다.

디빵까라 부처님과 만났을 때 수메다 은자는 마음만 먹었다면 바로 그 자리에서 깨달음을 성취할 수 있을 만큼 모든 준비가 되어 있었습니다. 그러나 그는 그때 다음 세 가지 대원력을 세우고 십바라밀로 보살행을 실천합니다.

나 혼자만 깨달으면 무엇하겠는가. 내가 깨닫고 여러 중생 또한

깨닫게 하리라(붓도 보데얌buddho bodheyyaṃ),

내가 윤회라는 이쪽 강가에서 해탈이라는 저쪽 강가로 건너가고 수많은 중생들 또한 나처럼 윤회의 고통에서 해탈이라는 행복으로 건너갈 수 있게끔 하리라(띤노 따레얌tiṇṇo tāreyyaṃ),

그리고 내가 이 번뇌, 고통에서 벗어나 자유로움을 얻고 수많은 중생들이 윤회, 고통, 번뇌라는 괴로움에서 벗어날 수 있도록 노력하리라(뭇또 모쩨얌mutto moceyyaṃ).

십바라밀, 보살행을 완벽하게 실천하여 붓다가 된 자와 일반적인 십바라밀행으로 깨달음을 얻은 자가 어떻게 다른지 그 차이점을 알아보겠습니다. 먼저 십바라밀을 소개하겠습니다.

다나(dāna 보시), 실라(sīla 지계), 넥캄마(nekkhamma 출리, 출가), 빤냐(paññā 지혜), 위리야(vīriya 노력), 칸띠(khantī 인내), 삿짜(saccā 진실) 아디타나(adhiṭṭhāna 결정), 메따(mettā 자애) 우뻭카(upekkhā 평정)

이 열 가지 바라밀을 게송으로 하면 다음과 같습니다.

Dānaṃ sīlaṃ ca nekkhammaṃ 다남 실람 짜 넥캄맘
Paññā vīriya pañcamaṃ   빤냐 위리야 빤짜맘
Khantī sacca adhiṭṭhāna   칸띠 삿짜 아딧타나
Mettupekkhā timā dasa   멧뚜뻭카 띠마 다싸
보시, 지계와 출리, 지혜, 노력이 다섯 번째이고
인내, 진실, 결정, 자애, 평정, 이 열 가지이다.

한국에서는 '바라밀'이라고 하는데 빠알리어로는 빠라미pāramī 입니다. 소리가 다르면 뜻이 달라지지요. 원어는 조금만 소리가 달라도 의미가 완전히 달라집니다. 그래서 바라밀을 원어 그대로 하자면 빠라미라고 해야 합니다.

십바라밀이란 무엇인가. 육바라밀과 십바라밀에서 다섯 가지는 공통되고 그 외에 나머지 다섯 가지는 한국에서는 자주 언급되지 않는 것입니다.

다나dāna가 보시바라밀. 실라sīla는 지계바라밀, 계율도 바라밀입니다. 보살행을 할 때 계율은 매우 중요합니다. 보살이 계율을 지키기 위해서 목숨을 걸기도 할 정도입니다. 부처님의 전생 이야기를 보면 거의가 보살행에 관한 이야기입니다. 어느 때는 지계바라밀을 행하고, 또 어느 때는 보시바라밀을 실천합니다. 보시바라밀을 행할 때 자신의 아들과 딸, 부인까지 보시한 때도 있고 심지어는 자신의 몸을 그대로 보시하기도 했습니다.

계율을 지키는 지계바라밀에 대해 우리가 왜곡하는 부분이 많습니다. 계율이라고 하면 많은 사람들은 "이것 하지 마라. 저것 하지 마라." 이런 것들만 계율로 생각하는데 그것은 사실이 아닙니다. 계율은 몸과 입을 챙기는 것을 의미합니다. 그러므로 '하지 말아야 하는 것'뿐만 아니라 '해야 하는 것'도 계율입니다. 즉 몸으로 좋은 일 하고 입으로 좋은 말 하고, 몸으로 나쁜 일을 피하고, 입으로 나쁜 말을 피하는 것이 다 계율에 속합니다. 우리가 하는 모든 행동, 모든 말이 다 계율에 속한다는 것을 분명히 알아야 계율을 제대로 안다고 할 수 있습니다.

5계를 예로 들어 설명해 보겠습니다. '살생하지 말라'고 하면 살아 있는 생명을 죽이지 않는 것만이 아니라 위험에 처한 생명을 살리는 것도 포함됩니다. 또한 '주지 않는 남의 물건을 갖지 않겠다'고 하면 자신이 가진 것을 남에게 베풀겠다는 의미도 포함되는 것입니다. 삿된 음행을 하지 않을 뿐 아니라 자신의 배우자를 참되게 사랑하는 것, 거짓말을 하지 않으며 진실하고 바른 말, 자신과 남에게 진정으로 도움이 되는 말을 하는 것, 정신을 혼미하게 하는 약물이나 술을 마시지 않으며 수행에 도움이 되는 좋은 음식을 적당하게 먹는 것 등 5계의 의미를 양면적으로 깊게 파악하고 실천에 옮겨야 합니다.

'실라'는 한국말로 하면 사람의 습관이나 행위를 뜻하는 것입니다. 사람의 몸과 입의 버릇을 말하는 것이지요. 그래서 원어를 번역하면 실라는 습관 또는 행위, 영어로 하면 habit, behavior가 됩니다. 그래서 사람의 습관이나 행위를 보면서 그 사람의 계율이 청정하다, 도덕성이 좋다 나쁘다 말하는 것입니다.

아침에 잠에서 깰 때부터, 밥 먹을 때, 양치할 때, 운전할 때, 잠잘 때 등등 일상생활의 모든 상황에서 우리가 몸으로 하는 일, 입으로 하는 말이 다 계율입니다. 그것에 따라 지계 정도가 다르고 사람의 가치도 달라집니다.

지금 법문을 듣고 있으면 이때에 지켜야 할 계율이 있지요. 계율이 좋은 사람은 법문을 들을 때 마음이 어떠해야 하고 몸은 어떤 자세여야 하는지를 압니다. 계율이 좋지 않은 사람은 몸과 마음의 자세를 모르기 때문에 계율을 바르게 지키지 못합니다. 법문하는 사람도 마찬가지로 계율이 있고 그것을 지켜야 합니다. 식당에 가면 식당에서 지켜야 할 일이 있지요. 이것 또한 계율입니다.

이렇게 몸과 입으로 하는 모든 행동이 다 계율에 속함을 알아야 부처님의 가르침을 제대로 이해한다고 할 수 있습니다.

그 다음이 넥캄마nekkhamma, 출가바라밀. 출가심을 한국에선 별로 언급하지 않는 것 같은데 이것 또한 바라밀, 보살행입니다. 싯닷타 태자가 29살 때 매우 아름다운 야소다라 부인과 갓 태어난 사랑스러운 아들 라훌라를 떠나 바로 출가할 수 있었던 힘은 하루아침에 생긴 것이 아닙니다. 무수한 겁 동안 출가하여 수행해 왔기 때문에 가능했던 것입니다. 즉 출가하는 것 자체가 바라밀입니다.

여러분들이 이렇게 집을 떠나 일주일 동안 수행처에 머물기 위해 이곳으로 오신 것도 출가라고 할 수 있습니다. 머리 깎지 않고 가사는 안 입었지만 이것도 출가바라밀입니다. 세속에서 누릴 수 있는 온갖 오욕락에서 떠난 것 자체가 출가입니다.

'넥캄마'라는 단어의 의미는 원래 '나감'입니다. 그럼 어디서 나가는가. 불선업에서 나가 선업으로 돌아오는 것, 오욕락에서 나가 지금처럼 마음을 다스리는 정과 혜로 돌아오는 것을 가리킵니다.

그 다음은 빤냐paññā, 지혜바라밀. 지금 여러분이 공부하고 수행하고 있는 것, 제가 이렇게 가르치는 것도 지혜바라밀입니다.

위리아viriya, 노력바라밀. 지혜바라밀과 노력바라밀은 한국에서도 강조합니다.

그 뒤에 붙은 '빤짜맘'이라는 말은 '다섯 번째'라는 말로, '위리아가 다섯 번째이다'라는 뜻으로 덧붙여진 말입니다.

그 다음은 칸띠khantī, 인내바라밀. 즉 인내심, 참을성도 바라밀입니다.

칸띠 없이 되는 선업이 하나도 없다고 말할 정도로 칸띠는 모든 선업의 기본입니다. 출가하여 머리를 깎고 평생 가사만 입고 사는 것도 인내심이 필요합니다. 머리를 예쁘게 하고 싶은 마음을 참아야 하고, 다양한 디자인의 멋진 옷을 입고 싶은 마음도 참아야 합니다. 지금 입고 있는 가사의 디자인이 2500년이 넘은 아주 오래된 패션이에요. 그것을 지금까지 한 번도 변형시키지 않고 계속 입어 온 것도 보통 참을성으로 되는 것이 아닙니다.

스님들이 오후에 먹지 않겠다고 결심하고 그것을 끝까지 지키는 것도 보통 일이 아닙니다. 하루 이틀은 쉽지만 1년, 2년, 10년, 20년 그렇게 오랫동안 한다는 것은 결코 쉬운 일이 아닙니다. 이렇게 모든 것이 참을성, 인내심이 있을 때 가능합니다. 계율도 인내심이 있어야 지킬 수 있습니다. 너무 화가 나서 살생하고 싶다 해도 그 화를 참아야 살생하지 않는다는 계율을 지킬 수 있습니다. 매우 욕심이 나서 도둑질하고 싶어요. 그 욕심을 참을 수 있어야 도둑질을 하지 않겠다는 계율을 지킬 수 있습니다. 어떠한 욕심 때문에 거짓말하고 싶어도 그 욕심을 참을 수 있는 인내심이 있어야 거짓말이 안 나오는 것입니다. 그렇게 모든 선업은 인내심을 바탕으로 가능합니다.

삿짜sacca, 진실바라밀. 정직하게 진실을 말하고 거짓말을 하지 않는 것 또한 열심히 실천해야 하는 바라밀입니다.

이 삿짜바라밀과 관련되는 일화가 있습니다. 부처님께서 보살행을 하실 때 메추리로 태어나신 적이 있답니다. 갓 태어나 걷지도 날지도 못 했을 때 산불이 났어요. 그러자 부모 새는 어린 새끼 새를 그냥 놔두고 도망을 갔습니다. 그때 보살인 새끼 메추리가

진실을 말하는데,

"나는 부모가 있지만 부모는 나를 버리고 갔어요. 나는 팔다리가 있지만 걷지 못해요. 나는 날개가 있지만 날아가지 못해요. 이 진실한 말을 함으로써 산불이 꺼지기를."

이렇게 말하자 진짜 산불이 꺼졌답니다. 진실의 힘을 말하는 재미있는 이야기가 또 있습니다.

20대 청년인 두 친구가 같이 출가했습니다. 숲 속으로 출가하여 열심히 수행하며 선업 공덕을 쌓았어요. 당시에 사람들이 출가했다가 환속을 하곤 했는데, 출가한 공덕으로 환속 후의 일을 전혀 걱정하지 않아도 되었답니다. 왜냐하면 자기가 쌓은 수행공덕을 돌려받을 수 있었기 때문인데, 출가해서 쌓은 그 공덕을 돈 많은 사람이 돈으로 사기도 하고, 그 수행자에게 자기 딸을 시집보내 사위로 삼는 사람도 있었대요. 그래서 출가했다가 40살이 되면 환속해서 결혼하는 사람이 많았습니다.

하여간 두 친구가 같이 출가했다가 한 사람이 환속하고 결혼해서 아들을 낳았어요. 어느 날 세 식구가 된 환속한 친구가 아직 출가자로 살고 있는 사람을 찾아왔습니다. 그런데 꼬마가 산속에서 놀다가 뱀에 물렸어요. 산속에 의사도 없고 다른 도리가 없어서 그 스님한테 아들을 살려달려고 간청을 했습니다. 그 은자는, "우리가 의지할 수 있는 것은 진실밖에 없다. 내가 진실을 밝힘으로써 이 아이를 살려줘야 하겠다."라고 하면서 이렇게 말했답니다.

"나는 출가한 지 이십 년이 넘었지만 출가자로서의 생활이 하루도 행복하지 못했다. 이것이 진정한 나의 진실이다. 이 진실을 말한 힘으로 이 아이가 독에서 벗어나기를."

그러자 처음에는 아이의 얼굴 전체까지 퍼졌던 독이 목 부분까지 내려가 얼굴에 핏기가 돌아왔어요. 그러니까 목부터 발까지는 아직 뱀독으로 까만 거지요. "아, 내 힘이 이것밖에 안 되는구나. 그래도 아이의 독이 조금 내려갔으니 죽지는 않겠다. 자, 당신들도 해봐." 그러니까 그 아이의 아버지가 말했답니다.

"출가생활을 견디지 못하고 환속해서 잘 사는 지방으로 가 부인도 얻고 아들도 낳았지만, 감당해야 할 제사도 많고, 그 지방에서 매달 큰 대중공양이 있는데 원래 조상 대대로 해왔던 일이라 어쩔 수 없이 지금까지 해왔지만 한 번도 기쁘지 않았다. 내가 하고 싶어서 보시한 것이 아니라 이 사람 대에 와서 그 전통이 끊겼다는 말을 듣는 것이 부끄러워서 어쩔 수 없이 해왔는데 한 번도 보시하고 싶은 마음이 없었고, 보시할 때 하나도 기쁘지 않았다. 이것이 나의 진실이다. 이 진실을 말한 힘으로 아들이 독에서 벗어나기를."

그러자 아들의 독이 목에서 배꼽까지 내려왔습니다. 이제 부인만 남았어요. 부인은 정말 어려웠지만 아들을 살려야 하기 때문에 어쩔 수 없이 진실을 말했습니다.

"남편과 결혼했지만 나는 그를 한 번도 사랑한 적이 없다. 이 진실을 말한 힘으로 아들이 독에서 벗어나기를."

그 진실한 말의 힘으로 아들이 살아났답니다. 그 일로 인하여 세 사람이 정신을 차리니, 은자는 자신이 출가자인 것을 소중하게 생각하고 열심히 수행하기로, 남편도 진짜 진정한 마음으로 보시하기로, 그리고 부인도 남편을 진심으로 사랑하겠다고 약속하고 그 약속을 실천하여 행복하게 살았답니다. 진실바라밀이 그런 의미입니다.

우리가 사성제를 말할 때도 빨리어 원어가 삿짜sacca입니다. 'four noble truths'로 번역되는 사성제가 원래 원어에서는 '짜따리 cattāri', '사짜니saccāni'입니다. 짜따리가 '네 가지', 사짜니의 '니'는 복수형입니다. 이렇게 '삿짜'라는 것이 진실 혹은 진리를 말하는 것입니다.

아딧타나adhiṭṭhāna, 한국에서는 잘 말하지 않는데 아딧타나는 결정바라밀입니다.

싯닷타 태자가 출가하고 나서 마지막 깨달음을 얻던 날에 보리수나무 밑으로 가셨습니다. 그때 한 목동이 소에게 먹일 긴 풀을 자르고 있었어요. 인도의 출가자들은 앉을 때 그 풀을 깔고 앉습니다. 그 목동이 풀 8묶음을 싯닷타 태자에게 보시했는데, 그것을 가지고 가서 수행하기 위해 앉을 곳을 고르면서 보리수나무를 한 바퀴 돌아보다가 동쪽을 향해 앉을 수 있는 편한 자리가 있어 거기에 풀을 깔고 앉았습니다. 그 자리에 앉으면서, '나는 부처가 되지 않으면 이 자리에서 일어나지 않겠다'는 결정을 내렸습니다.

이런 결정을 내릴 수 있는 힘이 하루아침에 나온 것이 아닙니다. 태자가 그날 갑자기 그런 결정을 내리고 앉았다가 부처가 되었다고 생각하면 안 됩니다. 무수한 겁 동안 그렇게 결정 내리면서 해왔던 일들이 있었던 것입니다. 그리하여 결정바라밀이 가득 찼기 때문에 '이제 내가 일어나지 않으면 부처가 될 수 있다'라는 자신감이 생겨 그 결정을 내리면서 저녁 무렵에 앉았고, 다음날 새벽에 부처가 되었습니다. 그 결정바라밀이 아딧타나입니다.

우리도 우리 나름대로 결정을 내리고 수행해야 합니다. 예를 들면 '나는 한 시간 안에는 죽어도 일어나지 않겠다.' 그런 결정은 좋습니다. '나는 부처가 되지 않으면 절대로 자리에서 일어나지 않겠다'라고 결정을 내린다면 우리는 틀림없이 거기서 죽을 겁니다. 분명히 부처가 못 될 테니까요. 결정에도 지혜가 필요합니다. 자신의 힘을 바르게 알기 위해서는 지혜가 있어야 합니다.

그 다음에 멧뚜뻭카, 멧따metta와 우뻭카upekkhā.

메따는 자애바라밀. 이것은 한국에서는 말하지 않는 바라밀인데 부처님께서 실천하신 자애바라밀이 엄청나게 많습니다.

자애가 없이는 깨달을 수 없고, 자애가 없는 사람이 수행하면 많은 어려움을 겪게 됩니다. 자기 내면에 미움이 많아서 문제가 생기는데도 자신은 그것을 모르고 계속 다른 사람의 잘못이라고 착각합니다. 이 사람 하는 것이 마음에 안 들고, 저 사람이 하는 것도 기분 나쁘고, 사람뿐만 아니라 사물이나 공간에도 화가 납니다. 날씨가 더워서 화가 나고 추워도 화가 나요. 시끄러우면 화가 나고 조용해서 또 화가 납니다. 그런 사람은 자애가 없어서 그렇습니다. 도반들을 봐도 계속 화가 나니, 어떤 사람이 기침하면 화 나고, 일어나는 것을 보면서도 화 나고, 걸어가는 것에도 화가 납니다. 보고 듣고 냄새 맡고 맛보는 매 순간 화가 치솟는 겁니다.

자기 안에 자애가 없어서 그런 것이니 다른 사람 잘못이 아니라 모두 내 잘못입니다. 자애가 부족한 사람은 수행하는 과정에서 너무 많은 방해를 받는데 다름 아닌 자신이 훼방을 놓고 있는 것입니다. 같은 공간 같은 상황에서 똑같이 수행하면서 다른 사람은 아무렇지도 않은데 자신의 수행만 망가진다면 내가 부족한 탓입니다. 자애가 없는 사람은 참을성이 없지요. 그래서 자애바라밀도 열심히 실천해야 합니다.

우뻭카는 평정바라밀입니다. 자애로도 안 되고, 연민심으로도 안 되고, 수희심隨喜心으로도 못하는 일이면 항상 평정심으로 보아야 하는데 그 평정심이 매우 어렵습니다. 연민심이 지나쳐 마음이 속상하면 성냄이 되고, 자애가 잘못되면 욕심이 됩니다. 연민심, 동정심의 위험이 성냄이고 자애의 위험이 욕심입니다. 그 위험에 빠지지 않기 위해서 평정심이 필요합니다. 부모와 자녀 사이에 일어나는 갈등이 대표적인 예가 되겠지요. 부모의 자애가 넘쳐나 욕심이 되는 경우가 아주 흔합니다. 스승과 제자 간의 갈등도 마찬가지입니다. 스승의 연민심이 넘쳐날 때 성냄으로 변합니다. 연민심은 선업이고 화는 불선업입니다. 욕심은 불선업이고 자애는 선업이지요. 그 둘은 완전히 다른 것인데 사람들이 그 차이를 명확히 알지 못해 늘 혼동을 하곤 합니다. '항상 모든 사람이 자신의 업대로 사는 것이다, 어쩔 수 없다' 하고 평정의 마음으로 받아들일 때 번뇌에서 벗어날 수 있습니다.

평정이라는 것은 편을 두지 않는 것이고, 어떤 경우에도 흔들리지 않는 것입니다. 좋은 일이 있든 나쁜 일이 있든, 잘됐든 못됐든 마음이 상하지 않는 것이 평정심입니다. 그래서 평정이라는 것이 아주 어렵고, 힘이 있어야 가능해집니다. 수행이 아주 잘 되어야 평정심이 옵니다. 수행이 잘 안 된다는 생각이 있으면 화가 많이 나지요. 수행이 잘 되기 시작하면 기쁨과 즐거움이 많아지고, 수행이 더욱 잘 될 때 평정심이 찾아옵니다.

띠마 다싸. '다싸'는 '열 가지', '띠마'는 '이것'. 즉 '이것이 열 가지 바라밀이다'라는 말이 됩니다. 부처가 되고 싶든 아니면 그냥 깨닫고 싶든 간에 반드시 거쳐야 할 것이 바로 십바라밀이고, 이것을 우리가 매일 실천한다면 아주 좋을 것입니다.

바라밀을 제대로 실천하기 위해서는 그 말의 의미를 바르게 알아야 합니다.

바라밀, 정확한 용어로 빠라미pāramī가 무슨 뜻인가.

빠라마남 깜망 빠라미paramānaṃ kammaṃ pāramī. '빠라마나'는 '고귀한 사람들의', '깜마'는 '행위, 일', '이띠'는 '그래서', '빠라미'는 '고귀한 일', 즉 빠라미는 고귀한 사람의 고귀한 일을 말합니다.

그러면 우리가 고귀하다고 말할 때의 기준은 무엇인가. 고귀한 사람의 기준을 어디에 둘 것인가. 돈, 세력, 권력, 학벌, 용모 등은 고귀함의 기준이 될 수 없습니다. 마음이 고귀해야 고귀한 사람입니다. 이기적이지 않은 사람이 고귀한 사람입니다. 즉 나의 이익보다 남의 이익을 먼저 챙기는 사람, 자신이 손해를 보더라도 아주 기쁘게 다른 사람의 이익을 선택할 수 있는 사람이 고귀한 사람입니다. 부처님께서 여러 중생을 위해서 위없는 보살행을 하셨기 때문에 부처님을 고귀하다고 말하는 것입니다. 무수한 겁을 네 번 거치고 다시 십만 겁을 거치면서 이 십바라밀, 보살행을 하신 것이 본인을 위해서가 아니라 여러 사람의 행복을 위해서 당신 자신을 희생했기 때문에 고귀하다고 합니다. 이것이 진정한 의미의 빠라미입니다.

자신의 심리를 잘 모르지만 거의 모든 사람들이 보시할 때 바라는 마음이 있습니다. '이 사람이 나한테 고마워하기를, 다음에 내가 필요할 때는 그 사람이 나에게 주기를, 나를 은혜로운 사람으로 여기기를, 내가 보시 잘 하는 사람이라고 알아주기를…….' 혹은 '이 공덕으로 내가 가난하지 않기를, 내가 언제 어디서 태어나더라도 잘 사는 사람으로 태어나기를…….' 하며 알게 모르게 욕심부리면서 보시를 합니다. 그런 자신의 마음은 수행을 잘 해야, 신·수·심·법 중 마음(心)을 잘 알아야 제대로 봅니다. 그렇지 않으면 자신이 그렇게 욕심 부리는 마음을 알아차리기 쉽지 않습니다. 수행하다 보면 내가 나를 얼마나 모르는지 알게 됩니다. 마음을 1초에 50번, 100번 정도 잘라서 알 수 있어야 우리의 마음이 얼마나 미묘하고 얼마나 빠른지 이해할 수 있습니다.

그래서 보살행을 하려면 일단 수행부터 해야 하는 것입니다.

요즘에 사람들이 보살행의 진정한 의미도 모르면서 보살행을 한다고 너무 쉽게 말하는 것을 볼 수 있습니다. 미얀마에서는 그런 경우를 넌지시 비판하는 재미있는 말이 있습니다. '거북이 보살행'이라는 건데, 거북이는 걸어갈 때 항상 발을 안쪽으로 숨기면서 간답니다. 그 모양이 꼭 '내 것, 내 것, 내 것…….' 하면서 걷는 것처럼 보인다고 하여 '거북이 보살행'이라는 말이 생겼습니다. 보살행 한다고 큰소리치는 사람들이 사실은 다 자기의 이익을 챙기고 있는 것을 풍자하는 말이라고 볼 수 있습니다.

미얀마 속담에 '대변인지 방귀인지 헷갈린다'라는 게 있습니다. 지금 내 배가 아픈데 대변이 나올지 아니면 방귀가 나올지 모른다는 거예요. 그래서 방귀를 뀌다가 대변이 나오고, 대변 누러 갔는데 방귀가 나오고……. 즉 보살행 한다고 떠들지만 사실 보살행이 무엇인지조차 모르는 사람이 많다는 의미입니다. 보살행이 뭔지도 모르면서 내가 보살행 한다고 하면 계속 거북이 보살행이 될 가능성이 큽니다.

보살행 한다고 하면 우선 자신의 마음 자체가 고귀해야 합니다. 고귀한 마음이 되려면 이기적인 마음을 없애야 하고, 그러려면 바르게 수행을 해야 합니다. 그리하여 아상, 인상, 중생상, 수자상을 계속 깰 수 있어야 세상을 바르게 볼 수 있고, 그래야 나의 마음과 나의 행위가 달라질 수 있습니다.

빠라미, 고귀한 사람의 고귀한 일. 보시를 하더라도 아주 깨끗한 마음으로 할 수 있으려면 자비·자애 수행을 해야 합니다. 자애는 진정으로 모든 사람들의 행복을 바라는 것이지요. 배고픈 사람을 보면 먹이고, 그 사람이 배고픈 고통에서 벗어나기만을 바랄 뿐 내가 이렇게 해줌으로써 나 자신에게 어떤 이익이 돌아오는지를 계산하는 마음이 없습니다.

'저 사람이 배고파 고통스러워하고 있구나. 불쌍하다'라고 하는 것은 동정심이고, '저 사람에게 먹을 것을 주면 행복할 것이다' 하고 그 사람의 행복만을 바라는 것이 자애이지요. 그 자애와 연민의 마음으로 인하여 주는 행동이 나타나는데, 그때 주는 것으로 끝날 뿐 내가 바라는 것이 전혀 없을 때 그것이 참된 보시바라밀입니다.

바라는 것 없이 베풀 때 더 큰 이익이 돌아오는 것, 그것이 빠라미의 결과입니다. 거짓말을 하는 것은 보살행이 아닙니다. 사실은 바라는 마음이면서 나는 아무것도 바라지 않는다고 거짓말을 해 봤자 선업이 되지 않습니다. 업은 거짓말을 하지 못합니다. 진정 깨끗한 의도로 참되게 하는 빠라미라야 엄청난 공덕이 되고, 행할 때의 마음이 깨끗하지 못하면 빠라미가 아니기 때문에 자신의 입으로 아무리 보살행을 주장해도 그것은 거짓말입니다. 나는 남에게 거짓말 할 수 있고, 남에게 사기 칠 수 있고, 심지어 내가 나를 속일 수도 있지만 내가 업을 속일 수는 없습니다. 거울을 보는 것과 똑같습니다. 거울 앞에 서서 웃으면 거울 속의 나도 미소 짓고 거울 앞의 내가 인상을 쓰면 거울 안의 나도 인상 쓰고 있습니다. 그래서 미얀마 속담에는 '업을 모르면 거울을 보라'고 합니다.

이렇게 줄 때의 내 마음이 어떠냐에 따라 보시빠라미가 될 수도 있고 안 될 수도 있다는 것을 분명히 알아야 합니다.

지계바라밀도 같은 이치로 설명할 수 있습니다. 살생을 하면 지옥에 갈까 봐, 오래 못 살까 봐 무서워서 살생을 안 했다면 빠라미가 아닙니다. 살생해야 하는 일이 생겼는데 살아 있는 중생을 죽이는 것이 너무 불쌍해서 살생을 피했으면 빠라미가 되는 것입니다. 불쌍해서 살생을 못하는 단순한 마음, 그렇게 하는 것이 빠라미입니다.

욕심으로 계를 지킬 수 있고, 성냄으로 계를 지킬 수 있고, 어리석음으로 계를 지킬 수도 있지만 그런 경우에는 빠라미가 아닙니다. 순수하고 단순한 마음으로 오직 계를 지키는 것이 옳아서 그것을 지켰으면 빠라미가 됩니다. 자아를 버리지 못하고는 진정한 보살행이 불가능합니다. 말로는 보살행 한다고 주장하면서 자기 이익만 챙기는 것인데, 알면서 하는 사람은 사기 치는 것이고 모르고 그런다면 착각입니다.

그러므로 진정한 보살행의 의미를 안다면 우리의 마음부터 닦아야 하는 것입니다. 수행함으로써 마음에 있는 일체의 상이 깨졌을 때라야 보살행이 가능해집니다. 자기 마음 안에서 일체의 상이 남김없이 사라졌다면 모든 행이 다 보살행이 될 수 있습니다.

그러면 수행이란 무엇입니까. 한국어 '수행'을 원어로 하면 '바와나bhāvana'인데 이 단어의 의미는 '자꾸자꾸 생기게 하는 것', '좋은 마음을 반복적으로 모아 쌓는 것' 등으로 풀이할 수 있습니다. 계율은 몸과 입으로 지키고 바와나는 마음으로 지킵니다.

'절 수행'을 예로 들어 보겠습니다. 우리가 108배를 하는 동작 자체는 바와나가 아닙니다. 반복해서 절을 할 때 그 마음이 무엇을 하는가가 중요한데 부처님의 공덕을 생각하면서 절하고 있으면 그 마음이 바와나이지 절하는 동작 자체가 바와나는 아니라는 뜻입니다. 한국에서 많이 하는 '염불 수행'이라는 것이 있지요. '석가모니불, 석가모니불……이라고 할 때 입으로 하는 염불이 수행이 아니라 부처님을 반복해서 기억하는 그 마음이 바와나, 곧 수행인 것입니다. 부처님을 반복해서 기억하는 바라밀을 '붓다눗사띠 바와나buddhānussati bhāvanā'라고 합니다. 절을 하건 염불을 하건 모두 마음이 하는 일을 두고 바와나라고 하는 것이니 이제 바와나가 무슨 뜻인지 정확히 이해하셨으리라 생각합니다.

이렇게 수행을 해서 '아我'를 내려놓았을 때라야 생각 자체가 고귀해집니다. 아상에서 벗어나면 모두가 하나로 보입니다. 나에게는 이익인데 상대방에게 손해를 입힌다면 절대로 그것을 취하지 않게 됩니다. 왜냐하면 그 사람의 손해가 나의 손해이고, 그 사람의 고통이 나의 고통이기 때문입니다.

바꿔 말하면 다른 사람의 행복이 곧 나의 행복입니다. 그래서 내가 손해를 보더라도 다른 사람의 행복을 위해서 자기 것을 포기할 수 있게 됩니다. 그런 사람을 고귀한 사람이라고 하는 것입니다. 그런 정도로 마음이 고귀해야 보살행을 실천할 수 있습니다. 우리가 반드시 실천해야 하는 십바라밀을 좀 더 상세히 설명하겠습니다.

십바라밀의 실천 단계

빠라미pāramī, 우빠빠라미upapāramī, 빠라맛타빠라미 paramattha- pāramī. 빠라미를 3등급 즉 기본급, 중급, 고급으로 나눠 볼 수 있습니다. 그렇게 하면 10바라밀×3등급=30바라밀이 됩니다. 그러면 빠라미 3등급이 각각 어떻게 다를까요?

보시바라밀을 이야기해 보겠습니다.

첫 번째 단계인 다나빠라미. 보시한다고 모든 것이 진정한 바라밀이 되는 것이 아닙니다. 어떤 것을 바라면서 보시하면 그것은 바라밀이 되지 않습니다. '내가 이렇게 줌으로써 다른 사람들이 나를 좋게 봐주기를……' 하거나 '내가 이렇게 줌으로써 다른 사람들이 나한테 고맙게 생각하고 나에게 잘해주기를……' 한다면 빠라미가 안 된다는 말입니다.

빠라미는 아주 고귀한 마음으로 하는 것입니다. 예를 들어 무언가를 어떤 사람에게 줄 때, 그 사람에게 이것이 필요하겠구나, 그 사람이 이것이 있으면 좋을 것이다, 하면서 주고 오직 그 사람이 잘 되기만을 바란다면 빠라미가 됩니다. 아주 간단하고 분명하지요.

두 번째 단계인 다나우빠빠라미는 내 몸과 관련이 있습니다. 만약 어떤 사람이 신장이 필요한 경우 자신의 신장을 꺼내 준다면 다나우빠빠라미가 됩니다. 그러므로 첫 번째 빠라미보다 두 번째 단계인 우빠빠라미를 실천하는 것이 더 어렵습니다. 피가 필요한 사람에게 피를 뽑아 주는 등 내 몸을 통해서 주는 것이 다나우빠빠라미입니다. 부처님의 전생 이야기를 보면 그런 이야기가 아주 많습니다.

세 번째 단계는 다나빠라맛타빠라미인데 이것은 목숨을 걸고 하는 것입니다. 이것을 주면 내가 죽는다, 그래도 주겠다, 이것이 다나빠라맛타빠라미입니다. 부처님이 되려면 그 세 가지를 완벽하게 실천해야 합니다. 기본적인 1단계에 해당하는 빠라미만으로는 부처가 될 수 없습니다.

십바라밀에 세 단계씩을 붙여서 하면 다음처럼 30바라밀이 됩니다.

다나빠라미 다나우빠빠라미 다나빠라맛타빠라미
실라빠라미 실라우빠빠라미 실라빠라맛타빠라미
넥캄마빠라미 넥캄마우빠빠라미 넥캄마빠라맛타빠라미
빤냐빠라미 빤냐우빠빠라미 빤냐빠라맛타빠라미
위리야빠라미 위리야우빠빠라미 위리야빠라맛타빠라미
칸띠빠라미 칸띠우빠빠라미 칸띠빠라맛타빠라미
삿짜빠라미 삿짜우빠빠라미 삿짜빠라맛타빠라미

아딧타나빠라미 아딧타나우빠빠라미 아딧타나빠라맛타빠
라미
멧따빠라미 멧따우빠빠라미 멧따빠라맛타빠라미
우뻭카빠라미 우뻭카우빠빠라미 우뻭카빠라맛타빠라미

이것이 모든 수행자들이 열심히 실천해야 하는 빠라미 서른 가
지입니다. 요즘 시대에는 과학이 발달하여 조금 쉽게 할 수 있는
것도 있습니다. 예를 들어 눈을 주고 싶다면 의사들의 도움으로
아프지 않게 눈을 기증할 수 있고, 필요한 경우 간을 줄 수도 있습
니다. 그런데 결코 잊으면 안 되는 것이 주는 순간의 마음입니다.
참으로 남을 돕겠다는 순수한 마음이 아니라 유명세를 타고 싶어
서 두 개 있는 신장 중 하나를 줬다고 한다면, 그것은 빠라미가 되
지 않을 뿐만 아니라 공연히 신장만 날려버린 것이 됩니다.

부처님께서 사성제, 팔정도 수행을 했을 때 비로소 깨달으셨듯
이 여러분도 팔정도 수행을 해야 합니다. "팔정도가 있는 가르침
에 깨달음이 있고, 팔정도가 없는 가르침에 깨달음이 없다."라고
부처님께서는 분명히 『열반경』에서 말씀하셨습니다. 매우 중요하
기 때문에 돌아가시기 직전에도 그 말씀을 하신 것입니다.
부처님께서는 불교나 기독교, 이슬람교 등의 종교가 아니라 오
직 팔정도가 있는 가르침과 팔정도가 없는 가르침에 대하여 말씀
하셨습니다. 그러므로 기독교에서 팔정도를 가르치면 기독교에
서도 깨달은 자가 나올 수 있고, 회교에서 팔정도를 가르치면 회
교에도 깨달은 자가 있을 수 있습니다. 그러니 이름이나 표현이

중요한 것이 아니라 무엇을 가르치는가가 핵심입니다.

우리는 이름 때문에 많이 속고 착각합니다. 초기불교, 대승불교, 소승불교, 테라와다 불교 등등 이름에 집착하지 말고 그 내용을 볼 수 있어야 합니다. 부처님께서는 이름이 아니라 내용을 말씀하셨습니다. '팔정도가 있는 가르침에 깨달은 자가 있고, 팔정도가 없는 가르침에 깨달은 자가 없다'는 부처님의 최후 말씀을 항상 마음에 새기고 잊지 말아야 합니다.

수행자의 성향에 따라 수행의 성격에도 조금씩 차이가 있을 수 있습니다. 석가모니 부처님께서는 지혜 위주로 바라밀을 행하셔서 가장 빠른 시간 안에 붓다가 되신 분입니다. 그 가장 빠른 시간이 무수한 겁 네 겁, 즉 4아승기에 다시 10만 대겁이라니 얼른 이해하기가 쉽지 않지요.

신심 위주로 수행하는 사람도 있습니다. 지혜보다는 신심이 강한 사람이 깨달음을 얻으려면 지혜 위주의 수행자에 비해 두 배 정도의 시간, 즉 무수한 겁 8겁의 시간과 노력이 더 걸린다고 보면 됩니다.

또 노력 위주의 사람이 부처가 되려면 가장 긴 시간이 필요해서 무수한 겁 16번 정도를 거쳐야 부처가 됩니다.

자신이 어떤 성향의 사람인지는 본인이 깊이 생각하면 알 수 있습니다. 예를 들어 일이나 공부를 할 때 짧은 시간 안에 어떻게 효율적으로 문제를 해결할까 궁리하는 사람은 지혜 위주의 사람입니다. 이런 사람은 남이 시키는 대로 하지 않고 자기가 이해한 대로 하려고 합니다. 자신이 이해하지 않고서는 누가 시켜도 하지 않지요. 지혜 위주의 사람들은 남들이 보기에 별로 열심히 일하지 않는 것처럼 보이지만 그 결과에서는 뛰어난 경우가 많습니다. 노력 위주의 사람들은 시키면 시키는 대로 빠짐없이, 끈질기게, 열심히 합니다. 신심 위주의 사람도 마찬가지로 시키는 대로 열심히, 많이 합니다.

이렇게 개인의 성향에 따라 수행하는 데에는 차이가 나지만 '고귀한 사람의 고귀한 일'이라고 정의되는 바라밀을 실천해야 하는 것에서는 차이가 없습니다.

고귀한 사람

그렇다면 고귀한 사람과 일반적인 사람 중 어느 부류의 사람이 더 많을까요? 당연히 일반적인 사람이 훨씬 많습니다. 이 일반적인 사람을 범부 즉 '뿌툿자나puthujjana'라고 합니다.

'뿌투'는 '수많은', '자나'는 '사람', 즉 '수많은 사람'을 범부라고 합니다. 또 다른 의미로 '뿌투'는 '많다', '자나'는 '선생님'. 그래서 '선생님이 많은 사람'을 범부라고 합니다. 선생님이 많다는 것은 자신이 알고 있는 것에 확신이 없기 때문에 참스승을 찾아 여기 저기, 이 사람 저 사람 사이를 헤매 다니는 것을 말합니다. 이런 경우에는 선생님이 많다는 것이 좋은 말이 아니지요. 이번 생에는 기독교인 부모를 만나 기독교인이 되었다가, 다음 생애선 또 다른 종교로 갔다가, 불교로 갔다가 이슬람교로 갔다가······. 예수님 을 스승으로 맞았다가, 부처님을 스승으로 모셨다가, 또 어느 때 에는 브라만을 스승으로 섬기면서 왔다 갔다 하는 사람이 범부라 는 뜻입니다. 이렇게 되는 이유는 내가 아는 것이 없고, 자신이 아는 것에 확신이 없기 때문입니다. 자신의 앎이 확고하여 더 이상 흔들림이 없고 혼란도 없다면 그런 방황은 더 이상 하지 않게 됩니다.

이 확신은 수다원이 되어야 얻을 수 있습니다. 수다원이 되면 사견과 의심이라는 두 가지 번뇌가 완전히 사라집니다. 의심이 없다는 것은 올바른 법이 무엇인지를 안다는 뜻입니다. 의심이 사라지면 자신이 귀의하는 법에 대한 확신이 생기고, 그 법을 가르치신 스승에 대해서도 결코 의심하지 않게 됩니다. 자신이 법을 깨달았기 때문에 그 법에 대한 확신이 있고, 그 법을 처음 깨달으신 분에 대해서도 확신이 있습니다. 그렇게 되면 더 이상 스승을 찾아 헤매 다니지 않습니다.

수다원이 된 후 죽어 다시 태어나면 태어날 때부터 수다원입니다. 물이 강물의 흐름에 들어갔으면 틀림없이 바다로 가게 되어 있다고 하여 한국에서는 수다원을 '예류자'라고 하지요. 그것이 원어로는 소따빤나sotāpanna입니다. '소따'는 시냇물이나 강이 '흐르다', 즉 stream flows, 물의 흐름을 말하지요. '빤나'는 '도착했다'. 그래서 물의 흐름, 깨닫는 길의 흐름에 도착했다, 그 흐름으로 들어간 사람이 수다원이다, 이런 뜻입니다.

끝으로 붓다, 부처님에 대하여 알아보겠습니다.

한국에서 유행처럼 많이 하는 이야기가 있습니다. '모두가 부처이다.' 이 말을 방편으로 하여 여러 사람을 격려하는 것은 좋지만, 이 말 때문에 부처님에 대한 정의를 혼동하면 안 됩니다. 모두가 부처라고 할 때는 다음에 설명할 네 가지 부처님 중 어느 부처님을 뜻하는지 알면 좋을 것입니다.

미얀마 법당에 가면 석가모니 부처님 한 분밖에 없습니다. 한국에는 지장보살이나 아미타불, 비로자나불, 약사여래불이 있습니다. 자신이 네 종류의 부처님 중 어느 부처님을 모시고 있는가를 알기 위해서는 부처님에 대한 확실한 정의를 알아야 합니다.

부처님을 삽반뉴따붇다sabbaññutabuddha, 빠쩻까붇다paccekabuddha, 사−와까붇다sāvakabuddha, 수따붇다sutabuddha, 이렇게 네 부류로 나눌 수 있습니다.

그런데 먼저 '아라한'의 의미부터 확실히 하고 넘어가야 할 것 같습니다. 한국에서는 아라한의 개념에 다소 오해가 있는 것 같은데, 부처님도 아라한입니다. 부처님이 최초의 아라한이긴 하지만 아라한이라는 사실에는 변함이 없습니다. 아라한이라는 말의 원래 의미를 알면 그런 혼란을 없앨 수 있습니다.

아라한arahanta의 첫 번째 의미는 '적을 죽인 자'입니다. '아라ara'와 '아하aha'로 나누었을 때 '아라'는 '적', '나를 반대하는 사람', '나에게 고통 주는 사람'이라는 뜻으로, 여기서는 '번뇌'를 의미합니다. '아하'는 '죽였다', 그러므로 아라한의 의미는 '적을 죽인 자', '아라−한'입니다. 이렇게 보면 부처님과 다른 아라한과의 사이에 차이가 없습니다.

우리가 흔히 사용하는 '적'이 우리를 해치고 괴롭힐 수는 있지만, 그 적이 한평생을 쫓아다니며 계속 괴롭히는 경우는 거의 없습니다. 가장 크게 괴롭히는 것이 죽이는 것이겠지만 그것도 한 생으로 국한됩니다. 그런데 번뇌보다 무서운 적이 없다고 할 수 있는 것이, 번뇌는 한 번 죽이는 것이 아니라 윤회하면서 끝없이 죽이기 때문입니다.

우리가 서로 미워서 싸울 때 욕을 하지만 욕하는 대로 되지는 않습니다. 영어로 욕할 때 "Go to the hell!" 즉 "지옥에나 가버려!"라고 하지요. 한국에서는 '개자식!'이라고 하잖아요. 그런다고 진짜 지옥으로 떨어지거나 개자식이 되지는 않습니다. 그런데 번뇌라는 적은 우리를 진짜 욕하는 대로 되게 할 수 있습니다. 나의 번뇌 때문에 개자식, 돼지자식이 될 수 있고 사악처에 떨어질 수도 있습니다. 그러니 번뇌가 일반적인 적보다 백 배, 천 배, 만 배 더 무서운 것입니다. 이렇게 무서운 번뇌라는 적을 완전히 죽인 자가 바로 아라한입니다.

아라한arahant의 두 번째 의미는 '숨기는 것이 없는 자'입니다. 이 때는 '아a'와 '라하raha'로 나누어서 봅니다. '라하raha'는 '숨기는 것, 다른 사람에게 보이지 않도록 숨기는 것', '아a'는 '없다', 그러므로 아라한의 의미는 '숨기는 것이 없는 사람'입니다. 우리가 뭔가를 숨어서 할 때는 그것이 나쁜 짓이어서 다른 사람이 보면 부끄럽거나 당당하지 않기 때문에 몰래 하는 것입니다.

그런데 아라한은 나쁜 짓을 하기는커녕 생각조차 하지 않습니다. 마음 자체가 깨끗해서 몸과 입으로 지은 업, 그리고 마음으로 지은 업까지 깨끗해진 사람, 아니 아예 업 자체를 짓지 않는 사람, 그런 분들이 '아-라한'입니다. opened book, 책을 펼쳐 놓으면 아무나 와서 볼 수 있는 것처럼 나의 모든 것을 다 보여 줄 수 있는 사람은 깨끗하기 때문에 부끄러울 것도 숨길 것도 없습니다.

세 번째로는 '아라-한'도 아니고 '아-라한'도 아니고, '아라한-'이라고 편안하게 읽을 때의 의미로 '모든 공양을 받을 만한 분'이라는 뜻입니다. 모든 가치를 완벽하게 갖춘 인간의 모범으로, 완벽하게 성장하여 인간 중에서도 최고로 위대한 분이 아라한입니다. 일체 조건지어진 것은 원인과 결과에 의한 것인데 아라한은 더 이상 업을 만들지 않는 분입니다. 모든 존경과 삼배의 공덕을 받을 만한 자격이 있는 분이라는 의미에서 부처님께서는 아라한입니다.

네 부류의 부처님

그렇다면 부처님과 아라한의 차이는 무엇인가. 그것은 남을 도울 수 있는 힘이 크게 다르다는 데 있습니다. 아라한이 했던 바라밀행과 부처님의 그것에는 워낙 큰 차이가 있기 때문에 남을 돕는 일을 할 때도 비교가 불가능할 정도의 차이가 있습니다.

그러면 네 부류의 부처님에 대해서 알아보겠습니다.

첫째, 삽반뉴따붇다sabbaññutaBuddha.

삽반뉴따붇다는 동 시대에 두 분이 계시지 않습니다. 석가모니 부처님 같은 분은 한 시대에 두 사람이 필요 없을 만큼 아주 완벽하고 힘이 강한 붓다입니다. 삽반뉴따붇다는 같은 시대에 두 분이 없다는 말이지 부처님이 지금까지 한 분밖에 없었다는 뜻은 아닙니다. 석가모니 부처님 전에도 많은 부처님이 왔다 가셨습니다. 그래서 석가모니 부처님이 "갠지스 강가에 있는 모래알만큼 많은 부처님들이 이 세상에 오셨다가 가셨다."라고 말씀하셨습니다. '따타가따'라는 부처님의 명칭을 알고 계시지요?

삽반뉴따분다란 무슨 의미인가. '삽바'는 '모든 것', '뉴따'는 '안다' 즉 '모든 것을 아시는 분'이라는 뜻인데 '모든 것을 안다'라는 말에는 아주 깊은 의미가 있습니다. 다음 세 가지 능력, 세 가지 힘을 갖춘 사람을 모든 것을 아시는 분이라고 합니다.

그 중 첫 번째는 알아야 하는 것을 다 아신다는 의미입니다. 부처가 되기 위해서 알아야 하는 것을 하나도 빠짐없이 다 안다는 말입니다. 두 번째로는 본인만 아는 게 아니고 본인이 아는 것을 남에게 가르칠 때 그 가르치는 방법을 완벽하게 다 안다는 뜻입니다. 그리고 세 번째로는 가르쳐야 하는 중생의 모든 것을 다 안다는 말입니다. 이 사람은 태어나서 지금까지 어떻게 살아왔는지, 무슨 일이 있었는지를 다 알고 가르칩니다. 이 세 가지 앎이 삽반뉴따분다의 큰 실력, 능력입니다. 그것은 아무나 되는 것이 아니고 석가모니처럼 큰 부처님들만 가지는 능력이고 실력입니다.

경전에 보면 부처님을 만나 법문을 들은 사람들이 다 깨달은 것처럼 보이지만 이것을 오해하면 안 됩니다. 부처님을 만나고서 지옥 가는 사람도 있었습니다. 데와닷다Devadatto가 대표적인 예가 될 것입니다. 그는 부처님의 친척이자 부처님의 제자로 부처님 밑에서 출가했음에도 불구하고 지옥에 갔습니다. 아자따삿뚜Ajātasattu 왕도 마찬가지입니다. 빔비사라Bimbisāra 왕의 아들로 예전부터 부처님을 모셔왔지만, 수다원이었던 아버지를 죽인 악업을 저질러 지옥에 갔습니다.

삽반뉴따분다의 특징은 완벽함, 일체지(一切智 sabbaññutañāṇa)입니다. 즉 부처님의 깨달음은 완벽합니다. 깨달아야 할 모든 것을 다 깨닫고, 가르치는 방법 즉 방편이 완벽하고, 가르칠 사람의 모든 것을 다 압니다. 그 사람이 타고난 성격이나 성향이 어떠한지, 전생에 어떻게 살아왔고 지금 상태는 어떠한지, 그 사람의 안팎을 속속들이 다 압니다. 그래서 어떤 방편으로 무엇을 어떻게 가르치면 될 것인지를 완벽하게 아신다는 뜻입니다. 부처님만 완벽한 것이 아니라 부처님과 만나서 깨달은 자들도 자기가 해야 하는 일을 완벽하게 했던 사람들입니다. 깨달은 사람은 자신의 수행으로 깨달을 준비가 되어 있었기에 깨달은 것이지 그저 부처님과 만났기 때문에 저절로 깨달은 것이 아닙니다. 준비가 안 된 사람은 부처님을 만나도 부처인지를 모릅니다.

사실 부처님이 붓다로 사신 기간은 45년밖에 되지 않습니다. 시간으로 보면 아주 짧지요. 이 45년 동안 부처님을 만나 깨달은 수많은 사람들은 그들 자신이 끊임없이 바라밀행을 해오면서 깨달을 수 있는 상태에 도달해 있었고, 그렇게 준비된 사람을 부처님께서 만나주신 것입니다.

만나는 것에도 순서가 있습니다. 부처님이 새벽에 하신 것이 그 일입니다. 부처님이 새벽 두 시쯤에 일어나 수행하시고, 새벽 5, 6시쯤 되면 이 세상 온 우주에 자애와 연민심을 베푸셨습니다. 그때 부처님께서는 연민심 안에서 '오늘 깨달음을 성취할 자가 누구인가'를 보셨습니다. 그 깨달을 사람도 아라한arahanto, 아나함anāgāmī, 사다함sakadāgāmī, 수다원sotāpannā의 순서대로 보시고 가장 높게 깨달을 사람에게 먼저 가시는 겁니다.

아라한으로 깨달을 수 있는 사람이 있으면 그 사람에게, 다음에 아나함, 그 다음에 사다함, 그리고 수다원, 이렇게 말입니다. 오늘은 준비된 사람이 없다, 하면 씨앗이 될 수 있는 사람을 찾아가서 그런 사람에게 '씨앗'을 뿌려주셨습니다. 그러므로 부처님과 만났다고 무조건 다 깨닫는 것이 아니라 준비가 된 사람에게만 깨닫게 해 주셨다는 것을 알고 우리도 깨닫기 위한 준비를 열심히 해야 합니다.

아는 것과 가르치는 것은 다릅니다. 아는 것이 아주 많아서 자신이 시험을 치면 전국에서 1등도 척척 할 수 있지만 가르치는 데에는 영 형편없는 사람이 있습니다. 한국에도 있을 텐데, 우리나라(미얀마)에도 그런 사람이 아주 많습니다. 대단한 실력자라고 알려진 사람이 강의를 한다 하여 가서 들어보면 도대체 무슨 말을 하고 있는 건지 이해가 안 갈 때가 있습니다. 자신은 분명히 아주 똑똑하지만 남을 가르치는 솜씨, 기술은 없는 것이지요.

우리나라에서는 특별한 형식 없이 그냥 간판만 걸고 강의를 하는 경우가 많습니다. 예를 들어 내가 무슨 경전에 대하여 강의를 한다, 하고 알리면 스님들이 모여듭니다. 와서 들어보고 아니다 싶으면 그대로 다 가버립니다. 간판하고 강사만 남는 겁니다. 그와는 반대로 시험에서 1등은 아니지만 잘 가르치는 선생님이 있습니다. 그러면 제자가 떠나가지 않고 점점 많은 사람들이 몰려와 3층, 4층짜리 건물을 빌려 쓰면서까지 강의를 계속 합니다. 강의실이 모자라 계단까지 사람들로 꽉 찬 곳에서 강의하는 스님들도 아주 많습니다.

이와 같이 가르치는 것은 아는 것과 구별되는 또 다른 솜씨, 기술입니다. 내가 공부 잘한다고 다 잘 가르치는 것이 아니고, 한국 사람이라고 다 한국어를 가르칠 줄 아는 것도 아닙니다. 가르치는 심리학, 가르치는 방법이 다 따로 있는 것입니다. 부처님께서는 남을 가르치는 기술이 아주 특별하게 뛰어나신 분이었습니다. 부처님께서는 아기들과 만났을 때는 아기들과 같이 얘기하면서 가르치고, 농부들을 만나면 농사 이야기를 하면서 가르치셨습니다. 왕과 만나서는 정치 이야기를 통해서 가르치고, 학자들을 만나면 그 학자의 성향과 관심 분야에 맞는 이야기를 꺼내셨습니다.

그러나 그렇게 다양한 방편으로 가르치신 내용은 사실 딱 한 가지였습니다. 그것이 사성제입니다. 그 사성제를 표현한 방법이 그토록 다양하였기 때문에 팔만사천 대장경이 된 것이지요. 가르치는 사람의 성향이 다 달라 거기에 맞춰 가르침을 편 것이고, 그것 하나하나가 다 경전이 되어 그렇게 많은 경전이 만들어진 것입니다.

경전은 방편일 따름입니다. 그 많은 경전에서 말하고자 하는 바는 '사성제'로 다 같은 것인데, 그것을 볼 줄 모르는 사람은 여러 가지로 다르게 말합니다. 경전을 제대로 보기 위해서는 논장을 공부해야 합니다. 논장을 제대로 아는 사람이 경전을 보면 어떤 경전이건 다르지 않다는 것을 알 수 있습니다.

논장은 직설적인 가르침이고 경전은 포장, 즉 다양한 방편을 이용한 가르침입니다. 듣는 사람이 쉽게 이해할 수 있도록 비유를 한 것인데 그 비유의 개념을 정확하게 이해하지 못하면 내용을 왜곡하게 됩니다. 배우는 사람의 성향, 상황, 근기 등에 따라 이해시키는 방법이 다를 뿐 수행방법이 다른 것은 아닙니다.

이 세 가지 능력을 갖추고 있는 석가모니 부처님 같은 사람을 삽반뉴따붇다라고 하는데, 석가모니 부처님의 힘, 그분의 가르침이 아직 끝나지 않고 그대로 살아 있기 때문에 지금 이 시대를 석

가모니의 시대라고 합니다. 석가모니 시대가 완전히 끝나야 미륵
부처님의 시대가 올 것입니다.

두 번째로 빳쩨까붓다paccekaBuddha, '빳쩨까'라는 단어는 번역하
면 '따로따로', '독립하여', 영어로는 separately라는 뜻입니다. 그
래서 석가모니 부처님처럼 삽반뉴따 부처님이 안 계실 때 이 세
상에 아라한이 있었다면, 그 아라한이 바로 빳쩨까붓다입니다.

삽반뉴따붓다와 빳쩨까붓다의 공통점은 스승 없이 스스로 깨
달았다는 점입니다. 그 둘의 차이점은 삽반뉴따붓다에게는 방금
전에 말한 세 가지의 완벽하게 아는 힘이 있는데, 빳쩨까붓다는
그런 힘이 없다는 것입니다. 그래서 빳쩨까붓다가 여러 중생들을
가르쳐서 깨닫게 도와주기는 어렵습니다. 석가모니 부처님의 힘
이 완전히 사라지고 미륵 부처님이 아직 나오시지 않은, 그 중간
에 스스로 깨달은 사람이 있다면 그 사람이 빳쩨까붓다, 한국에
서는 벽지불이라고 합니다. 그러니 석가모니 부처님 시대인 요즘
에 내가 스승 없이 혼자 스스로 깨달았다고 큰소리치는 사람들이
있다면 그건 몰라서 하는 말입니다. 뭔가를 보거나 듣고, 즉 누구
한테 듣거나 무슨 책을 보거나 CD나 테이프 등을 듣고 안 것이지
그렇지 않고 스스로 깨달은 사람은 단 한 사람도 없습니다.

이렇게 삽반뉴따붓다와 빳쩨까붓다는 포교할 수 있는 힘에서
비교할 수가 없을 만큼 큰 차이가 있고, 그래서 빳쩨까붓다는 굳
이 시대를 따지지 않습니다. 다시 말하면 삽반뉴따붓다 시대는 있
지만 빳쩨까붓다 시대는 없다는 뜻입니다. 빳쩨까붓다는 세상에
큰 영향을 미치지 못하고, 자신이 죽으면 그것으로 끝납니다. 그
런 빳쩨까붓다는 삽반뉴따붓다 같은 지혜는 없지만 번뇌라는 적

을 완전히 없애버렸다는 점에서는 다르지 않습니다. 그래서 삽반뉴따붇다도 아라한이고 빳쩨까붇다도 아라한입니다. 그런데 삽반뉴따붇다는 최초의 아라한으로 동 시대에 한 분밖에 안 계시고 빳쩨까붇다는 한 시대 안에 많이 있을 수 있습니다.

세 번째는 사와까붇다sāvakabuddha, '사와까'라는 원어의 의미는 '제자'입니다. 그러니까 '제자붇다'이지요. 삽반뉴따붇다, 빳쩨까붇다, 사와까붇다. 이렇게 '붇다'라는 공통점이 있는데 그것은 '사성제를 안 자'라는 점에서 모두 같기 때문입니다. 즉 어리석음에서 벗어난, 윤회라는 밤에서 깨어난 점에서는 모두 같다는 뜻입니다.

삽반뉴따붇다는 삽반뉴따 지혜라는 세 가지 힘을 갖고 있는 부처님이고, 빳쩨까붇다는 스승과는 별개로 따로따로 나오신 분으로 스승 없이 깨달았으나 삽반뉴따 지혜의 힘이 없으며, 사와까붇다는 삽반뉴따 지혜도 없고 스승 없이 깨달은 것도 아닙니다. 스승이 있고, 그 스승에게서 가르침을 배우고 익혀서 깨달은 자입니다.

부처님의 첫 번째 제자가 5비구입니다. 그 다섯 비구가 부처님의 초전법륜경을 통해서 깨달음을 얻어 수다원이 되었습니다. 5비구가 곧바로 아라한이 된 것은 아닙니다. 양력으로 7월 보름날에 부처님께서 초전법륜경을 설하신 것을 듣고 5일째 되던 날 다섯 명이 다 수다원이 되었습니다. 그 5일째 되는 날 부처님이 무아경을 설하셨고, 그 법문을 들은 다섯 명이 아라한이 되었습니다. 부처님을 만났던 사람들이 모두 동시에 깨달은 것은 아닙니다. 5비구 중 최고령자인 꼰단냐Koṇḍañño가 최초로 수다원이 되었고, 그 다음에 왑빠Vappo, 세 번째는 밧디야Bhaddiyo, 네 번째는 마하나마Mahānāmo, 마지막에 앗사지Assaji, 이렇게 서로 시간차를 두고 깨달은 것입니다. 초전법륜경을 듣고 5일째 되었을 때도 그 5명의 비구들이 다 수다원밖에 되지 못했습니다. 부처님께서 설하신 무아경을 듣고 수행한 다음에야 비로소 그 분들이 아라한이 되었습니다.

부처님의 첫 포교에서 이렇게 다섯 명의 제자가 생겼습니다. 그 다음에 얏사yassa를 포함한 55명의 친구들을 가르쳐서 그분들이 다 출가하여 아라한이 되었고, 부처님까지 61명의 아라한이 된 것입니다. 아라한이 61명이 되었을 때 부처님께서 말씀하셨습니다.

"모든 중생들의 이익을 위해서 정법을 펼쳐라. 같은 길을 두 사람이 가지 마라."

바후자나 히따야bahujanahitāya.

'바후'는 '수많은', '자나'는 사람들, '히따야'는 '이익을 위해서', 즉 세속의 이익과 출세간의 이익을 위해서 이 정법을 펼쳐라. 같은 길을 두 사람이 가지 마라.

이렇게 하여 61명의 아라한이 61개의 길, 61개의 마을, 61개의 도시로 포교를 위해 떠났습니다.

부처님의 제자 중에 지혜 제일인 사리불, 사리뿟따Sāriputto 존자를 아시지요. 그분도 한꺼번에 깨닫지 못했습니다. 사리불은 처음에 부처님과 만나서 깨달은 것이 아니고 5비구 중 마지막으로 깨달은 앗사지 존자를 만나 사성제의 일부를 듣고 수다원이 된 사람입니다.

포교를 위해 거리로 나간 앗사지 스님을 길에서 만났을 때 사리불 존자는 이미 남들에게 수행을 가르치는 수행지도자였습니다. 그 사리불이 앗사지를 보자마자 '아, 이 사람은 남들과 다르구나. 이렇게 용모가 맑고 깨끗한 사람이니 이 사람에게 법이 있겠구나' 하고 외모만 보고도 알아차립니다. 그래서 탁발하는 앗사지 스님의 뒤를 따라가면서 시봉을 합니다. 옛날에는 출가자들이 탁발한 후 묘지나 마을회관에서 식사를 하였습니다.

그렇게 앗사지 스님이 식사하실 때까지 뒤에서 가만히 앉아 있다가 식사를 다 마치자 이렇게 묻습니다.

"당신의 스승님이 누구십니까? 어떤 스승님 밑에서 출가하셨습니까? 당신의 스승님은 무엇을 가르칩니까?"

앗사지가 보니까 사리불이 아주 똑똑한, 지혜로워 보이는 사람이에요. 그래서 자신을 많이 낮춰서 이렇게 대답합니다.

"나는 출가한 지 얼마 안 되는 사람입니다. 나는 석가모니 고따마 붓다의 제자입니다. 우리 스승님은 '조건지어진 모든 것이 무상하다, 모든 것은 조건이 있고, 원인이 있고, 원인에 따라 결과가 있다, 원인이 사라지면 결과 또한 사라진다'고 가르치십니다."

그 말을 듣고 사리불이 수다원이 되었고 그 다음에야 부처님을 찾아갔습니다. 부처님 밑에서 수행하고도 한번에 깨달은 것이 아니라 아라한이 되기까지 보름 동안 수행을 하였습니다. 같은 마을에 살고 같이 출가했던 친구인 목련 존자는 사리불의 가르침을 듣고 수다원이 되었습니다. 부처님을 찾아가 사리불은 보름 걸려서 아라한이 되었는데 목련 존자는 일주일 만에 아라한이 됐습니다. 지혜가 많은 사람은 따지는 것이 많아서 깨닫는 데에도 시간이 많이 걸립니다. 목련 존자는 시키는 그대로 따라가기 때문에 빨리 깨달음을 얻었습니다. 부처님 외에 이 세상에서 제일 지혜로운 사리불조차도 한꺼번에 깨닫지 않았는데 누군가가 단번에 깨달았다고 큰소리치면 의심해 봐야 합니다. 부처님이 직접 가르쳐도 단번에 깨닫지 못했잖아요.

사실 깨달음이라는 것이 시간을 따지면 1초 안에 다 될 수도 있습니다. 그렇지만 그 1초 안에도 단계, 순서가 있습니다. 우리는 지금 1초에 마음 한 번을 제대로 못 보는 사람들입니다. 그런데 수행을 제대로 해보면 1초에 기본적으로 50번 정도 마음을 알 수 있고 100번, 200번 아는 사람도 아주 많습니다. 사람의 힘에 따라 다 다릅니다.

부처님께서는 1초 안에 천 번, 만 번, 십만 번, 백만 번이 아니라 그보다 훨씬 더 많이, 엄청나게 많이 아십니다. 하지만 사람들은 그 말을 믿지 못합니다. 왜냐하면 자기를 기준으로 놓고 보아 그것이 가능하지 않다고 생각하기 때문입니다.

제가 산속에 있을 때의 경험입니다. 그 산속에 사는 사람들은 가까운 도시에도 못 가본 사람들이었어요. 그 마을은 아주 깊은 산속에 있었고 마을에 사람도 몇 명 없었어요. 그 마을에서 태어나 그 마을에서 죽을 사람들이지요. 그 사람들에게 제가 달에 사람이 간다고 이야기하면 그 사람들은 제가 농담하는 줄 알고 다 웃었어요. 자신들의 상상 속에는 그것이 절대로 불가능했기 때문입니다.

이렇게 부처님이 1초 안에 마음을 몇 번 안다고 말하면 자기의 지식으로는 될 수 없는 일이기 때문에 믿지 못하는 것입니다. 그러나 수행을 해 보고 자신의 수행이 깊어져서 마음을 제대로 보게 되면 본인도 1초 안에 50번, 500번 볼 줄 아니까 부처님이 5백만 번, 5천만 번 본다는 것이 가능하다는 것을 알게 됩니다.

석가모니 부처님께서는 최초의 아라한으로 스승 없이 깨달으셨고, 빳쩨까붓다는 스승 없이 깨달았지만 큰 실력이 없는 아라한, 사와까붓다는 스스로 깨닫지 못하고 누군가의 가르침을 받아서 깨달았고 큰 실력이 없는 아라한이라고 간단히 정리할 수 있겠습니다.

네 번째가 수따붓다sutabuddha, '수따'의 원래 뜻은 '들음'입니다. 옛날에는 글이 없었지요. 그래서 다른 사람이 하는 말을 듣고 그것을 남에게 전하면서 지식이 전달되는 겁니다. 그래서 '수따'라고 하면 요즘 시대로 하면 모든 '정보'를 말하는 것입니다. 책이건 말이건 CD이건 다 말을 글로 만든, 기호로 변환시킨 것입니다. 즉 수따, 들음이 사실은 정보, 지식, knowledge, information입니다.

이렇게 듣고 아는 것으로 가장 높은 단계에 있는 사람을 삼장법사라고 할 수 있습니다. 그 삼장법사가 바로 수따붓다입니다. 아직은 깨달음에 도달하지는 못했지만 사성제를 지식으로 아는 사람이지요. 삼장법사, 이장법사, 일장법사, 맨 밑에까지 말하면 사성제를 제대로 이론적으로 아는 사람도 붓다예요.

그래서 우리가 이 네 가지 부처님의 개념과 정의를 바르게 알고 있으면 '모두가 부처이다'라고 할 때의 부처가 어떤 부처인지를 따져볼 수 있게 될 것입니다. 그리고 '모두가 부처이다'라는 말도 쉽게 하지 않게 될 것입니다.

'모두가 부처가 될 수 있다'라고 하면 괜찮겠지만 '모두가 부처이다'라고 말하는 것은 오해를 불러올 수 있습니다. '해야 하는 일을 완벽하게 하면 모두 부처가 될 수 있다'라는 말이 가장 타당할 것입니다.

위에서 본 네 부류의 붓다 중 엄격하게 따지자면 진정한 붓다는 삽반뉴따붓다, 빳쩨까붓다, 사와까붓다, 이 셋을 들 수 있겠습니다.

부처님께서 마지막으로 찾았던 중도, 팔정도 수행을 하시면서 사성제를 깨달으셨듯이 여러분들도 이 몸과 마음의 바로 이 순간 있는 그대로 팔정도 수행을 하시어 부처님과 아라한, 모든 성인들이 성취한 생노병사, 삼세윤회, 모든 고통 벗어나 닙바나 성취하길 기원합니다.

사두, 사두, 사두

Buddha sāsanaṃ ciraṃ tiṭṭhatu (3번)
붇다사사낭 찌랑 띳타뚜

부처님의 가르침이 오래오래 머무소서.

사두, 사두, 사두.

셋째 날

법과
위빳사나

선업 복을 지을 때가 가장 좋은 때이고, 선업 복을 짓는 날이 가장 좋은 날이고, 선업 복을 짓는 장소가 가장 좋은 장소라고 부처님께서 말씀하셨습니다. 여러분들은 지금 아주 좋은 때, 좋은 날, 좋은 장소에 와 계십니다.

앞에서 '부처님과 위빳사나'라는 주제로 이야기를 했는데, 이번에는 '법과 위빳사나'라는 주제로 이야기를 풀어나가 보겠습니다.

부처님께서 깨닫기 전에 8선정을 얻으셨지만 그것은 궁극적인 깨달음이 아니었고, 그래서 다시 팔정도 수행을 하심으로써 사성제 진리를 성취하셨다는 이야기를 앞에서 하였습니다.

부처님의 법을 믿는다는 의미

지금부터는 부처님의 법에 대해 알아보려고 합니다. 우리가 만약 기독교인이라면 기독교인으로서 알고 받아들여야 하는 법이 있을 것입니다. 예를 들어 신이 있고 그 신이 우리 인간과 다른 모든 것을 창조했다는 것, 예수님이 우리의 죄를 대신하여 돌아가셨기 때문에 우리의 죄가 모두 용서 받았다거나 예수의 부활 등을 믿는 것 등이 기독교 신자가 받아들여야 할 법이라고 할 수 있겠지요. 또 아미타불을 믿는다면 죽을 때까지 아미타불, 아미타불을 암송하며 기억해야 죽어서 아미타불이 있는 곳으로 갈 수 있다고 믿는 것입니다. 그밖에 신자들이 따로 해야 할 일은 없겠지요.

그렇다면 부처님을 믿고 받아들인다는 것은 무엇인가. 불자佛子들은 자신이 믿고 있는 부처님이 어떤 분인지, 믿는 법이 무엇이고 무엇을 어떻게 실천해야 하는지를 알아야 할 것입니다. 그래서 이번에는 불법, 즉 부처님의 법이 무엇인가에 대한 이야기를 하겠습니다.

'법法'이란 빨리어로는 담마dhamma라고 합니다. '담마'라는 원어의 뜻을 풀면 '다레띠띠담모dhāretīti dhammo', '다레띠'는 '받쳐주다, 데리고 가다, 모셔가다' 등의 의미가 있습니다. 그러면 법이 받쳐준다는 게 무슨 뜻인가. 무언가를 받쳐준다는 것은 떨어지지 않게 해 준다는 뜻이지요.

구체적으로 예를 들어 설명해 보겠습니다. 부처님이 실천했던 법은 부처님을 받쳐주고, 제가 법을 실천했다면 그 법이 저를 받쳐줍니다. 마찬가지로 여러분이 실천한 법이 여러분을 받쳐주는 것입니다.

이때 어디에서 어디로 떨어지지 않는가를 생각해 보면, 지금 인간으로 태어나 바른 법을 실천하면 인간 이하로는 떨어지지 않는다는 의미입니다. 즉 사악처, 지옥이나 아수라, 축생 등의 생으로 태어나지 않는다는 말이지요. 만약에 여러분이 수행을 열심히 해서 수다원이 됐다면 자신이 성취한 수다원도와 과의 법이 자기를 받쳐주는 것입니다. 자신이 실천한 법이 다름 아닌 자기 자신을 받쳐준다는 말은 그런 의미입니다. 또 자신이 쌓은 선업이 자신을 더 좋은 곳, 즉 천상세계나 범천으로 데리고 간다, 모시고 간다는 뜻이기도 합니다.

부처님의 가르침에서 법이란 그런 의미입니다. 법이란 법칙이에요. 만약 불선업을 했다면 그 불선업이 여러분을 지옥으로 데려가고 축생으로 데려갈 것입니다. '데리고 간다'는 말은 그렇게 이해하면 되겠습니다.

그러면 부처님의 법이란 무엇인가. 부처님의 법에는 열 가지가 있습니다.

네 가지 도: 수다원도(sotāpattimaggo), 사다함도(sakadāgāmimaggo),
아나함도(anāgāmimaggo), 아라한도(arahattamaggo)
네 가지 과: 수다원과(Sotāpattiphalaṃ), 사다함과(sakadāgāmiphalaṃ),
아나함과(anāgāmiphalaṃ), 아라한과(arahattaphalaṃ)
닙바나(nibbāna): 해탈
그리고 경전: 삼장법, 오부니까야, 팔만대장경.

이렇게 부처님의 법을 열 가지로 말합니다. 이 열 가지 외에 다른 법은 없습니다.

경전에서 거듭 언급하는 부처님의 법이 네 가지 도, 네 가지 과, 그리고 닙바나인데 이것을 출세간법이라고 합니다. 출세간법은 사실 이 아홉 가지밖에 없습니다. 그래서 여러분들이 사성제를 깨달아 아시는 분을 붓다라고 믿고, 붓다의 법이 사성제라고 믿으면 여러분들이 깨달아야 하는 법은 바로 네 가지 도, 네 가지 과입니다. 도는 여러분들이 성취해야 하는 깨달음이고, 과는 그 깨달음에 저절로 따라오는 결과입니다. 그러므로 과를 성취하기 위해 따로 해야 할 일이 있는 것이 아니라 도를 깨달으면 도 다음에 바로 과가 일어나는 것입니다.

다시 말하면 수다원도를 깨달은 사람들에게 수다원과마음이 일어나고, 사다함도 바로 뒤에 사다함과마음, 아나함도 바로 뒤에 아나함과마음, 아라한도 다음에 아라한과마음이 이어지는 것이지요.

경전은 법인가?

　　그럼 경전은 무엇인가? 위에서 열 가지 법이라고 했을 때
는 경전이 포함되었지만 진정한 의미에서 경전은 법이 아닙니다.
왜냐하면 경전은 법에 대한 설명서에 해당하기 때문입니다. 우리
가 아플 때 약을 먹습니까, 아니면 약에 대한 설명서를 먹습니까?
약을 먹어야 병이 낫는 것과 같은 이치로 네 가지 도라는 약을 먹
어야 번뇌라는 병에서 나을 수가 있는 것입니다. 그런데 네 가지
도라는 약은 안 먹고 도가 무엇인지, 도가 어떻게 만들어졌는지
등을 말하고 있는 설명서를 계속 먹고 있으면 병이 낫지 않습니
다. 따라서 경전으로는 깨달을 수 없다는 것을 분명히 알아야 합
니다.

　경전은 내비게이션과 같은 것입니다. 내비게이션은 목적지가
아니고 길도 아니며, 단지 길을 가리키는 지도 같은 것입니다. 내
가 목적지에 도착하려면 그 길을 스스로 직접 가야 합니다. 그러
니 해탈이 목적지이고, 도는 길이며, 경전은 그 길을 가리키는 지

도 즉 내비게이션이라고 정리하면 되겠습니다.

여러분은 아이스크림을 좋아하십니까? 제가 여기에서 '두리안 맛 아이스크림'이라고 종이에 써서 그것을 계속 먹고 있으면 아이스크림 맛을 알 수 있겠습니까? 그것과 똑같은 이치입니다. 수행은 하지 않고 경전만 계속 공부하고 있으면 깨달음을 얻을 수 없습니다. 경전은 법이 아니고 법을 글로 풀어놓은 것입니다.

부처님께서는 부다가야에서 35세에 깨달으셨습니다. 그 깨달음의 순간에 경전이 있었습니까? 그렇지 않습니다. 부처님께서 저녁에 한 자리에 앉았고, 다음 날 새벽에 붓다가 되셨습니다. 다른 말이 더 필요 없는 아주 간단명료한 사실입니다. 그 깨달음을 말로 푸니까 삼장법이 되고, 팔만대장경, 니까야가 되는 겁니다.

그리고 열 가지 법을 엄밀하게 따져보면 네 가지 도와 네 가지 과, 닙바나, 경전 이 세 가지가 서로 같지 않습니다. 닙바나, 해탈은 목적지입니다. 도를 깨치면 도의 결과를 얻는데 그 결과가 곧 해탈인 것입니다. 그래서 과선정에 들어간다고 하면 수다원은 수다원과선정에 들어갈 수 있고, 사다함은 사다함과선정에 들어갈 수 있습니다. 마찬가지로 아나함은 아나함과선정, 아라한은 아라한과선정에 들어가는 것입니다.

그러면 과선정에 들어간다는 것이 무엇입니까? 거기 들어가서 무얼 하고 있을 것 같습니까? 바로 해탈을 보고 있는 것입니다. 해탈은 도와 과의 대상입니다. 해탈로 도지혜도 알 수 있고 과지혜도 알 수 있습니다. 그래서 해탈은 우리가 성취해야 하는 것이 아니고 도착해야 하는 곳입니다. 성취해야 하는 것은 도이지요. 도를 깨치면 도의 대상이 바로 해탈입니다. 도를 깨달으면 과가 따라오고 해탈, 닙바나에 도착한다는 의미입니다.

결론을 말하자면 부처님의 법은 바로 네 가지 도, 네 가지 과라고 알면 됩니다. 경전에서 부처님이 그 네 가지 도, 네 가지 과를 다 거쳐서 깨달았다고 분명히 밝히고 있습니다. 부처님의 수행 이야기를 읽어 보면 어떻게 번뇌를 닦았고 어떻게 도를 깨우쳤는지를 자세히 알 수 있습니다.

부처님께서 수다원도를 깨달으신 이야기와 관련된 것이 한국에서 유명한 『금강경』입니다. 금강경의 원래 원어는 '와지라vajira'입니다. 와지라는 삭까Sakka라는 신왕이 가지는 무기를 가리킵니다. 그 무기는 지구상에 있는 핵무기를 다 합친 것보다 더 위력이 세다고 합니다. 그 무기가 바로 도의 힘을 말하는 것인데 그렇게 힘이 세기 때문에 번뇌를 뿌리까지 뽑아 없애버릴 수 있고 제거할 수 있다고 하는 것입니다.

도는 딱 한 순간으로 완벽한 것이어서 두 번 반복할 필요가 없습니다. 즉 도를 깨치면 바로 그 순간 번뇌가 소멸되어 버리는 것입니다. 수다원도가 생기면 바로 그 순간 의심과 사견이 완전히 사라져 다시는 생겨나지 않습니다. 왜냐하면 자신이 수다원도를 깨달아 직접 해탈을 봤기 때문입니다. 원인이 소멸되면 결과가 소멸되는 것, 물질과 정신의 소멸을 통해 자신이 분명히 해탈을 경험한 것입니다. 도지혜 과지혜를 봤고, 법을 직접 알았습니다. 스스로 분명하게 알아 깨우친 법은 더 이상 흔들리지 않고, 어떤 경우에도 변함이 없습니다. 법을 보았다는 것이 그런 것입니다.

우리는 소금이 짜다는 것을 압니다. 그런데 부처님께서 오셔서 소금이 짜지 않다고 하시면 그 말씀을 믿겠습니까? 그렇지 않습니다. 내가 확실하게 아는 것은 부처님이든 신이든 그 누가 와서 아니라고 해도 절대로 변함이 없습니다. 수다원도 그런 사람입니다. 수다원은 법을 압니다. 법을 알기 때문에 누가 와서 다른 말을 해도 흔들리지 않습니다. 그런 것을 의심이 없다고 말합니다. 본인이 법을 알기 때문에 이 법을 가르치신 부처님을 확실하게 알고, '아, 이 법은 부처님이 가르치셨고 내가 지금 검증했다' 그래서 부처님을 믿는 것입니다. 그러므로 이런 사람은 부처님과 불법에 대해 더 이상의 어떤 의심도 없습니다.

깨달은 자들의 모임이 승가입니다. 승가에는 두 부류가 있습니다. 하나는 머리 깎고 부처님의 계율에 맞게 수계 받고 비구 비구니가 되는 것으로 '삼무띠상가sammuti-saṃghā'라고 합니다. 다른 한 부류는 머리를 깎았든 안 깎았든, 가사를 입었든 안 입었든, 수계를 받았든 아니든 상관없이 재가자로 깨달으면 이 또한 승가입니다. 그런 경우가 궁극적인 승가로 '빠라맛타상가paramattha-saṃghā'라고 합니다. 즉 깨달은 자가 승가입니다. 법을 깨달았기 때문에 승가가 되는 것입니다. 이것이 승가의 궁극적인 의미입니다.

성불成佛의 의미

수다원만 되면 불·법·승에 대한 의심이 완전히 사라집니다. 또 사견이 완전히 없어지고 바른 견해만 남습니다. 도라는 것, 도인이라는 것, 도를 깨쳤다는 것이 이마가 높아지고 머리가 커지는 것이 아니라 번뇌가 없어지는 것입니다. 외모가 달라지는 것이 아닙니다. 물론 어느 정도의 변화는 있을 수 있겠지요. 피부 색깔이 맑아지고, 얼굴이 밝아지고 이런 정도는 되겠지만, 머리가 커지거나 코가 높아지는 것과는 아무런 상관이 없습니다.

깨달은 사람은 도의 단계에 따라 번뇌가 없어집니다. 아주 간단명료합니다. 그래서 수다원도를 성취하면 사견과 의심이 사라져서 더 이상 사악처로 떨어지지 않습니다. 수다원도가 받쳐주기 때문에 죽어서 다시 태어나도 태어날 때부터 수다원이고, 욕계 선처에도 최대 일곱 번까지만 태어납니다.

아나함도를 성취하면 성냄이 없어집니다. '성냄'의 원어는 '도사dosa'인데 이 말의 원래 의미는 매우 다양합니다. 짜증나다, 싫다, 밉다, 무섭다, 마음에 안 든다 등등이 모두 포함되는 것인데 한국에서는 성냄이나 진에(瞋恚)로 번역하기 때문에 그 의미가 축소되는 느낌이 있습니다. 아나함이 되면 그런 부정적인 마음이 다 사라집니다. 그리고 아라한도까지 성취하면 모든 번뇌가 완전히 사라져 더 이상의 번뇌가 없습니다.

이것이 법에 대한 바른 정의입니다. 부처님께서 깨달으신 법이 이 법이고, 우리가 깨달아야 하는 법도 바로 이 법입니다. 우리가 이 법을 깨달아야 우리의 번뇌를 제거하고, 번뇌를 제거해야 업의 굴레에서 벗어납니다. 아라한이 되면 번뇌가 없고, 번뇌가 없는 사람은 업도 없습니다.

우리가 네 가지 도 중 어떤 법을 깨달았을 때 그 법이 나를 어떻게 받쳐주는지 그 의미도 이와 같은 의미로 이해하면 되겠습니다. 깨달은 도의 수준만큼 자신이 보호를 받는다고 알면 되겠습니다.

그런데 부처님의 그 많은 가르침을 다 배우는 것이 시간이나 능력 면에서 불가능하다고 생각하여 실망하는 사람도 있을 수 있습니다. 그렇지만 실망하거나 포기할 필요가 없습니다. 부처님 가르침의 핵심을 알면 되기 때문입니다. 그것이 바로 계·정·혜 삼학입니다. 경장, 율장, 논장을 삼장이라 하지요. 율장의 핵심은 계, 경장의 핵심이 정, 논장의 핵심은 혜입니다. 삼장법 즉 오부니까야(pañca nikāya)가 너무 많다면 이 삼학만 확실히 알도록 하십시오. 그러면 부처님 법을 확실하게 아는 것입니다.

부처님의 가르침은 아주 논리적, 합리적입니다. 왜 계·정·혜를 가르치는가? 그것은 번뇌의 성격이 다르기 때문이며, 그 번뇌의 성격에 맞게 계·정·혜로 가르치기 때문입니다. 우리가 갖고 있는 번뇌, 즉 끼레사의 뿌리를 찾아보면 다음 세 가지 중 하나입니다.

위떡까마 끼레사vītikkama kilesā 파괴의 번뇌

빠리윳타나 끼레사pariyuṭṭhāna kilesā 일어나는 번뇌

아누사야 끼레사anusaya kilesā 잠재적 번뇌

윤회란 번뇌의 굴레, 업의 굴레, 과보의 굴레를 계속 반복하는 것이지요. 지금 현재 우리가 겪고 있는 것은 업이 아니라 업의 과보를 받고 있는 것입니다. 왜 과보를 받게 되는가? 전에 했던 업이 있어서 그렇습니다. 왜 업이 있는가? 번뇌가 있어서 그런 것입니다. 그러니까 번뇌의 굴레, 업의 굴레, 과보의 굴레라는 이 윤회를 끊으려면 번뇌를 소멸시켜야 하는 것입니다. 번뇌의 굴레를 벗어나야 업이 소멸되고, 업이 소멸되면 과보의 굴레에서 벗어납니다.

번뇌의 세 가지 형태

내 마음속에 번뇌가 들어오면 그 번뇌의 마음이 자신은 물론이고 다른 사람도 망가뜨리고 해칩니다. 기독교에서는 이것을 원죄라고 하지요. 이 근원적인 문제를 해결해야 우리의 문제가 풀리는데 그 문제 유형에 세 가지가 있습니다. 그래서 부처님께서 계·정·혜 세 가지를 가르치신 것입니다. 번뇌의 형태에 맞게 대응할 수 있도록 세 가지 무기를 준 것이라고 보면 됩니다.

그러면 번뇌의 세 가지 형태란 무엇입니까?

첫 번째는 위떡까마 끼레사vītikkama kilesā, '위떡까마'는 '건너가다'라는 의미입니다. 이쪽에서 저쪽으로 건너가다, 마음에 있던 것이 입과 몸으로 건너간다는 뜻이지요. 몸과 입으로 화가 나서 하는 행동, 몸과 입으로 욕심 부리면서 하는 행동, 몸과 입으로 어리석게 하는 행동, 몸과 입으로 질투와 시기를 드러내는 행동 등을 말합니다. 예를 들면 화가 나서 욕을 하고 상대방에게 상처 주는 말을 하는 것, 다른 사람에게 눈치를 주는 것, 다른 사람을 때리고 칼로 찌르고 총으로 쏴버리는 것, 살생하고 도둑질하는 것 등등 아주 많습니다.

왜 이런 행동을 하게 되는가. 마음속에 있는 번뇌가 몸과 입으로 건너갔기 때문입니다. 그래서 파괴, 쉽게 번역하면 파괴 번뇌라고 할 수 있겠습니다. 불이 나서 모든 것을 다 태우고 있는 형국이지요. 완전히 끝장 난 상태로 그때는 돌이키기가 힘들어진 상태입니다. 이미 파괴의 상태로 넘어갔다는 말입니다. 마음속에 있던 번뇌가 몸과 입을 통해 파괴적으로 나타나는 형태입니다.

두 번째는 빠리웃타나 끼레사pariyuṭṭhānā kilesā, '빠리웃타나'의 원래 의미는 '일어나다, 앉아 있다가 일어서다'입니다. 쉽게 풀어 설명하자면, 마음속에 성냄의 번뇌가 가만히 누워 있는데 누가 와서 나에게 싫은 소리를 하면 즉시 화가 일어납니다. 좋은 것이 보이면 바로 욕심을 부립니다. 마음속에 번뇌가 없었으면 어떤 자극이나 대상이 있어도 반응이 일어나지 않을 것입니다. 마음속에 번뇌가 숨어 있었기 때문에 자극이 오자 즉시 반응을 일으키는 것입니다. 이렇게 마음속에서 번뇌가 일어나는 상태, 몸과 입으로 아직 드러나지 않았을 뿐 마음속에서 일어나고 있는 탐, 진, 치, 자만, 질투, 시기, 의심, 들뜸, 후회, 사견 등 여러 가지 마음의 나쁜 성향들이 마음속에서 일어나고 있는 상태가 '일어나는 번뇌'입니다.

세 번째는 아누사야 끼레사anusayā kilesā, '아누사야'는 '아주 잔잔하게 밑에 깔려 있는 상태, 잠재되어 있는 상태'를 말합니다. 잠재라는 것은 가능성을 말합니다. 지금은 없는 것 같지만 조건이 생기면 언제든지 생겨날 수 있는 것입니다. 잠재 상태라는 것이 아주 묘합니다. 예를 들어 보겠습니다. 지금 아무런 마음 없이 법문을 듣고 있습니다. 집중해서 법문을 잘 듣고 있으면 번뇌가 일어나지 않아요. 그런데 '아이고, 법문이 마음에 안 든다' 싶으면 바로 마음속에 번뇌가 일어납니다. 그러니 번뇌가 없는 것이 아니라 잠재되어 있다고 할 수 있는 것입니다.

우리가 수행할 때 수행이 잘 되면 스스로 깨달은 듯한 착각을 일으킵니다. 하도 평화롭고 행복해서 내가 혹시 해탈한 게 아닐까 여겨진다는 말입니다. 그런데 그 순간에 누가 와서 싫은 소리 한마디만 해도 그 모든 게 한 순간에 다 날아가 버립니다. 화가 나서 얼굴이 빨개지고, 화가 목까지 치밀어 올라오면 방금 전의 깨달음은 무엇입니까? 어디로 갔을까요, 그 깨달음이?

그렇지요. 우리가 깨달음이나 법에 대해서 확실하게 모르면 그렇게 착각할 수 있습니다. 집중 혹은 선정 상태에 들면 아무런 고통이 없고 아주 행복합니다. 그 상태가 계속 유지될 수만 있다면 우리는 그 행복을 계속 누리고 싶어 할 것입니다. 그러니 착각할 만도 합니다. 왜냐하면 일반적인 오욕락과는 완전히 다르기 때문입니다. 먹어서 좋다, 술 마셔서 좋다, 남자와 여자가 만나서 좋다고 하지만 그 속에는 고통이 있습니다.

그런데 이 선정 또는 집중이라는 것은 아주 특별하게 느껴지는 행복입니다. 먹는 행복은 배부르면 끝납니다. 충분히 먹었는데 또 먹으면 토할 것 같은 기분이 듭니다. 자는 행복도 마찬가지입니다. 하루 종일 자면 다음 날 머리가 어질어질합니다. 우리가 행복으로 착각하는 이런 것들의 한계는 금방 알 수가 있습니다. 그러나 선정이나 집중은 그렇지가 않아서 계속 유지하고 싶어 합니다.

그 정도로 좋기 때문에 사람들이 깨달음이라고 착각할 수 있습니다. 물론 그것은 깨달음이 아닙니다.

아누사야는 가스라이터 같은 것입니다. 가스 속에 불이 있는 것이 아니고, 라이터의 바퀴 속에 불이 있는 것도 아닙니다. 라이터 속에 조그마한 돌멩이가 있는데 그 돌멩이 안에도 불이 없습니다. 라이터를 이렇게 해체해 보면 그 어디에도 불이 없습니다. 그런데 그 세 가지 조건, 즉 바퀴와 돌멩이와 가스에 딱 한 번 힘을 주면 그 순간 불이 확 일어납니다. 영어로 번역하면 latent라고 합니다. 지금 선정을 갖고 번뇌가 없다 해도 조건만 맞아떨어지면 선정이 깨지면서 즉시 번뇌가 나타납니다. 이런 것을 아누사야 끼레사라고 합니다.

이런 세 가지 형태의 번뇌 중 잠재적 번뇌는 알아차리기가 쉽지 않습니다. 그러나 첫째와 둘째인 파괴의 상태와 일어난 상태는 익히 알고 있습니다. 왜냐하면 평소 혹은 평생 우리가 해왔던 일이기 때문입니다.

번뇌의 불을 끄는 방법

불이 나면 어떻게 합니까? 급하면 119를 부릅니다. 불을 끄는 것이 가장 시급한 문제이기 때문입니다. 그 119에 해당하는 것이 부처님의 계율입니다. 계율로 몸과 입을 빨리 막아야 합니다. 예를 들어 화가 몹시 나서 살생하려는 순간 계율을 잘 지키는 사람은 '아, 지금 죽이면 안 돼. 죽이면 안 돼……' 하면서 자신의 행동을 빨리 바른 자세로 잡을 수 있습니다. 부처님의 계율은 이렇게 파괴 상태의 번뇌를 막기 위해서 부처님이 주신 무기입니다.

계율을 가르치는 이유가 무엇인지 이제 이해하셨을 것입니다. 우리의 마음속에서 번뇌가 일어나면 그 마음이 입으로 건너가려고 하고, 몸으로 건너가려고 합니다. 그 급한 상황을 얼른 계로 막습니다. 시급한 상황이니까 일단 무조건 '하지 마'로 막습니다. 살생하지 마, 도둑질하지 마, 삿된 짓 하지 마, 거짓말하지 마, 술·담배·약물 같은 것 하지 마…… 하면서 급한 불을 끄는 것입니다.

그러면 마음속에 일어나는 것은 어떻게 지킬 수 있겠습니까?

비구 계율이 227개인데 이것은 모두 몸과 입으로 지켜야 하는 것들입니다. 227계 중에서 마음으로 지켜야 하는 것은 하나도 없습니다. 사실 비구계를 세밀히 따지면 엄청나게 많습니다. 227계를 면밀히 따져보면 9천만 개도 넘습니다. 그러니 지키기는커녕 그걸 다 배우기도 힘들지요. 제목만 227개라는 뜻입니다.

도둑질을 예로 들어 보겠습니다. 어떤 사람이 비싼 물건을 땅속에 묻는 것을 스님이 우연히 보고 도둑질하고 싶은 마음이 생겼습니다. 그러면 그 도둑질하려는 마음이 일어날 때부터 파괴 번뇌, 즉 죄가 시작되는 겁니다. 도둑질하려는 마음의 죄 하나, 삽을 쥘 때 죄 하나, 삽을 들고 갈 때 죄 하나······. 이런 식입니다. 그렇게 계산하면 도둑질할 때까지의 죄가 엄청나게 늘어나 버립니다. 그러니 9천만 개가 넘는 계율을 무슨 수로 다 지키겠습니까?

그렇다고 포기할 필요는 없습니다. 다음 네 가지 잘못 외에는 계율을 어겼을지라도 포살행으로 죄를 풀고 다시 해 나갈 수 있습니다. 스님들의 경우 다음 네 가지 죄에는 약이 없습니다. 그 네 가지라는 게 여자 문제(비구니일 경우에는 남자가 되겠지요.), 도둑질, 사람을 살생하는 것, 깨닫지 못했으면서 깨달은 척하고, 신통이 없으면서 있는 척하는 것 등입니다. 거짓말 중에서 제일 무서운 거짓말이 깨닫지 못했으면서 깨달았다, 알지 못하면서 안다, 선정 없으면서 있다고 거짓말하는 것인데 이런 죄를 지은 사람에게는 약이 없습니다. 무조건 퇴출됩니다. 그 나머지 죄는 방법이 있습니다. 작은 죄는 포살날에 가서 고백하면 되고, 조금 큰 죄는 여러 스님들을 모시고 해결하는 방법이 따로 있습니다.

사람의 마음은 가만히 있으면 나쁜 짓을 하게 되어 있습니다.

물이 높은 곳에서 낮은 곳으로 흘러가는 것과 똑같습니다. 그래서 계율이 '몸으로 나쁜 행을 하지 마라. 입으로 나쁜 말을 하지 마라' 하는 것뿐만 아니라 그 반대 측면, 양 방향이 있는 것입니다. 몸으로 좋은 행동 하라, 입으로 좋은 말 하라……. 그래서 만날 경전을 외우고, 법문하고 법문 듣고, 청소하고 일하고, 몸으로 봉사하면서 계를 지키는 것입니다. 봉사도 지계입니다. 그래서 몸으로 좋은 일을 하면서 계를 지키고 나쁜 일을 피하면서 계를 지킵니다. 입으로 나쁜 말을 피하면서 계를 지키고, 입으로 좋은 말을 하면서 계를 지킴으로써 파괴를 막습니다.

그런데 마음속의 문제는 계율로 막을 수 없습니다. 계율이 책임지는 것은 몸과 입에 국한됩니다. 예를 들어 몸으로 살생하지 않고 입으로 나쁜 말은 하지 않았습니다. 아직 '파괴'는 하지 않았어요. 그런데 마음속으로는 몇 번을 죽이고 숱하게 나쁜 말을 했습니다. 그러면 어떻게 막을 수 있겠습니까?

마음속에 일어나는 탐·진·치의 번뇌는 어떻게 막을 수 있습니까? 그래서 부처님께서는 정학과 혜학을 가르치셨던 것입니다. 정定은 대상 하나에 마음을 딱 붙여 고정시키는 것입니다. 마음이 한 대상에 딱 붙어 있는 동안에는 탐·진·치가 일어나지 못합니다. 일종의 마음을 억누르는 법, 혹은 대상을 바꾸는 법이라고 할 수 있겠습니다.

예를 들어 내가 이 사람에게 화가 잔뜩 나면 이 사람을 일단 마음에서 내려놓고 부처님을 기억하는 것입니다. 계속 입으로 석가모니불, 석가모니불, 석가모니불을 암송하고 있으면 그렇게 하는 동안에는 화를 낼 수가 없습니다. 부처님께 화내면 안 되니까, 그리고 부처님을 계속 기억하고 있으면 화가 일어날 수 없기 때문입니다. 계속 그렇게 하다 보면 화가 사라져 버립니다. 이것이 바로 정학을 배워 익히는 이유입니다. 사마타 수행을 하는 목적이 거기에 있습니다.

그러나 그렇게 해도 화가 완전히 제거되는 것은 아닙니다. 현재 일어나는 상황은 없어졌지만 언제든지 다시 일어날 수 있습니다. 그래서 혜학이 필요합니다. 이 혜학이 바로 위빳사나입니다. 지혜를 키우면서 잠재 상태의 번뇌까지 제거하려고 하면 위빳사나 수행이 필요합니다.

그러나 위빳사나로 잠재의 번뇌를 제거할 수는 없습니다. 위빳사나 수행으로 도를 성취했을 때 그 도로 잠재 상태의 번뇌까지 없앨 수 있습니다. 그러면 그 일은 도가 하는 것이지 위빳사나가 하는 게 아니라고 말할 수 있는가? 그럴 수 없습니다.

예를 들면 지금 스님이 된 사람이 있습니다. 그 사람이 스님이 될 수 있었던 것은 방금 태어나 한 살 된 사람, 십대, 이십대, 삼십대가 된 사람이 있었기 때문입니다. 어떤 의사가, 어떤 교사가 있다고 하면 그 사람이 하루아침에 그런 사람이 된 것이 아니라 그 과정이 있었던 것입니다. 마찬가지로 도도 위빳사나가 없으면 불가능합니다. 위빳사나는 도의 젊은 시절이라고 말할 수 있습니다. 그 도의 젊은 시절인 위빳사나가 아주 성숙해질 때 도를 깨닫는 것입니다. 위빳사나를 닦지 않으면 도는 결코 오지 않습니다. 그래서 위빳사나를 우빠바나 닙바나, 앞서가는 도라고 말합니다.

위빳사나를 계속 닦아서 알고자 하는 것이 무상·고·무아이고 이것을 알면 욕심이 떨어지게 됩니다. 우리가 욕심을 좋다고 생각하기 때문에 욕심을 가지게 되는 건데 그것이 고통이라는 것을 정말로 알게 되면 그것을 가지려는 사람이 없을 것입니다. 우리는 쓰레기가 쓸모없다는 것을 알기 때문에 버립니다. 그 쓰레기를 금고에 챙기는 사람이 있습니까? 당연히 쓰레기통에 버립니다. 그와 같이 욕심이 쓸모없다는 것을 알면 아무런 미련 없이 버릴 수 있게 됩니다.

중요한 것은 이 탐·진·치가 쓰레기처럼 가치가 없다는 것을 확실히 알아야 한다는 것입니다. 돈을 쓰레기통에 버리는 사람은 없습니다. 금이나 루비, 다이아몬드를 버리는 사람도 없지요. 왜냐하면 그런 것들이 가치가 있다고 보기 때문입니다. 그와 같이 욕심을 부리는 것도 그것이 뭔가 가치 있어 보이기 때문입니다. 탐·진·치가 가치가 없다는 것을 알 수 있게 해 주는 것이 무상·고·무아를 아는 지혜, 바른 견해 즉 위빳사나 지혜입니다.

사성제와 팔정도

우리의 몸과 마음을 끊임없이 감시하고 관찰하여 그 사실을 그대로 아는 것이 수행입니다. 그리하여 '아, 이 몸과 마음, 물질과 정신, 이 색·수·상·행·식이라는 오온이 무상하구나, 고구나. 무아구나'라는 지혜가 꽉 찰 때 비로소 이 몸과 마음에 대한 욕심이 떨어져 나갑니다. 자신의 몸과 마음조차도 욕심을 버린 사람이 다른 사람의 몸과 마음에 욕심을 부릴 일이 없습니다. 내 몸과 마음조차도 더러운데, 다른 사람의 몸을 가지려고 하겠습니까? 내 몸과 마음이 고통스러운데 굳이 다른 사람의 고통을 가져오려고 할 리가 없습니다.

예를 들면 집에 병든 사람이 있다고 합시다. 몹시 위중한 병이어서 내가 그 한 사람을 만날 간병하는 것도 힘든데, 아픈 사람을 또 집에 데려오지는 않습니다. 아픈 한 사람 때문에 내가 지금 괴로운데 또 다른 사람을 데려올 까닭이 없습니다. 그것과 똑같은 이치입니다. 내 몸과 마음만 봐도 너무 고통스러우니까 다른 사람의 몸과 마음에 욕심 부릴 이유가 없습니다. 내 몸과 마음에 욕심이 떨어지면 다른 사람과 사물에 대한 욕심도 떨어지게 되어 있습니다. 그것이 고를 알기 때문에 집을 버린다, 고집멸도가 바로 그것입니다. 고성제를 알아야 집성제를 버리고, 멸성제에 도착한다, 그렇게 하기 위해서는 도성제를 수행해야 한다, 사성제가 그런 의미입니다.

지금 여러분이 위빳사나 수행을 한다는 것은 바로 사성제 수행, 그 중에서도 팔정도 수행입니다. 여러분이 대상을 잊지 않기 위해서 끊임없이 노력합니다. 이것이 바른 노력입니다. 대상을 기억하고 있는 것, 잊지 않는 것이 바른 사띠이고 그 대상에 집중하고 있는 것이 바른 집중이지요. 그러면 바른 견해, 바른 생각이 일어납니다. 이렇게 수행하면 팔정도 중에서 다섯 가지를 닦는 것입니다.

그 다음에 여러분이 지키고 있는 계율이 바른 말, 바른 행동, 바른 생계입니다. 그래서 팔정도 수행입니다. 그 팔정도 수행을 함으로써 바른 생각과 바른 견해가 생기는데 그 바른 견해가 위빳사나 지혜입니다. 그 지혜가 100% 힘이 찰 때 도지혜가 되는 것입니다. 팔정도를 끊임없이 굴려야 하는 이유가 그것입니다. 한순간이라도 놓치면 바로 윤회에 떨어지는 것입니다. 팔정도의 역방향이 윤회이고, 12연기의 역방향이 바로 팔정도입니다. 무지로 인해 행이 있습니다. 그런 식으로 계속 이어지는 윤회에서 빠져나갈 수 있는 IC가 어디겠습니까? 자신의 몸과 마음을 계속 관찰하다 보면 갈애가 안 일어납니다. 느낌을 놓치지 않고 관찰하면 갈애로 넘어가지 않게 되어 윤회에서 벗어날 수 있게 됩니다.

부처님께서 열반하시기 직전에 마지막 제자에게 "팔정도가 있는 가르침에 깨달은 자가 있다. 팔정도가 없는 가르침에 깨달은 자가 없다."라고 하신 가르침, 그것이 불법의 핵심입니다.

무상·고·무아를 알면 일체 사견이 사라집니다. 바른 견해와 사견이 같이 있을 수 없는 것은 어둠과 밝음이 같이 있을 수 없는 것과 같은 이치입니다. 어두울 때 불을 켜면 그 순간 어둠이 사라집니다. 물질과 정신, 몸과 마음이 무상·고·무아라는 것을 깨닫는 순간 모든 이상이 깨지고, 사실을 사실대로 알게 됩니다.

'무상無常'이란 항상 변한다, 앞뒤가 다르다, 같은 것이 없다는 것이지요. 늘 변하니 고정된 무엇, 어떤 하나가 있다고 할 수가 없다, 이것이 무아無我입니다. 그렇기 때문에 이 몸과 마음을 관찰하다가 집중이 되어서 지혜가 생기면 이 몸과 마음이 매 순간 일어나고 사라지는 것일 뿐 딱히 '나'라고 할 것이 없음을 확실하게 깨닫게 됩니다.

우리의 세포가 매 순간 새로 생기고 사라진다는 것은 의학계에서도 인정하는 사실입니다. 물질 또한 한 순간도 그냥 있지 않고 변화하며 사라져 간다는 것을 물리학계에서도 다 알고 있습니다. 그것을 아신 부처님이 말씀하신 것입니다. 일체가 '무상·고·무아'라고 말이지요. 어떤 것을 보고 좋다는 생각이 들었을 때 자신에게 한번 물어보십시오. 이것이 영원한가?

숯은 싸고 다이아몬드는 매우 비쌉니다. 하지만 이 두 물질의 화학성분을 따져 보면 똑같습니다. 그런데 왜 그 둘 사이의 가격은 그렇게 차이가 납니까? 다이아몬드는 단단하다, 변하지 않는다는 것 때문입니다. 영원하지는 않겠지만 숯보다는 비교할 수 없을 만큼 단단하기 때문에 그렇게 비싼 것입니다. 그러나 다이아몬드 또한 영원하지 않습니다. 이 세상에 영원한 것은 아무것도 없습니다.

무상을 알면 고도 알게 됩니다. 고苦는 고통뿐만 아니라 좋지 않은 것, 가치가 없는 것도 다 포함됩니다. 무상이 10가지, 고가 25가지, 무아가 5가지라고 앞에서 말한 적이 있습니다. 흔히 고를 고통으로만 알고 있는데 사실 고는 좋지 않은 것, 즉 더러운 것, 가치 없는 것, 핵심이 없는 것, 심지어는 변하는 자체도 고라고 할 수 있습니다. 바른 견해가 일어나면 사견이 사라지고, 사견이 일어나면 바른 견해가 사라집니다. 그래서 끊임없이 관찰해야 이 몸과 마음의 '무상·고·무아'를 알게 되고, 바른 견해가 일어나고 사견이 사라집니다. 그래야 아상·인상·중생상·수자상이 깨집니다.

『금강경』을 보면 아상·인상·중생상·수자상을 없애야 한다고 반복해서 얘기하지만 어떻게 해야 없애는지 방법은 밝혀놓지 않았습니다. 즉 목적지만 말해 줄 뿐 거기에 도달하는 방법, 길은 제시하지 않았다는 말입니다. 그 길이 바로 팔정도입니다.

이 팔정도 수행을 하여 '무상·고·무아'를 알게 되면 굳이 아상·인상·중생상·수자상을 버리려고 애를 쓸 필요조차 없습니다. 왜냐하면 그런 것들이 원래 있는 것이 아니라 없는 것을 있다고 착각했다는 사실을 깨닫게 되기 때문입니다. 그렇게 깨닫는 순간 일체의 상이 깨져나가 사라집니다.

위빳사나 지혜가 무엇이고 어떻게 수행을 하는 것인지, 부처님의 법이 무엇인지 이제는 분명하게 이해하셨으리라고 봅니다.

부처님이 이 세상에 오신 이유

다음 게송을 암송하며 그 의미를 마음 깊이 새겨두면 좋겠습니다.

Buddho loke samuppanno, hitāya sabbapāṇinaṃ;
Dhammo loke samuppanno, sukhāya sabbapāṇinaṃ;
Saṅgho loke samuppanno, puññakkhettaṃ anuttaraṃ
Etena saccavajjena sukhitā hontu sādhavo.
붓도 로께 사뭅빤노, 히따야 삽바빠니남
담모 로께 사뭅빤노, 수카야 삽바빠니남
상고 로께 사뭅빤노, 뿐냑켓땀 아눗따람
에떼나 삿짜왓제나 수키따 혼뚜 사다워.

부처님이 이 세상에 오신 것은 모든 중생의 이익을 위해서이다.
부처님의 법이 이 세상에 오신 것은 모든 중생의 행복을 위해서

이다.

승가가 이 세상에 오신 것은 중생들이 선업이라는 씨앗을 심기에 좋은 논밭이 되어 주기 위해서이다.

이 진실을 말함으로써 모든 중생이 행복하기를.

이 게송의 의미를 조금 자세히 풀어 보겠습니다.

부처님께서는 모든 중생의 이익을 위해서 이 세상으로 오셨습니다. 부처님이 오셨던 길을 보면 수메다 은자가 무수한 겁 전부터 깨달을 수 있는 자인데 자기를 위해서가 아니라 우리 중생들, 세간의 이익과 출세간의 이익이라는 이 깨달음을 위해서, 이 사성제를 우리에게 전달하기 위해서 이 세상에 오신 것입니다. 부처님이 이 세상에 오신 것이 본인의 이익을 위해서가 아니고 우리의 이익을 위해서입니다. 지금 여러분들이 법문을 들으며 행복하다면 제가 하는 것이 아니고 부처님이 주시는 것입니다. 제가 아는 것이 없습니다. 다만 부처님의 법을 전달하는 것뿐입니다. 지금 여러분들의 행복조차도 부처님이 주시는 것입니다. 부처님이 여러분들의 이번 생의 행복과 이익, 다음 생의 행복과 이익뿐만 아니라 출세간, 이 윤회를 완전히 끊어버리는 완벽한 행복, 완벽한 자유까지 찾게 해주는 이익을 주기 위해서 이 세상에 오셨습니다.

법을 알면 행복합니다. 법을 실천하면 행복합니다. 법을 완벽하게 실천하면 완벽한 자유, 완벽한 행복이 됩니다. 그래서 이 법이 이 세상에 오신 것이 우리의 행복을 위해서입니다.

승가가 이 세상에 오신 것이 여러분들로 하여금 선업을 잘 할 수 있도록, 승가라는 제일 좋은 땅에서 선업을 지을 수 있게 하기 위한 것입니다. 이 승가를 통해서 불법을 수행하면 여러분이 행복해집니다. 보시, 지계, 지혜 수행 등 이 모든 것을 승가를 통해서 하면 그 논밭보다 더 좋은 논밭이 없으니 선업의 씨앗을 심을 수 있는 아주 좋은 논밭이 되어 주기 위해서 승가가 이 세상에 오셨습니다. 이 진실을 말함으로써 모든 분들이 행복하기를.

불·법·승의 공덕을 깊이 생각하고 모든 중생에게 행복, 자애를 베푸는 아름다운 게송입니다. 늘 암송하면 마음이 아주 좋아질 것입니다.

우리들이 늘 암송하는 자비관, 연민심을 베푸는 게송 또한 의미를 잘 알고 항상 마음에 새기면 좋습니다. 연민심은 사무량심 중 하나로 자비희사慈悲喜捨의 비, 연민심, 동정심입니다. 이 사무량심은 아주 아름다운 마음입니다. 범천들은 선정으로 살기 때문에 자비희사 선정을 많이 가지게 됩니다. 그래서 범천들이 거의 평생 중생들에게 자애를 베풀고, 연민심을 베풀고, 수희심을 베풀고, 평정심을 베풀며 삽니다. 그래서 범천의 삶을 고귀한 삶이라고 하는 것입니다.

여러분도 아침에 깨어나는 순간부터 기억날 때마다 연민심을 베풀고 자애를 베푼다면 그것 자체가 고귀한 삶, 범천의 삶입니다.

범천에 대해 궁금해 하실 분이 있을 것 같아 조금 설명하겠습니다.

'브라마위하라brahmavihāra'란 무엇인가요? 범천의 원어는 '브라마'로 힌두교의 여러 신들 중 하나입니다. 힌두교를 옛날에는 바라문교라고 했지요. 그 바라문교의 대표적인 신이 셋이 있는데 시바, 비슈누, 그리고 브라마입니다. 시바는 파괴신이고 비슈누는 유지신 또는 보호신, 그리고 브라마가 창조신입니다. 브라마 중 우두머리를 마하브라마라고 하는데 바라문교에 의하면 인간과 공간을 창조한 신이 마하브라마, 대범천 즉 범천왕입니다.

이 세 종류의 신을 모시는 종교가 바라문교입니다. 그 세 신들 중에서 인도 사람들이 제일 무서워하여 열심히 모시는 신이 파괴신인 시바입니다. 그리고 그 세 신의 이름을 모아서 부르는 것이 모르는 사람에게는 충격일 텐데, 바로 '옴aum'입니다. 옴이라는 것이 '아, 우, 마'를 합친 소리로 '아'는 시바, '우'는 비슈누, '마'는 마하브라마를 가리킵니다. 힌두교에서 세 신을 부르는 것을 불자인 우리가 따라서 '옴~' 하고 있는 것입니다. '옴'은 불교가 아닙니다.

힌두교의 마하브라마와 불교에서 말하는 브라마, 즉 범천과는 서로 다른 의미입니다. 힌두교, 바라문교의 마하브라마는 기독교, 유태인교, 이슬람교에서 생각하는 신과 똑같은 의미입니다. '시작도 신이고, 끝도 신이다. 모든 것이 신의 뜻이다' 할 때의 그 신과 같은 의미입니다.

부처님이 말씀하신 범천은 그런 의미가 아닙니다. 범천도 31천을 윤회하는 중생일 뿐입니다. 범천이 되는 원인이 바로 선정이라고 부처님이 밝혀 놓으셨습니다. 선정 공덕으로 범천의 세계에 태어납니다.

'브라마'가 '범천', '위하라'가 '사는 곳', 스님들이 사는 절도 위하라라고 말합니다. '제따와나 위하라'라고 하면 부처님이 오래 계셨던 절 이름입니다. 위하라가 사는 곳, 머무는 절이라는 의미입니다.

이 범천들은 자비희사로 살고 머뭅니다. 우리는 범천이 아니지만 자비희사로 살면 범천의 삶을 사는 것과 같습니다. 호텔에서 계속 살 수는 없지만 하루 자는 방값을 내면 하룻밤을 잘 수 있는 것처럼, 내가 자비희사라는 값을 내면 범천의 삶을 살 수 있는 것입니다. 이 고귀한 범천의 삶은 정말 살아볼 만한 삶입니다. 이 자비희사를 기억할 때마다 하는 것이 사마타 수행이고, 선정까지 갈 수 있는 수행입니다. 그리고 사마타 수행은 위빳사나 수행에도 큰 도움이 될 수 있습니다.

법을 지키는 자 법이 보호한다

그렇다면 법과 위빳사나, 부처님의 법이란 무엇인가? 『법구경』에 보면 '담모 하웨 락카띠띠 담마짜리dhammo have rakkhatīti dhammacārī'라는 말이 나옵니다. '법을 실행하여 지키는 자를 법이 보호한다'라고 부처님께서 말씀하신 것입니다. 부처님의 법, 삼장법의 핵심이 계·정·혜입니다. 율장의 핵심이 계율, 경전의 핵심이 정, 논장의 핵심은 지혜입니다.

부처님의 가르침인 계·정·혜라는 법을 실행하는 자를 누가 지켜 줍니까? 부처님인가요? 부처님의 가피인가요? 아닙니다. 부처님께서는 열반하셨습니다. 여기에 계시지 않습니다. 법이 지킵니다. 내가 닦는 법이 나를 지켜주는 것이지 부처님이 지켜주는 것이 아닙니다. 내가 열심히 선업공덕을 쌓으면서 원을 세우고 법을 실행하면 그 법이 나를 보호하고 지켜주는 것입니다.

부처님의 가르침을 확실하게 이해하면 부처님이 우리를 돌봐 준다는 말을 하지 않습니다. 부처님이 우리를 지켜주고 우리에게

복을 내려준다고 하는 것은 부처님을 제대로 이해하지 못했기 때문에 하는 말입니다. 부처님께서는 완전히 열반하셨는데 이 세상의 우리를 지켜보고 돌봐준다고 말한다면 부처님이 아직 살아 계신다고 말하는 것과 같습니다. 부처님이 살아 계신다면 부처님이 윤회한다는 의미이지요. 부처님을 크게 왜곡하는 말입니다.

만약 부처님이 이 세상에 계속 머물러 계신다고 생각하면 힌두교의 사상과 다를 바가 없습니다. 석가모니 부처님이 이 세상에 오시면서 인도의 힌두교, 즉 바라문교의 세력이 크게 약화되었습니다. 그러자 위기감을 느낀 그들이 부처님을 45년 내내 극심하게 공격했지만 부처님의 힘은 결코 약해지지 않았습니다. 그러자 바라문교에서 많은 사람들이 불교 교단으로 출가를 하고는 부처님의 가르침을 자기들의 가르침이라고 사람들을 속이면서 자신들의 사상과 혼합하는 방식으로 불교와 맞섭니다.

그러나 부처님이 열반하신 후 300년까지도 인도에서는 불교가 절대 우위의 세력을 가졌고, 불교도인 왕이 나라를 다스렸기 때문에 부처님의 가르침이 아주 활발하게 전파되었습니다. 어느 나라건 정치와 종교는 밀접하게 연관될 수밖에 없습니다. 미국 같은 나라도 지금까지 종교와 정치가 완전히 분리되지 않았고, 그것은 한국도 마찬가지일 것입니다. 인도에서는 아소카 왕 시대에 이르러 불교의 세력이 가장 강력했고, 그의 아들 세대 이후로 점차 힘이 바라문으로 옮겨가게 됩니다. 그때부터 바라문교에서 왕들이 나왔습니다.

바라문교도들이 불교로 출가하여 부처님의 가르침을 의도적으로 왜곡하는 일이 계속되자 아소카 왕 때 세 번째 결집이 이루어집니다. 부처님 가르침이 아닌 것을 모두 청산하고자 한 것입니다.

바라문교는 처음에는 불교를 배척하고 공격하다가 그것에 실패하자 불교 교단으로 출가하여 바라문교와 불교를 동등하게 인정하는 척하면서 그 둘을 혼합하려 하였고, 후에 자신들의 세력이 점차 커지자 부처님이 비슈누의 아홉 번째 환생자라고 주장합니다. 즉 인간들이 신을 모르고 살면서 너무 고통스러운 것을 보고 불쌍하게 여겨 그 강한 연민심으로 부처님의 몸이 되어 이 세상에 오셨다는 주장입니다. 기독교의 주장과 흡사합니다.

힌두교에서는 지금도 석가모니 부처님을 비슈누의 아홉 번째 환생자라고 믿고 있습니다. 그 환생의 이유가 인간을 지켜보면서 돌봐주고 보호하고, 원하는 것을 들어주기 위해서라고 말합니다. 부처님을 윤회하는 보호신이라고 보는 것이지요. 마하브라마라는 신의 창조력에 의해 보호신인 비슈누가 부처님의 환생자로 이 세상에 오셨다는 사상은 힌두교의 사상일 뿐 진정한 불교와 상관이 없고, 부처님께서는 그런 분이 아닙니다. 그렇기 때문에 우리는 부처님에 대한 정의가 확실해야 하고 확고해야 합니다.

석가모니 부처님께서는 예전 부처님들과 똑같이 이 세상에 오셨고, 똑같이 가셨다는 것, 그래서 부처님 스스로 '따타가따'라고 하셨다는 것을 앞에서 살펴본 바 있습니다.

그렇다면 부처님의 공덕은 무엇이냐고 반문하는 사람들이 있을 것입니다. 부처님의 공덕이 무엇인지를 『열반경』에서 찾아보겠습니다.

『열반경』에 보면, 부처님이 열반하시기 전에 아난 존자가 웁니다. 부처님의 열반을 앞둔 날 부처님의 그림자 같던 아난 존자가 보이지 않자 부처님이 찾습니다. 그때 아난 존자는 문설주를 붙잡고 울고 있었습니다. 그때까지 아난 존자는 수다원이었기 때문에 탐·진·치가 남아 있었습니다. 수다원은 사견과 의심은 완전히 사라졌지만 여전히 슬픔이나 성냄은 남아 있습니다. 아난 존자는 부처님이 얼마 안 되어 곧 돌아가신다는 사실 때문에 슬퍼서 거기 가서 울고 있는 겁니다. 그러자 부처님이 아난 존자를 불러 묻습니다.

"왜 우는가? 내가 죽으면 네가 깨달은 것을 잃을 것 같아서 그러는가?"

"그렇지 않습니다."

"그럼 왜 우는가? 내가 늘 말하지 않았는가? 만났으면 헤어지게 되어 있다고, 살아 있으면서 헤어지거나, 죽어서 생이 갈라지면서 헤어지게 되어 있다고 항상 말하지 않았는가?"

그러면서 부처님께서는 아난 존자에게 간곡하게 말씀하십니다.

"내가 가면 스승이 없다고 생각하지 마라. 내가 가고 나면 45년 내내 내가 가르쳤던 법이 그대들의 스승이다."

부처님께서는 열반하시면서 그렇게 말씀하셨습니다. '법이 그대들의 스승이다' 법은 경전과 논장(아비담마)이고 위니아는 계율입니다. 부처님께서는 열반하시면서 따로 후계자를 두지 않으셨습니다. 아주 분명하게 일러주셨지요, 법이 그대들의 스승이라고.

여러분이 부처님의 가르침을 확실하게 알려면 반드시 공부해야 하는 네 가지 경전이 있습니다. 첫째는 『초전법륜경』, 둘째가 『무아경』, 셋째는 『대념처경』이고 넷째는 『열반경』입니다. 그 네 경전을 확실하게 공부하면 부처님의 가르침을 알 수 있습니다.

부처님의 최초 가르침인『초전법륜경』에는 부처님 가르침의 핵심이 모두 들어 있습니다. 대통령 후보들이 선거 유세할 때 자신들의 정책을 모두 펼치는 것과 같이 부처님이 최초로 '내가 부처이다' 하고 세상에 나오실 때 당신이 깨달으신 법을 펼친 것이 초전법륜경입니다.『무아경』은 부처님의 궁극적·최종적인 가르침입니다. 이 세상의 모든 종교에서 가르치는 것이 '자아'입니다. '자아'가 있어야 신도 의미가 있는 것이고 넓은 의미에서 신도 자아입니다. 영원한 자아라고 하면 되겠지요. 오로지 부처님의 가르침만이 '무아無我'입니다. 따라서『무아경』을 우리가 확실하게 공부해야 합니다. 그 다음에 우리가 직접 그 법을 실천하는 데에 필요한 것이『대념처경』입니다. 마지막으로 불교의 철학을 공부하고, 부처님의 법이 왜곡되지 않게 보호하려면『열반경』을 공부해야 합니다. 부처님께서 열반하시기 1년 전에 하셨던 가르침들을 다 묶어 놓은『열반경』은 불교 지침서에 해당합니다.

　부처님이 열반하신 지 올해로 2557년째인데 지금까지의 불교의 흐름을 보면 부처님이 그때 이미 미래를 다 내다보고 말씀하신 게 아닌가 하는 생각이 들 정도입니다. 부처님 열반 이후 불교가 어떻게 망가질지를 예상하시고는 그것을 막기 위해 해야 할 모든 지침을 일일이 밝혀 놓으셨습니다.

　그 네 가지 경전만 제대로 공부하면 부처님의 가르침을 우리가 잘 이해할 수 있고, 잘 따를 수 있고, 잘 보호할 수 있습니다. 우리가 법을 공부하여 바르게 이해해야 법을 실천할 수 있고 부처님도 따를 수 있습니다. 부처님의 법을 제대로 모르고 사람을 따르게 되면 그 사람을 부처님 대신으로 삼게 되고 맙니다. 그러므로 우리가 진정으로 부처님의 가르침에 출가한다, 부처님의 가르침을 수행한다면 부처님이 누구인지, 불법이 무엇인지 확실하게 알아야 하고, 그 부처님의 법만 보고 살면 됩니다. 그것이 부처님을 우러르며 사는 참된 삶입니다.

가장 올바른 공부 방법

부처님의 법을 짧게 줄이면 삼장법 즉 계·정·혜라고 정리했는데 그 중 우리가 해야 할 일은 딱 두 가지입니다.

'빠리얏띠 빠띠빳띠pariyatti, paṭipatti'.

한국에서는 강원, 선원이라고 합니다. 공부하는 것이 '빠리얏띠'이고 그것을 몸소 실천하는 것이 '빠띠빳띠'라고 할 수 있겠습니다. 즉 부처님의 가르침에서 우리가 해야 하는 일은 공부하는 것과 실천, 수행하는 것 두 가지입니다. 공부하는 것 자체가 실천하기 위한 공부여야 합니다. 불법을 공부하는 것은 무슨 자격증이나 면허증을 따기 위해서가 아닙니다.

부처님께서는 '알라갓두빠마alagaddūpamā'라는 말씀을 하셨습니다. 뱀을 잡을 때 머리나 목을 눌러 잡아야 하는데 꼬리를 잡으면 오히려 뱀에 물려 죽게 된다는 의미입니다.

부처님의 가르침을 공부할 때도 이와 같습니다. 오직 바른 실천을 위해서 이 공부를 해야지 그저 공부를 위한 공부, 면허증을 따기 위한 공부, 다른 어디에 써먹기 위한 공부를 해서는 안 됩니다. 부처님의 법을 잘못 잡으면 뱀보다 무서울 수 있습니다. 이 법이 자신을 물어 죽일 수 있다는 말입니다. 그래서 부처님의 법을 공부할 때는 아주 바르고 선한 마음으로, '이 공부를 바르게 하여 그것을 실천하겠습니다'라는 마음으로만 해야 합니다. 계율을 공부하면 그 배운 대로 계율을 실천해야 되고, 경전을 공부하면 그 경전에 나오는 대로 그것을 실천해야 하는 것입니다.

또 다른 말로 하면 '간타두람 위빳사나두람ganthadhuraṃ, vipassanādhuraṃ'. '간타두람'은 경전을 이론적으로 공부하는 것, '위빳사나두람'은 몸으로 실천하는 것을 가리킵니다. 이 이론과 실천 두 가지가 부처님의 가르침, 불법에서 우리가 해야 하는 일입니다.

'식카sikkhā' 즉 계·정·혜를 공부하고 실천해야 하는 '청정도'에는 다음 두 가지 방향이 있습니다.

몸과 입을 지계로
마음을 정과 혜로

우리의 번뇌에 따라 몸으로 짓는 업, 입으로 짓는 업, 마음으로 짓는 업이 계속 생기고 있습니다. 이 몸으로 입으로 행하는 번뇌가 파괴 번뇌입니다. 파괴 번뇌가 있기 때문에 우리가 행동할 때마다 몸으로 지은 업이 되고, 말할 때마다 입으로 지은 업이 됩니다. 또 마음속에서 일어나는 번뇌가 있기 때문에 생각할 때마다 마음으로 짓는 업이 있습니다. 이렇게 몸과 입과 마음으로 끊임없이 일어나는 업을 소멸시키는 방법은 계·정·혜라는 팔정도밖에 다른 도리가 없습니다.

모든 행동이 업을, 모든 말이 업을, 모든 마음이 업을 일으키고 있습니다. 그런데 그 업에 두 가지가 있습니다. 선업 아니면 불선업이지 그 중간은 없습니다. 부처님과 아라한이 아닌 모든 중생은 업에서 벗어날 수 없고 업은 두 종류뿐입니다. 만약에 내가 하는 어떤 업이 선업도 아니고 불선업도 아니라면 지금 잠을 자고 있는 것입니다. 푹 자는 마음은 선도 아니고 악도 아니지만 깨어 있으면 둘 중의 하나입니다. 약하건 강하건 어쨌든 선업 아니면 악업입니다. 그 얼마나 무서운지요!

업이 있으면 과보를 받게 되고 그래서 다시 태어나야 합니다. 선업의 정도에 따라 신으로 태어나고, 사람으로 태어나고, 범천으로 태어납니다. 불선업으로 사악처에 태어나고 그렇게 윤회하는 것이 끝이 없습니다. 번뇌의 굴레, 업의 굴레, 과보의 굴레가 계속 이어지는 끝없는 윤회입니다.

그러면 선업과 불선업의 차이는 무엇인가?

'아나왓자 수카위빠까락카남 꾸살람anavajjasukhavipākalakkhaṇaṃ kusalaṃ'. '꾸살라kusalaṃ'가 '선업', '아나왓자anavajja'는 '죄가 없다', '수카위빠까락카남sukhavipākalakkhaṇaṃ'은 '결과로 나타나면 행복이다'라는 뜻입니다. 이렇게 선업의 정의는 두 가지 측면이 있습니다. 행할 때 죄가 없고 남과 본인을 해치지 않으며, 그 결과는 행복이다, 좋은 결과가 나타난다, 그러면 선업입니다.

'사왓자 둑카위빠까락카남 아꾸살람sāvajjadukkhavipākalakkhaṇaṃ akusalaṃ'. '아꾸살라akusalaṃ'가 '불선업', '사왓자sāvajja'는 '하고 있을 때 죄가 있다, 죄가 함께 한다'라는 뜻이고, '둑카위빠까락카남

dukkhavipākalakkhaṇaṃ'은 '결과가 나타날 때 고통, 그것이 불선업이다'라는 의미입니다.

좋고 나쁜 것, 옳고 그른 것, 원인과 결과 등을 아는 게 지혜인데, 그 지혜의 정의가 교단마다 다른 이유는 그 정의의 기준이 다르기 때문이고, 정확하지 않기 때문입니다.

부처님의 정의는 아주 확실합니다. 어떤 종단에 속해 있든, 어떤 가르침을 받았든 상관없이 부처님의 가르침에 따르면 진리는 법칙을 뜻합니다. 진리는 종교에 따라 달라질 수 없는 것입니다. 어떤 사람이든 마음속에 번뇌(기독교에서는 그것을 죄라고 합니다.)가 있으면, 즉 탐·진·치·자만·질투·시기 이런 것이 있으면 그것이 남을 해치게 되어 있습니다. 마음속으로 질투를 부리면 그 질투의 마음이 다른 사람을 해칩니다. 그래서 불선업입니다. 그것은 그 사람이 기독교 신자건 불교 신자건 아무 상관이 없습니다. 선악의 기준은 종교가 아니라 그 사람이 하는 생각, 의도와 말, 행으로 따지는 것입니다. 그래서 불자건, 기독교 신자건, 회교 신자건 상관없이 그 사람이 지금 말할 때, 행동할 때, 생각할 때 죄(번뇌)가 있는가 없는가가 중요합니다.

죄가 있는가의 여부는 지금 자신에게 욕심, 성냄, 어리석음, 자만 등이 있는가 없는가를 가지고 따지는 것입니다. 죄가 있으면 틀림없이 그 죄의 값을 받아야 된다는 것이 변할 수 없는 법칙입니다. 그것은 부처님이 그렇게 말씀하셔서 옳은 것이 아니라 보편적인 진리이기 때문에 옳은 것입니다. 욕심과 성냄이 좋은지 안좋은지, 질투 시기가 좋은지 안 좋은지는 종파와 상관없이 그 결론이 똑같습니다. 진리가 법칙이라는 말은 그런 뜻입니다. 죄가 다른 것이 아니라 옳지 않은 마음가짐 자체가 죄이고, 그 마음으로 한 행동이 악업이 되는 것입니다. 질투 시기의 마음으로 말하면 그 말이 죄가 있는 말이 되고, 그것이 불선업이며 그 질투 시기 자체가 이미 불선업입니다. 불선업이 있으면 불선업의 과보를 받게 되고 그 결과가 고통입니다. 그것은 종교, 국적, 믿음 등과 아무 상관이 없는 법칙입니다.

우리는 번뇌를 가지고 매 순간 업을 짓는데 어떻게 해야 청정해질 수 있는가. 청정의 도는 무엇인가. 몸과 입이 청정하기 위해서는 계율을 지켜야 하고, 마음을 청정하게 하려면 부처님의 가르침인 정과 혜를 바르게 알고 닦아야 합니다. 사마타는 정이고, 위빳사나는 혜입니다.

사마타는 선정에서 범천으로
위빳사나는 청정에서 해탈로

바로 이것입니다. 사마타는 계·정·혜 중에서 정까지만 가능하고 혜까지 도달하지 못합니다. 그래서 사마타에서 멈추면 안 되고 해탈로 가기 위해서는 위빳사나 수행을 해야 합니다. 사마타로 선정은 가능하지만 선정이 곧 해탈은 아닙니다. 그 선정을 얻었으면 그 힘을 바탕으로 계속 수행하여 무상·고·무아의 진리를 깨달아야 합니다. 선정의 힘으로 무상·고·무아를 보면 선정 없는 사람보다 더 미세하게 볼 수 있지만 선정 없어도 무상·고·무아를 알 수 있습니다. 즉 선정이 없어도 깨달을 수 있다는 말입니다.

깨달음에서 선정이 필수는 아니지만 물론 필요합니다. 삼매를 정도에 따라 나누면 순간적인 삼매, 근접삼매, 본삼매가 있는데 위빳사나 수행에서는 본삼매가 필수는 아니라는 뜻입니다. 본삼매가 있으면 더욱 좋지만, 본삼매가 없어도 깨달을 수 있다는 그런 의미입니다.

아예 삼매가 없으면 무상·고·무아를 볼 수 없습니다. 삼매 없이 보는 무상·고·무아는 개념적인 것입니다. '아, 내가 많이 늙었구나. 인생이 진짜 무상하다. 내가 스무 살 때에는 그렇게 팔팔했는데 지금은 이렇게 늙었으니 무상하다' 이런 무상은 개념적인 무상이고, 이런 무상으로는 해탈로 갈 수 없습니다.

진짜 무상을 안다는 것은 매 순간 일어나고 사라지는 물질과 정신의 무상을 말하는 것입니다. 무상을 보려면 마음의 힘이 필요하고 그 마음의 힘이 삼매입니다. 그런데 본삼매의 단계에서는 무상이 파악되지 않습니다. 선정의 상태, 본삼매의 상태는 아주 몰입되고 있는 상태이기 때문에 물질 정신의 사실, 실재를 파악할 수가 없습니다. 그 본삼매를 놓으면 근접삼매입니다. 근접삼매 경계를 넘어가면 본삼매, 본삼매가 꺼지면 바로 근접삼매이지요.

근접삼매를 '우빠짜라사마디upacārasamādhī'라고 합니다. '우빠짜라'는 건물 앞에 있는 마당을 뜻합니다. 마당에서 들어가면 건물이고 그 건물에서 나오면 마당입니다. 근접삼매는 본삼매와 흡사해서 본삼매에 있는 삼매의 요소들이 다 있습니다. 선정의 요소들이란 궁극적인 실재, 사실, 존재하고 있는 물질, 정신, 정신적인 것, 정신적인 대상, 즉 색·수·상·행·식으로 보자면 '수·상·행·식'을 가리킵니다. 이 '수·상·행·식'을 관찰함으로써 그것의 무상·고·무아를 알고 깨닫는 것이 위빳사나입니다. 그래서 '사마타는 선정에서 범천으로, 위빳사나는 청정에서 해탈로'라고 간단히 요약할 수 있습니다. 그렇다면 사성제의 도성제를 우리가 어떻게 실천 수행해야 하는지를 알아야 합니다.

부처님 가르침의 가장 핵심은 팔정도로 '삼마딧티sammādiṭṭhi 삼마상깝바sammāsaṅkappa' 즉 바른 견해, 바른 사유가 바로 지혜입니다. 그리고 '삼마와짜sammāvācā 삼마깜만따sammākammanta 삼마아지와sammāājīva'가 바른 말, 바른 행위, 바른 생계 곧 계율입니다. 또 '삼마와야마sammāvāyāma 삼마사띠sammāsati 삼마사마디 sammāsamādhi'가 바른 노력, 바른 사띠, 바른 집중으로 정정입니다.

우리가 꼭 해야 하는 일이 계·정·혜밖에 없고, 팔정도밖에 없습니다. 팔정도를 수행하는 것이 부처님의 법을 실천하는 것이고, 지금 우리가 수행 중에 팔정도를 계속 실행하고 있는 것입니다. 계율을 지키면서 바른 노력으로 바른 사띠, 잊지 않음, 깨어 있으며 그럼으로써 바른 집중력을 키우고, 바른 집중의 힘을 바탕으로 해서 바른 견해와 바른 생각을 키우는 것이 바로 팔정도 수행입니다. 그 바른 견해의 기본 단계가 업의 단계이고, 중간 단계가 무상·고·무아를 아는 것이고, 가장 높은 것이 깨달음의 도 단계입니다.

부처님의 가르침에 바른 견해라는 것의 제일 처음 시작이 업과 과보, 12연기, 윤회이고 올라가면 무상·고·무아를 아는 위빳사나 지혜, 그리고 그것을 끝장내면 도와 과지혜입니다. 다른 법이 있다고 착각하지 마십시오. 법이 바로 팔정도입니다. 그 팔정도를 새벽부터 밤낮으로 계속 실행하고 있는 이 순간이 얼마나 뿌듯한지요. 아주 소중하게 생각하고 1초라도 무시하지 마십시오. 잊어버리는 것은 어쩔 수 없는 일이지만, 지금 내가 수행하고 있다고 기억할 때마다 잊지 않고 1초라도 무시하지 않는 정신으로 수행을 하셔야 합니다. 그렇게 하는 것이 가장 복 받은 삶이고, 그렇게 하는 사람이 가장 복이 많은 사람입니다. 부처님을 만나고, 부처님의 정법을 알아 믿게 되고, 몸과 마음으로 실행할 수 있는 사람보다 복이 많은 사람은 없습니다. 그냥 한두 번 해보고 안 된다고 포기하면 그 사람 잘못입니다. 뭐든지 열심히 하다 보면 언젠가는 되게 되어 있습니다.

수행의 기본적인 이론과 실제를 확실히 알고 있지 않으면 수행할 때마다 헤매게 되고 애매모호해져서 자신의 수행에 대해 의심을 하게 됩니다. 따라서 수행의 기본을 분명하게 알고 마음에 새기는 것이 매우 중요합니다.

지금까지 앞에서 설명한 것을 간략히 요약하겠습니다.

부처님이란 '고통이 있다. 고통의 원인이 있다. 고통의 소멸이 있다. 고통의 소멸로 가는 길이 있다'라는 사성제를 깨달아 아신 분, 어리석음에서 스스로 깨어나신 분을 가리킵니다.

사성제에서 멸성제가 해탈이고, 도성제는 네 가지 도와 과 그리고 해탈을 말합니다. 이 아홉 가지가 참된 법인데, 열 번째 법이라고도 하는 경전은 사실 그 아홉 가지 법을 안내하는 내비게이션 혹은 설명서와 같은 역할을 합니다. 그 경전에 삼장법, 오부니까야, 팔만대장경이 있는데 율장의 핵심이 계율이고 경전의 핵심이 정, 집중, 삼매이며 논장의 핵심이 지혜입니다. 이 계·정·혜 삼학이 부처님 가르침, 즉 법의 핵심입니다. 그 삼학이 사성제이고, 그 사성제 중에도 팔정도가 핵심이라는 것을 말씀드렸습니다.

1) 팔정도에 대한 이해

그러면 법의 핵심인 팔정도를 좀 더 깊이 이해해 보도록 하겠습니다. 팔정도를 셋으로 분류하면 바른 견해와 바른 사유가 지혜, 바른 말과 바른 행위와 바른 생계가 계율, 그리고 바른 노력과 바른 사띠와 바른 집중이 정, 이것이 곧 계·정·혜 삼학이라는 것을 앞에서 설명하였습니다.

팔정도의 첫 번째 묶음, 계율

그러면 계율부터 다시 살펴보겠습니다. 바른 말이라는 것이 무엇인가? 바른 말이란 거짓말, 이간질, 욕설, 쓸데없는 말 등 네 가지를 피하고 그 네 가지의 반대에 해당하는 말을 하는 것입니다. 거짓말 대신 진실을 말해야 하고, 서로 서로 갈라지게 하는 말 대신 화합하여 잘 지내게 하는 말을 해야 하고, 욕설이나 거친 말이 아니라 자비로운 말을 해야 되고, 쓸데없는 말 대신에 쓸모 있고 남에게 이익이 되는 말을 해야 합니다.

바른 행동이란 무엇인가요. 살생, 도둑질, 삿된 음행 그 세 가지를 피하는 것이 바른 행동입니다. 또 다른 측면으로 보면 살생을 하지 않는 것뿐만 아니라 살려주는 것, 오래오래 살게 도와주는 것, 도둑질을 안 하는 것뿐만 아니라 보호해 주는 것, 또 빼앗아 가는 것이 아니라 보태주는 것, 삿된 음행 안 하고 상대방을 보호하고 위해 주는 것 등이 이에 속합니다.

바른 생계에 대해서 조금 더 깊이 생각해 볼 수 있습니다. 간단히 말하면 먹고 살기 위해서, 돈을 벌기 위해서 방금 전에 말했던 나쁜 행동과 나쁜 말을 하지 않는 것이 바른 생계입니다. 이 안에는 앞에서 말한 나쁜 행 세 가지와 나쁜 말 네 가지를 피하는 것이 다 포함됩니다.

　예를 들어 거짓말을 하면 돈이 생길 수 있다, 그래서 거짓말을 잘한다, 그러면 나쁜 생계입니다. 잘 살고 있는 사람들 사이로 비집고 들어가 이간질하면서 자신의 이익을 챙긴다면 나쁜 생계입니다. 또 돈 벌기 위해서 살생하는 삶을 사는 사람들이 있지요. 매일 죽이고 그것을 팔아서 돈을 버는 것도 나쁜 생계라고 말합니다. 그래서 본인이 먹고 살기 위해서 돈 벌 때 살생을 피해야 되고, 도둑질을 피해야 되고, 삿된 음행을 피해야 되고, 거짓말을 피해야 되고, 욕설을 피해야 되고, 이간질을 피해야 되고, 쓸데없는 말 하는 것을 피해야 됩니다. 그래서 코미디를 하더라도 사람에게 지혜를 주는 쓸 데 있는 말을 해야 합니다. 사람을 그냥 웃기기만 하면 되는 게 아니라 뭔가 사람들에게 유익한 메시지가 있어야 합니다. 그러면 코미디도 괜찮을 수 있습니다. 그런데 코미디가 계속 쓸데없는 농담만 하고 그것으로 끝이면 그것도 나쁜 생계가 될 수 있습니다. 내가 하는 말이 다른 사람들에게 뭔가 이익이 있게끔, 뭔가 삶에 도움이 될 만한 지혜를 줄 수 있게 하지 않으면 그것이 나쁜 생계에 들어가는 겁니다.

　바른 생계는 바른 말, 바른 행위와 관련되는데 그것을 구분하자면 예를 들어 그냥 거짓말 할 때는 나쁜 말이 되고, 그냥 거짓말을 피할 때는 바른 말이 되고, 돈하고 관련되는 거짓말을 하면 나쁜 생계가 되는 것입니다. 바른 말이 되는지 바른 생계가 되는지를 따질 때도 돈을 버는 것과 연관 지어 판단해 볼 수 있습니다.

살생하는 것도 그냥 살생하는 것과 돈 벌기 위해서 살생하는 것
이 구분됩니다.

예를 들면 집에 있는 모기, 파리, 바퀴벌레를 잡았다면 그것은
생계하고 관련이 없기 때문에 나쁜 행동이라고 할 수 있습니다.
그런데 돈을 받으면서 약을 쳐서 생명체를 죽인다면 그것은 나쁜
생계가 되는 것입니다. 물론 딜레마에 빠지는 경우도 있을 수 있
습니다. 예를 들어 여러 사람들이 병들지 않게 하려고 모기를 죽
인다면 그 일을 하면서 모기를 죽인 것은 불선업인데 여러 사람
이 병들지 않게 하겠다는 의도는 선업인 것이지요. 그러므로 겉으
로 드러나는 현상만을 보고 부처님의 가르침을 선악으로 단정하
여 말하는 것은 어렵습니다. 그 행위를 한 사람의 마음, 의도가 중
요한 판단 기준이 될 것입니다.

며칠 전에 동국대 안에 있는 국제선센터라는 곳에서 법문을 했
습니다. 그때 나이 지긋한 이스라엘 여자가 이렇게 물었어요.

"살생이 불선업이라고 하는데, 나는 죽이고 싶지 않지만 상대
편에서 우리를 계속 죽이려고 하면 어떻게 해야 하나요? 나 혼자
라면 괜찮지만 그 사람이 내 가족을 죽이러 온다면 어떻게 해야
할까요?"

가족을 위해서 내가 그 사람을 죽였다 할지라도 그것은 선업이
아닙니다. 죽이는 것은 어떤 경우라도 선업이 될 수 없습니다. 그
런데 내가 죽인 사람이 얼마나 나쁘냐에 따라서 그 죗값은 다릅
니다. 모기를 죽이는 것과 닭을 죽이는 것 중에서 어느 것이 더 죄
가 무거울까요? 그렇습니다. 닭을 죽이는 죗값이 더 큽니다. 왜냐
하면 닭을 죽일 때 더 큰 의도와 노력을 가하기 때문입니다. 똑같

이 살생하는 것이긴 하지만 죽이려는 의도가 모기는 거의 한 번에 끝나지만 닭은 한 번 만에 안 죽기 때문에 두 번 세 번 의도를 점점 강화시킵니다. 마찬가지로 코끼리를 죽이려면 더 세게 쳐야하고 내 의도가 강한 만큼 그 업도 강해지는 것입니다. 이와 같이 동물을 죽이는 것과 사람을 죽이는 것도 다릅니다. 사람을 죽일때도 사람들에게 피해만 주던 아주 부정적인 사람을 죽이는 것과 불법을 잘 실천하면서 바르게 사는 사람을 죽이는 것이 그 죄의 값이 서로 다릅니다.

이렇게 죗값이 다를 수는 있지만 살생이 어떤 경우에도 불선업이라는 사실에는 변함이 없습니다. 여러 사람을 살려주기 위해서 살생하건, 내가 재미있어서 살생하건 살생은 살생입니다. 다른 예도 있습니다. 여러 사람을 위해서 내가 희생하는 경우인데 여러 사람을 살리기 위해서 내가 한 명을 죽이겠다면 그것은 선업인가 불선업인가. 불선업은 불선업이고 선업은 선업입니다. 여러 사람을 살리고 싶은 마음이 깨끗한 마음이라면 그때는 선업입니다. 그러나 어쨌든 죽일 때는 불선업입니다. 불선업은 불선업의 죄를 받아야 되고 선업의 경우에는 선업의 공덕을 받을 수 있습니다. 물은 물이고 불은 불이며 그 둘은 함께 하지 않습니다. 기름은 기름이고 물은 물이며 그 둘은 섞이지 않습니다. 선업은 선업이고 불선업은 불선업입니다. 이 둘의 중간은 없습니다.

또 헷갈릴 수 있는 게 있지요. 어떤 일을 하고자 할 때 진정으로 여러 사람을 살려주고 싶어서인지, 영웅이 되고 싶어서인지, 자신의 진실한 마음을 잘 구별해야 하는데 사람의 마음이라는 것이 아주 묘해서 이것이 분명하지 않을 수 있습니다. 자신이 살인

을 하게 되는 경우 내가 여러 사람을 살려주려고 그 사람을 죽이
는지, 화가 나서 죽이는 것인지, 내가 하는 것이 '잘한다'고 여러
사람들의 박수를 받고 싶어서 하는 건지, 그런 것을 명확히 알기
란 아주 어렵습니다. 진짜 깨끗하지 않은 마음으로 박수가 좋아서
죽였다면 그 마음으로 인해 죄가 더욱 커지는 것입니다.

그 이스라엘 사람의 질문에 어떻게 대답해도 그 사람의 입장에
서는 충분히 만족할 만한 답이 될 수 없을 것입니다. 그들이 매일
서로 죽이고 죽는 상황이니 어쩔 수 없는 일일 터입니다. 그렇지
만 사실은 사실이고 선과 악은 절대 섞이지 않습니다.

가족을 위해서 살생했다 해도 가족을 사랑하는 것이 결국은 자
기를 사랑하는 것이고 그것은 욕심이고 애착입니다. 이런 경우의
마음을 면밀히 따져보면 묘한 것이 많습니다. 내 가족을 죽였기
때문에 내가 그 사람을 죽였다 하면, 그 사람이 옆집의 가족을 죽
인다면 나와는 상관이 없다는 말인데 그런 것은 자애가 아닙니다.
내가 욕심으로 내 가족을 지키는 것뿐입니다.

스님들이 지켜야 하는 계율은 그것보다 범위가 훨씬 넓습니다.
예를 들어 스님들이 사주팔자를 봐 주어서 보시가 들어왔다면 그
것을 절대로 받으면 안 됩니다. 나만 받지 않으면 되는 게 아니고
그것을 다른 스님에게 줘서도 안 됩니다. 또 스님들이 약을 해 준
것을 먹고 신도가 회복되어서 그 답례로 보시를 했다면, 그것도
절대로 받으면 안 됩니다. 그 보시 받은 돈으로 다른 스님에게 음
식을 대접해도 안 되는 것입니다. 그래서 스님들께 보시를 할 때
에는 스님들의 가치 즉 계·정·혜를 보고 해야 합니다. '아, 이 스
님은 계율이 좋다. 이 스님은 집중이 좋다. 이 스님은 지혜롭다'

등 스님의 가치인 계·정·혜를 잘 헤아려서 합당하게 보시한 음식이나 가사나 절, 이런 것은 스님이 받아서 쓸 수 있지만 나머지는 스님들에게 다 나쁜 생계입니다.

그래서 스님들에게 최고의 깨끗한 생계는 탁발입니다. 매일 집집마다 돌아다니면서 한 숟가락 한 숟가락씩 주는 음식을 발우에 받아서 먹는 것입니다. 옛날 부처님 시절부터 그랬습니다. 탁발은 낮 12시가 넘으면 끝납니다. 다시 요리할 재료도 없고, 기름도 없고, 쌀도 없고, 부엌도 없고 이렇게 사는 것이 스님들에게는 제일 깨끗한 생계입니다. 그 다음 날 아침 새벽부터 12시 안에 사람들이 식사를 할 시간에 발우를 들고 나가면, 집집마다 어제 남은 것을 줄 수도 있고, 오늘 깨끗하게 새로 한 따뜻한 밥을 줄 수도 있고, 어떻게 주든 주는 사람은 한 숟가락만 줍니다. 그래서 주는 사람한테도 큰 부담이 없고 받는 사람도 큰 부담이 없습니다. 그것이 제일 깨끗한 생계라고 부처님이 말씀하셨습니다.

계율을 왜 지켜야 되는지 정확히 알아야 합니다. 계율이라는 것이 건물의 기초하고 똑같습니다. 기초가 약하면 건물이 높이 올라가지 못하는 것처럼 계율이 약하면 정과 혜가 올라가지 못합니다. 다른 노력을 많이 한다 해도 기초인 계율이 약하기 때문에 그 노력들이 흔들려서 높이 올라갈 수가 없습니다.

마음 청정을 '찟따 위숫디citta visuddhi'라고 합니다. '찟따'가 '마음'이고 '위숫디'가 청정함의 뜻입니다. 몸과 입이 청정하지 않은 사람이 마음이 청정할 수가 없습니다. 그래서 계율이 더러우면 마음 또한 더러울 수밖에 없습니다. 계율이 청정하지 못하면 마음이 불편하고 불안정합니다. 안정적인 마음을 갖출 수가 없기 때문에 정이 깊어질 수 없고 그러면 혜가 꽃을 피우지 못합니다. 이렇게 계·정·혜는 서로 연결이 되어 있습니다.

그렇다고 '아, 나는 계율이 더러우니까 수행을 할 수 없겠다' 하고 포기하면 안 됩니다. 그럴수록 더욱 열심히 수행해야 합니다. 왜냐하면 계율과 지혜는 연관이 되어 있어서 사람이 지혜로운 만큼 계율이 깨끗해지기 때문입니다. 부처님의 지혜는 이렇게 일반적으로 말하는 지혜와는 큰 차이가 있습니다.

우리의 지혜가 1% 있으면 1%의 지혜로 1%의 계율을 지킬 수 있고, 다시 수행하여 지혜를 높여 2%가 되면 그 지혜로 계율을 2% 지킬 수 있게 됩니다. 정도에 따라서 1%에서 2%로 올라가게 됩니다. 그러므로 지계가 깨끗하지 못하다고 수행을 하지 않으면 아예 희망이 없어지는 것이니 수행을 열심히 하는 수밖에 다른 도리가 없습니다. 지금의 내 지혜와 집중이 약한 상태에서는 계율을 깨끗하게 지킬 수 없지만 지혜와 집중을 높이는 만큼 계율을 높일 수 있고, 계율을 높이는 만큼 집중과 지혜도 따라서 높일 수 있습니다. 계·정·혜가 이렇게 상호작용을 하면서 서로에게 힘을 주기 때문에 우리는 무조건 수행을 열심히 해야 합니다. 수행을 많이, 열심히 할수록 지계가 분명해지고, 그만큼 더 깨끗하게 살고 싶어지고, 마음이 착해지고, 그렇게 차츰 좋아질 수 있습니다.

팔정도의 두 번째 묶음, 노력

계율 다음이 바른 노력입니다. 바른 노력은 다음 네 가지를 말합니다. 즉 했던 불선업을 다시 하지 않도록 노력하는 것, 하지 않은 불선업을 아예 안 하도록 노력하는 것, 하지 못한 선업을 열심히 찾아서 하려고 노력하는 것, 그리고 이미 한 선업을 반복해서 더 많이 하도록 노력하는 것이 그것입니다.

바른 노력은 수행에서는 물론이고 일상생활에서도 필수적입니다. 일상생활에서 자신이 불선업을 했으면 '이제 다시는 그렇게 하지 않겠다'고 결심하여 그대로 실천하는 노력이 필요합니다. 번뇌가 일어날 때 그것이 좋지 않다는 것을 알고, 그것을 하면 안 된다는 것을 아는데도 불선업을 저지르고 싶어질 때 그것을 실행하지 못하도록 억지로 막는 것이 바른 노력입니다.

수행 중에는 수행 대상을 잊지 않도록 노력하는 것이 바른 노력입니다. 그렇게 하면 바른 노력 네 가지가 다 포함됩니다. 수행의 대상만 매 순간 관찰하고 있으면 했던 나쁜 짓도 다시 할 생각이 없어지고, 하지 않은 불선업을 할 생각조차 나지 않겠지요. 생각이 났다 해도 금방 그것을 알기 때문에 곧바로 사라져서 거기에 휩쓸리지 않게 됩니다. 그래서 수행 중에 수행 대상을 잊지 않도록 노력하기만 해도 이 네 가지가 다 포함된다고 말하는 것입니다. 평소 내가 하지 못한 선업 즉 도지혜 과지혜도 수행 중에는 가능할 수 있습니다. 일상생활에서는 머리로 열심히 생각하면서 선업을 짓지만 수행 중에는 따로 머리 쓸 일 없이 대상만 놓치지 않으면 네 가지 노력이 동시에 이루어지는 것입니다.

그 다음에 할 것이 바른 사띠입니다. 사실 바른 사띠는 바른 노력이 있으면 저절로 따라오게 되어 있습니다. 바른 사띠란 불·법·승 삼보와 선업을 잊지 않는 것입니다. 선업을 잊지 않는다는 것은 선업을 계속하고 있는 것과 같습니다. 좋은 일만 생각하고 좋은 일만 하려고 하는 것, 생각날 때마다 좋은 행동, 좋은 말, 좋은 생각을 하고 있으면 그것이 바로 바른 사띠입니다. 법을 잊어버리지 않는 자, 항상 좋은 생각 하고 좋은 말 하고 좋은 행동 하고, 내가 원하는 좋은 결과를 위해서 그것에 필요한 것을 계속 만들어 가는 것, 즉 일반적으로 말하면 선업을 잊지 않음이 바른 사띠입니다.

수행 중에도 수행의 대상을 잊지 않는 것이 사띠입니다. 호흡을 관찰할 때 호흡을 잊지 않으면 그것이 사띠가 있는 것이고, 배의 움직임을 관찰하는 사람이 배가 부르고 꺼질 때 그것을 잊지 않으면 그것이 사띠입니다. 또 부름 꺼짐을 잊어버리고 딴 생각하더라도 '생각하고 있네.' 하면서 생각하고 있다는 것을 기억하고 있으면 그것이 또한 사띠입니다. 생각하다가 화가 났으면 '화나고 있네' 하고 화내고 있는 것을 잊지 않음이 사띠입니다. 이렇게 몸·느낌·마음·법 중 내 몸의 뭔가 하나를 한 순간에 하나라도 확실하게 알면 수행자가 수행하고 있는 것이고 그것이 바른 사띠입니다. 그것이 바로 법입니다. 불법승과 선업을 잊지 않는 것이 바로 선업입니다. 그렇게 하는 것이 바른 노력이고 바른 사띠이고 바른 생각이고 바른 견해이기 때문에 선업인 것입니다.

그 다음은 정정, 바른 삼매이고 그 중 제일 높은 것이 8선정입니다. 8선정뿐만 아니라 근접삼매도 삼매이고 순간적인 삼매도 삼매입니다. 숨을 쉴 때 두 가지로 알 수 있지요. 개념적으로 알면 사마타, 궁극적인 실재를 알면 위빳사나입니다. 예를 들어 숨을 쉴 때 대상을 개념적으로 잡고 '지금 들이쉬고 있네, 내쉬고 있네' 하며 들숨 날숨만 알고 있으면 사마타, 호흡에서 따뜻함, 차가움 등 궁극적인 실재의 특징을 알고 있으면 위빳사나입니다. 어떻게 하든 마음이 대상에 한 번 집중되기 때문에 알 수 있는 것입니다. 지·수·화·풍 사대 중에 따뜻함이라는 화대에 순간적으로 마음을 집중했기 때문에 그 화대의 사실을 따뜻함, 차가움으로 알게 되는 것이 바른 견해입니다. 그리고 지혜가 그렇게 알 수 있게끔 마음이 가만히 대상에 있는 것이 바른 집중입니다.

예를 들어 보겠습니다. 좀 높은 나무에 과일이 달려 있는 것을 친구 세 사람이 힘을 모아 그 과일을 따는 것에 비유하자면 이렇습니다. 밑에서 한 사람이 엎드리면 다른 한 사람이 그 위로 올라가고, 그 사람의 어깨에 나머지 한 사람이 다시 올라가서 마침내 과일을 땁니다. 맨 밑에 있는 사람은 지계와 같아 힘이 있는 사람이 든든하게 버팀목이 되어 주어야 하고, 중간에 있는 사람이 흔들리지 않고 중심을 잘 잡으면서 가만히 있어주는 것이 집중입니다. 그 지계와 집중이 있어야 지혜라는 과일을 딸 수 있습니다. 수행도 이와 같아 계율이 밑에서 받쳐주고 집중이 마음을 가만히 있게 해주면 그 순간 수행자가 관찰하는 대상에 대한 확실한 앎이 생기는 것이고 그 확실한 앎이 바른 견해입니다.

앞에서도 이야기한 적이 있는데 한국에서는 '사띠'를 알아차림으로 번역한 책들이 많이 있고, 사띠를 지혜와 혼동하여 쓴 경우도 많이 보았습니다. 외국인인 입장에서 제가 보자면 '알아차림'은 바른 견해 쪽에 가깝게 느껴집니다. 사띠는 잊지 않음, 조심, 주의 이런 의미와 가깝습니다. 사띠는 마음속에 있는 대상을 분명하게 해주는 것뿐이지 '아, 이것이 따뜻하네' 하고 알아차리는 것이 아닙니다. 그렇게 아는 것은 사띠와 집중이 도와줘서 지혜가 아는 것입니다.

팔정도의 세 번째 묶음, 지혜

노력이 없으면 사띠가 없고, 사띠가 없으면 집중이 불가능합니다. 그 노력, 사띠, 집중이 다 마음속의 대상을 확실하고 분명하게 해주는 일을 합니다. 반복하자면 사띠는 마음속에 있는 대상을 분명하게 만들고, 마음이 대상에 딱 붙어 집중할 수 있도록 대상을 계속 기억하며 놓치지 않는 것입니다. 그렇게 사띠가 대상을 주의 깊게 기억하고 있기 때문에 마음이 대상에서 떨어지지 않게 됩니다. 그렇게 되면 마음이 고요하면서 차분하게 대상에 온전히 붙어 있을 수 있고 이것이 집중입니다. 그러면 '아, 따뜻하구나. 차갑구나. 딱딱하구나. 움직이고 있구나' 하면서 대상의 특성을 파악하여 알게 되고 이것이 지혜입니다.

그 지혜가 생기지 않으면 그 자리에 바로 사견이 들어옵니다. 그래서 지혜와 생각은 100% 관련되어 있다고 볼 수 있습니다. 내가 아는 대로 생각하는 것입니다. 위빳사나 수행자가 그렇게 계속 관찰함으로써 물질이면 물질의 사실 그대로를 압니다. 그래서 물질을 단지 물질만으로 알 뿐 그것을 나, 너, 남자, 여자, 예쁘다, 어떻다, 저렇다 이런 식으로 착각하지 않게 됩니다. 위빳사나가 그런 것입니다. 바른 견해가 일어나면 바른 생각이 일어나고, 사견이 일어나면 나쁜 생각이 일어납니다. 나쁜 생각이 바로 아상·인상·중생상·수자상을 가지고 이기적인 마음으로 생각하고 욕심내고 싫어하고 좋아하고 그런 것인데 이것들이 다 사견에서 비롯되는 것입니다.

그러면 사견이 어디서 시작됩니까? 무지에서 시작됩니다. 그러므로 바른 견해가 안 되면 사견이 되게끔 되어 있다는 것을 알아야 합니다. 따라서 수행을 하지 않으면 사견이 오는 것이 확실하고 그것을 피할 수 없습니다.

사견은 간단하거나 사소한 것이 아니고 62가지가 있어서 우리가 매 순간 사견에 빠지면 그 사견에 따라 생각하는 것이 다 잘못될 수밖에 없습니다. 잘못된 생각을 가지는 사람들이 잘못 행동하고, 잘못 말하는 것은 당연합니다. 그러니 계율이 깨끗할 수가 없겠지요. 이렇게 팔정도가 모두 서로서로 다 연결되어 있다는 것을 이해할 수 있을 것입니다.

2) 수행의 원리

수행은 만병통치약

수행은 만병통치약입니다. 무조건 수행만 하면 다 된다, 이러면 조금 맹목적으로 말하는 것 같지만 수행의 이론과 실제를 이해하면 이렇게 맹목적으로 되는 것도 괜찮습니다. 수행하다 보면 다 통하게 되어 있어 마음도 좋고, 몸도 좋고, 지혜가 오고, 생각도 좋아지고, 견해도 좋아지고, 그러면 하는 행동도 좋아지고, 말도 좋아지고, 생각도 바르게 되는 것입니다. 그러니 수행만 제대로 하면 그 하나에서 모든 게 다 된다고 말하는 것입니다. 그러므로 우리가 수행하는 것을 아주 소중하게, 지극히 소중하게 생각해야 됩니다. 우리가 기계를 공부해 보면 그 사실을 분명히 알 수 있습니다. 어떤 기계든지 그것의 엔진만 확실히 알면 다른 기계의 엔진을 아는 것은 아주 간단합니다. 마찬가지로 우리가 수행한다고 하는 것이 우리의 몸과 마음을 끊임없이 공부하고 있는 것입니다. 몸과 마음, 물질과 정신 두 가지를 끊임없이 공부하는 것이 기계의 엔진을 공부하는 것과 같아서 이 몸과 마음을 확실하게 알면 다른 사람의 몸과 마음도 똑같이 알 수 있게 됩니다. 내 몸과 그 사람 몸은 다르지 않습니다. 그리고 이 물질과 정신만 이해하면 이 우주 세계를 다 알 수 있게 됩니다. 이 우주에 물질과 정신 외에 다른 어떤 것도 없기 때문입니다. 내 몸과 마음이라는 간단한 기계를 통해서 아주 복잡한 기계인 우주를 이해할 수 있는 것, 수행은 이렇게 크고 깊은 의미가 있는 것입니다.

수행하면서 생기는 지혜들이 정견, 그 지혜를 따라 일어나는 올바른 생각들이 바른 생각, 정사유입니다. 지금 하고 있는 수행이 팔정도이고, 이 팔정도가 부처님의 가르침이라는 것을 머리에 못이 박힐 정도로 확실하게, 결코 잊혀지지 않도록 공부해야 됩니다. 그렇게 되면 더 이상 법에 의심이 생기지 않고 따라서 수행도 잘 할 수 있게 됩니다.

수행이 안 되는 첫 번째 이유―의심

수행의 경험이 있는 사람은 알겠지만 수행이 잘 안 되는 이유는 의심 때문입니다. 조금 하다가 의심이 일어나면 남들에게 물어보고, 책도 읽어 보고 또 조금 하다가 이것저것 다른 것을 해보면서 시간을 낭비하면 수행이 제대로 되질 않습니다. 수행에 대한 이론이 확실하면 자신이 실천하는 수행에 대해 자신감이 생깁니다. self-confiidence, 자신감이라는 것은 내 체험만큼 믿는 것입니다. 이론을 명확히 이해하고 그 이론 그대로 실천해 보니까 스스로 체험하는 것이 있고, 그 체험이 쌓이는 만큼 자신감도 증가합니다. 그런 만큼 신심도 좋아집니다.

부처님의 가르침에 신심이 생기는 것과 다른 교단에서 말하는 믿음은 전혀 다릅니다. 다른 교단의 믿음은 무조건 맹목적으로 믿으라는 것인 데 반해 부처님의 가르침은 내가 실천하고 확인하여 아는 만큼 믿는 것입니다. 모르는 것을 믿는 것이 무슨 큰 의미가 있겠습니까. 수행을 통해 내 몸과 마음을 내가 아는 만큼 믿는 것, 내가 확실하게 알아서 더 이상 의심이 없는 것, 그래서 수행은 계속 체험하면서 자신감을 갖는 것입니다.

신심이 좋아지면 노력이 좋아지고, 신심의 힘 따라 노력의 힘이 생깁니다. 신심을 키우려면 지식과 지혜, 체험이 필요합니다. 즉 내 지식의 힘, 지혜의 힘, 체험의 힘이 신심의 힘이고 그 신심이 노력의 힘입니다. 믿는 만큼 노력하게 되는 것입니다. 만약 내가 수행을 열심히 하지 않는다면 수행에 믿음이 없기 때문입니다. 내가 신심 있는 만큼 노력하고, 노력하는 만큼 사띠가 세지고, 사띠가 세지는 만큼 집중이 강해지고, 집중이 강한 만큼 지혜가 높아지고…… 이렇게 모든 게 다 연관되어 있는 것입니다. 지식과 지혜를 통해서 생기는 신심으로 수행을 하고, 거기서 체험을 얻으니 신심이 깊어지면서 더 노력하게 되고, 그 노력에 맞게 사띠가 되고, 사띠에 맞게 집중, 지혜가 되면서 수행이 계속 흘러갑니다.

수행이 안 되는 두 번째 이유―과거·미래에 대한 집착

몸과 마음으로 팔정도를 계속 수행함으로써 무상·고·무아에 도착하게 됩니다. 처음에는 그냥 몸과 마음을 끊임없이 관찰하다가 그 관찰로 집중과 지혜가 높아지면 이 몸과 마음이 무상한 것, 고통스러운 것, 무아라는 것을 알게 됩니다. 그 무상·고·무아를 알고, 고성제를 알고, 집성제가 떨어지고, 멸성제에 도착하는 것, 그것이 바로 깨달음입니다. 그 길을 가는 방법이 무엇인가.

'몸과 마음의 바로 이 순간 있는 그대로를 관찰한다.'

지금 여기, 과거도 아니고 미래도 아닌 지금 현재, 그리고 다른 여기저기를 관찰하는 것이 아니고 지금 여기에서 자신의 몸과 마음을 관찰하는 것이 그 방법입니다.

과거는 이미 지나갔고 미래는 아직 오지 않았다.
현실은 바로 이 순간이다.
현실의 실제가 제일 정확하고 실제 속에 진리가 있다.

이것이 위빳사나의 기본적인 원칙입니다. 지혜에서 진리를 얻는 것인데 진리는 가짜 속에 없고 실재, 사실 속에 있습니다. 어제 먹었던 점심 맛을 지금 생각하는 것과 지금 먹고 있는 음식의 맛 중에서 어느 느낌이 더 확실한지 우리는 어렵지 않게 알 수 있는 것처럼, 과거나 미래보다 현재의 사실이 확실하다는 것을 압니다. 지금 현재 있는 대상을 봐야 실재를 안다는 것이 그런 의미입니다. 실재 속에서 우리가 진리를 찾아낼 수 있습니다. 위빳사나의 기준이 바로 '지금 여기'입니다.

수행하면서 집중이 안 된다고 하는 사람들의 가장 큰 문제는 현재가 아니라 과거나 미래를 대상으로 삼고 있기 때문입니다. 수행 중 집중이 안 된다면 틀림없이 그 사람은 생각이 많은 것입니다. 그 생각이 과거나 미래에 있기 때문에 집중이 안 되고 수행이 안 되는 것입니다. 수행 중에 생각하는 것은 어쩔 수 없는 일입니다. 그러나 그 생각이 길게 지속되느냐 짧게 끝나느냐는 그 사람의 신심과 노력에 달려 있습니다. 수행을 잘하는지 못하는지는 누구한테 물어볼 필요 없이 스스로 알 수 있습니다.

내가 대상을 잊고 있는 시간이 어느 정도인지 가늠해 보면 됩니다. 한 번 생각에 빠져서 대상을 잃는 시간이 15분이다, 그러면 가서 자는 게 나을 것입니다. 노력을 하지 않고 있다는 말입니다. 만약 잊고 있는 시간이 5분 정도라면 노력하면 달라질 것입니다. 한 번 잊어버리는 시간이 15분이면, 네 번 잊어버리면 한 시간 다 지나갑니다. 그럼 차라리 가서 자는 게 낫겠지요. 자신이 노력하는지 안 하는지는 그것을 보면 금방 알 수 있습니다. 노력하는 사람은 그렇게 길게 잊어버리지 않습니다. 노력이 부족하여 계속 길게 수행 대상을 놓치고 있는 사람은 신심부터 다시 키워야 합니다. 신심이 없으면 법문을 많이 들어야 하고, 수행에 도움이 되는 책을 많이 읽어야 합니다. 죽음을 생각하는 사마타 수행도 많이 해야 됩니다. '내일 모레 죽을 텐데 내가 지금 이 생각을 해서 뭐 하나?' 혹은 '내일 모레 죽을 텐데 내년에 무얼 할 건지 생각하면 무슨 소용이 있나?' 하고 생각하면 수행이 급해집니다. 내가 만약 스님이라면 밥값을 생각해야 합니다. '아, 내가 다른 사람이 보시하는 것을 먹고 살면서 이래서는 안 되지', '내가 부처님의 제자인데, 사리불이 어떻게 했는데, 아난 존자가 어떻게 했는데……' 그렇게 생각하면서 힘을 키워야 합니다.

그렇게 신심과 노력을 키운 후에 수행을 다시 시작해야 합니다. 수행하겠다고 앉아서 15분, 20분, 30분 잊어버리고 있다는 것은 수행의 기본자세가 안 되어 있는 것입니다. 그럴 때는 수행할 수 있는 자세를 잡는 것이 먼저입니다. 부처님의 공덕을 많이 생각하고, 자애를 많이 베풀고, 몸에 대해 부정관을 많이 하고, 죽음에 대한 수행을 많이 하면서 수행의 가치를 제대로 볼 수 있어야 수행의 소중함을 알게 되고, 제대로 수행할 마음의 준비가 되는 것입니다.

수행이 안 되는 세 번째 이유—게으름

집중이 안 되는 또 다른 이유는 게으름입니다. 게으르다는 것은 노력이 부족하다는 뜻입니다. 수행한다면서 앉아서 조금 있다가 졸고, 또 조금 있다가 조는 것은 노력이 너무 약하기 때문입니다. 우리가 계란을 깰 때 너무 힘을 주면 다 터져서 못쓰게 되고 너무 약하게 하면 깨지지 않습니다. 수행에서 아주 중요한 것이 적당한 노력입니다. 수행에서 한꺼번에 확 쏟아 붓는 힘은 소용이 없습니다. 한꺼번에 100그램, 한 시간에 2000그램의 힘을 쓰는 것이 아니라 한 번에 1그램씩 백 번, 천 번, 만 번, 십만 번, 백만 번…… 그렇게 할 수 있는 사람만이 수행에서 진도가 나갈 수 있습니다. 아주 적당한 힘을 한순간도 내려놓지 않고 끊임없이 낼 수 있어야 합니다. 끈기가 있어야 수행할 수 있습니다.

아람바 위리야ārambha vīriya, 이것은 수행을 처음 시작할 때 생기는 노력으로 '아, 내가 수행해야지, 어느 수행처에 가서 일주일 수행해야지' 하고 신심을 내서 하는 노력을 가리킵니다. '아람바'란 '가지고 오는 것'이라는 뜻입니다. 없었던 것을 어딘가에서 가지고 온 것처럼 수행을 하겠다는 마음을 처음 내는 것이 아람바 위리야입니다. 이 첫 번째 노력은 어지간한 사람은 다 합니다. 별로 어렵지 않습니다. 그런데 두 번째 노력은 좀 다릅니다.

닉까마 위리야nikkama vīriya, '닉까마 위리야'란 모든 어려움을 떨치면서 견딜 수 있는 힘, 그런 노력을 말합니다. 수행뿐만 아니라 세상의 어떤 일도 하다 보면 어려움이 있습니다. 그 어려움이 생길 때, 예를 들어 게으름이 생기면 그 게으름을 떨쳐 버리고, 추위와 더위가 나를 방해할 때 그것에 꺾이지 않고 견디면서 계속 그 어려움을 헤쳐나가면서 참아내는 힘, 꺾이지 않고 견디는 힘이 닉까마 위리야입니다. '닉까마'의 원래 의미가 '털어버리다' 즉 방해하는 것을 모두 털어버린다는 의미입니다.

세 번째는 빠띡까마 위리야patikkama vīriya. '빠띠'는 '뒤에, 다음에', '까마'는 '순서대로, 줄줄이 나오는 것'을 말합니다. 이것은 수행에서 아주 중요한 힘입니다. 하나 끝나고 그 다음에 하나, 그것 끝나고 다시 그 다음에 또 하나……. 이렇게 끊임없이 끈기를 가지고 계속 하는 힘이 빠띡까마 위리야입니다.

수행 중에는 어려움을 떨쳐버리고 견디는 끈기와 끈질기게 지속적으로 이어나가는 노력이 매우 중요합니다. 수행하는 중에 하고 싶은 말 다 해버리고, 그 다음에 쉬고……, 그러면 수행은 희망이 없습니다. 수행으로 모았던 힘이 다 날아가 버립니다. 하루 종일 열심히 수행하다가 네 시간 정도만 이야기해 보십시오. 아니, 한 시간만 수다를 떨어도 몽땅 다 사라지고 맙니다.

그래서 수행으로 모았던 힘을 계속 이어받아 새벽에 잠에서 깰 때부터 밤에 잠자리에 들 때까지 앞뒤 연결이 끊어지지 않아야 수행이 제대로 될 수 있습니다. 수행은 그 누구도, 부처님도 도와줄 수 없습니다. 오로지 자신이 계속 끊어지지 않게 이어나가야 합니다. 그래서 수행에 아주 중요한 것이 빠띡까마 위리야입니다.

수행이 안 되는 네 번째 이유―과도한 욕심

노력을 제대로 못 쓰는 두 부류 중 한 사람은 너무 약한 경우이고 또 다른 부류는 지나치게 강한 경우입니다. 노력이 너무 강하면 들뜸으로 가고 너무 약하면 나태 혼침으로 떨어집니다. 그것이 집중의 위험입니다.

수행에서 집중이 안 되는 이유가 첫째는 과거의 생각, 둘째가 미래의 생각, 셋째는 노력이 약한 것, 넷째가 노력이 강한 것이라고 할 수 있습니다. 노력이 약하면 나태 혼침이 와서 정신이 흐릿해지고 멍해지면서 잠이 옵니다. 또 노력이 너무 강한 사람은 몸에 열이 올라오니 힘을 너무 심하게 쓰는 것도 경계해야 합니다. '아, 놓쳤어. 아, 또 놓쳤어. 방금 전에 내가 관찰했나, 안 했나?' 계속 이러고 있으면 수행이 깨집니다. 예전에 태엽 감아서 쓰던 시계를 생각해 보십시오. 너무 세게 태엽을 감으면 끊어져 시계가 못 쓰게 되고 맙니다. 노력도 같은 이치입니다.

지나친 노력은 들뜸입니다. 들뜸은 마음이 대상에 딱 붙어 집중하는 것이 아니고 대상을 놓친 것입니다. 이 들뜸과 망상은 조금 다릅니다. 망상은 마음이 여기저기 돌아다니는 것입니다. 멀리 집에 갔다가, 남편한테도 갔다가, 미래에도 갔다가, 과거에도 가고, 그런 것은 망상입니다. 이와 달리 들뜸은 지금 노력을 하고 있는 것은 맞는데 그것이 너무 강해서 수행이 망가지는 경우입니다.

열심히 수행하려는 의도는 좋은데 너무 지나쳐서 나쁜 것입니다.

　일상생활도 이와 같습니다. 어떤 사람은 그냥 조용히 일을 하고, 또 어떤 사람은 아주 정신없이 하는 사람들이 있습니다. 공연히 힘을 빼며 요란스레 일하는 사람과 수행에서 지나치게 노력하는 사람이 똑같습니다. 마음이 그렇게 되고 있는 것이지요. 그래서 겉으로 보기에는 매우 바빠 보이지만 사실 하는 일은 별로 없습니다. 조용하게 티 안 내고 열심히 하는 사람은 바빠 보이지 않지만 실은 일을 더 잘하고 있는 것입니다. 수행도 이와 같아서 너무 노력이 강한 사람은 쓸데없는 힘을 쓰기 때문에 괜히 분주해 보이기만 할 뿐 수행에 진도가 안 나갑니다. 마음이 대상과 떨어진 상태로 가까이에서 계속 움직이고 있어서 집중이 안 되기 때문입니다. 계속 그렇게 하면 기분이 가라앉고 지쳐버립니다. 그래서 '아, 내가 깨달을 수 없나 보다. 나는 수행 체질이 아닌가 보다' 하며 좌절하게 됩니다.

　수행하다 마음이 약해지면 그 약해지는 마음을 계속 관찰해야 합니다. 포기하고 싶은 마음이 일어날 때마다 억지로 힘주려 하지 말고 포기하려 하는 그 마음을 관찰 대상으로 삼아 관찰해야 합니다. '어, 지금 이렇게 되고 있네, 신심이 떨어지네' 그렇게 계속 그 마음을 봐야 합니다. 그러면 수행이 잘 되고 있는 것입니다.

　너무 욕심을 부리는 것도 수행을 방해합니다. '언제 깨달을까? 내가 이렇게 하면 도가 터질까? 과가 올까? 해탈이 올까?' 그것만 생각하고 있는 것은 욕심입니다.

　이 여섯 가지가 집중의 위험입니다. 과거의 생각, 미래의 생각, 노력이 강한 것, 약한 것, 또 마음의 힘이 빠지는 것, 포기하고 싶은 마음, 지치는 마음. 그 다음이 깨달음에 대한 욕심으로 수행은 안 하고 계속 욕심만 부리고 있는 경우입니다. 이렇게 하면 어떻게 되나? 깨달음은 어떻게 되나? 지금 이 단계에서 한 단계 올라가면 어떻게 되나? 이런 것만 생각하고 있으면 수행이 안 됩니다.

이 여섯 가지 위험을 잘 알고 본인의 마음을 잘 챙기면 되는데, 다른 특별한 방법이 있는 게 아니라 그때그때의 마음을 잘 아는 것이 수행을 잘 하는 것입니다. '아, 내 마음이 이렇게 되고 있구나' 하고 알면 신·수·심·법 중에 심과 법을 많이 보게 되고, 그렇게 함으로써 수행이 자연스럽게 균형을 잡으면서 집중이 됩니다.

그래서 수행하는 데 집중이 안 된다 싶으면 '내가 체질이 아니다'라고 생각하지 말고 '부처님과 만났다, 사람으로 태어났다, 지금 이 법을 이해하고 있다' 하면서 꾸준히 수행하면 그 사람이 바로 깨달을 수 있는 사람입니다. 체질이 안 되는 것이 아니고 지혜가 조금 부족해서 그렇게 되고 있음을 알고 계속 수행하는 것이 유일한 방법입니다. 그렇게 해서 부처님의 가르침, 팔정도 수행을 열심히 하여 모든 고통 벗어난 닙바나를 성취하길 기원합니다.

사두, 사두, 사두.

Buddha sasanaṃ ciraṃ tiṭṭhatu (3번)
붇다사사낭 찌랑 띳타뚜

부처님의 가르침이 오래오래 머무소서.

사두, 사두, 사두.

넷째 날

승가와
위빳사나

번뇌를 고문하는 자

　　한국에서 승가라고 하는 단어의 원어가 상가saṃghā입
니다. 상가라는 말의 뜻을 풀어보면 '상한냐띠띠상고saṃhaññtīti
saṃgho'입니다. '상한냐띠'는 '고문하다, 괴롭히다'라는 뜻입니다.
'이띠'는 '그래서', '상고'가 '상가', 즉 '상가란 고문하는 자이다'라는
뜻이 됩니다. 그러면 누구의, 무엇을 고문하는가가 중요하겠지요.
상가란 '번뇌를 고문하는 자'란 의미입니다.

　부처님의 제자, 깨달은 자를 분류하면 수다원도 수다원과, 사
다함도 사다함과, 아나함도 아나함과, 아라한도 아라한과 이렇게
여덟 분을 가리킵니다. 사리불이건 목련 존자이건, 5비구이건 다
아라한에 들어가고, 머리를 깎았든 안 깎았든, 수계를 받았든 안
받았든 깨달은 자는 모두 승가 안에 들어갑니다. 그래서 깨달은
자는 그렇게 여덟 분(사람은 여럿일 수 있지만 부류는 여덟 가지)밖에 없
습니다. 부처님의 법이라는 것이 네 가지 도, 네 가지 과, 해탈을
말하고 그 법을 깨달은 자가 승가이다, 그런 의미입니다. 그래서

승가라는 분들이 다른 것을 깨달은 것이 아니고 부처님의 법 네 가지 도·네 가지 과를 깨닫고, 그 네 가지 도·네 가지 과를 아는 것이 해탈, 즉 모든 고통을 벗어나는, 물질과 정신이라는 과정이 끊기는, 원인과 결과가 끊기는 그 상태가 해탈, 닙바나입니다. 그 닙바나를 알 수 있는 것이 도와 과입니다. 도는 처음 알 때, 즉 해탈을 처음 보는 것이 도이고, 그 도의 똑같은 마음이 반복하면 과라고 말합니다.

수다원도를 깨달은 사람이 선정에 들어갈 때 수다원의 도선정이라는 걸 반복할 수 없습니다. 도는 딱 한 번뿐인데 만약 반복한다면 그것은 수다원의 과선정에 들어가는 것입니다. 그러면 해탈을 보고 사는 것이지요. 한 시간 과선정에 들어 있으면 한 시간 내내 해탈을 보고 있는 것이고, 두 시간 과선정에 들면 두 시간 내내 해탈을 보고 있는 것입니다. 마찬가지로 사다함의 도를 깨달을 때 도는 한 번이고, 다시 사다함이 과선정에 들어간다면 사다함의 과선정에 들어가는 것입니다. 아나함, 아라한도 마찬가지이고, 과선정에 들어갈 때가 해탈을 알고 있을 때입니다.

불·법·승이 이렇게 서로 다 연결되어 있는 것입니다. 신통지가 있으면 승가라고 착각하는 사람들이 많이 있는데 그렇지 않습니다. 데와닷따는 신통지가 있었지만 지옥으로 갔습니다. 즉 신통지는 깨달음의 기준으로 볼 수 없습니다.

부처님이 신통지를 당신의 가르침이라고 말한 적이 없고, 신통지를 법이라고 말한 적도 없습니다. '나의 출세간법은 아홉 가지다'라는 말을 부처님이 여러 번 하셨는데, 세상을 초월하는 법이 출세간법입니다. 즉 네 가지 도, 네 가지 과, 닙바나 해탈을 깨치는 사람을 승가라고 말하는 것이지, 신통지 있는 사람을 승가라고 할 수 없음을 분명히 알아야 합니다. 바라문교나 기타 다른 교단에서도 신통지를 가진 사람들은 많았습니다. 그래서 부처님께서는 그런 사람들과 부처님의 제자, 승가를 구별하지 못할까 봐 "비구는 신통지가 있어도 보여주면 안 된다."라는 계율을 남기셨습니다.

일반적인 신통지와 부처님 가르침의 가치는 비교할 수 없는 것입니다. 때에 따라 신통지가 좋은 것일 수도 있고 대단한 것일 수도 있지만, 그것이 불교의 가치와 혼동되어서는 안 됩니다. 대단한 것을 가치 있는 것으로 치자면 기네스북을 보면 됩니다. 그 사람들이 대단하다고 우리가 그들을 부처님으로 모실 수는 없습니다.

성인의 가치를 볼 때는 '대단함'을 보는 것이 아니고 '얼마나 청정한가'를 보는 것입니다. 수다원이 되면 사견, 의심이 없어져 많이 깨끗해지고, 또 사다함이 되면 더 깨끗해지고, 아나함이 되면 성냄이 없어져 마음이 더 깨끗해지며, 아라한이 되면 모든 번뇌가 없어지니, 그런 청정함에 가치를 두어야 합니다.

수행처에서 번뇌를 대할 때와 집에서 번뇌를 대할 때를 비교해 보십시오. 집에서는 번뇌가 시키는 대로 다 하고 번뇌에 끌려 다니면서 살게 됩니다. 수행처에 오면 번뇌가 여러 가지를 시키지만 그것을 따라가지 않고 그냥 바라보고, 바라보고, 바라보기만 합니다. 그러면 그 번뇌가 제풀에 지쳐버려 소멸되어 버립니다. 번뇌를 일부러 죽이는 것이 아니고, 제거하는 것도 아니고 그냥 오로지 지켜보기만 하는 것입니다. 번뇌가 '이것 해줘, 저것 해줘, 이거 하고 싶다, 저거 하고 싶다……' 그러면 그 마음을 그저 바라보고만 있습니다. 하루 종일 시켜도 따라 하지 않으니까 번뇌가 지쳐서 잘 안 일어나는 것입니다. 번뇌가 왜 지칩니까? 수행자가 번뇌를 고문하기 때문에, 괴롭히기 때문에 지칩니다. 그래서 수행자가 하는 일이 매 순간 번뇌를 괴롭히는 일, 번뇌를 고문하는 일이고 그렇게 수행하는 수행자가 승가입니다. 머리 안 깎아도, 가사 안 입어도 수행 열심히 하는 수행자들이 승가입니다. 네 가지 도 네 가지 과를 깨달은 자가 승가이고, 네 가지 도 네 가지 과를 깨닫기 위해서 열심히 수행하고 있는 사람이 승가입니다.

삶 자체가 번뇌인데, 번뇌를 고문하는 자가 승가라는 말의 뜻을 구체적으로 몇 가지 예를 들어 보자면 이렇습니다. 스님들이 탁발해서 먹는데 자신이 따뜻한 것을 먹고 싶어도 보시자가 찬 음식을 주면 그것을 먹어야 합니다. 찬 음식을 먹고 싶은데 반대로 뜨거운 음식을 주면 그것을 먹을 수밖에 없습니다. 2500년 전의 스타일 그대로인 가사를 입는데 때로 다른 모양의 옷을 입어 보고 싶을 때가 있을 수 있습니다. 그러나 그렇게 하지 않는 것도 번뇌를 고문하는 것입니다.

잠 자는 것도 그렇습니다. 스님들은 거의 밤 10시에 잠자리에 들고 새벽 4시 정도에 일어납니다. 많이 자고 싶어도 잠을 줄여야 하는데 이것 또한 번뇌를 고문하는 것이지요.

스님들의 비구 계율을 읽어 보면 엄청나게 지켜야 하는 것이 많은데 뿌리는 모두 번뇌를 고문하고 있는 내용입니다. 계율에 따르자면 정오 이후부터 다음 날 새벽 동 틀 때까지 음식을 먹지 못합니다. 그것도 번뇌를 괴롭히는 것, 번뇌를 고문하는 것입니다. 이제는 번뇌가 사람을 이기는 것이 아니고 사람이 번뇌를 이깁니다. 그래야 승가입니다.

비구의 의미

비구가 무슨 의미인지 아십니까? '빅카띠띠 빅쿠bikkhatitī bikkhu', 즉 '빅쿠'라는 말의 의미는 '돌아다니면서 밥을 얻어먹는다'는 뜻입니다. 탁발하는 것은 오직 주는 것만 받아먹는 것입니다. 그럼 거지하고 무슨 차이가 있는가. 거지는 계율을 지키지 않고, 받아먹고 그냥 놉니다. 그래서 비구가 받아먹고 놀고만 있으면 거지하고 똑같습니다. 비구는 받아먹고 열심히 수행하고 공부하면서 살아야 합니다. 그런 삶과 거지의 삶은 완전히 다릅니다. 또 거지가 음식을 받아먹고 자애를 베풀면서 여러 사람을 지혜롭게 가르치는 것이 없습니다. 그러나 비구는 받아먹지만 그것보다 훨씬 더 많은 것으로 되돌려주려고 노력합니다.

내가 열심히 수행함으로써 나에게 보시하는 사람한테 공덕을 돌리려고, 제대로 살려고, 똑바로 살려고 노력하는 것이 비구의 관심사이고 그런 정신으로 살아야 하는 것입니다. 그렇게 살면서 수행할 때도 항상 내가 하는 공덕을 나를 받쳐주는 신도들에게 회향하고, 그 신도들이 항상 건강하고 행복하고 평화롭고 위험이 없기를 기도합니다. 그렇게 자애를 베풀고, 또 신도들로 하여금 착한 마음으로 선업을 지을 수 있게 가르치고, 죽어서 좋은 곳에서 좋은 사람이나 신 또는 범천으로 태어나도록, 할 수 있으면 해탈까지 할 수 있도록 도우면서 살기 때문에 거지의 삶과는 천지 차이입니다.

그 다음에 '삼사레 바얌 익카띠띠 빅쿠saṃsāre bhayaṃ ikkhatīti bikkhu', '삼사레'가 '윤회', '바얌'은 '위험', '익카띠'는 '본다'라는 의미입니다. '윤회에서 위험을 보기 때문에 출가하는 자'를 비구라고 하는 것입니다. 출가할 때 '이 생노병사 윤회라는 것이 진짜 위험이구나, 고통이구나' 그런 것을 알고 출가해야 제대로 된 비구입니다.

지금 이 순간 이 몸에 있는 순간적인 윤회를 알아야 더 넓은 의미의 윤회도 알 수 있게 됩니다. 내 몸과 마음에 매 순간 일어났다 사라지는 이 윤회를 알아야 전생, 금생, 후생이라는 진짜 윤회를 제대로 이해하는 것입니다. 그래서 수행함으로써 정말 윤회의 무서움을 알고, 윤회에서 벗어나고 싶어집니다. 그 생각이 있을 때마다 수행에 마음을 모으면 머리 안 깎아도, 수계 안 받아도, 가사를 안 입어도 비구가 됩니다. 비구의 의미가 그런 것입니다.

그래서 부처님한테 와서 "제가 부처님께 와서 부처님 밑에 출가하겠습니다."라고 하면 무조건 해야 하는 말이 '반떼 삼사라 왓따둑카또 모짜낫타야 빱바잠 야짜미Bhante saṃsāra vaṭṭadukkhato mocanatthāya pabbajaṃ yācāmi'입니다. '반떼'는 '존귀하신 부처님', '삼사라'는 '윤회의', '왓따'는 '굴레', '둑카또'는 '고통에서', '모짜낫타야가 '벗어나기 위해', '빱바잠'은 '출가자의 삶을' '야짜미'가 '청합니다.' 이것들을 이어서 말해 보면, '존귀하신 부처님, 윤회의 굴레인 고통에서 벗어나기 위해 출가자가 되기를 청하오니 저에게 자비를 베푸셔서 출가자로 만들어 주십시오'라는 의미가 됩니다.

부처님의 율장에 의하면 출가자에게 계를 줄 때 부처님이 안 계실 때는 승가가 계를 주는데 한 사람이 개인적으로 계를 줄 수는 없습니다. 계사라는 것이 계를 주는 한 사람을 의미하지 않습니다. 계는 승가가 주는 것으로 네 사람 이상이 되어야 승가라고 말합니다.

승가의 가치는 네 가지 도와 네 가지 과에 있습니다. 그 네 가지 도를 깨치고 해탈을 본 사람이 승가입니다. 승가에 대한 정의가 확실해야 출가해서 내가 어떤 승가가 돼야 하는지도 확실해질 수 있습니다.

그 승가가 번뇌를 고문하는 방식이 바로 부처님의 법이고 팔정도를 수행하는 것입니다. 팔정도를 실행하는 것 자체가 번뇌를 고문하는 것이고, 그것이 바로 부처님의 법을 실행하는 것입니다. 부처님의 제자로서 부처님의 법을 실천해야 하는 것이 출가자로서의 의무이고, 팔정도 수행을 하면서 항상 기쁘게 그 의무를 다해야 하는 것입니다.

어떤 때는 스님들의 마음이 힘들 때가 있습니다. 착한 신도들을 위해 출가자로서 자신이 무엇을 해줄 수 있겠는지에 대해 고민하기도 합니다. 사람의 마음이 다 비슷비슷합니다. 그래서 신도들을 돕겠다는 마음으로 여러 가지 일을 하면서 정작 해야 하는 일은 하지 못하고 하지 말아야 하는 일을 계속 하게 되는 경우도 있을 수 있습니다. 그러나 비구로서 신도한테 은혜를 갚고 싶다면 빨리 깨닫는 수밖에 없습니다. 내가 깨닫고 깨달아서 그것을 사람들과 나눌 수 있으면 그것만큼 가치 있는 것이 없고 그것이 바로 지혜입니다.

지혜! 신도들에게 돈을 벌어 준다 하여도 그것이 신도들의 행복을 보장할 수 없습니다. 신도들이 부부싸움 없이 잘 살도록 가르쳐도 그것이 그들의 행복을 보장해 주지 못합니다. 신도들의 아들딸을 내가 지켜줄 수 있다는 보장도 없습니다.

그런데 신도들한테 지혜를 주면 그것은 모든 것을 보장합니다. 참된 지혜가 있으면 그 사람은 돈이 있건 없건 행복합니다. 지혜가 있으면 세력이 있거나 없거나 행복합니다. 지혜가 있으면 지위가 높든 낮든 행복합니다.

반면에 지혜가 없으면 어떤 것을 갖고 있어도 행복할 수 없습니다. 대통령이 된다고 다 행복하겠습니까? 대통령은 밤에 잠도 제대로 못 잡니다. 자기 나라보다 잘 사는 나라의 대통령을 보면 기가 꺾이게 되어 있습니다. 자존심이 상할 수밖에 없습니다. 그건 어느 나라 대통령도 다 같습니다. 그게 사람 사는 세상의 일반적인 모습입니다. 항상 비교하면서 열등감이나 우월감으로 살게 되어 있습니다. 오직 지혜만이 그런 문제에서 벗어날 수 있게 해 줍니다.

따라서 출가자로서 신도들에게 은혜를 갚고 싶으면 계·정·혜를 본인이 실천하고 계·정·혜를 바르게 전달하는 것이 은혜를 갚는 최고의 길입니다. 사람들로 하여금 이 계·정·혜에 관심을 갖게 하고, 바르게 알고 이해할 수 있도록 돕고, 몸소 실천할 수 있도록 안내하는 것이 비구 비구니의 의무이고 그렇게 살 때라야 비로소 승가다운 승가가 되는 것입니다. 이렇게 승가의 바른 의미와 해야 할 일을 알고 부처님의 가르침, 팔정도 수행을 열심히 하여 모든 고통에서 벗어나 닙바나를 성취하길 기원합니다.

사두, 사두, 사두.

Buddha sāsanaṃ ciraṃ tiṭṭhatu (3번)
붇다사사낭 찌랑 띳타뚜

부처님의 가르침이 오래오래 머무소서.

사두, 사두, 사두.

다섯째 날

삼보의
공덕

부처님의 공덕

지금까지 삼보와 위빳사나의 정확한 개념, 그리고 서로의 관련성에 관하여 알아보았습니다. 부처님과 부처님의 가르침, 승가의 정확한 의미가 무엇인지, 그리고 그 삼보가 서로 어떻게 연관되는지도 이해하셨으리라고 생각합니다.

이어서 불·법·승의 공덕이 무엇인가를 알아보려고 합니다.

부처님, 즉 불보의 공덕은 아홉 가지가 있습니다. 부처님의 공덕은 맹목적으로 믿어야 하는 것이 아니고 종교에 국한되는 것도 아니어서 인류의 보편적인 가치관 같은 것으로 볼 수 있습니다.

부처님의 첫 번째 공덕이 아라한araham입니다.

모든 번뇌에서 완전히 벗어나 마음에 하나도 때가 묻어 있지 않은 사람, 그래서 모든 이로부터 온갖 공양과 예경을 받으실 만한 분이어서 아라한입니다.

모든 이들은 착하고 도덕성이 좋으며, 다른 사람을 배려하고 다른 사람의 이익을 위해 노력하는 사람을 좋아할 것이고, 이런 사람은 종교나 국적에 관계없이 모든 이로부터 존경을 받을 것입니다. 아라한이란 바로 이런 분입니다.

두 번째 공덕은 삼마삼붓도sammāsambuddho입니다. 사성제 진리 모든 법을 올바르게 스스로 깨달으신 분이라 삼마삼붓도입니다.

진리는 법칙과 같은 것이어서 누가 만들어 내는 것이 아니라 본래부터 있던 것입니다. 그런 진리를 확실하고 완벽하게, 누구한테 배워서가 아니라 스스로 발견하여 깨달은 자가 있다면 그 사람은 진정으로 위대한 사람이라고 할 수 있습니다.

과학자 아인슈타인도 세계적으로 매우 훌륭한 인물로 인정받고 있습니다. 그가 발견한 이론으로 인류가 크게 발전한 면이 분명히 많을 것입니다. 그렇지만 그의 이론을 바탕으로 만들어진 핵무기로 많은 사람이 죽었고, 핵은 여전히 인류의 위협이 되고 있습니다. 그러므로 이런 이론은 모든 인류를 행복하게 해 주는 완벽한 진리라고 말하기 어려울 것입니다.

부처님이 찾아낸 진리는 이와 달라서 부처님의 가르침을 만나 바르게 실천한 모든 사람이 행복해졌습니다. 고통으로 울부짖으며 정신을 잃었던 사람들이 제정신을 차릴 수 있었고, 좌절하여 인생을 포기하려다가 내면적으로 크게 변화하여 가치 있는 삶을 살아간 사람들이 헤아릴 수 없을 정도로 많고, 그런 변화는 지금도 여전히 계속되고 있습니다. 이렇게 부처님의 가르침은 사람들을 예외 없이 고통에서 행복으로 이끌어 줍니다. 그런 완벽한 진리를 스스로 깨우치신 분이 삼마삼붓도의 의미입니다.

부처님의 공덕을 알고 계속 마음속으로 반복하면 '붓다눗사띠 buddhānussati'라는 사마타 수행이 됩니다. '붓다'는 '부처님'을, '아누'

가 '반복해서', '사띠'는 '기억함'이라는 뜻이지요. '부처님이 이런 분이다'라는 부처님의 공덕을 대상으로 하여 아라한, 아라한, 아라한……, 삼마삼붓도, 삼마삼붓도, 삼마삼붓도……, 하고 반복하는 수행을 하는 것입니다. 그렇게 수행할 때 숫자와 의식에 너무 치우치지 말고 부처님의 공덕을 깊이 사모하는 마음으로 하는 것이 올바른 수행법입니다. 숫자 108이나 천 번이나 만 번이 중요한 것이 아니고 부처님의 깨끗한 마음, 그 분의 공덕을 내가 얼마나 느끼면서 하는가가 중요하다는 뜻입니다.

한국에서 많이 하는 것이 '나모 석가모니불'인데 그것이 무슨 뜻인지 모르고 그냥 하는 사람들이 많습니다. '나모'가 뭔지, '석가모니'가 뭔지, '불'이 뭔지 모른 채 그냥 입으로 부르기만 합니다. '나모'는 '절합니다'라는 뜻으로, 인도에 가면 인사말이 지금도 '나마스떼'입니다. '당신을 존경합니다.'라는 의미의 인사말이지요. 한국의 '석가'는 '샤카'라는 부처님의 민족을 가리키는 말입니다. 인도의 소수 민족인 석가족에서 태어난 사람이라는 뜻입니다. '모니' 즉 '무니'는 출가자 또는 '붓다'라는 의미입니다. 그러니 '나모 석가모니불'이란 '석가족에서 출가하신 부처님께 절합니다'라는 의미입니다. 부처님이 사성제를 깨달은 분임을 알고 절을 하면 그 절의 가치가 더욱 커집니다.

세 번째 공덕은 윗자짜라나삼빤노vijjācaraṇasampanno입니다.

지혜와 수행이 완벽하신 분이어서 윗자짜라나삼빤노입니다. '윗자'는 '지혜, 아는 것'이라는 뜻이고, '짜라나'는 '실천수행', 그리고 '삼빤노'는 '완벽한 자'라는 의미가 있습니다.

'윗자'라고 하는 지혜에 여덟 가지가 있는데 그 중 핵심적인 것

세 가지를 보자면 첫째가 신통력입니다. 부처님께서 깨달으신 날 저녁 무렵 명상을 하시면서 전생을 보는 신통지(pubbenivāsa ñāṇa)를 얻으셨습니다. 업과 과보를 모두 아시고 전생과 후생을 빠짐없이 보는 눈을 갖게 된 것입니다. 그 다음의 신통지는 죽음과 다시 태어남(재생)을 아는 지혜인 천안통(dibbacakkhu ñāṇa/cūtūpapāta ñāṇa)으로 어떤 중생이 어디에서 죽어서 다음 생에 어디에서 무엇으로 태어나는지, 그리고 태어날 때 무슨 업의 과보로 태어나는지를 다 볼 수 있는 지혜입니다. 세 번째는 일체 오욕락에 대한 욕심과 생에 대한 욕심이 사라지고, 모든 사견도 없어지고, 어떤 어리석음도 남지 않고 사라지는 아라한의 도지혜(arahatta magga)입니다.

'짜라나' 즉 부처님께서 실천수행하신 것으로 15가지가 있습니다. 그 수행 대상을 보자면 지식, 지혜, 신심, 노력, 알아차림, 선업을 못하거나 불선업을 하는 것에 대한 부끄러움, 선업을 못한 것이나 불선업을 한 것에 대한 두려움, 음식 절제, 깨어 있음, 지계, 육근 청정, 네 가지 선정 등을 가리킵니다.

대부분의 사람들은 아는 것과 삶이 일치하지 않는다는 것을 우리는 알고 있습니다. 그리고 아는 것과 실천하는 것이 일치하는 사람은 다른 이들로부터 존경을 받습니다. 지행일치의 최고 경지에 이른 분이 부처님입니다. 부처님께서는 아는 것과 남을 가르치는 것을 스스로 빠짐없이 그대로 실천하신 공덕을 갖추신 분입니다.

네 번째 부처님의 공덕은 수가또sugato입니다. 모든 중생의 행복을 위해 아름답게 오셨다가 닙바나로 아름답게 가신 분이어서 수가또입니다.

부처님께서 열반하신 지 2557년째인데 아직도 사람들이 부처님을 늘 존경하고 그리워하며 그 마음을 불상에 새겨 모십니다. 잘 모르는 사람들은 불자들이 우상을 숭배한다고 비판하지만 그것은 그 의미를 제대로 모르기 때문에 하는 말입니다. 사람들은 돌이나 금이나 나무로 만든 형상에 절을 하는 것이 아니고 부처님께서 이 세상에 오신 것이 중생들의 행복을 위한 것임을 알고 그것에 지극히 감사하는 마음으로 부처님을 기억하는 것입니다.

불자佛子를 세 부류로 나눠 보면 부모님이 불자라서 저절로 불자가 된 소위 '전통 불자'들이 있습니다. 그리고 '신심 불자'라고 이름 붙일 수 있는 사람들이 있는데 부처님에 대해 잘 모르고 무조건 부처님이 최고라고 하는 사람들입니다.

이들과는 달리 부처님이 어떤 분인지 명확하게 알면서 믿고 따르는 '지혜 불자'라고 할 수 있는 사람들이 있습니다. 이런 불자가 되어야 합니다. 그래야 부처님의 법을 바르게 전하고 지킬 수 있습니다. 인도네시아를 예로 들어 보겠습니다. 오래전에 인도네시아는 불교 국가였고 사람들의 신심이 매우 깊어서 지금도 남아 있는 불탑들의 규모가 어마어마합니다. 사람들도 아주 착했습니다. 그러나 그 깊은 신심에 견줄 만한 지혜가 부족하여 불교를 계속 지키지 못하고 지금은 세계에서 가장 이슬람 신도가 많은 이슬람 국가가 되었습니다. 지혜 불자가 얼마나 중요한지를 말해주는 역사적 사실입니다.

수가또의 또 다른 의미로는, '좋은 말만 하신 분'이라는 뜻이 있습니다. 사람들이 하는 말은 아주 다양하지만 내용으로 분류하면 대략 여섯 가지 정도입니다. 부처님께서는 그 말 중에서 네 가지 말을 피하고 두 가지 말만 하셨다는 뜻이 있습니다.

여섯 가지 말을 자세히 살펴보면, 첫째는 진실하고 올바르면서 이익이 있고 듣는 사람도 좋아하는 말로 이것이 최고의 말입니다. 이 좋은 말을 들으면 마음이 행복해지거나 지혜로워지고, 또 그 말대로 실천해서 돈이 생기거나 건강해지거나 다음 생까지 이익이 있어서 부처님께서 가장 많이 하신 말입니다.

두 번째 말은 진실하고 올바르며 이익이 있는데 듣는 사람은 싫어하는 말입니다. 우선 귀에는 거슬리지만 그 말을 듣는 사람에게 이익이 있는 말이 이에 해당합니다. 듣는 이가 싫어해도 어쩔 수 없이 그 말을 해야 하는 경우 부처님께서는 중생을 위해서 그 말을 하셨습니다.

경전에 전해지는 일화입니다. 뽓틸라Potthila라는 삼장법사가 있었습니다. 그는 자신이 삼장법사라는 자만심이 대단하여 어디 다닐 때는 항상 제자들 500명과 동행하며 유세를 떨었습니다. 어느 날 그 사람이 오자 부처님이 갑자기 "뜻사tussa 뽓틸라!"라고 말씀하셨습니다. 한국말로 하면 '쓸데없는 놈 뽓틸라!'라는 뜻입니다. 여러 사부대중 앞에서 거의 욕설에 가까운 말씀을 하신 것입니다. 그렇게 강한 말을 듣지 않고서는 그가 수행을 하겠다는 결심을 하도록 마음을 바꾸게 할 수가 없었기 때문입니다.

그의 수많은 제자들이 깨달음을 얻었지만 그들의 스승인 본인은 정작 깨닫지를 못했습니다. 가르치기만 할 뿐 자신은 수행을 하지 않았기 때문입니다.

"네가 아무리 경전을 많이 알고 강의를 잘 한다 해도 깨닫지 못하면 아무것도 아니다, 뜻사."

이 말을 듣고 너무 부끄러워서 정신을 차리고 열심히 수행을 한 뒤에 그는 아라한이 되었습니다. 당장 듣기 거북하고 힘들어도 듣는 이에게 진정으로 도움이 될 경우에는 부처님께서 그렇게 강한 말씀도 하셨습니다. 그것이 결국에는 이익이 되는 말이기 때문입니다.

이 두 가지가 부처님이 하신 말씀입니다.

부처님이 하지 않으신 나머지 네 가지 말은 이렇습니다. 즉 진실하지만 말을 해도 이익이 없고 듣는 사람이 좋아하는 말, 진실하지만 이익이 없고 듣는 사람이 싫어하는 말, 진실하지 않고 이익이 없으며 듣기에는 좋은 말, 진실하지 않고 이익도 없으며 듣는 사람도 싫어하는 말입니다.

그중 마지막 말이 가장 나쁜 말입니다. 사실도 아니고 누구에게도 이득이 없으면서 듣는 사람도 싫어하는 말이니 전혀 할 필요가 없는 말입니다. 그런 말을 한다면 지극히 어리석은 사람이라고 할 수 있겠지요. 그런데 그런 사람이 얼마나 많습니까.

지금까지의 부처님 공덕 네 가지를 모두 이어서 하면 아라한, 삼마삼붓도, 위짜짜라나삼빤노, 수가또입니다. 부처님께 절을 할 때 이 공덕을 마음에 새기면서 하면 그 절은 그냥 할 때와 비교할 수 없을 만큼 가치가 높아집니다. 지혜가 있는 공덕과 지혜가 없는 공덕의 차이가 이렇게 큽니다. 지혜가 얼마나 중요한지를 알 수 있겠지요.

부처님의 다섯 번째 공덕은 로까위두lokavidū입니다. '로까'는 '세상'을, '위두'는 '확실하게 아는 사람', 그러므로 부처님께서는 세상을 확실하게 잘 아시는 분입니다.

부처님 경전을 보면 부처님께서는 세상의 모든 일들에 대해 말씀하셨다는 것을 알 수 있습니다. 일상생활에서 무엇을 어떻게 하는 것이 옳은지를 빠짐없이 밝혀 놓으셨습니다. 돈 벌 때 어떻게 벌어야 하는지, 친구는 어떻게 사귀는지, 사람이 망가지는 이유는 무엇인지, 잘 살기 위해서는 무엇을 어떻게 해야 되는지 등등을 아주 구체적으로 말씀하셨습니다. 정치에 관한 이야기, 사회 전반에 대한 이야기, 가족 이야기, 공부 관련 이야기 등 다루지 않은 분야가 없을 정도입니다. 다만 최종적인 목적인 해탈이 가장 중요하기 때문에 그것에 대해 가장 많이 이야기를 하셨던 것입니다. 부처님의 가르침은 현실 생활과 동떨어진 것이 절대 아닙니다.

한 목사가 제게 와서 불교는 현실을 외면하고 해탈만 강조하는 게 아니냐고 말했습니다. 그래서 이렇게 대답했습니다.

"성경에 현실 관련 이야기가 얼마나 나오는지 분석해 보십시오. 성경을 공부함으로써 현실적으로 얻을 수 있는 이익이 얼마나 되는지 말씀해 보십시오."

그리고 『법구경』에 대한 이야기를 해주었습니다. 부처님께서 일반 대중과 함께 하시면서 있었던 수많은 일화가 담겨 있는 경전이 법구경입니다. 그 한 권만으로도 성경은 비교가 되지 않습니다.

나는 불교 국가인 미얀마에서 불자인 부모님 밑에서 태어났기 때문에 불자가 된 것이 아닙니다. 성경, 코란, 불교경전 등을 아주 많이 읽었고 비교분석하면서 참으로 부처님의 가르침이 가치가 커서 부처님을 믿고 따르는 것입니다. 여러분들도 열심히 경전을 읽어 보시면 그 사실을 확인하실 수 있을 것입니다.

'로까위두'라고 할 때 '로까'에는 삿따로까sattaloka, 오까사로까

okāsaloka, 상카라로까saṅkhāraloka 세 가지가 있습니다.

'삿따로까'는 중생의 세계를 말합니다. 지옥생, 축생, 귀신생, 아수라생, 인간생, 천신생, 범천생 등이 그에 속합니다. 그 중생의 세계를 부처님이 다 아십니다.

'오까사로까'는 공간계를 가리킵니다. 그 중생들이 살고 있는 세상인 이 지구뿐만 아니라 31천 모든 우주를 부처님께서 아셨습니다. 현대의 과학자들이 그 세계에 대해 아는 것은 얼마 되지 않습니다. 그런데 부처님께서는 2500여 년 전에 이미 아무런 기계의 도움도 없이 사람들이 살고 있는 지구 외에 다른 세계도 있다는 것을 알고 말씀하셨습니다.

'상카라로까'는 인과계를 뜻합니다. 원인과 결과 또는 상대적인 관계를 가리키는 말입니다.

이렇게 중생계, 공간계, 인과계의 모든 것을 아셨기 때문에 부처님의 공덕을 '로까위두'라고 하였습니다.

여섯 번째 공덕은 아눗따로 뿌리사담마사라티anuttro purisa-dammasārathi입니다. '아눗따로'는 '위없는 것, 최고의 것' 그런 의미입니다. '뿌리사'는 '남자 또는 인류'라는 뜻이고, '담마사라티'는 '착하게 함, 잔인한 사람을 아주 착한 사람으로 만들 수 있음' 그런 뜻입니다. 즉 인류를 교화하는 데 최고이신 분이 부처님이라는 뜻입니다. 물론 인류사에서 사람을 교화한 훌륭한 분들은 많이 있습니다. 그러나 중생들을 아라한이 되도록 이끈 분으로 부처님을 따라올 자는 아무도 없습니다.

부처님의 일곱 번째 공덕은 삿타 데와마눗사남satthā devamanussānaṃ입니다. '삿타'는 '선생님, 스승'의 뜻이고 '데와'는 '천신, 범천'의 뜻이며 '마눗사나'는 '인간'을 가리킵니다. 즉 부처님께서는 인간, 신, 범천 모든 이의 최고 스승이라는 의미입니다.

경전에 보면 부처님 살아 계실 때 범천이나 신들이 인간 세계에 왔다가 사람들과 이야기를 했다는 내용이 많이 있습니다. 일반적인 사람들도 근거 없는 거짓말을 한다는 것은 쉽지 않습니다. 아무리 부처님을 믿었다 할지라도 사실이 아닌데 무턱대고 '부처님이 이러이러하다고 하셨다'라고 말한다는 것은 상식적으로 이해하기 어려운 일입니다. 하물며 부처님의 제자들인 사리불 존자, 목련 존자, 아난 존자 등이 얼마나 정직한 분들입니까. 그런 분들이 사실과 어긋난 말을 하였을 거라고는 도저히 상상할 수 없습니다.

여덟 번째 공덕은 붓도buddho입니다. '붓도'는 '사성제를 아시고 남들도 사성제를 알고 깨달을 수 있게 하실 수 있는 분'이라는 뜻입니다.

마지막 아홉 번째 부처님의 공덕은 바가와bhagavā입니다. '바가와'는 '위대하신 부처님, 거룩하신 부처님, 모든 공덕을 갖추신 분'이라는 뜻입니다.

부처님을 가리키는 이름으로는 따타가따, 바가와, 붓도를 많이 씁니다. 부처님께서는 스스로를 지칭할 때 '따타가따'를 많이 쓰셨고, 여러 사람들이 부처님을 부를 때의 호칭은 주로 '바가와'와 '붓다'였습니다.

부처님의 공덕 9가지를 모두 불러보겠습니다.

itipi so bhagavā arahaṃ sammāsambuddho

vijjācaraṇasampanno sugato lokavidū anuttaro
purisadammasārathi satthā devamanussānaṃ buddho bhagavā
아라한, 삼마삼붓도, 윗자짜라나삼빤노, 수가또, 로까위두, 아눗
따로뿌리사담마사라티, 삿타데와마눗사남, 붓도, 바가와.

　불·법·승 삼보의 공덕을 말할 때 삼보인 3, 부처님의 공덕 9가
지, 법의 공덕 6가지, 승가의 공덕 9가지를 합쳐서 3, 9, 6, 9로 많
이 표현합니다.

법보의 공덕

1) 여섯 가지 법보의 공덕

이어서 법보의 여섯 가지 공덕을 알아보겠습니다.

법보의 공덕 첫 번째는 스왁카또svākkhāto입니다.

부처님의 법은 네 가지 도, 네 가지 과, 닙바나와 경전 이렇게 열 가지입니다. 네 가지 도란, 수다원도 사다함도 아나함도 아라한도를 이르며, 네 가지 과란, 수다원과 사다함과 아나함과 아라한과를 가리킵니다. 앞에서 설명한 바와 같이 경전은 엄밀히 말하면 법 자체라기보다는 법을 설명한 것입니다.

이 고귀한 열 가지 법은 듣기만 해도 모든 걱정과 근심이 사라져 고요해지고, 이 법이 가르치는 대로 실천하면 행복해지며, 깨달음을 얻어 해탈을 성취할 수 있도록 부처님께서 가르치신 것입니다.

부처님께서는 "법을 봐야 나를 본다."라고 말씀하셨습니다. 이 말씀을 하시게 된 계기가 있습니다. 부처님의 외모에 너무 애착 집착했던 왁깔리Vakkali라는 스님이 있었어요. 부잣집 아들이었던 그는 부처님 법문을 들은 후 아름다운 부처님의 모습을 바라보는 것이 너무나도 좋아 출가하였는데, 수행은 하지 않고 만날 부처님을 졸졸 따라다니면서 법문만 들었습니다. 그러던 어느 날 안거 들어가기 전에 부처님이 갑자기 왁깔리를 부르시고는 "여기서 안거하지 마라!"라고 명령하셨습니다. 안거가 3개월 정도인데 부처님 곁을 떠나라고 명하셨으니 안거 끝날 때까지 그 스님이 부처님을 볼 수가 없게 된 것입니다.

부처님께서는 왁깔리에게 수행을 해야 한다고 여러 번 일러 주셨지만 따르지 않자 피와 내장, 심장이나 폐, 뼈, 고름, 대변 소변 등 더러운 것이 꽉 차 있는 이 몸만 보고 있으면 무엇 하겠느냐고 야단을 치신 것입니다. 그렇게 왁깔리를 내치시면서 그 스님에게 해 주신 법문이 바로 '법을 봐야 나를 본다'입니다.

부처님을 좋아하지 않고 불자가 아닌 사람도 부처님의 법을 직접 실천해 보면 부처님이 어떤 분인가를 이해할 수 있습니다. 스스로 불자라고 말하면서도 법을 실천 수행하지 않으면 결코 부처님을 볼 수 없습니다. 그러므로 불자냐 아니냐가 중요한 것이 아니라, 불법을 지키느냐 아니냐가 참으로 중요한 것입니다.

사실 이 법은 종교나 국적과 상관이 없는 진리 그 자체입니다. 그리고 그 바른 법, 진리를 스스로 수행하여 깨닫게 되었을 때 그것을 자신에게 전달해 준 사람에게 진심으로 감사하는 마음이 우러나게 됩니다.

Svākkhāto bhagavatā dhammo. '스왁카또svākkhāto'라는 단어는

'수su'와 '악카또akkhāto'의 합성어입니다. '수'는 '잘'이라는 의미이고 '악카또'는 '가르치다, 말하다'의 의미입니다. 그러므로 '부처님의 법은 아주 좋은 가르침이다, 부처님께서 아주 좋은 가르침을 잘 설하셨다'라는 뜻입니다.

그러면 좋은 가르침이란 무엇인가.

모든 종교는 자기들의 가르침이 최고라고 주장합니다. 힌두교, 기독교, 이슬람교 등 모든 종교의 주장이 그렇습니다. 그러나 직접 공부해 보면 그 가르침에 얼마나 문제가 많은지 알 수 있습니다. 예를 들어 이슬람교 교리를 깊이 들여다보면 이슬람교를 올바른 종교라고 하기는 어렵습니다. 왜냐하면 '남을 죽이라'고 가르치고 있는데 이런 가르침에 종교의 자격이 있을 수는 없기 때문입니다. 이슬람교의 교주인 마호메트Muhammad와 그의 제자들은 한 여인이 화를 냈다는 이유로 그녀가 살아 있는 상태에서 끔찍하게 죽입니다. 종교인이 '살인'을 가르친다면 그것은 결코 진정한 종교인이라고 할 수 없습니다. 그들은 그렇게 확실히 틀린 것을, 사람으로서 가르치면 안 되는 것들을 어린 아이들한테 가르칩니다. 아이들은 아주 어릴 때부터 이슬람교 사원에 의무적으로 가야 하고, 그 사원에서는 자신들의 교리를 받아들이지 않는 사람들을 증오하고 죽여야 한다고 가르칩니다.

또한 이슬람교도들은 이미 죽은 동물을 시장에서 사와서 먹으면 안 되고 살아 있는 것을 갖고 와서 직접 목을 잘라 피를 뺀 것을 먹어야 한다고 하여 어릴 때부터 동물 죽이는 것을 아이들에게 보여주면서 가르칩니다. 그래서 아이들은 어릴 때부터 어른들이 닭, 양, 소 등을 죽이는 것을 직접 보면서 자라납니다. 이슬람교도들의 축제인 이드id라는 날에는 엄청난 숫자의 소들의 목이 잘립니다. 그들은 동물을 죽일 때도 목을 잘라 죽이는데 그 이유가 동물이 죽을 때 고통스럽지 않게 돕기 위한 것이라고 말합니다. 사람을 죽일 때도 이렇게 목을 잘라 죽입니다.

사견은 그렇게 무서운 것입니다. 이렇게 잘못된 가르침을 주장하는 이슬람 세력이 점점 강력해지면서 많은 문제점들이 생기고, 몇몇 나라에서는 정치적으로 이슬람 세력을 거부하려 하지만 이미 워낙 힘이 강해져 있기 때문에 정치인이 개인적으로 반대한다고 문제가 해결될 수 있는 상황이 아닙니다.

부처님의 가르침에는 그런 미움과 증오를 부추기는 것이 전혀 없이 오직 지혜와 선한 마음을 강조하고 그런 것을 가르칩니다. 스왁카또svākkhāto란 '그릇된 것이 없이 아주 좋은 가르침'이라는 뜻입니다.

좋은 가르침인지 아닌지는 가르침대로 실천했을 때의 결과를 보고 판단할 수 있습니다. 가르침과 그것을 실천한 결과가 같으면 좋은 가르침이고, 가르침과 결과가 각각이면 좋은 가르침이 아닙니다. 부처님의 법인 계·정·혜를 닦으면 우리가 갖고 있는 번뇌가 사라지고, 번뇌가 사라지면 지혜로워지면서 행복해진다는 것을 우리가 수행해 보면 지금 여기에서 확인할 수 있습니다. 불교는 지금 수행한 결과를 다음 생에서 받는다고 가르치지 않습니다. 지금 우리가 직접 수행해 보면 수행 안 할 때와 수행할 때가 얼마나 다릅니까. 내가 정定이 좋아지는 만큼 내 마음이 달라지는 것을 스스로 확인할 수 있습니다. 어느 나라 사람이든 어느 종교를 믿는 사람이든, 계·정·혜를 닦으면 청정해지는 것을 스스로 확인할 수 있습니다. 각자가 얻는 이익의 크고 작음에 차이가 나는 것은 수행의 정도에 차이가 있기 때문입니다. 한 달 하면 한 달 한 만큼 되고, 두 달 하면 두 달 한 만큼 되며, 완벽하게 하면 완벽하게 될 거라고 믿을 수 있는 만큼 이 법은 논리적 합리적이고, 실제로 이 법을 실천함으로써 많은 사람들이 달라지고 있고, 깨달음을 성취한 사람들도 적지 않습니다.

객관적으로 분석하여 비교해 보아도 불교의 가르침만큼 완벽한 종교는 없습니다. 출세간법뿐만 아니고 세간법도 그 범위가 방대하고 특별하며 완벽합니다. 예를 들면 부모의 역할, 아들딸의 역할, 회사 사장님과 직원의 역할, 스승과 제자의 역할 등등 세속적인 일을 이야기할 때도 빠짐없이 상세하고 완벽합니다. 다른 종교의 가르침에도 말이 아름답고 좋은 구절이 있지만 이렇게 포괄적이고 구체적이며 확실한, 심리적으로 완벽하게 분석이 가능한 가르침은 결코 없습니다.

부처님의 가르침을 얼마나 공부하느냐에 따라 그 느낌이 다를 수 있는데, 많이 알면 알수록 불법의 첫 번째 공덕인 스와카또의 의미를 깊이 깨달을 수 있습니다.

또한 우리의 믿음대로가 아니라 우리가 마음 쓰는 대로, 말 하는 대로, 몸을 쓰는 대로 그 결과가 온다는 것, 즉 자신의 힘을 좋게 쓰면 좋은 방향으로 가게 되어 있고, 그 힘들을 완전히 소멸시키면 그 힘이 행사를 못하기 때문에 다시 업보를 받을 필요가 없어진다는 것도 아주 논리적이고 합리적인 부처님의 가르침인 법입니다. 스와카또는 그 의미입니다.

네 가지 도와 네 가지 과도 뚜렷한 길이 있습니다. 그 도과를 얻게 되면 사람이 어떻게 변하는지도 분명히 밝혀 놓았고, 그 가르침을 따라 사는 사람들이 확실하게 변하는 것을 수행을 함으로써 확인할 수 있습니다. 완전한 깨달음이 아니어도 지혜를 계발한 만큼 심리변화가 오고 인간이 성장한다는 것을 본인이 수행함으로써 검증할 수 있습니다. 수행자 자신이 스스로 검증할 수 있는 법이 부처님의 가르침이고 이것이 또한 스와카또의 의미입니다.

법보의 두 번째 공덕은 산딧티꼬sandiṭṭhiko입니다. 즉 부처님의 법은 누구든지 법을 따라 바르게 실천하면 그것이 진리임을 스스로 분명히 확인하여 알 수 있는 것입니다.

산딧티까sandiṭṭhika라는 말은 '내가 직접 내 눈으로 똑똑히 보았다'라는 뜻입니다. 부처님의 가르침은 듣고 거기서 그냥 끝나는 것이 아니라 본인이 스스로 실천하고 검증하여 확인할 수 있는 것이고, 다음 생이 아니라 지금 여기에서 자신이 하는 만큼 바로바로 그 결과를 확인할 수 있는 것입니다. sandiṭṭhika의 'ika'는 '있다', 'diṭṭha'는 '보는 것'입니다. 그래서 부처님의 가르침은 sandiṭṭhika이며 이것도 공덕 중 하나입니다.

세 번째 공덕은 아깔리꼬akāliko입니다. 네 가지 도를 깨달으면 시차를 두지 않고 곧바로 이어서 네 가지 과를 얻을 수 있는 공덕이 있다는 의미입니다.

'깔라kāla'라는 것이 '시간'을 말하는 거예요. 깔리까kālika는 시간이 어느 정도 있는 것이고, 아깔리까akālika는 시간이 없다는 말인데 이때 시간이 없다는 것은 지금 내가 원인을 짓고 있는데 결과는 한참 뒤에 오는 게 아니라 바로 지금, 즉 원인 뒤에 바로 결과가 나타난다는 뜻으로 이것은 특히 도지혜와 과지혜를 말하는 것입니다. 여러분들이 수다원의 도를 깨치면 수다원의 도가 원인입니다. 도 다음에 바로 과마음이 와서 도와 과 사이에 시차가 없습니다. 마찬가지로 사다함도 다음에 바로 사다함과가 따라옵니다. 이것이 아깔리꼬의 의미입니다. 네 가지 도, 네 가지 과, 해탈이 법인데 그 법이 아깔리꼬예요. 도를 얻고 나서 한참 있다가 과가 오는 게 아니고 시차 없이 도 다음 바로 과라서 아깔리꼬입니다.

네 번째 공덕은 에히빳시꼬ehipassiko입니다.

부처님의 법은 보름날의 달처럼 분명하게 나타나기 때문에 '와서 보시오'라고 충분히 초대할 만한 공덕을 갖추고 있습니다.

부처님의 가르침은 좋은 가르침이고, 본인이 하는 만큼 바로 그 결과를 알 수 있는 것이고, 도와 과는 시차가 없는 것이고, 그러므로 이 법은 '와서 보세요!'라고 초청할 만한 것입니다. '에히ehi'는 '오세요', '빳시꼬passiko'가 '보세요'라는 말입니다. 아주 좋고 확실하기 때문에 누구한테든지 추천해줄 만한 것이니 와서 보세요, 무조건 믿으라는 것이 아니고 와서 해보세요, 해보면 당신이 알 것입니다, 이런 의미입니다. 부처님의 법은 그런 법입니다. 그냥 무조건 믿으라고 하지 않습니다. 질문은 하지 마라, 생각도 하지 말고 그냥 무조건 믿어야 한다고 주장하는 것은 사실 그것이 원래부터 맞지 않는 것이기 때문입니다. 그 가르침이 확실히 옳은 거라면 어떤 질문에도 답할 수 있어야 하고, 어떤 생각을 해도 문제 될 것이 없어야 합니다. 맞지 않으니 따져 묻는 것을 못 받아들이고, 생각하는 것을 허락하지 못하고, 생각하면 죄가 된다고 말합니다. 그런 가르침과 부처님의 가르침은 전혀 다른 것입니다. 부처님 가르침은 에히빳시꼬, 와서 보세요, 그런 의미입니다.

다섯 번째 공덕은 오빠나이꼬opanayiko입니다.

부처님의 법 네 단계 중 첫 단계인 수다원도만 깨달아도 사악처에 떨어지지 않으므로 머리카락과 옷에 붙은 불을 끄는 것보다도 먼저 해야 할 가장 시급한 일이 수행입니다.

'나이까nayika'라는 것이 '갖고 다니다, 들고 다니다, 데리고 살다' 그런 의미입니다. 그리고 처음에는 '우빠나이까upanayika'였는데 변해서 '오빠나이까opanayika'가 되었습니다. 이때 갖고 다닌다는 말이 휴대폰을 늘 들고 다니는 것처럼 항상 부처님의 법을 아주 가까이한다는 말로 '우빠upa'가 '가까이, 아주 가까이 갖고 다녀야 하는 것'이라는 말입니다. 왜 그런가? 부처님의 법이 내 마음속에 한 번만 나타나도 사악처에 떨어지는 일이 없어집니다. 그러니 이 법보다 더 귀한 것이 어디 있겠어요? 우리가 늘 몸 가까이 소지하고 다니는 것은 귀하다, 꼭 필요하다고 생각하는 것이기 때문입니다. 사람도 그렇고 사물도 마찬가지인데, 내 가까이에 두는 사람은 내가 좋아하고 나한테 유익하고 나에게 무언가가 좋기 때문에 가까이하는 것이고 사물도 마찬가지입니다.

이와 같이 부처님의 법도 가까이 둬야 합니다. 그래서 지금 수행자분들이 하는 것처럼 아침에 일어날 때부터 밤에 잘 때까지 부처님의 법을 계속 가까이하고 있는 것이 아주 큰 공덕입니다. 그렇게 함으로써 어느 순간 수다원의 도를 깨우치면 그 어떤 다른 것으로는 해결할 수 없는 문제를 해결할 수 있게 됩니다. 그래서 부처님께서는 머리카락에 불이 났을 때 불을 끄는 게 가장 시급하고 가슴을 창에 찔렸을 때 그 창을 빼는 것이 가장 시급한데, 그것보다도 더 시급하게 수행을 해야 한다고 말씀하셨습니다. 수행하는 것이 그 정도로 중요하다, 오빠나이까opanayika가 그런 의미입니다. 법이 그렇게 좋기 때문에 다른 어떤 일보다 최우선으로, 제일 빨리 해야 하는 것이 이 수행이라는 말입니다.

마지막 여섯 번째 공덕은 빠짯땅 웨디땁보 윈뉴히paccattaṃ veditabbo viññūhī입니다. 즉 부처님의 이 고귀한 법은 사성제를 깨달으신 지혜로운 성인들이 각자 알아서 누리는 것입니다.

'윈뉴히'는 '지혜로운 자들'이라는 의미입니다. 지혜로운 자들이란 사실은 성인들을 가리킵니다. 깨달아 아는 자, 지혜로운 자들이 윈뉴히입니다. 여기에서 '안다'는 것은 사성제를 안다는 뜻입니다. 진리를 아시는 위대한 분들이 윈뉴히입니다.

'빠짯땅'은 깨달으신 분들 각자가 따로 누린다는 뜻입니다. '웨디땁보'는 '알고 있다'는 의미입니다. 그래서 부처님의 법은 깨달은 것을 남들과 같이 누려야 하는 게 아니고, 내가 깨달았다면 그것은 오직 내가 누리는 나의 해탈입니다. 다시 말하면 부처님의 해탈을 사리불하고 같이 나눠서 누릴 필요가 없고, 부처님께서는 부처님의 과선정에 들어가서 해탈을 알고 누리고, 사리불도 사리불의 과선정에 들어가서 해탈을 알고 누리고, 목련 존자도 목련 존자의 과선정에서 자기 해탈을 알고 누린다는 말입니다. 그래서 부처님, 아라한 등 모든 성인이 각각 알고 누리는 것입니다. 물론 범부들은 법을 모르고 해탈도 모르기 때문에 누릴 수가 없는 것입니다. 진정한 법, 도와 과, 해탈이 진짜 법이고 그 법은 깨달은 자들만이 각각 자기의 법을 자기가 언제든지 누릴 수 있는 것입니다. 열반하면 완전 해탈이고, 열반하기 전에도 자기의 해탈을 다른 사람하고 나누는 게 아니고, 자기 해탈을 자기가 각각 알고 누리는 것이 바로 빠짯당 웨디땁보 원뉴히입니다. 원뉴히는 성인들, 빠짯당은 각각, 웨디땁보는 알아 누리는 것이 부처님의 법 공덕이라는 말입니다.

올바른 불자로서 불법을 바르게 실천 수행하기 위해서는 삼보의 정의를 바로 알아야 하고, 위빳사나 수행 방법을 정확히 알아야 제대로 수행할 수 있다는 것을 반복하여 강조하고 있습니다.

2) 올바른 관점의 중요성

'요니소마나시까라yonisomanasikāra, 아요니소마나시까라ayoniso-manasikāra'라는 말이 있습니다. '요니소마나시까라'는 요니소, 마나시, 까라, 단어 세 가지가 합쳐진 합성어입니다.

'요니소'는 '올바르게', '마나시'는 '마음에서', '까라'는 '한다'라는 뜻으로 문장으로 이으면 '올바른 마음으로 한다, 어떤 것을 할 때 올바른 마음을 지니고 그것을 한다.'라는 의미가 됩니다. 여기서 '올바르다'라는 말은 어떤 행위를 할 때의 이유가 옳고 정당하다는 말입니다. 그렇게 할 때 선업이 되는 것입니다.

그 반대 의미가 '아요니소마나시까라'입니다. 이것은 자신의 행위가 선업이냐 불선업이냐를 따지는 기준이 됩니다. 예를 들어 음식을 먹을 때 '이것을 먹고 신나게 놀아야겠다, 잠이나 자야겠다.' 하는 것과 '수행하기 위해서, 공부하기 위해서, 단지 배고프지 않기 위해서, 굶어죽지 않기 위해서, 부처님의 가르침을 공부하기 위해서……' 하는 마음으로 음식을 먹는 것은 이유나 목적이 크게 다릅니다. 전자는 '아요니소마나시까라'이고 후자는 '요니소마나시까라'라고 할 수 있겠지요.

예뻐지기 위해서나 남들에게 뭔가 있어 보이기 위해서 옷을 입는 것과 부끄러운 것을 가리고, 모기나 몸을 해칠 수 있는 여러 가지 벌레들로부터 해를 막기 위해서, 더울 때 시원하고 추울 때 따뜻하기 위해서 즉 기후의 불편과 고통, 해충 같은 것으로부터의 침해 등을 막기 위해서 옷을 입는 것은 그 의도 자체가 다릅니다.

건물을 사용할 때도 날씨가 더울 때는 시원하게, 추울 때는 따뜻하게 지낼 수 있고, 바람을 맞지 않고, 여러 가지 벌레들의 위험을 막는다는 마음으로 하면 선업이 됩니다. 약을 먹을 때도 이와 같이 올바른 생각으로 먹으면 선업이 되겠지요.

비구 계율에도 이와 관련된 비구의 필수용품 수용 방법 네 가지가 있는데 먹을 때, 입을 때, 절(사원)을 사용할 때, 약을 먹을 때마다 이와 같이 '요니소마나시까라' 마음으로 해야 합니다.

의문意門에서 마음이 대상을 인식하는 일을 할 수 있도록, 마음을 대상으로 향하게 하는 마음을 의문전향이라고 합니다. 그 의문전향의 마음은 원래 선이나 악이 아니고 오직 작용만 하는 마음입니다. 그런데 그 마음인 의문전향이 '요니소마나시까라' 혹은 '아요니소마나시까라'의 역할을 하면 그에 따라서 선업의 마음이 되거나 악업의 마음이 됩니다.

삼보의 정의와 개념이 분명하고 '요니소마나시까라'가 확고하면 결정력이 생깁니다. 그렇게 되었을 때라야 어떤 상황에서도 마음이 흔들리지 않고 의심이 일어나지 않아 선업을 지을 수가 있습니다. 상황이나 일에 대한 올바른 관점은 복을 짓는 중요한 요소 중의 하나입니다. 삶에 대한 철학이 분명하고 바람직한 가치관이 형성되었을 때 지혜로운 삶을 영위할 수 있습니다.

자신이 어떤 가치관과 인생관을 지니느냐에 따라 일어나는 마음가짐이 매 순간 다를 수 있고, 그에 따라 선업이 될 수도 있고 악업이 될 수도 있습니다.

선업을 짓는 법 중 하나가 딧티주깜마diṭṭhijukamma입니다. 이 말은 '딧티·우주*·깜마'라는 세 단어의 합성어인데, '딧티'는 '견해(view)·관점', '우주'가 '바로잡는', '깜마'는 '일'이라는 의미가 있습니다. 그러므로 '관점을 올바르게 하는 일' 즉 '요니소마나시까라'가 되게 하는 것이 복을 짓는 방법이라는 의미입니다.

3) 선업을 짓는 방법

선업을 짓는 방법에는 다음 열 가지가 있습니다.

첫 번째가 다나dāna, 보시이고 두 번째는 실라sīla, 계율이며 세 번째는 바와나bhāvanā 즉 수행입니다. 마음을 착하게 만들고, 착한 마음을 계속 반복해서 많이 모으는 것이 바와나입니다. 그러니 자애와 연민심을 베푸는 것, 석가모니불을 암송하는 것, 마음속으로 선한 마음을 새기면서 절하는 것 등도 모두 바와나에 속합니다.

네 번째는 아빠짜야나apacāyana인데 이것은 자기보다 나이가 많

---

* 우주uju: 똑바른, 일직선의; 정직한, 솔직한; 바른의 뜻.
  diṭṭhi와 합성되면서 앞의 'u'가 탈락되어 ju로 되었음.

거나 지위가 높거나 인품이 훌륭한 사람한테 예를 갖추어 존경을 표하는 공경심을 의미합니다. 이것은 하심下心이 되었을 때, 자만심을 줄였을 때 할 수 있는 일입니다. 몸과 말에 공손하고 겸손하게 예를 갖추는 것이 선업을 짓는 법입니다.

다섯 번째는 웨이야왓짜veyyāvacca인데 이것은 좋은 말로 남을 돕고 좋은 일에 내 몸을 쓰는 봉사하는 삶을 의미합니다. 길 모르는 이에게 길을 안내하고, 임종을 앞둔 사람한테 가서 좋은 말 해주어서 평화로운 마음으로 죽을 수 있게 도와주는 것도 말로 봉사하는 일입니다. 이렇게 몸으로 입으로 좋은 일을 하면서 복을 짓는 것이 웨이야왓짜입니다. 지금 우리 수행처에도 봉사하는 사람들이 있기 때문에 어려움 없이 수행할 수가 있는 것입니다. 아무리 돈이 있고 공간이 준비되었다 할지라도 봉사하는 사람이 없으면 이렇게 편안히 수행할 수 없습니다. 이곳의 여러분들께서 하고 있는 봉사도 아주 좋은 선업 공덕입니다.

사리불 존자도 봉사를 많이 하셨습니다. 사리불은 사원의 다른 스님들이 모두 탁발을 나간 뒤에 절에 남아 절 구석구석을 돌며 청소와 정리정돈을 한 뒤에 늘 맨 마지막으로 절 문을 나섰습니다. 서둘러 떠난 사람들의 뒤로는 많은 것들이 흩어져 있었는데, 나이 어린 스님들이 가사를 제대로 정리하지 않고 아무렇게나 던져두고 가기도 하고, 함부로 버려진 쓰레기도 있고, 화장실도 더럽혀져 있곤 했지요. 어질러진 물건들을 제자리에 놓고, 그 자리를 청소하고, 빈 항아리에 물을 채우는 등으로 절을 다 정리한 뒤에야 탁발을 나서곤 했던 것입니다.

어느 날 바쁘게 뒷정리를 하다가 자신도 모르는 사이에 가사가 비뚤어진 것을 한 동자승이 보았습니다. 비구는 가사를 입는 법이 있어서 그것을 꼭 지켜야 합니다. 가사로 왼쪽 어깨를 가려 상대방에 대한 존경을 표하는 것이 당시 승가의 풍습이었는데, 미얀마에서는 지금도 스승이나 은사스님 등을 만나러 갈 때 그 전통을 그대로 지키고 있습니다.

"스님, 가사가 비뚤어졌어요."

동자승의 말을 듣고 사리불 존자는 그 말을 잘 받아들여 그 자리에서 가사를 반듯하게 고쳐 입으면서 "이제 바르게 되었습니까?" 하고 합장을 하고 물어 확인을 받았습니다. 아주 아름다운 마음이지요. 사리불 존자는 지혜제일로 부처님으로부터 인정받은 아라한입니다. 지혜로울수록 진정한 겸손이 자연스럽게 몸과 마음으로 행해지는 것입니다. 참된 지혜가 있어야 진정으로 남을 존경할 수가 있습니다. 자만으로 가득찬 사람은 지혜가 부족하기 때문에 남들 앞에서 고개를 숙이지 못합니다. 몸과 마음이 딱딱하게 굳어 있는 까닭입니다. 큰 동물을 통째로 삼킨 커다란 뱀이 자신이 삼킨 음식을 소화시키기 위해 몇 달씩 움직이지 못하고 뻣뻣하게 굳어 있다가 죽임을 당하는 것이 자만심 때문에 존경을 표해야 할 사람 앞에서 자신을 낮추지 못하는 사람과 같습니다.

사리불 존자와 관련된 또 다른 일화가 전해집니다.

부처님 당시에는 부처님과 승가가 수행 장소를 많이 옮기곤 하였는데 그러다 보니 잠자리가 자주 바뀌었습니다. 어느 날은 숲속에서 자고, 또 어느 날은 마을회관에서 자는 식이었지요. 그렇게 여기저기에서 잠을 잘 때마다 사리불 존자는 잠 자는 방향이 달랐습니다. 어느 때는 동쪽에 머리를 두고, 어느 때는 서쪽에 머리를 두고, 또 어느 때는 남쪽으로 머리를 두고 주무십니다. 이것을 본 젊은 스님들이 자기들 마음대로 생각하였습니다. '사리불이 원래 바라문 출신이었기 때문에 아직까지 그 바라문교의 습들을 버리지 못하였구나.'

당시에 바라문교는 이런저런 미신을 믿고 있어서 '사람이 동쪽으로 머리를 두면 어떻다, 서쪽으로 머리를 두면 어떻다' 이런 잘못된 견해들을 갖고 있는 사람들이 많았습니다. 그러나 부처님께서는 선업을 지을 때가 좋은 때이고, 선업을 하는 날이 좋은 날이고, 선업을 짓는 장소가 좋은 장소라고 하시면서 그와 같은 미신을 물리치셨습니다.

물론 부처님께서는 사리불의 진심을 잘 알고 계셨습니다. 아라한을 무시하거나 나쁘게 생각하는 것만으로도 불선업을 짓는 것이기 때문에 사람들의 불선업을 막기 위해 어느 날 부처님께서는 법문 중에 여러 사람들 앞에서 사리불을 불러 그 이유를 물으셨습니다.

"사리불이여, 밤에 잘 때 머리를 동쪽에 뒀다가, 서쪽에 뒀다가, 남쪽에 뒀다가 그렇게 한다고 들었소. 아직까지 바라문의 믿음인 사견을 갖고 있어서 그러는 것이오?"

"아닙니다. 제가 저의 스승님께 너무나도 감사해서, 그 분이 어디 계신지를 확인한 뒤에 그 분이 계시는 방향으로 머리를 두고 잠을 잔 것입니다."

사리불의 스승이라 하면 흔히 부처님이라 생각할 수 있지만, 그가 부처님을 만나기 전에 먼저 5비구 중의 막내인 앗사지Assaji 라는 스님을 만났습니다. 사리불 존자가 아라한이 된 것은 부처님 밑에서 수행을 하여 되었지만 수다원이 될 수 있었던 것은 앗사지 존자의 도움이 있었기 때문이었습니다. 그 앗사지 스님이 어디 계시는지 알아보고 그분이 동쪽에 계시다면 동쪽으로 머리를 대고 잔 것입니다. '아, 스승을 그 정도로 존경하는구나' 하면서 사람들이 오해를 푼 것은 당연하겠지요.

또 하나의 아름다운 일화입니다.

절에 와서 봉사하는 할아버지가 있었습니다. 그 노인은 갈 곳도 먹을 것도 없는 아주 가난한 사람이었습니다. 나이가 많아 몸에 힘이 없어서 일을 제대로 할 수 없었기 때문에, 절에 와서 스님들이 먹다 남긴 음식을 받아먹고 스님들을 조금 도와주면서 살고 있었습니다. 세속에 살면서 제대로 먹지 못해 몹시 마르고 고통스러웠던 그는 절에 들어온 이후로 제시간에 음식을 먹고 좋은 소리만 듣고 착한 행동만 보는 생활을 하면서 차츰 행복해지고 피부 색깔도 보기 좋게 변해서 보는 사람이면 누구라도 그것을 알 수 있었습니다.

어느 날 부처님이 그 노인과 마주쳤는데 예전과 달리 몹시 불행해 보이는 것이 이상해서 스님들이 음식을 주지 않느냐, 무슨 문제가 있느냐 등등 이것저것을 물어보셨습니다. 그러자 그 노인이 대답하였습니다.

"부처님, 그런 것이 아닙니다. 저는 출가하여 스님이 되고 싶습니다. 그런데 저를 비구로 만들어줄 스님이 한 분도 없어서 괴롭습니다."

계율에 의하면 비구가 제자를 키우는 것이 간단한 일이 아닙니다. 자신이 제자를 제대로 키울 수 있을 때라야 제자로 받아들이는 것이고, 새로 비구가 된 제자를 최소한 5년은 데리고 있으면서 모든 것을 가르치면서 지켜봐야 합니다. 비구 계율에는 비구가 되고 나서 5년까지는 은사스님과 떨어지지 않고 가까이 있어야 합니다. 비구로서의 지계가 확실해질 때까지 5년 동안은 제자를 책임지고 가르쳐야 하는 것이 보통 일이 아니어서 쉽게 제자를 받아들이지 못합니다. 제자를 제대로 가르치지 못하면 부처님의 가르침을 망가뜨리는 것이 되기 때문에 제자를 키우는 일은 매우 부담스러운 것입니다. 제자를 한 사람 키울 힘이 있는 스님은 한 사람 외에 더 이상 제자를 받아들이지 않습니다. 게다가 나이가 많은 사람을 제자로 두는 것은 더욱 어려운데, 왜냐하면 나이가 많을수록 고집이 있고 생각이 이미 굳어 있어서 남의 가르침을 잘 받아들이지 않기 때문입니다.

노인의 대답을 들은 부처님께서는 승가를 빠짐없이 모이게 하고서 물으셨습니다.

"이 사람이 출가를 하고자 원하는데 왜 아무도 계를 주지 않는가? 이 노인에게 은혜를 입은 사람이 한 사람도 없는가?"

아무도 나서는 사람이 없어 조용한데 그때 사리불 존자가 나와서 대답합니다.

"부처님, 제가 이 사람에게 입은 은혜가 있습니다."

"무엇이오?"

"생각해 보니 그가 마을에 살 때 저에게 밥 한 숟가락을 보시한 적이 있습니다."

그래서 그 노인은 사리불 존자의 제자로 출가할 수 있었습니다. 출가할 때 부처님께서 법문해 주시기를,

"나이 들어서 출가한 사람들 중에 남들에게 비난받은 사람이 많았다. 가르쳐도 잘 알아듣지 못하고, 알아들어도 가르침을 잘 받아들여 실천하지 않고 자기 뜻대로 하는 사람이 많았기 때문이다. 당신은 가르치기 쉬운 사람이 되라."

라고 하셨는데, 그는 그 말씀을 가슴에 새겨 그대로 실천하였고, 후에 가르침을 가장 잘 받아들이는 자, 가르치기 가장 쉬운 제자 중 으뜸이라고 부처님으로부터 인정받은 80명의 대제자 중 한 사람이 되었습니다. 그의 이름이 '라다Rādha'입니다.

부처님의 제자들에게 일종의 계급이 있었는데 최고 제자를 '악가사와까aggasāvaka'라고 합니다. 최고 제자는 양쪽에 두 사람씩 있어서 비구의 최고 제자가 사리불 존자와 목련 존자이고 비구니로 케마Khemā와 웁빨라완나Uppalavaṇṇa입니다. 비구로 지혜제일이 사리불 존자이고 신통제일은 목련 존자이며, 비구니로 지혜제일이 케마 비구니, 신통제일이 웁빨라완나 비구니입니다. 그 다음을 마하사와까mahāsāvaka 대大제자라 하여 부처님의 대표적인 제자들 80명으로 각자 분야에서 최고라고 인정을 받은 스님들이었습니다. 그 80명의 대제자들 중 라다 스님이 '가장 가르치기 쉬운 제자'라고 불렸던 것입니다.

이렇듯 사리불 존자는 밥 한 숟갈 보시 받은 것조차 잊지 않고 은혜로 기억한 사람입니다. 은혜를 알고 자신이 입은 은혜를 남 앞에서 인정하는 것이 복 짓는 일입니다.

부처님께서 말씀하시기를, 이 세상에 얻기 힘든 참으로 가치 있는 두 종류의 사람이 있는데, 하나는 은혜를 아는 사람이고, 또 하나는 자신이 남에게 입은 은혜를 인정하고 공개적으로 그것을 밝히는 사람, 이렇게 두 부류라고 하셨습니다.

요즘은 부모의 은혜를 모르는 아들딸들이 아주 많습니다. 부모가 말없이 은혜를 베푸는 것이 끝이 없을 정도인데도 불구하고 자식들은 그것을 모르고 사랑 받는 것을 당연하게 생각합니다. 심지어는, "당신이 나를 낳았으니까 당연히 해야지. 누가 나를 낳으라 했나?"라고 말하는 사람도 있습니다. 사람들은 자신이 남으로부터 받은 은혜를 알고 그것을 베푼 이에게 감사 표현을 하는 데에 몹시 인색합니다. 이것을 보아도 지혜제일의 아라한인 사리불 존자가 얼마나 보기 드문 사람이었는지를 이해할 수 있을 것입니다.

여섯 번째는 빳띠다나pattidāna, 회향입니다. 본인이 한 선업을 남에게 회향하는 것도 선업을 짓는 방법입니다.

일곱 번째는 빳따누모다나pattānumodana, 누군가가 회향할 때 '사두 사두 사두' 하며 수희심으로 동참하는 것도 복 짓는 일입니다.

여덟 번째로 담마사와나dhammasavana, 법문을 듣는 것 또한 선업입니다.

아홉 번째 복 짓는 법은 담마데사나dhammadesanā, 법문을 하는 것 또한 선업입니다.

마지막 열 번째 복 짓는 법은 딧티주깜마diṭṭhijukamma, 견해를 바로 잡는 일입니다.

견해를 바르게 하려면 법문을 듣고, 지식을 쌓고, 수행으로 직접 체험하면서 올바른 관점이 되도록 계속 노력해야 합니다. 그렇게 해야 '요니소마나시까라'를 가지게 됩니다. 그런 노력이 없으면 자신도 모르게 습관적으로 '아요니소마나시까라'를 가져 불선업의 마음들을 일으킵니다. 그것은 사악처로 가는 표를 사고 있는 것과 같습니다. 계속 수행하여 지혜로워지면 '아, 그래서 그렇구나, 저래서 저렇구나' 하고 올바른 견해가 쌓이면서 모든 상황에서 바르게 반응을 할 줄 알게 됩니다.

한국말 '선업'의 원어는 '꾸살라kusala'인데 풀이하자면 skillful, 즉 솜씨나 기술이 있다는 뜻입니다. 매 순간 자신의 마음이 망가지지 않도록 상황을 바르게 이해하고 적절하게 반응하는 기술을 지니는 것이 꾸살라입니다. 남으로부터 욕을 먹을 때 내가 화날 수도 있고 화나지 않을 수도 있습니다. 이때 자신이 그 사람에게 욕먹을 짓을 했는지 안 했는지 정확히 알 수 있고, 자신이 실수했으면 그런 줄 알고 화 안 내고 비난을 받아들이며 사과할 수 있습니다. 만약에 자기가 그 사람한테 욕먹을 만한 일을 하지 않았는데 그 사람이 욕을 했다면 그것은 그 사람의 일입니다. 그 사람이 죄를 짓는 건데 내가 거기에 반응하여 같이 죄를 덧붙여 지을 필요가 없습니다. 그래서 지혜로워지면 화를 내지 않게 됩니다.

이렇게 '요니소마나시까라'가 되면 선업에 대한 기술이 점점 많아져 행복한 삶을 살 수 있게 됩니다.

불선업, 즉 '아꾸살라'는 기술이 없는 사람이라고 해석할 수 있겠습니다. '꾸살라'라는 말의 원래 뜻은 꾸샤풀과 연관이 있습니다. 그 풀잎의 양쪽에 조그마한 가시들이 있어서 잘못 잡으면 손을 다쳐 피가 납니다. 이 위험한 풀을 뽑을 때 다치지 않게 하기 위한 기술이 꾸살라입니다. 뱀을 잡을 때 기술이 필요한 것과 같습니다. 일상생활에서 특별한 기술이 있으면 잘 살 수 있는 것과 같이 마음을 잘 챙기는 기술이 있으면 선업으로 공덕을 쌓게 되고, 그 기술이 없는 사람은 계속 불선업을 짓게 되어 고통 받게 됩니다.

선업 불선업 앞에 항상 따라붙는 '요니소마나시까라, 아요니소마나시까라'는 나의 지식과 견해, 가치관과 인생관, 삶의 철학과 관계가 있고, 전생에서 자신이 지은 업에도 영향을 받을 수가 있습니다.

내가 어떤 마음을 갖고 있느냐에 따라 나에게 다가오는 일들, 즉 보고 듣고 냄새 맡고 맛을 보고 감촉을 느끼는 순간, 그것을 어떻게 받아들이고 어떻게 반응하는지가 달라집니다. 아라한과 부처님께서는 더 이상 업을 짓지 않고 오직 작용만 합니다. 그러나 우리는 매 순간 선업과 불선업 둘 중 하나를 지으면서 살아갑니다. 그 삶의 과정에서 형성된 마음은 사라지지 않고 다음 생까지 이어지기 때문에 태어날 때부터 착한 사람도 있고 악한 사람도 있으며, 남보다 더 지혜로운 사람이 있고 더 어리석은 사람도 있습니다.

올바른 지식과 가치관, 인생관을 가져야 자신의 삶이 행복합니다. 선업을 지어야 선업의 과보를 받기 때문입니다. 선업을 지을 수 있는 마음은 스스로 만들어가는 것이지 남이 해줄 수 없습니다. 또한 자신이 행복할 때 남과 세상을 행복하게 만들 수 있습니다. 자신이 불행하면서 남과 이 세상을 행복하게 만들 수는 없습니다. 무엇보다도 먼저 마음이 행복해야 행복한 삶을 펼쳐나갈 수 있습니다.

승가의 공덕

이어서 승가의 공덕에 대해 알아보겠습니다.

첫째가 숩빠띠빤노 바가와또 사와까상고suppaṭipanno bhagavato sāvakasaṅgho, '바가와또'는 '부처님의 가르침을 잘 받아들이고 실천하는'이라는 뜻이고, '사와까상고'는 '부처님의 제자'를 말합니다. 또 '수'는 '잘, 올바르게'의 의미이고 '빠띠빤노'는 '실천하는'이라는 의미입니다. 즉 존귀하신 부처님께서 가르친 바른 법을 그대로 따른 제자인 승가의 성인 여덟 분은 수행이 뛰어나셔서 숩빠띠빤노입니다.

승가가 승가다우려면 가장 중요한 것이 수행으로 계·정·혜를 바르게 실천 수행하고 자애를 베풀어야 합니다. 그것이 승가의 행복입니다. 스님들은 신도들의 보시로 생계를 유지하는데 그 생계의 떳떳한 주인으로서 살 수 있으려면 끊임없이 자애를 베풀면서 불법을 실천해야만 합니다.

부처님께서는 항상 자애를 강조하셨는데, "우유를 세 번 정도

짜는 시간만 스님들이 자애를 베풀어도 헛된 삶이 되지 않는다."
고 말씀하셨습니다.

　삼보의 공덕은 무턱대고 주장하는 것이 아니라 매우 합리적인
근거를 갖고 있으며 그 공덕을 제대로 알고 있을 때 불·법·승 삼
보에 대한 존경심이 더욱 우러납니다. 부처님을 맹목적으로 믿
을 때와 부처님의 공덕 아홉 가지를 바르게 알았을 때의 존경심
은 큰 차이가 있습니다. 승가의 공덕도 이와 같이 바르게 알고 있
으면 승가를 향한 공경의 마음이 더욱 깊어지고 승가에서도 더욱
승가다운 삶을 살 수 있게 됩니다.

　승가란 궁극적인 의미에서는 깨달은 성인을 말합니다. 성인 중
가장 낮은 단계가 수다원입니다. 이 수다원도를 성취한 분도 아홉
가지 공덕을 모두 갖춘 분입니다. 수다원은 신심이 완벽해서 의심
이 모두 사라졌기 때문에 사견이 없고, 따라서 더 이상 사악처에
떨어지는 일이 없습니다. 자연스럽게 바른 말과 바른 행동으로 살
게 되고, 억지로 애쓰는 것 없이도 저절로 오계가 지켜지는 삶입
니다. 이렇게 수다원부터 아라한까지의 도와 과를 성취한 여덟 부
류의 성인들은 모두 수행이 뛰어난 분들입니다.

　그리고 아직 성인이 되지 않았더라도 깨닫기 위해서 끊임없이
계·정·혜를 닦고 있는 스님들은 이 아홉 가지 공덕을 나름대로
갖추고 있다고 할 수 있어서 승가라고 합니다. 수행을 할수록 몸
과 마음이 깨끗해지고 지혜로워져서 생각이 미세해집니다. 그래
서 자신의 마음을 훨씬 깊이 알게 됩니다. '아, 이것은 내가 잘못
생각한 것이구나. 이 생각은 질투이구나. 이것은 내가 착각한 것
이고, 내 마음이 묘하게　비뚤어져 있었구나……' 그런 것을 확

실하게 알 수 있기 때문에 그만큼 마음이 고요해지고 깨끗해지는 것입니다. 또한 수행을 하면 할수록 승가라는 깨달으신 분들의 마음이 얼마나 청정하고 실천수행의 정도가 얼마나 높은지에 대해서도 깊이 생각하고 존경하는 마음을 갖게 됩니다.

그러나 머리 깎고 가사 입고 수계 받았다고 모두 승가인 것은 아닙니다. 출가자로서 아홉 가지 공덕을 갖추고 깨닫기 위해 끊임없이 계·정·혜를 닦고 있지 않다면 승가라고 할 수 없습니다.

숩빠띠빤노도 원인에 따른 결과입니다. 맹목적으로 승가를 믿어야 한다는 것이 아니라 바르게 실천 수행하여 깨달음을 이루신 성인들이기 때문에 그 큰 공덕을 믿고 공경할 수 있는 것입니다.

자신의 수행이 깊어질수록 자신을 소중하게 생각하는 마음도 커집니다. 자신을 사랑하고 존중하지 못하면서 남을 진정으로 사랑하기는 어렵습니다.

승가의 두 번째 공덕은 우줍빠띠빤노 바가와또 사와까상고 ujuppaṭipanno bhagavato sāvakasaṅgho, '우주'는 '정직하다'라는 뜻입니다. 즉 존귀하신 부처님께서 가르친 바른 법을 그대로 따른 제자인 승가의 성인 여덟 분은 닙바나를 성취하기 위해 오로지 수행 실천만을 올바르게 행하기 때문에 우줍빠띠빤노입니다.

계·정·혜를 열심히 닦으며 수행하는 것은 몸과 입과 마음을 청정하게 하기 위한 것입니다. 계율을 잘 지킴으로써 몸과 입을 청정하게 하고 수행을 끊임없이 함으로써 마음을 청정하게 닦아 갑니다.

깨달음이 깊어질수록 사띠도 좋아집니다. 예를 들면 아라한의 사띠가 100%라고 한다면 수다원은 25% 정도이겠고 범부는 0%

주변을 맴돌겠지요. 사띠가 있는 사람의 삶은 지혜롭습니다. 그래서 수행자는 항상 사띠를 놓치지 않도록 잊지 않고 깨어 있어야 합니다.

수행을 전혀 모르고 하지 않았을 때의 삶과 수행을 계속 해나갈 때의 삶을 비교해 보면 어떤 차이가 있는지 스스로 알 수 있습니다. 몸과 마음이 청정해질수록 이기적인 마음도 엷어져서 다른 사람을 자신처럼 소중하게 여기게 되어 여러 사람의 행복을 바라는 마음이 커집니다. 그래서 자애로운 마음과 연민을 베푸는 마음으로 삶을 살아가게 되는 것입니다.

또한 수행이 깊어질수록 업과 과보를 이해하는 마음도 커지고 자신의 마음 상태를 파악하는 힘이 커져서 정직하게 살아가고자 점점 더 노력하게 됩니다.

정직하다는 것에는 두 가지 의미가 있습니다. 하나는 '마야māyā(속임)'가 없다는 것입니다. '마야'란 '나쁜 짓을 하면서 안 하는 척, 안 좋은 점이 있으면서 없는 척, 잘못이 있으면서 없는 척, 나쁜 점이 있으면서 없는 척, 악하면서 착한 척, 거짓말하면서 정직한 척, 못났으면서 잘난 척……' 등등의 의미가 있습니다.

다른 하나는 '사테이야sātheyya(허풍, 못된 꾀)'가 없다는 것인데 '사테이야'란 '계율을 안 지키면서 잘 지키는 척, 선정이 없는데 있는 척, 지혜가 없으면서 있는 척, 수행을 잘 못하면서 잘하는 척, 공덕이 없으면서 있는 척……' 등등의 의미입니다. 정직하다는 것은 이 두 가지가 없다는 뜻입니다. 거짓이 없는 것이지요.

정직한 사람은 있는 그대로를 인정합니다. 자신이 나빴으면 그것을 인정하고 고백합니다. 번뇌가 있으면 있음을 인정하고 자신의 그러한 점이 나쁘다는 것을 알고 고쳐나가고자 성심껏 노력하는 삶을 삽니다.

이 정직함은 깨달은 자의 요소 중 하나에 속합니다. 우리가 깨닫기 위해서 갖춰야 할 요소는 건강, 정직, 노력, 신심, 지혜 등입니다. 따라서 정직하지 못하면 깨달음을 이룰 수 없다는 것을 알아야 합니다. 정직한 사람은 '~하는 척' 하는 것이 몹시 불편하고 괴롭습니다. 모르면 모른다, 없으면 없다고 말하는 것이 훨씬 마음 편안합니다.

깨달으신 분 즉 성인들은 정직한 분들입니다.

세 번째 공덕은 냐얍빠띠빤노 바가와또 사와까상고 ñāyappaṭipanno bhagavato sāvakasaṅgho, '냐야'는 '알기 위해서, 깨닫기 위해서'이고, '빠띠빤노'는 '실천하는'이라는 뜻입니다. 따라서 존귀하신 부처님께서 가르친 바른 법을 그대로 따른 제자인 승가의 성인 여덟 분은 입고 있던 옷과 머리카락에 불이 나도 그 불을 끄는 것보다 깨달음을 얻기 위한 수행을 더 우선으로 실천하는 분들이어서 냐얍빠띠빤노입니다.

수다원이 된 사람은 사다함이 되기 위해서 노력하고, 사다함이 되면 다시 아나함이 되기 위해서 노력합니다. 아나함이 되면 아라한이 되기 위해서 또 노력합니다. 바르게 알고 깨닫기 위해서 승가는 끊임없이 계속 수행합니다. 오직 더 알기 위해서, 더 깨끗하기 위해서, 더 지혜를 얻기 위해서 사는 것이 승가의 삶입니다.

냐얍빠띠빤노란 오로지 지혜를 위해서 사는 사람이어서 아침에 잠에서 깰 때부터 밤에 잠자리에 들 때까지 하는 생각이나 하는 말이나 하는 행동이 오직 지혜 즉 깨달음에 관련된 일을 하고 있는 것입니다. 보살행을 하는 것도 이 지혜를 위해서 해야 합니다. 결코 돈을 벌기 위해서, 명예를 얻기 위해서, 남들에게 대접받기 위해서가 아닙니다.

올바르게 수행하는 승가일수록 참된 존경을 받을 수 있습니다. 미얀마에서 사람들이 하는 말이 있습니다. 여자들에게 존경받기가 가장 쉽고, 남자들에게 존경받기가 그 다음으로 쉬우며, 그 다음은 신들에게서 존경을 받는 것이랍니다. 가장 어려운 것은 바로 스스로에게 존경을 받는 것입니다. 왜냐하면 자신을 자신이 가장 잘 알기 때문입니다.

제가 한국에 와서 '치마 불교'라는 말을 들었는데, 수행처 어디를 가도 여자 수행자들이 많아서 하는 말 같습니다. 이에 비해 남자들은 머리를 많이 쓰고 남을 잘 믿지 않는 경향이 있습니다. 남자 수행자들이 훨씬 적은 것도 이와 관련이 있을 것 같습니다.

사실 남자들보다 같은 출가자들로부터 존경을 받기가 더 어렵습니다. 서로를 잘 알수록 존경하고 존경받는 것이 쉽지 않다는 것이지요.

그리고 눈에는 보이지 않지만 신으로부터 존경을 받는 것은 더더욱 어렵기 때문에 신들의 존경을 받는 사람이 있다면 그것은 대단한 일입니다. 그래서 '신의 존경을 받는 사람은 옆에 나무만 있어도 밥이 생긴다'는 말이 있습니다. 사람이 살지 않는 산속에서 혼자 수행을 해도 나무 모습을 한 신이 음식을 가져다준다는 뜻으로 바르게 수행하는 사람은 굶어 죽는 일이 없다는 말입니다.

그러나 가장 받기 어려운 존경은 스스로에게서 받는 것이라고 합니다. 남들을 속일 수는 있지만 자신을 속일 수는 없습니다. 자신의 몸과 마음이 청정한지 아닌지를 가장 잘 아는 사람은 바로 자기 자신입니다. 자신의 수행이 바르고 깊을수록 자신을 소중히 여기게 되고 깨달음을 성취하신 성인들을 귀하게 여겨 공경할 수 있게 됩니다.

네 번째 공덕은 사미찝빠띠빤노 바가와또 사와까상고 sāmīcippaṭipanno bhagavato sāvakasaṅgho, 존귀하신 부처님께서 가르치신 바른 법을 받아 그대로 따른 제자인 승가의 성인 여덟 분은 수많은 사람의 존경을 받아 마땅한 실천수행을 하기 때문에 사미찝빠띠빤노입니다.

출가를 했다는 것만으로도 사람들로부터 존경과 대우를 받는 것은 승가가 계율을 지키고 집중력을 키우고 지혜를 위해 수행을 하기 때문입니다. 그러므로 승가답지 못한 삶을 산다면 그런 존경을 받을 만한 충분한 조건을 갖추고 있지 못하다는 것을 알아야 합니다.

깨달음을 성취하신 성인들은 사람들이 합장하거나 절하거나 존경을 보여줄 때 그 존경을 충분히 받을 만하므로 사미찝빠띠빤노입니다. 계율을 지키고, 집중을 키우고, 지혜를 위해서 수행하고, 공부하며 실천하고, 자비를 베풀면서 살고, 보살행을 하고……, 그런 모든 일로 승가의 공덕을 갖추게 되는 것입니다.

부처님의 가르침인 사성제 팔정도를 바르게 가르치고 수행하며 자애를 베풀다 돌아가신 스님들을 사람들이 쉽게 잊지 못하고 오래오래 기억하며 그 은혜를 생각합니다. 지혜로운 스님의 법문을 들음으로써 계·정·혜 삼학이 팔정도이고, 팔정도가 사성제이고, 12연기이고, 업과 과보이고……, 사성제 수행이 곧 사념처 수행이라는 것 등 그 가르침들이 별개의 것이 아니라 사실은 모두 같은 것의 다른 표현임을 알게 되니, 그 바른 앎이 바른 수행으로 이끌어 줍니다. 그래서 바르게 수행하신 스님들을 신자들이 존경하고 따르며 기억합니다. 깨달음을 성취하지 못했다 할지라도 깨달음을 향해 바른 길을 가는 스님도 이렇게 존경을 받을 만하니, 깨달은 승가의 공덕이 얼마나 고귀한 것인지는 다시 말하지 않아도 짐작할 수가 있을 것입니다.

> suppaṭipanno bhagavato sāvakasaṅgho,
> ujuppaṭipanno bhagavato sāvakasaṅgho,
> ñāyappaṭipanno bhagavato sāvakasaṅgho,
> sāmīcippaṭipanno bhagavato sāvakasaṅgho
> 숩빠띠빤노 바가와또 사와까상고
> 우줍빠띠빤노 바가와또 사와까상고
> 냐얍빠띠빤노 바가와또 사와까상고
> 사미찝빠띠빤노 바가와또 사와까상고

네 가지 도지혜에 각각 한 분씩 네 분의 성인, 네 가지 과지혜에 각각 한 분씩 네 분의 성인, 이렇게 도와 과 네 쌍 여덟 분의 성인은 참으로 고귀한 분들입니다. 여기서 깨달으신 여덟 분의 성인을 말할 때는 반드시 출가자만 말하는 것이 아니라 깨달은 자 모두를 가리킵니다. 재가자라도 깨달은 경우에는 승가에 속합니다.

출가하지 않았으면서 불교의 가르침을 널리 펼치고 있는 사람의 예로 고엔카 같은 분을 들 수 있습니다. 세계적으로 고엔카 센

터가 없는 데가 없을 정도로 많습니다.

고엔카는 인도 귀족 족보를 갖고 태어난 미얀마 사람입니다. 그는 처음에는 힌두교도로서 유명한 사업가였고 미얀마의 힌두교 회장을 맡아 일하기도 했습니다. 그러다가 사십 대 초반에 병을 앓게 됩니다. 어떤 병원에 가서 검사를 해도 그 병의 원인을 알 수가 없었기에 그는 심각한 두통에 시달렸고, 병을 고치기 위해 전 세계를 돌아다녔지만 끝내 고칠 수가 없었습니다. 계속 고통 속에서 괴로워하던 차에 어느 날 친한 친구가 이렇게 권유하였습니다.

"당신은 수행을 해야 돼. 그걸 의학으로 고칠 수는 없고 오직 수행으로만 고칠 수가 있어. 왜냐하면 그것은 일반적인 병이 아니라 '번뇌병'이기 때문이지."

그런데 친구가 권한 수행은 불교 수행이었고 그는 힌두교도였기 때문에 드러내놓고 수행을 할 수가 없었습니다. 힌두교도들은 자신들이 믿는 신과 석가모니 부처님께서는 결코 같은 수준이 아니라고 생각합니다. 힌두교 회장으로서 부처님의 가르침으로 수행을 한다는 것이 부끄럽고 왠지 자존심도 상해서 처음에는 친구의 말을 듣지 않았습니다. 그러나 병이 갈수록 심해졌기 때문에 할 수 없이 불교 수행을 하기로 결심하고 한 재가 수행지도자를 찾아갔습니다. 그 지도자는 미얀마의 은행에서 가장 높은 자리에 있던 사람으로 영어도 잘 하고 수행도 잘 했을 뿐만 아니라 사람들을 가르치면서 제자들을 많이 키우고 있었습니다.

"왜 수행을 하려고 합니까?"

"머리가 아파서입니다."

"그럼 오지 마시오. 부처님의 가르침은 머리 아픈 것을 낫게 하기 위한 것이 아닙니다. 그런 태도로는 수행할 수 없습니다."

그렇게 거부당한 고엔카는 마음이 상했지만 몸의 고통으로 몹시 괴로웠던 데다가 어쩐지 그 지도자에게 마음이 끌려서 다시 찾아갔습니다.

"시키는 대로 하겠습니다. 머리 아픈 병이 낫건 말건 간에 이 수행을 하겠습니다."

그렇게 시작하여 수행하면서 병도 다 낫고 나름대로 깨달음도 얻으면서 그때부터 완전히 사람이 변해서 돈 버는 삶을 그만두고 전적으로 포교하는 삶을 살게 된 것입니다. 그 당시에 미얀마가 정치적 사회적으로 큰 혼란이 계속되면서 그는 인도로 거처를 옮겨 그 곳에서 포교를 시작했습니다.

이렇게 꼭 출가를 하지 않아도 부처님의 가르침을 제대로 알고 수행하면 승가라고 할 수 있습니다.

위의 네 가지 승가의 공덕을 원인 공덕이라고 말하기도 합니다. 다음에 말하는 공덕 다섯 가지는 승가의 결과 공덕이라고 합니다.

다음으로 다섯 번째 승가의 공덕은 아후네이요āhuneyyo입니다. 즉 부처님의 제자로서 도와 과의 네 쌍인 승가 여덟 분은 받은 것을 몇 배로 하여 복으로 되돌려 줄 수 있으므로 먼 곳에서 가져온 귀한 재물 공양을 아낌없이 보시해도 충분히 받을 만하여 아후네이요입니다.

어느 나라나 비슷할 텐데 귀한 손님이 집에 오면 집에 잘 보관해 두었던 귀한 것을 그 손님께 드립니다. 멀리서 가져온 것은 흔하지 않고 귀한 것이기 때문에 쓰지 않고 챙겨 두었다가 귀한 분이 오시면 그것을 내어 드리는 것입니다. 승가는 이렇게 귀한 공양을 받을 만한 분이라는 의미입니다.

여섯 번째 공덕은 빠후네이요pāhuneyyo입니다. 부처님의 제자로서 도와 과의 네 쌍인 승가 여덟 분은 세상에 부처님이 나오셔야 만날 수 있는 성인들이기에 온 세상이 반기는 분이십니다. 그러므로 귀한 손님을 위해 챙겨 두었던 귀한 재물 공양을 보시해도 충분히 받을 만하여 빠후네요입니다.

일곱 번째 공덕은 닥키네이요dakkhiṇeyyo입니다. 부처님의 제자로서 도와 과의 네 쌍인 승가 여덟 분은 다음 생을 위해 보시해도 원하는 대로 이룰 수 있기 때문에 귀한 모든 재물을 공양 보시해도 충분히 받을 만하여 닥키네이요입니다. '닥키나'라는 말은 '남쪽'이라는 뜻도 있고 '제祭의 대상'이라는 뜻도 있습니다. 승가가 제의 대상이라는 것은 존경하여 모실 만한 대상, 귀하게 모셔 의지처로 삼을 만한 대상이라는 의미입니다.

여덟 번째 공덕은 안자리까라니요añjalikaraṇīyo입니다. 부처님의 제자로서 도와 과의 네 쌍인 승가 여덟 분은 온 세상이 공경하며 마음을 다해 합장하여 올리는 절을 받을 만하여 안자리까라니요입니다.

마지막으로는 아눗따랑 뿐냑켓땅 로깟사anuttaraṃ puññakkhettaṃ lokassā입니다. 부처님의 제자로서 도와 과의 네 쌍인 승가 여덟 분은 인간, 천신, 범천들이 선업의 씨앗을 심을 수 있는 최고의 논밭이 되어주기 때문에 아눗따랑 뿐냑켓땅 로깟사입니다. '아눗따라'는 '최상의, 위없는'이라는 뜻이고 '뿐냑켓땅'은 '선업이라는 씨앗을 심음', '로깟사'는 '세상의'라는 뜻입니다.

농사를 지을 수 있는 땅에는 여러 가지가 있을 수 있듯이 우리가 선업을 쌓을 수 있는 대상은 아주 다양할 수 있습니다. 좋은 땅에 씨앗을 심으면 농사가 잘 되어 큰 수확을 얻는 것과 마찬가지로 승가에 선업을 쌓으면 그 공덕이 가장 큽니다. 선업 공덕을 짓기 위해서는 승가라는 논밭이 최고이다, 즉 승가를 통해 수행을 배워 익히고 보시를 하고 지계를 지킬 때 그 공덕이 가장 크다는 뜻입니다. 이와 관련된 일화가 있습니다.

석가모니 부처님의 어머니가 밤을 새워 가사를 지어 다음 날 아들인 부처님께 그것을 보시하였습니다. 그러자 부처님이 이렇게 말씀하십니다.

"어머님, 승가에 보시하는 공덕이 가장 큽니다. 그러니 이 가사를 승가에 보시하세요."

이때 승가는 한 사람을 의미하는 것이 아니라 공동체로서의 승가를 말합니다. 불가에는 까티나kathina라는 행사가 있습니다. 안거 끝날 때에 하는 것인데 이때 신도들이 준비한 가사, 그것이 한 벌일 수도 있고 여러 벌일 수도 있는데, 이것을 공동체인 승가에 보시하는 것입니다.

승가, 참되게 깨달은 자가 되면 욕심이 없어집니다. 당연히 보시 받고 싶은 욕심도 남아 있지 않습니다. 다만 승가에 보시하는 것의 공덕이 얼마나 가치가 있는지를 말하는 것이지요.

승가의 공덕 아홉 가지를 알고 삼보에 절을 하면 그 절의 가치가 높아지고 수행하는 기본자세가 길러지며 신심이 깊어집니다. 이것은 절의 의미를 모르고 그냥 불상에 절을 하는 것과 전혀 다릅니다. 승가의 공덕을 알고 승가에 보시하면 그 공덕으로 바른 수행의 길을 갈 수 있습니다. 바르게 아는 것이 지혜인데 이 지혜의 정도에 따라 같은 행동이라도 공덕의 무게는 완전히 다른 것입니다.

이렇게 하여 불·법·승 삼보의 공덕을 모두 공부하였습니다. 불·법·승의 공덕을 제가 한번 독송하겠습니다. 여러분들도 마음속으로 따라 해 보십시오.

Itipi so, Bhagavā, Arahaṁ, Sammāsambuddho,
Vijjācaraṇasampanno, Sugato, Lokavidū,
Anuttaro purisadammasārathi,
Satthā devamanussānaṁ,
Buddho, Bhagavā.

Svākkhāto bhagavatā dhammo,
Sandiṭṭhiko, Akāliko,
Ehipassiko, Opanayiko,
Paccattaṁ veditabbo viññūhī.

Suppaṭipanno bhagavato sāvakasaṅgho,
Ujupaṭipanno bhagavato sāvakasaṅgho,
Ñāyapaṭipanno bhagavato sāvakasaṅgho,
Sāmīcipaṭipanno bhagavato sāvakasaṅgho;

Yadidaṁ cattāri purisayugāni aṭṭha purisapuggalā,
Esa bhagavato sāvakasaṅgho,
Āhuneyyo, Pāhuṇeyyo, Dakkhiṇeyyo, Añjalīkaraṇīyo;
Anuttaraṁ puññakkhettaṁ lokassā.

삼보의 공덕이 무엇인지 그 의미를 마음에 새기며 다음 계송을
암송하도록 하겠습니다.

부처님이 모든 중생들의 이익 위해서, 이번 생의 이익과 다음
생의 이익, 모든 고통에서 벗어나는 출세간의 이익을 위해서 이
세상에 오셨습니다. 부처님의 법, 가르침이 모든 중생들의 행복을
위해서 이 세상으로 오셨습니다. 부처님의 제자, 승가가 모든 중
생들에게 선업이라는 씨앗을 심을 수 있는 최고의 논밭이 돼주기
위해서 이 세상에 오셨습니다. 이 진실을 말함으로써 모든 분들이
건강하고 행복하고 평화롭기를, 하고 기원하는 아름다운 의미를
지닌 계송입니다.

Buddho loke samuppanno, hitāya sabbapāṇinaṁ;
Dhammo loke samuppanno, sukhāya sabbapāṇinaṁ;
Saṅgho loke samuppanno, puññakkhettaṁ anuttaraṁ
Etena saccavajjena sukhitā hontu sādhavo.
붓도 로께 사뭅빤노, 히따야 삽바빠니남
담모 로께 사뭅빤노, 수카야 삽바빠니남
상고 로께 사뭅빤노, 뿐낫켓땀 아눗따람
에떼나 삿짜왓제나 수키따 혼뚜 사다워.

사두, 사두, 사두.

Buddha sasanaṃ ciraṃ tiṭṭhatu (3번)
붇다사사낭 찌랑 띳타뚜

부처님의 가르침이 오래오래 머무소서.

사두, 사두, 사두.

여섯째 날

12연기와
위빳사나

12연기의 내용

　　오늘은 12연기와 위빳사나 이야기를 하겠습니다. 부처님의 가르침을 공부할 때 어떤 경전과 어떤 경전이 어떻게 다르다, 혹은 이 경전이 저 경전보다 더 좋은 것 같다는 식으로 비교하지 말고, 모든 부처님의 가르침을 하나로 볼 수 있어야 합니다. 업과 12연기가 같고, 사성제와 팔정도, 사념처가 서로 다르지 않다는 것을 꿰뚫어 볼 수 있어야 부처님의 법에 대한 공부가 잘 되고 있다는 뜻입니다.

　　많은 경전의 내용이 각기 다른 것 같지만 사실은 모든 내용이 사성제를 말하는 것입니다. 지금 공부할 12연기 또한 그와 같은데 이 12연기를 위빳사나와 어떻게 연결지어 이해할 것인지를 설명하려고 합니다. 12연기법 도표를 보십시오.

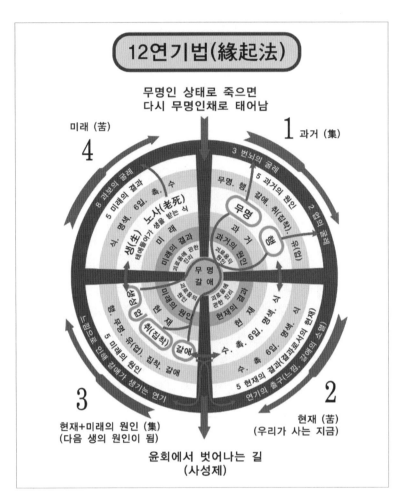

12연기법(緣起法)

무명인 상태로 죽으면
다시 무명인채로 태어남

미래 (苦)

4

1 과거 (集)

3 번뇌의 굴레

8 과보의 굴레

5 과보의 결과

수 촉

5 과거의 원인

무명, 행, 갈애, 취(집착)

2 업의 굴레

5 미래의 결과

명색, 6입

노사(老死)

생(生)
태에태어나가 생을 받는 식

무명

과거

과거의 원인

행 (업)

미래의 결과

과로움에 관한 진리

무명
갈애

미래의 원인
과로움의 원인

미래의 원인

현재

과로움에 관한 진리

현재의 결과

현재

행, 무명, 우(업), 집착, 갈애

상실심
취(집착)

갈애

현재 6입, 명색

수, 촉

수, 촉, 명색, 6입

5 현재의 결과(느낌)

5 현재의 결과(결과로서의 현재)

5 연기의 출구(느낌, 고깜, 갈애의 소멸)

느낌으로 인해 갈애가 생기는 연기

5 미래의 원인

3

2

현재+미래의 원인 (集)
(다음 생의 원인이 됨)

현재 (苦)
(우리가 사는 지금)

윤회에서 벗어나는 길
(사성제)

이 도표를 보시면 12연기가 1-2-3-4로 나뉘어 서로 연결되어 있습니다. 1-과거, 이것은 과거에 했던 선악이라는 원인, 즉 업을 말하는 것입니다. 그것에 이어지는 2-과보, 이것은 과거에 행한 것에 의한 결과가 지금 드러나는 것이기 때문에 선도 악도 아닌 단지 과보일 뿐입니다. 1번이 선악인 업이고 2번이 그에 따른 과보입니다. 다시 3번이 선악 업이고 4번은 과보입니다. 그래서 선악–과보–선악–과보로 되어 있습니다. 또 1번이 과거의 원인이고 2번은 현재의 과보이며, 3번이 현재의 원인이고 4번이 미래의 과보입니다.

이 12연기를 두 가지 측면에서 볼 수 있습니다. 크게는 전생, 금생, 후생을 윤회라고 하는 것이고, 한편으로는 지금의 이 순간 순간도 윤회라고 할 수 있는 것입니다.

그런데 지금 여기에서 다루고자 하는 것은 큰 의미에서의 윤회입니다. 그래서 1번인 과거의 업은 전생에 했던 원인을 의미합니다. 전생에서 행했던 선과 악이라는 원인, 그것에 의해서 이번 생에 만들어지는 것이 2번인 현재의 과보입니다. 그리고 태어나서 지금 이 순간 다시 선악의 업을 짓고 있는 상태가 3번이고 이것은 다음 생의 원인이 됩니다. 태어나서부터 지금까지 우리가 하고 있는 것이 3번에 해당됩니다. 그 3번에서 우리가 짓고 있는 선과 악의 행이 원인이 되어 미래인 다음 생, 그리고 다음다음 생까지 계속 이어집니다. 이것의 빠알리어 원문은 다음과 같습니다.

avijjāpaccayā saṅkhārā, saṅkhārapaccayā viññāṇaṃ, viññāṇapaccayā nāmarūpaṃ, nāmarūpapaccayā salāyatanaṃ, salāyatanapaccayā phasso, phassapaccayā vedanā, vedanāpaccayā taṇhā, taṇhāpaccayā upādānaṃ, upādānapaccayā bhavo, bhavapaccayā jāti, jātipaccayā jarāmaraṇaṃ sokaparidevadukkhadomanassupāyāsā sambhavanti-evametassa kevalassa dukkhakkhandhassa samudayo hoti.

먼저 표에서 오른쪽 상단의 네 번째 선을 보겠습니다. 1번은 과거 안에 있는 두 가지로 무명으로 인하여 행이 생긴다는 뜻입니다. 원어로는 '아윗자-빳짜야- 상카-라-avijjāpaccayā saṅkhārā', '아윗자-'는 '무지, 무명, 어리석음', '빳짜야'가 '이것으로 인해서', '상카라'는 행, 즉 업이 생긴다는 말이지요.

그것은 우리들 전생의 이야기입니다. 우리가 전생에 했던 선업도 밑바탕에는 무명, 어리석음을 깔고 있습니다. 왜냐하면 선업이라고 하더라도 잠재 상태의 번뇌는 갖고 있기 때문입니다. 비록 일어나는 상태로의 번뇌는 아니지만 번뇌의 세 가지 단계를 가지고 말하자면 잠재 상태의 번뇌이고, 그 번뇌인 무명으로 인하여 행, 즉 업을 지었고 그 선업을 원인으로 하여 이번 생에 우리가 사람으로 태어난 것입니다.

다시 말하면, 행으로 인해서 식이 생긴다고 할 수 있겠지요. 그걸 원어로 말하면 '상카-라 빳짜야- 윈냐-낭saṅkhārapaccayā viññāṇaṃ', 즉 행으로 인하여 '윈냐-나', 식이 생긴다는 뜻입니다. 식에는 81가지의 마음이 있는데, 재생연결식의 역할을 할 수 있는 마음은 19가지가 있습니다. 즉 태어나는 순간에 가질 수 있는 마음이 19가지 중에 하나밖에 없다는 뜻입니다.

논장을 공부해 보면 이 식을 그냥 마음이라고 단순하게 말할 수 없음을 알게 됩니다. 사악처에 태어나는 마음이 한 가지이고, 사람과 신으로 태어날 수 있는 마음이 8가지예요. 그 다음에 사람 중에도 조금 모자란 사람으로 태어날 수 있는 마음이 한 가지, 이렇게 하면 태어나는 마음이 10가지가 됩니다. 또 색계 범천으로 태어나는 마음이 5가지, 무색계 범천으로 태어나는 마음 4가지, 그래서 19개의 마음이 이 식에 포함됩니다. 그러므로 식을 모든 마음이라고 하면 맞지 않습니다. 모든 마음이 여기에 포함되는 것이 아니고 재생연결식 역할을 하는 세간 과보의 마음만 의미합니다.

그 다음은 '윈냐나빳짜야 나—마루빰viññāṇapaccayā nāmarūpaṃ', 식으로 인해서 '나마루빠'이 생긴다, '나마'는 정신 곧 명이고, '루빠'가 색 즉 물질이니 식으로 인해서 명색이 생긴다고 풀면 됩니다. 어떤 생애든지 재생연결식이 생기고 그 재생연결식으로 인해서 명색이라는 물질과 정신, 우리의 몸과 마음이 생긴다는 의미입니다.

그 다음이 '나—마루빠빳짜야 살라—야따남nāmarūpapaccayā saḷāyatanaṃ', '살라—야따남'은 다시 '살'과 '아—야따나'로 나뉩니다. '살'은 '6'이란 뜻이고 '아—야따나'는 처·장소로 '눈, 귀, 코, 혀, 몸, 마음'을 가리킵니다. 그러니 명색으로 인하여 육입六入이 생긴다는 의미입니다.

그 다음에 '살라—야따나빳짜야 팟소saḷāyatanapaccayā phasso', '팟소'가 촉, 접촉을 뜻하니 육입으로 인하여 촉이 생긴다는 뜻이지요.

그 다음은 '팟사빳짜야 웨다나—phassapaccayā vedanā, '웨다나'가 느낌이란 뜻이므로 촉으로 인하여 느낌이 생긴다는 말입니다.

그래서 지금까지의 원인 결과의 의미를 이어서 풀어 보면, 전생에 행했던 선악의 행이 원인이 되어 식, 즉 중생이 태어나는데, 사람으로 태어나면 사람의 명색이 생기고, 사람이라도 남자라면 남자의 명색, 여자라면 여자의 명색이 생기며, 만약에 지옥에 태어나면 지옥생의 명색이 생깁니다. 그 명색으로 인해서 눈, 귀, 코, 혀, 몸, 마음이라는 육입이 생기고, 그 육입으로 인해서 대상과 접촉하게 되니, 그로 인하여 온갖 느낌이 일어납니다.

육입이 대상에 접촉하자마자 느낌(feelings)이 생겨납니다. 보면 그 보는 것에 느낌이 있어서 보면서 즐겁게 느낄 수 있고 괴롭게 느낄 수도 있습니다. 소리를 들을 때도 마찬가지로 시끄러운 소리면 안 좋다고 느끼고 아름답게 여겨지면 좋다고 느낍니다. 느낌까지는 과보이기 때문에 자연스럽게 일어나서 그대로 받게 되는 것이고 자신이 스스로 조절하는 것이 아닙니다. 과거의 업에 따라 현재의 과보가 생기기 때문에 이 과보는 아라한은 말할 것도 없고 부처님도 넘어서지 못합니다.

싯닷타 태자로 태어난 석가모니 부처님께서는 35세가 되어서야 붓다가 되었습니다. 깨닫기 전에는 붓다가 아니었고, 따라서 선이건 악이건 업을 지었다는 뜻입니다. 붓다가 되어 모든 번뇌가 사라져 다시 업을 짓지는 않았지만 깨닫기 전에 지은 업의 과보는 피할 수 없었습니다.

싯닷타 태자로 태어난 식 자체도 과보이고, 그 식으로 인해서 명색, 즉 이 몸과 마음을 갖고, 명색으로 인해서 육입이 생기고, 그 육입으로 인해서 촉하고, 그 촉으로 인해서 느낌이 생기는 것은 부처님도 피하지 못합니다. 그래서 부처님도 좋은 것을 볼 수도 있고 안 좋은 것을 볼 수도 있고, 좋은 소리를 들을 수도 있고 나쁜 소리를 듣게 되기도 하는 것이 우리와 다르지 않습니다. 과보의 힘이 원인이 되어 붓다가 되신 이후의 45년 생 동안에도 예전 업의 결과인 과보는 그대로 받았다는 말입니다.

어느 때는 부처님도 말에게 먹이는 사료를 3개월이나 드신 적이 있습니다. 심한 흉년이 들어 먹을 것이 없었을 때, 말이나 소를 방목하여 키우는 사람들이 머무르는 근처에서 부처님과 제자 승가가 안거에 들었습니다. 그 장사하는 사람들이 먹을 게 없어서 말에게 주는 먹이를 줄이면서 자기들이 나눠먹는 중에 부처님과 스님들에게 그것을 조금씩 보시한 것입니다. 사람이 먹기에는 너무 거친 그것을 아난 존자가 잘게 부수어서 죽처럼 끓여 부처님께 올렸고, 3개월 내내 부처님이 그 음식을 드셨다는 기록이 있습니다.

또 어느 때는 왕실에서 보시하는 음식이 부처님께 올 때도 있었는데 그 음식과 마소의 사료로 만든 음식 맛이 똑같을 수 없고 그것은 부처님도 똑같이 느끼셨을 것입니다. 그것은 과보이기 때문에 피할 수 없는 것입니다. 그러나 그 느낌 다음은 부처님 아라한과 범부와 같지 않습니다.

그 다음이 '웨다나빳짜야 딴하vedanāpaccayā taṇhā', '딴하'는 갈애이니 느낌으로 인하여 갈애가 생긴다는 뜻입니다. 부처님, 아라한과 범부가 여기에서 갈라집니다. 아라한과 부처님께서는 느낌은 있지만 그 느낌에서 욕심을 일으키지 않습니다. 아라한과 부처님께서는 느낌이 좋건 나쁘건 그것에서 갈애를 만들지 않습니다. 일반 사람들은 거의 예외 없이 좋은 느낌이면 그것을 계속 갖고 싶은 갈애를 일으키고 안 좋은 느낌이 있으면 그것을 피하고자 하는 마음인 성냄을 일으킵니다. 좋은 느낌을 계속 원하고 안 좋은 느낌을 피하고자 하는 마음이 계속 일어나는, 이 둘이 모두 갈애입니다.

그 갈애로 인해서 집착이 생깁니다. 집착은 '아, 그렇게 안 되면 안 돼……' 하는 느낌이 아주 강해지는 것으로 갈애가 강해져서 집착이 됩니다. 예를 들어 갈애는 소리가 매우 시끄러울 때 '아, 이 소리가 없으면 좋겠다' 하는 정도라면, '이 소리를 없애려면 어떻게 해야 할까?' 하는 강력한 마음이 생기면서 어떻게 해서든지 이 소리를 없애려고 귀를 막든가 그 소리의 근원지를 없애버리든가 하는 것이 집착입니다. 또 소리가 좋아서 계속 듣고 싶어 하면 갈애인데, '이 소리를 꼭 들어야 돼, 안 들으면 안 돼' 하고 강력하게 마음이 작동하면 집착으로 넘어간 경우입니다.

그래서 그 다음이 '딴하빳짜야 우빠-다-낭taṇhāpaccayā upādānaṃ', '우빠다나'는 집착이니 갈애로 인해 집착이 생긴다는 뜻입니다. 이 집착에는 다음 네 가지* 가 있습니다. 까무빠-다-낭kāmupādānaṃ[1], 디투빠-다-낭diṭṭhupādānaṃ[2], 실랍바뚜빠-다-낭sīlabbatupādānaṃ[3], 앗따와두빠-다-낭attavādupādānaṃ[4], 이렇게 네 가지인데 뿌리로 말하자면 욕심으로 집착하는 것과 사견으로 집착하는 것 두 가지로 볼 수 있습니다.

그 다음은 '우빠-다-나빳짜야 바오upādānapaccayā bhavo', '바오', '바와'라는 것이 '업을 생성한다'는 뜻이어서 풀이하자면 집착하기 때문에 또 업을 짓는다는 의미입니다. '내가 이것을 하려면 어떻게 해야 할까?' 하고 계속 생각하면서 자기가 바라는 것을 되게 하려고 강하게 원함으로써 또 다른 업을 생성하는 것입니다.

---

* 1 감각적 욕망에 대한 취착. 2 사견에대한 취착. 3 의례 의식과 깨달음으로 인도 못하는 행위에 대한 취착. 4 자아의 교리에 대한 취착.

그 다음에 '바와빳짜야-자-띠bhavapaccayā jāti', 생성 업으로 인하여 자띠, 태어난다는 뜻입니다. 생이라는 것이 영어로 말하면 life이니 3번에서 4번으로 넘어가서 업에 따라 또 태어난다는 말이 됩니다. 신이나 범천은 태에 들어가지 않고 곧바로 생겨납니다. 인간이나 다른 생명체들은 뱃속이건 알이건 습한 곳에서건 태어나서 생기는 것이니 그 생겨남이 신과는 다르지요.

그 다음은 '자-띠빳짜야- 자라-마라낭 소까빠리데와둑카도 마낫수빠야-사-삼바완띠jātipaccayā jarāmaraṇaṃ sokaparidevadukkhado manassupāyāsā sambhavanti', '자라'가 '늙음', '마라나'가 '죽음', 그래서 태어남으로 인하여 늙어 죽는다는 말인데 늙어서 그냥 죽는 것이 아니라 11가지 불에 의해 계속 타며 죽어가니 '소까'가 '걱정 근심', '빠리데와'는 '눈물 흐름', '둑카'는 '몸의 고통', '도마낫사'가 '마음의 괴로움', '우빠-야-사'는 '속이 타는 것', '삼바완띠'는 '그렇게 될 것이다'라는 말입니다.

연구 결과에 따르면, 스트레스라는 것이 예전에는 어느 정도 나이가 들어야 받는다고 알고 있었는데 사실은 영유아기 때부터 스트레스를 받는다고 합니다. 그러니 스트레스, 즉 걱정 근심 없는 사람이 없다는 것이지요. 걱정 근심 없는 사람이 되려면 아나함 정도는 돼야 가능합니다.

걱정 근심이 빠알리어로 소까, 걱정 근심이 없다면 아소까, 인도에 아주 유명한 왕 중에 아소까 왕이라고 있었습니다. 걱정 근심 없는 자라는 뜻이지요. 하지만 말이 그렇지 이름이 아소까라고 근심 걱정이 없을 수가 있었겠습니까? 그렇지 않습니다.

소까 빠리데와, 소까는 걱정 근심이고 빠리데와는 눈물 흐름,

그 다음에 웁바야사가 속이 타는 것이지요.

　그 세 가지 소까, 빠리데와, 우빠야사를 예를 들어 보겠습니다. 기름솥 밑에다 계속 불을 피워 뜨겁게 하고 위에는 기름을 붓습니다. 이때 기름이 지글지글 끓으면 그것이 소까예요. 마음속에서 일어나는 걱정 근심이지요. 이것에 계속 불을 지피면 그 다음에는 기름이 끓어 넘쳐 옆으로 흘러내립니다. 눈물이 흐르는 것과 같지요. 그래도 계속 불을 더 때면 그 다음에는 기름이 다 타서 옆으로 흘러내리는 것은 없지만 후라이팬은 계속 탑니다. 걱정 근심이 쌓이고 점점 커지면서 눈물이 흐르고, 울다가 울다가 더 이상 눈물이 안 나와도 속은 여전히 타고 있습니다. 그 상태가 우빠야사예요.

　태어나서 단순히 늙고 병들어 죽는 것이 아니고 그 중간 중간에 그런 일들이 많다는 의미입니다. 태어날 때부터 눈물로 시작하고 살아가는 과정에서도 계속 눈물을 흘리고, 죽는 순간까지도 눈물로 마치는 것이 인생입니다. 눈물로 마친 인생이 또 다음 생으로 이어지면서 눈물로 시작하고, 눈물로 인생을 끝내고 또 눈물로 시작하고……, 그것이 윤회입니다.

　그래서 끝에서 부처님이 말씀하시기를 '에와메땃사 께왈랏사 둑칵칸닷사 사무다요 호띠evametassa kevalassa dukkhakkhandhassa samudayo hoti', '에와메땃사'는 '이렇게' 즉 앞에서 말했던 무명으로 인해서 행이 생기고, 행으로 인해서 식이 생기고……, 이런 식으로의 연기를 가리킵니다. '께왈랏사'는 '완전하게', 곧 100%를 말하는 것입니다. '둑칵칸닷사'는 '고통 덩어리', '사무다요'는 '발생, 생김'이라는 뜻입니다. 집성제의 원어가 '사무다요삿자'입니다. 이 집착으로 인해서 고통이 계속 생기기 때문에 사무다요삿자, 집성제라는 뜻이지요. '호띠' 즉 '이 고통 덩어리가 이렇게 연기법을 따라 계속되고 있다'라고 이해하면 되겠습니다.

이것이 12연기의 내용입니다. 그 12개의 내용을 다시 살펴보면 무명이 1번이라면 행이 2, 식이 3, 명색은 4, 육입이 5, 접촉이 6, 느낌이 7, 갈애가 8, 집착은 9, 생성 업이 10, 태어남이 11, 그 다음에 늙음부터 죽음까지를 하나로 붙여서 마지막 12번이 되는 것입니다. 태어나고 죽음으로 바로 가야 되는데 늙음과 죽음 그 사이에 있는 고통을 다 합쳐서 하나로 말한 것입니다. 이것이 12가지 조건이기 때문에 이것을 12조건, 즉 12연기라고 하는 것이지요.

12연기의 구조

　　그러면 여기에서 12연기를 조금 더 확대해서 이해해 보 겠습니다. 12연기를 윤회라고 볼 때 그 연기의 가장 근본적인 뿌 리가 무엇인지를 볼까요? 12연기를 표로 그린 그림의 가운데에 있는 무명, 갈애가 가장 큰 뿌리입니다. 이 무명, 갈애라는 아주 큰 뿌리로 인해서 12연기가 이렇게 계속 돌고 있는 것입니다.

　　또 그 두 가지 뿌리에 덧붙여, 윤회를 이해하기 위해서는 세 가 지 굴레를 이해해야 합니다. 그 세 가지가 번뇌의 굴레, 업의 굴 레, 과보의 굴레입니다. 이 12연기를 보면 뿌리는 두 가지, 굴레가 세 가지예요. 번뇌의 굴레로 업의 굴레가 생기고, 업의 굴레로 과 보의 굴레가 생깁니다.

　　굴레 세 가지를 좀 더 자세히 보겠습니다.

　　그림의 1번을 보면, 맨 바깥 라인에 세 가지 번뇌의 굴레가 있 습니다. 위에서 아래로, 화살표를 거꾸로 타고 내려오면 무명이고 끝까지 내려가면 갈애와 취착, 업의 굴레에서 따라 내려오면 행,

그 선의 끝에까지 가면 생성업이 있습니다. 다시 말하면 집착, 갈애에서 시작해서 그 화살이 무명을 통과하며 가니까 무명, 갈애, 집착이 한 덩어리가 되어 이 세 가지가 번뇌의 굴레입니다. 그러니 무명도 번뇌이고, 갈애, 집착도 번뇌인 것이지요.

그 번뇌의 굴레를 통해서 업의 굴레가 생깁니다. 그림을 보면 옆에 행이 보이지요? 행의 밑으로 내려가면 생성업, 그것은 행과 똑같습니다. 업이 행이고 행이 업이어서 이 두 가지가 업의 굴레입니다. 생성업에서 올라가니까 행, 행을 통해서 바깥으로 화살표가 가니까 두 가지 업의 굴레가 됩니다. 순서대로 보면 세 가지 번뇌의 굴레로 인해서 두 가지 업의 굴레가 생긴다는 결론이 나옵니다. 업이 생긴다는 것은 번뇌가 있기 때문이라고 알 수 있습니다. 다시 말해 번뇌가 없으면 업이 생기지 않는 것입니다.

부처님과 아라한은 업이 없습니다. 왜냐하면 부처님과 아라한은 번뇌가 없기 때문입니다. 무명, 어리석음도 없고 갈애, 집착도 없습니다. 갈애, 집착, 무명이 없으니 업이 안 생기고, 업이 없으니 과보도 생길 수가 없습니다. 부처님과 아라한들이 윤회가 끝났다는 것은 곧 과보가 없다는 것입니다.

우리는 번뇌가 분명히 있기 때문에 업을 짓게 되고, 업이 있기 때문에 분명히 과보를 받게 될 것입니다.

과보가 무엇인가요? 느낌, 접촉, 육입, 명색, 식 이런 것들이 과보입니다. 그래서 번뇌가 있고 업이 있다면 틀림없이 식, 태어나야 합니다. 19가지 재생연결식 중에 어떤 식을 갖고 태어나는지는 모르겠지만 반드시 다시 태어나게 되어 있습니다. 그래서 식으로 인해서 명색, 명색으로 인해서 육입, 그 육입으로 인해서 촉, 다시 촉으로 인해서 수, 바로 여기까지가 과보의 굴레입니다.

그러면 1번과 2번만 봐도 세 가지 굴레에 의한 윤회가 분명한데 3번과 4번이 왜 또 필요한가. 1번 안에 세 가지 번뇌의 굴레와 두 가지 업의 굴레가 있습니다. 그 번뇌의 굴레로 인해서 업을 짓고, 그 업에 따른 것이 과보의 굴레입니다. 두 번째가 과보의 굴레인데 현재의 삶은 그 과보의 굴레에 의한 것입니다. 그런데 왜 세 번째를 다시 말하는가. 지금 우리가 태어난 것은 과보의 굴레이지만, 태어난 이후 우리는 다시 선 혹은 악의 업을 짓고 있는 것입니다. 왜냐하면 번뇌가 있기 때문입니다. 그러니 3번과 1번은 업이라는 면에서 일치합니다. 다만 1번은 과거의 업이고 3번은 현재의 업이라는 것이 다릅니다.

예를 들어 지금 저는 번뇌를 가진 채 강의를 하면서 선업을 짓고 있는 것이고 여러분들 또한 번뇌를 가진 상태에서 강의를 들으며 선업을 짓고 있는 것입니다. 선업이긴 하지만 어쨌든 업을 짓고 있는 것이고 이것이 생성업입니다. 이 생성업에 따라 미래의 우리가 또 태어나고, 또 태어나고 합니다. 그러면 4번과 2번이 똑같지요. 2번은 과거 업에 의한 현재의 과보이고, 4번은 현재의 업에 의한 미래의 과보라는 것이 다를 뿐입니다. 1번이 과거 번뇌의 굴레이고 업의 굴레, 3번이 현재 번뇌의 굴레이며 업의 굴레라는 의미입니다.

이렇게 번뇌의 굴레, 업의 굴레, 과보의 굴레 세 가지를 우리가 빙빙 돌고 도는 것을 윤회라고 하는 것입니다.

'낄레사왓땀 깜마왓땀 위빠까왓땀kilesavattaṃ, kammavattaṃ, vipākavattaṃ'. '왓따'는 '굴레'라는 뜻입니다. '낄레사왓따'는 '번뇌의 굴레', '깜마왓따'는 '업의 굴레', '위빠까왓따'는 '과보의 굴레'입니다. '식'이란 한 사람을 예로 들자면 이번 생에 사람으로 태어난 의식을 말합니다. 그리고 지금 그 사람이 갖고 있는 몸과 마음을 명색이라고 합니다. 육입은 눈, 귀, 코, 혀, 몸, 마음을 말하고 접촉은 눈과 형상, 귀와 소리, 코와 냄새, 혀와 맛, 몸과 감촉, 마음과 여러 가지 대상을 촉하는 것을 말하고, 그 촉할 때마다 생기는 느낌, 즉 형상의 느낌, 소리의 느낌, 냄새나 향기의 느낌, 맛의 느낌, 몸의 감촉의 느낌, 마음에 여러 가지로 일어나는 느낌에 따라서 갈애로 넘어갑니다. 갈애로 넘어가면 그것에 의해 다시 집착으로 넘어가고 그것이 번뇌의 굴레입니다. 갈애와 집착이 번뇌의 굴레입니다.

지금 우리가 어떤 대상을 보면서 '아, 보는 것이 좋다' 하면 느낌(受)에서 갈애로 넘어가고 있는 것이고 이것이 더 강해지면 집착이 되는데 그게 바로 번뇌의 굴레인 것입니다. 번뇌의 굴레에서 생성업이 생깁니다. 즉 좋은 것을 또 보려고 하는 의도, '또 보고 싶다' 하는 말, 또 보려고 하는 행동, 그런 모든 것이 몸으로 지은 업, 입으로 지은 업, 마음으로 지은 업이 되어 우리는 세 가지 업을 짓게 됩니다. '보는 것이 싫다, 느낌이 안 좋다' 이렇게 보기를 싫어하여 피하고자 하는 것도 갈애입니다.

'어떻게 하면 볼 수 있을까?' 하는 것과 '그 보기 싫은 형상을 어떻게 없애야 될까?' 하는 말, 행동, 생각 모두가 번뇌에 따른 업이라는 것을 이해해야 합니다. 잠재적 상태의 번뇌든 일어나는 번뇌 또는 이미 일어나서 파괴한 번뇌든 모두 번뇌인 것은 분명한데 이것은 아라한이 되어야만 소멸될 수 있습니다. 그리고 번뇌가 있는 한 계속 다음 생을 받아야만 합니다. 태어난다는 것은 죽어야 한다는 말이기도 합니다. 태어남은 곧 죽음이라는 뜻이지요. 우리는 '생일 축하합니다'라고는 하면서도 '죽음 축하합니다'라고는 하지 않지만 사실 탄생과 죽음은 똑같은 것의 양면이라고 보아야 합니다.

이렇게 윤회를 12연기로 살펴보았습니다.

12연기와 위빳사나

그러면 12연기와 위빳사나의 관련성은 어떻게 되는가를 알아볼 차례입니다.

부처님께서는 볼 때 오직 볼 뿐임을 깨닫게 하고자 위빳사나를 가르치셨습니다. 위빳사나는 육입을 끊임없이 관찰하는 것입니다. 보고 있을 때 봄, 봄, 봄을 관찰해야 하는데 관찰하지 않으면 느낌(受)에서 갈애로 바뀝니다. 그런데 놓치지 않고 그 느낌을 관찰하는 사람은 수에서 갈애로 넘어가지 않고 지혜로 넘어갑니다.

위빳사나가 하는 일이 바로 그것입니다. 느낌에서 지혜로 가면 위빳사나이고, 느낌에서 갈애로 넘어가면 빙빙 도는 윤회입니다. 그래서 도표에 보면 화살표들이 밖으로 향해 있습니다. 그것이 곧 윤회에서 벗어나는 길입니다. 고속도로를 탈 때 IC에서 빠져나가지 않으면 다시 한 바퀴를 돌아 도로 그 자리에 오는 것과 같은 이치입니다. 느낌과 갈애 사이에 IC가 있어서 그 IC에서 빠져나가면 지혜이고 빠져나가지 못하면 느낌에서 갈애로 넘어가 다시

한 바퀴 돌고, 그 다음에도 빠져나가지 못하면 또 돌고, 그렇게 계속 빙빙 돕니다.

윤회는 돌고 도는 것이어서 뒤로 갈 수가 없습니다. 똑같은 길을 계속 빙빙 돌고 싶지 않으면 갈애가 아닌 지혜를 선택해야 하는데 그 방법이 바로 위빳사나라는 말입니다. 느낌의 순간 거기에서 무상을 보든가, 무아를 보든가, 고를 보든가 하면 갈애로 떨어지지 않습니다. 무상을 아는 사람은 욕심을 내지 않습니다. 무상을 알고, 그 상태에서 대상을 보니 어떤 욕심도 일어나지 않습니다. 계속 사라지고 있는 것을 보고 있는데 욕심이 생길 리 없고 오히려 무서움이 일어납니다.

가지고 싶은 것이 아니라 놓아버리고 싶은 마음이 계속 생깁니다. 탐이 아니고 불탐, 무탐입니다. 고苦를 보고 있으면서 고를 가지고 싶은 마음이 일어나지는 않습니다. 어떤 대상이 고라는 것을 아는 순간 바로 욕심이 떨어져 나갑니다. 위빳사나 수행으로 무상·고·무아를 아는 순간 갈애, 집착이 떨어져 나갑니다. 나(我)라고 착각하면 틀림없이 집착이 생깁니다.

수행을 하지 않으면 항상 나, 내 것을 고집하게 되어 있습니다. pāli어로 '메샤까mesaka'란 나, 내 것이다, 이런 말입니다. 그런데 인도에 어떤 새가 '메샤까, 메샤까, 메샤까……' 하고 운답니다. 그래서 부처님이 경전에서 말씀하시기를 이 범부들이 그 새와 똑같다고 하신 것입니다. 그 새가 나무에 올라가서 메샤까, 메샤까, 내 것, 내 것, 하며 소리 지르고 있는 동안 다른 새들이 먹이를 다 먹고 가버려 더 이상 남은 것이 없는데도 계속 메샤까, 메샤까 하고 운다는 것입니다. 우리도 이와 마찬가지로 내 것, 내 것 하다가 죽을 뿐이지요. 사실 내 것은 아무것도 없습니다. '나'가 없는데 '내 것'이 어디 있느냐 이런 말입니다.

따라서 무아를 아는 순간 욕심이 생기지 않게 되는 것입니다. 그러니 무상·고·무아를 제대로 아는 것은 곧 욕심을 버리는 것과 같습니다. 인간의 심리가 그렇습니다. 좋지 않다는 것을 알면 그 순간 그것을 놓아버리게 되어 있습니다. 사람은 좋은 것을 좋아하게 되어 있는 법입니다. 대상을 볼 때마다 오직 볼 뿐, 그렇게 계속 관찰만 합니다. 소리를 들을 때마다 들음, 들음, 들음을 관찰하는 이유도 이와 같습니다. 소리를 들을 때 좋다, 좋지 않다 하는 느낌 자체는 어쩔 수 없습니다. 듣기 싫은 소리를 들으면서 좋다고 할 수는 없는 것이지요.

부처님도 느낌이 일어나는 것은 피할 수 없습니다. 부처님일지라도 시끄러운 소리를 들으면서 좋다고 느끼지는 않는 것이지요. 다만 거기에서 멈추는 것입니다. '좋다, 안 좋다'는 이미 선과 악중 하나로 넘어선 것입니다. 여기에서 느낌(受)은 '좋다, 아니다'가 아니라 성품 그대로를 가리키는 말입니다.

맛을 예로 들면 단맛, 쓴맛 등은 맛의 성품입니다. 고추를 생각해 볼까요. 아주 매운 고추가 있는데 매운 고추를 좋아하는 사람이 있고 싫어하는 사람도 있을 수 있습니다. 좋아하는 사람 때문에 그 고추가 매운 것이 아니고, 싫어하는 사람 때문에 매운 것도 아니며 그 고추 자체의 맛이 매운 것, 이것이 受의 의미입니다. 이때 매운 것을 좋아하는 것도 욕심이고 싫어하는 것도 욕심입니다. 부처님께서는 좋아하거나 싫어하는 것이 없지만 원래의 맛은 그대로 아십니다. 소리를 들을 때 그 소리가 주는 느낌은 부처님도 우리와 똑같이 받아들이십니다. 매우 시끄러운 소리가 있으면 부처님한테도 안 좋은 느낌이 그대로 전달됩니다. 그 시끄러운 소리로 인한 느낌 자체는 당연히 좋은 느낌이나 즐거운 느낌이 아니라 괴로운 느낌인데, 부처님께서는 그 소리로 인해 고통을 받지 않는다는 뜻입니다.

음식을 먹는 것 또한 마찬가지입니다. 음식이 갖고 있는 그대로의 맛을 부처님도 아시지만 그 맛에 따라 좋아함 또는 싫어함이 생기지 않을 뿐입니다. 우리는 맛이 안 좋다면 싫어함이 생길 수 있고, 맛이 좋으면 계속 원하는 마음이 생길 수 있습니다. 대부분이 그렇게 좋아하거나 싫어하거나 하는 욕심을 부리게 됩니다.

그래서 관찰하지 않고 그냥 가만히 있으면 느낌에서 바로 갈애로 넘어가는데, 위빳사나 지혜가 일어날 때는 우리도 아라한과 부처님처럼 맛, 즉 느낌을 제대로 알고 있으면서도 갈애로 넘어가지 않고 아는 데서 그냥 끝냅니다. 즉 마음에서 반응이 일어나지 않게 됩니다. 있는 그대로를 제대로 알기는 하지만 그 맛에 대해 탐심이 안 생기고 성냄도 안 생깁니다. 그렇다고 어리석게 먹는 것도 아닙니다. 맛을 모르고 먹는다면 그건 어리석음 속에서 먹는 것입니다. 먹으면서 딴 생각을 하고 있는 것입니다.

위빳사나 수행자는 확실하게 알면서 먹기 때문에 느낌에서 갈애로 넘어가지 않게 됩니다. 관찰력이 매우 빨라지면서 하나하나 계속 변하는 것만 알기 때문에 거의 맛에 빠지지 않게 됩니다. 그렇다고 맛을 모르느냐 하면 그렇지 않고 확실하고 분명하게 압니다. 그것을 두고 갈애가 아니라 지혜로 간다고 말하는 것이고 그렇게 해 주는 것이 바로 위빳사나 수행입니다.

12연기에서 위빳사나를 보면 식에서 명색, 명색에서 육입, 육입에서 접촉, 접촉에서 느낌, 바로 이 단계에서 갈애로 넘어가는데 그것을 위빳사나로 막으면 느낌(受)이 소멸함으로 인해서 갈애가 소멸됩니다. 윤회가 거기서 끊겨버리는 것입니다. 갈애의 소멸로 집착이 소멸되고, 집착이 소멸되니 생성업이 소멸하고, 생성업이 소멸되니 태어나지 않습니다. 태어나지 않으니 늙고 병들어 죽는 것도 없습니다. 이렇게 하여 윤회가 끝납니다.

부처님께서는 깨달음의 경험을 말씀하실 때마다 위빳사나를 가르치셨습니다. 이것은 사성제와도 똑같습니다. 느낌에서 고성제를 봅니다. 왜냐하면 도성제를 하고 있기 때문인데 위빳사나가 도성제입니다. 도성제를 실천하기 때문에 고성제를 알고, 고성제를 아니까 집성제를 버리고, 집성제를 버리니까 멸성제에 도착합니다. 사성제든, 12연기든, 팔정도든, 사념처든 딱 한 가지를 확실하게 제대로 볼 수 있으면 수행자들의 공부가 잘 되고 있는 것입니다. 팔정도, 사성제, 12연기, 사념처를 따로따로 보고 있다면 아직 더 열심히, 많이 공부해야 합니다.

걷고 있을 때도 마찬가지고 무슨 일을 하고 있을 때도 항상 느낌이 있습니다. 어떤 경우에도 느낌이 없는 것은 없습니다. 논장을 공부해 보면 알 수 있는데, 마음이라는 것은 단독적으로 일어나지 않고 마음이 일어나면 동시에 마음부수 몇 개도 같이 일어나게 돼 있습니다. 일어나는 마음이 하나라면 마음부수는 아무리 적어도 7가지가 그 마음과 함께 일어납니다.

마음에는 89가지가 있는데 이 마음들은 동시에 두 개가 일어나지 않습니다. 한 번에 마음이 하나밖에 일어나지 않고 일어난 그 마음이 사라져야 그 다음에 또 하나의 마음이 생기는데 그 마음과 마음 사이에 틈이 없습니다. 예를 들어 지금 불을 끄면 어둡지요. 다시 불을 켜면 어두움이 사라지는 것과 동시에 밝아집니다. 그 밝음과 어둠 사이에 빈틈없는 것이 앞의 마음과 뒤에 따라오는 마음 사이에 빈틈이 없는 것과 같습니다. 그렇기 때문에 우리는 마음 하나가 태어날 때부터 지금까지 사라지지 않고 계속 처음 그대로 있는 걸로 착각하고 있을 뿐 사실은 그렇지 않습니다. 전류가 중단 없이 계속 흐르고 있어서 불이 꺼지지 않으니 전류가 선처럼 이어져 있는 것처럼 생각할 수 있지만, 사실은 발전소에서 계속 전기를 보내주고 있어서 불이 꺼지지 않는 것입니다.

우리는 계속 밝음이 있기 때문에 전기가 계속 있는 걸로 착각하지만 사실은 그렇지 않습니다. 그 전기가 계속 들어오면서 중간에 불이 계속 켜지고, 또 켜지고, 꺼졌다가 켜지기를 반복하는데 그 속도가 엄청나게 빠르기 때문에 우리는 꺼지는 순간의 어둠을 느끼지 못하는 것입니다. 우리가 알아차리는 속도가 그만큼 느리다는 말이지요. 전기의 속도보다 우리가 알 수 있는 힘이 워낙 느려서 전기의 끊어짐을 느끼지 못합니다.

마음도 이와 같아 빈틈없이 하나가 죽는 것과 동시에 하나가 생기는 것입니다. 이 컵 안에 있는 물을 다 부어버리면 컵에 아무것도 없는데 사실은 아무것도 없는 게 아니고 컵에 공기가 들어온 것입니다. 컵 속에 공기가 들어오는 것과 안에 있는 물이 나가는 것이 동시에 일어난 것에도 비유할 수 있습니다. 마음과 마음 사이에 있는 틈을 알아차릴 수가 없을 뿐입니다.

모든 마음과 함께하는 마음부수는 7개가 있고 그 7개 마음부수

안에 느낌이 있습니다. 그러므로 우리에게 의식하는 마음이 있을 때마다 느낌이 있다고 알아야 합니다. 우리가 알지 못했다고 하여 엄연한 사실을 아니라고 할 수는 없는 것입니다.

그렇게 마음에는 항상 느낌이 있는데 느낌이 있다는 것을 우리가 모를 뿐 사실은 그 느낌에 우리가 계속 반응하는 것입니다. 우리의 마음이 끊임없이 반응하기 때문에 마음이 매우 지칩니다. 느낌이 항상 있고, 느낌에 따라 우리는 몸으로 입으로 마음으로 끊임없이 반응을 합니다. 날씨가 더우면 "아, 덥다." 하고 말은 안 할 수도 있지만 몸으로 덥다고 부채질하고 선풍기나 에어컨을 켜기도 하고, 몸은 가만히 있어도 마음속으로는 짜증을 내고 있을 수도 있습니다.

이렇게 거의 항상 우리 마음은 보고 반응하고, 듣고 반응하고, 냄새 맡고 반응하고, 생각하고 반응합니다. 사람들이 "아, 생각만 해도 머리 아파."라고 하지요. 정말 생각만 해도 머리가 아플 정도로 우리가 마음으로 반응하고 있습니다. 그 반응이 바로 느낌에서 갈애, 갈애에서 집착, 집착에서 업으로 끊임없이 반복하고 있는 것입니다. 생각만 해도 머리가 아플 정도인데 이 생각만이 아니라 몸으로도 반응하고 입으로도 반응하고 마음으로도 반응하니, 그 업의 무게가 얼마가 클지를 충분히 짐작할 수가 있을 것입니다.

바로 그 업으로 인해서 또 태어나는데 화를 낸 업으로 태어나면 사악처가 확실합니다. 그래서 다음의 식이 지옥생의 식이나 축생의 식이나 귀신의 식이나 아수라의 식입니다. 그 업으로 인해서 태어난다면 생각만 해도 머리가 아프겠지요. 그러니 생각만 해도 머리 아픈 일이 많으면 안 된다는 것을 알 수 있습니다.

위빳사나는 12연기의 역방향입니다. 12연기의 순방향으로 가면 인해서, 인해서, 인해서로 계속 도는 것인데 12연기의 역방향으로 가면 소멸해서, 소멸해서, 소멸해서 순간에 끊겨 버립니다. 그래서 이 위빳사나를 이야기할 때는 전생, 금생, 후생 그런 의미가 아니라 순간적인 윤회를 말하고 있습니다. 순간적인 윤회가 끊기는 것이 위빳사나입니다. 순간적인 윤회를 끊는다는 것이 형상을 보고 그 형상을 보는 순간 무상을 알고 위빳사나 지혜가 일어나면 그 형상으로 인해서 다시 생기는 것이 없다 이런 말입니다.

우리가 어떤 것을 보면서 꿈을 꾸는데 이때 애착, 집착을 다 가지고 꿈꾸는 것입니다. 그런데 내가 확실하게 보고, 확실하게 관찰하여 위빳사나 지혜가 일어났다면 그것으로 인해서는 꿈을 꾸는 것이 더 이상 없을 것입니다. 위빳사나의 힘이 애착, 집착, 갈애를 끊어 없애는 것입니다. 소리를 들을 때 그 소리에 대해 위빳사나 지혜가 있었다면 그 순간적인 소리에 대해 내 마음에서 화가 나거나 밤에 자면서 그것에 대해 꿈을 꾸는 일은 없습니다. 어릴 때의 경험을 떠올려 보면 알 수 있는데 집착했던 것이 바로 바로 꿈에 나타납니다.

지금도 마음이 약한 사람들은 자기 마음에 뭔가 걸리는 것이 있으면 계속 꿈을 꾸는 경우가 많습니다. 꿈을 제대로 해석하기는 어렵지만 그 꿈의 뿌리는 분명히 있습니다. 무서움 속에서 잠이 들면 무서운 꿈을 꾸고, 걱정이 있으면 그 걱정 때문에 꿈속에서도 내가 갖고 있는 걱정에 대해 계속 꿈을 꾸는 경우가 많습니다. 사람은 이렇게 좋은 것에도 집착하고 싫어하는 것에도 집착합니다. 미워하는 사람은 할 수만 있다면 마음속에서 지워버릴 텐데 우리는 항상 그 미운 존재를 가슴에 안고 살아갑니다. 안 좋아하는 것도 집착한다는 증거입니다.

사람들이 누구를 너무나 미워할 때 이렇게 말합니다. "내가 죽어도 오지 마라. 다음 생에서 나를 만났을 때 아는 척도 하지 마라." 하지만 바로 그런 마음 때문에 다음 생에서 또 만납니다. 그러니 "죽어도 오지 마라."라는 말은 "다음 생에 보자." 하고 똑같은 말입니다. 그러므로 자기가 진짜 싫으면 마음속에서 완전히 놔버려야 합니다. 마음속으로 완전히 놓을 수 있으면 그 사람과의 인연을 끊을 수 있겠지만, 인연이 끝이라고 말하거나 생각할 때마다 확실하게 맺어진다고 생각하십시오. 미움으로 확실하게 맺어지는데 그것은 안 좋게 맺어지고 있는 것입니다. '인연이 끝이다'라는 것이 내가 성냄으로 쥐면서 말하고 있는 것이어서 성냄으로 움켜 쥔 인연으로 다시 태어나면 부모와 아들딸로 태어나도 원수 같은 관계가 될지도 모릅니다. 그러니 갈애와 집착이란 얼마나 무서운 것인지요!

이 집착에서 우리가 가지는 것이 업인데, 입으로 안 하고 몸으로 안 해도 마음으로 생기는 업이 있습니다. 마음으로 생기는 업도 아주 무섭습니다.

위빳사나는 우리가 매 순간 느낌에서 갈애로 넘어가지 않으려고 노력하는 것이라고 이해하면 수행이 매우 소중한 것임을 알게 됩니다. 내가 이 순간을 제대로 챙기면 지혜가 생기고 제대로 못 챙기면 바로 갈애와 집착에 빠져서 업이 생기고, 그 업 때문에 또 윤회의 고통을 겪어야 한다는 것을 생각해 보십시오. 윤회가 무서워서 출가하는 자가 수행을 제대로 못하면 다시 윤회하게 되어 있고, 수행하는 것의 의미를 바로 알고 관찰하면 느낌에서 지혜라는 바른 길로 접어들 수 있습니다.

　고속도로에서 IC를 놓쳐 한 번 더 돌 때는 어느 정도 돈만 더 내면 되지만, 윤회를 한 번 더 하는 것은 한 번 죽어서 다시 와야 하는 것이니 한 생을 희생해야 된다는 의미입니다. 윤회가 얼마나 무서운지 상상할 수 있을 것입니다.

　업장 소멸이라는 것은 그냥 상상으로 되는 일이 아닙니다. 도가 일어나야 업장 소멸이 됩니다. 우리가 나무를 없애버리려고 할 때 그 뿌리를 뽑아 없애버리지 않고 나무의 가지만 자르면 때가 되었을 때 언제든지 다시 싹이 나옵니다.

　마찬가지로 윤회도 뿌리를 잘라야 끝이 납니다. 그 뿌리를 자를 수 있는 힘이 도인데 그 도가 하루아침에 되는 것이 아니고 지금처럼 매 순간 수에서 갈애가 아니라 지혜로 갈 수 있도록 닦는 일을 멈추지 말아야 합니다. 닦고, 닦고, 닦아서 청정해지면 어느 순간 그 수에서 위빳사나 지혜가 익어서 힘이 찬 도지혜가 생겨 업장이 소멸됩니다.

　수다원의 도라면 다시 태어났을 때 사악처로 가는 업장이 완전히 소멸되고, 사다함은 다시 태어나긴 하는데 욕계에 두 번은 오지 않습니다. 수다원 때부터 사악처가 없어지기 때문에 욕계에 사람과 신만 남아 있습니다. 사다함은 사람으로 태어나도 딱 한 번, 신으로 태어나도 딱 한 번이지 두 번째에는 욕계에 오지 않습니다. 그러면 색계나 무색계로 갈 수 있겠지요. 범천으로 태어날 수는 있지만 욕계에는 두 번 다시 태어나지 않는다는 의미입니다. 아나함은 욕계로 다시 오지 않습니다.

　그래서 이번 생에 여러분이 수행하다가 아나함이 되고 아라한까지는 이르지 못했다면 윤회는 끊지 못해 다시 태어납니다. 그런데 아나함은 인간이나 신이 아니라 범천으로 태어납니다.

아나함이 pāli어로 '아나가미anāgāmi', '아가미'는 '돌아온다'는 뜻이고, '아나가미(안+아가미)'는 '돌아오지 않는다'는 뜻인데 여기서는 욕계 즉 인간이나 신의 세계로는 돌아오지 않는다는 의미입니다. 사다함만 돼도 욕계에서 태어나는 업장이 한 번밖에 안 남고, 욕계에 태어날 수 있는 나머지 모든 업장이 소멸되며, 아나함이 되면 욕계에 태어날 업이 완전히 소멸됩니다. 욕계·색계·무색계 삼계에 태어나는 윤회의 모든 업장이 완전히 소멸되는 것이 아라한과 부처님입니다.

무상·고·무아를 아는 지혜가 얼마나 중요한지를 이제 아실 것입니다. 무상·고·무아를 모르면 틀림없이 갈애가 되고, 집착이 되고, 업이 생기고, 그래서 빙빙 돌아가게 되어 있습니다. 무상·고·무아를 아는 것이 왜 중요한지를 깨닫고 위빳사나 수행을 열심히 하여 느낌에서 지혜로 넘어서서 윤회에서 벗어나기를 기원합니다.

사두, 사두, 사두.

Buddha sasanaṃ ciraṃ tiṭṭhatu (3번)
붓다 사사낭 찌랑 띳타뚜

부처님의 가르침이 오래오래 머무소서.

사두, 사두, 사두.

일곱째 날

대념처경과
위빳사나

네 가지 경전

오늘은 대념처경과 위빳사나 이야기를 하겠습니다. 이 대념처경은 수행에 관한 구체적이고 실천적인 가르침이 담겨 있는 경전입니다. 부처님의 가르침을 공부하고자 하는 분들께 제가 항상 기본적으로 추천하는 네 가지 경전이 초전법륜경(Dhammacakkappavattanasuttaṃ), 무아경(Anattalakkhaṇasuttaṃ), 열반경(Mahāparinibbānasuttaṃ) 그리고 이 대념처경(Mahāsatipaṭṭhānasuttaṃ)입니다. 초전법륜경은 부처님의 첫 번째 가르침이기 때문에 우리가 반드시 공부해야만 하는 경전이지요. 초전법륜경에는 부처님의 이름과 철학을 비롯한 대부분의 가르침들이 들어 있습니다.

대통령 선거 때 대통령 후보자들이 선거 유세 하면서 유권자들 앞에서 자기 정책을 펼쳐 보이는 것처럼, 부처님 당시에 인도에서도 "내가 부처이다."라고 주장하는 사람들이 매우 많았는데, 그들 중에서도 '육사외도'라고 불리는 여섯 명이 가장 유명했습니다. 그런 상황에서 다시 석가모니 부처님께서 당신이 진정한 붓다임을 증명하기 위해 펼치신 가르침이 바로 초전법륜경입니다. 그래서 부처님의 확실한 정책에 해당되는 가르침, 다른 사람들과 구별되는 부처님만이 홀로 깨달으신 특별한 법을 이 초전법륜경에서 다 펼쳐 보이신 것입니다.

그 다음으로 공부해야 할 경전이 무아경입니다. 초전법륜경을 통해서 하루에 한 명씩 5비구가 모두 수다원이 되었는데 그때 걸린 시간이 닷새입니다. 지금 달력으로 하면 양력 7월 보름이고 인도 달력으로는 그때가 4월 보름이었는데, 그때 초전법륜경을 시작하여 닷새째 되던 날 다섯 명의 비구가 모두 수다원이 된 후 부처님께서 가르치신 것이 무아경입니다. 그 무아경을 듣고 나서 5비구가 모두 아라한이 되었습니다. 그만큼 무아경은 중요한 경전이기 때문에 꼭 공부해야 하는 것으로 부처님의 아주 핵심적인 가르침입니다.

세 번째로 추천하는 것이 대념처경으로 오늘 이 시간에 살펴볼 것이고 네 번째가 열반경입니다. 열반경은 부처님의 가르침을 어떻게 지켜나가야 할 것인지에 대한 지침서에 해당되는 아주 중요한 경전입니다. 이 네 가지 경전을 제대로 공부하면 부처님 가르침의 아주 큰 틀은 잡을 수 있을 것입니다.

대념처경은 어떤 경전인가

그러면 이제 대념처경이 어떤 경전인지를 소개하겠습니다. 대념처경은 부처님이 꾸루kurū라는 나라의 깜마사다마kammāsadhammaṃ라는 곳에서 가르치신 것으로, 구체적 수행 방법과 함께 이 수행을 하면 어떤 결과가 있는지를 말씀하셨습니다.

Ekāyano ayaṃ bhikkhave maggo sattānaṃ visuddhiyā sokaparidevānaṃ samatikkamāya dukkhadomanassānaṃ atthaṅgamāya ñāyassa adhigamāya nibbānassa sacchikiriyāya yadidaṃ cattāro satipaṭṭhānā.
Katame cattāro? Idha, bhikkhave, bhikkhu kāye kāyānupassī viharati ātāpī sampajāno satimā vineyya loke abhijjhādomanassaṃ, vedanāsu vedanānupassī viharati ātāpī sampajāno satimā, vineyya loke abhijjhādomanassaṃ, citte cittānupassī viharati ātāpī

sampajāno satimā vineyya loke abhijjhādomanassaṃ,
dhammesu dhammānupassī viharati ātāpī sampajāno
satimā vineyya loke abhijjhādomanassaṃ.

'에까야노 아얌 빅카웨 막고 삿따낭 위숫디야ekāyano ayaṃ bhikkhave maggo sattānaṃ visuddhiyā', '빅카웨'는 '비구들이여', '아얌'은 '이것', '막고'는 '길, 도로', '에까야노'는 '유일한, 하나뿐인', '삿따낭'은 '중생들', '위숫디야'는 '청정함을 위한'이라는 뜻으로 부처님께서는 '대념처경에서 가르치는 이것이 중생들의 청정함을 위한 하나뿐인 길'이라고 분명하게 밝히며 가르침을 시작하셨습니다.

'소까빠리데와낭 사마띡까마야sokaparidevānaṃ samatikkamāya', '소까'는 '걱정 근심', '빠리데와낭'은 '울음, 눈물 흐름', '사마띡까마야'는 '건너간다', 풀이하면 '이것은 걱정 근심, 눈물 흐름을 넘어설 수 있는 유일한 길'이라는 뜻입니다.

'둑카도마낫사낭 앗탕가마야dukkhadomanassānaṃ atthaṅgamāya', '둑카'는 '몸의 고통', '도마낫사'는 '마음의 괴로움', '앗탕가마야'는 '끝내기 위해서, 없애기 위해서', 즉 이것은 몸과 마음의 고통을 끝낼 수 있는 유일한 방법이라는 의미입니다.

'냐얏사 아디가마야ñāyassa adhigamāya', '냐얏사'는 '도지혜, 과지혜를', '아디가마야'는 '깨달아 알기 위해서, 성취하기 위해서'의 뜻입니다.

'닙바낫사 삿치끼리야야nibbānassa sacchikiriyāya'는 '닙바나, 해탈을 성취하기 위한', '야디당 짜따로 사띠빳타나yadidaṃ cattāro satipaṭṭhānā.', '야디당'은 '이것', '짜따로'는 '네 가지', '사띠빳타나'는

'몸·느낌·마음·법 네 곳을 잊지 않고 조심스럽게, 주의 깊게 관찰하는 것'으로 '이 네 가지가 위에서 말한 것들을 성취하는 하나뿐인 길이다'라고 부처님께서 단언하셨다는 의미입니다.

중생들이 청정하지 못한 이유는 탐·진·치 등 번뇌 때문인데, 이 수행법은 그 번뇌를 없앨 수 있는 유일한 길입니다. 이 사념처 수행을 하면 번뇌에서 벗어나 청정해지고, 걱정 근심에서 벗어나고, 몸의 고통과 마음의 고통을 넘어설 수 있고, 지혜를 갖추게 되며, 마침내 해탈을 성취할 수 있다고 부처님께서 확실하게 약속하셨습니다.

'buddhavacane dvivacanaṃ nāma natthi, buddhassa advivacanaṃ', '드위'는 '두 가지', '와짜낭'은 '말, 말씀', '아드위와짜낭'은 '두 가지 말이 없다', 즉 부처님께서는 당신께서 하신 말씀에 대해 딴 말씀 하시는 경우가 절대로 없다, 당신께서 이미 하신 말씀과 다르게 말씀하지 않으신다, 즉 부처님께서 하신 말씀은 아주 확실해서 믿을 만하다는 뜻입니다.

여기까지를 이어서 함께 독송해 보겠습니다.

Ekāyano ayaṃ, bhikkhave, maggo sattānaṃ visuddhiyā,
sokaparidevānaṃ samatikkamāya dukkhadomanassānaṃ
atthaṅgamāya ñāyassa adhigamāya
nibbānassa sacchikiriyāya yadidaṃ cattāro satipaṭṭhānā.
에까-야노 아얌 빅카웨 막고 사따낭 위숫디야-
소까빠리데와낭 사마떡까마-야
둑카도마낫사-낭 앗탕가마-야

냐-얏사 아디가마-야
닙바-낫사 삿치끼리야-야
야디당 짜따로 사띠빳타-나-

그렇다면 이 사념처 수행은 어떻게 하는 것인가? 아래에서 살펴보면 알게 되겠지만 이것은 다름 아닌 팔정도 수행과 같습니다.

Idha, bhikkhave, bhikkhu kāye kāyānupassī viharati ātāpī sampajāno satimā vineyya loke abhijjhādomanassaṃ, vedanāsu vedanānupassī viharati ātāpī sampajāno satimā, vineyya loke abhijjhādomanassaṃ, citte cittānupassī viharati ātāpī sampajāno satimā vineyya loke abhijjhādomanassaṃ, dhammesu dhammānupassī viharati ātāpī sampajāno satimā vineyya loke abhijjhādomanassaṃ.
이다 빅카웨 빅쿠 까-예 까-야-누빳시- 위하라띠
아-따-삐- 삼빠자-노 사띠마- 위네이야 로께
아빗자-도마낫상 웨다나-수 웨다나-누빳시 위하라띠
아-따-삐- 삼빠자-노 사띠마- 위네이야 로께 아빗자-도
마낫상 찟떼- 찟따-누빳시 위하라띠 아-따-삐- 삼빠자-
노 사띠마- 위네이야 로께 아빗자-도마낫상 담메수
담마-누빳시 위하라띠 아-따-삐- 삼빠자-노 사띠마-
위네이야 로께 아빗자-도마낫상

'이다 빅카웨', '빅카웨'는 '비구들이여', '이다'는 '나 여래의 이

가르침에', '까-예'는 '몸을, 몸에서', '까-야누'는 '몸이라고 반복해서', '빳시'는 '보았다, 또한 '보는 자, 또는 보는 행위, 보는 습'을 말합니다. '빳사'는 '봄', '위하라띠'가 '산다' 그래서 '몸을 몸이라고 반복해서 보며 산다'는 뜻이지요.

'웨다나-수'는 '느낌들을, 느낌들에', '웨다나-누빳시'는 '느낌들이라고 반복해서 보면서', '위하라띠'는 '산다'.

'찟떼- 찟따-누빳시', '찟떼-'는 '마음에', '찟따-누빳시'는 '마음이라고 반복해서, 사띠sati 즉 기억하고, 알아차리고, 마음에 새기고, 잊지 않으면서 산다'가 되겠지요.

'담메수 담마-누빳시 위하라띠', '담메'는 '법에서', '담마-누빳시'는 '담마', 법이라고, '아누anu'는 '반복해서', '빳시'가 보았다.

이 말을 다시 풀어서 이해해 보자면, 몸에서 몸을 몸으로 보고, 느낌에서 느낌을 느낌으로 보고, 마음에서 마음을 마음으로 보고, 법을 법이라고 보는 것, 다시 말하면 모든 것을 있는 그대로, 사실 그대로 본다는 의미입니다.

몸에서 몸에 있는 것을 사실 그대로 본다는 것은 무슨 뜻인가. 예를 들어 지금 더우면 더운 것이 몸이지요. 더우면 더위를 보고, 추우면 추위를 보고, 딱딱하면 딱딱함을 보고, 차가우면 차가움을 보고, 부드러우면 부드러움을 보고, 움직이면 움직임을 보고, 당기면 당김을 봅니다. 또 숨을 들이쉬면서 배가 부풀면 부푸는 것을 보고 꺼질 때 꺼지는 것을 봅니다.

그런데 어떤 이가 "대념처경에 보니까 부풂 꺼짐이라는 말은 없던데요?"라고 묻는다면 그것은 잘못 생각한 것입니다. 배도 몸이고 그 배의 부풂을 보는 것도 몸의 움직임 중 하나를 보는 것이기 때문입니다.

'웨다나-수'라고 복수형으로 쓴 것은 느낌에 여러 가지가 있기 때문입니다. 좋은 느낌, 안 좋은 느낌, 중간 느낌이 그것인데 몸의 고통스러움과 쾌감, 마음의 즐거움과 괴로움, 몸과 마음의 좋지도 나쁘지도 않은 중간 느낌이 그것들입니다. 그래서 지금 괴로우면 그냥 괴로운 대로 괴로움을 알고 느끼기만 할 뿐 그것을 없애려고 애쓰지 않는 것이 느낌을 느낌 그대로 보는 것입니다. 행복하면 행복함을 계속 유지하려고 애쓰지 않고 오직 행복한 느낌 그대로를 알기만 할 뿐 '내가 행복하다, 이 행복을 유지하기 위해 뭔가를 하겠다'라고 애쓰지 않는 거예요.

행복할 때 행복함을 보고 괴로울 때 괴로움을 보는데 그것을 한 번 보고 마는 게 아니라 반복해서 보는 것, again and again, 다시 반복하고 반복해서 보아야 그 봄이 깊어지면서 무상을 알 수가 있습니다. 이 첫째 단락만 봐도 사념처 수행법이 어떤 것인지 추측할 수 있을 것입니다.

마음에서 마음을 보는 것도 같은 방법입니다. 화나는 마음이 있으면 화나는 마음이라고 있는 그대로 보기만 할 뿐 '화내지 마'나 '화내면 안 돼'가 아닙니다. 화 없는 마음이면 화 없는 마음을 보는 것입니다. 그런데 화내는 마음과 화 없는 마음을 확실하게 구분하여 알기 위해서는 그 두 마음을 정확하게 비교하며 관찰해 보면 됩니다. 화가 나 있을 때 그 마음을 계속 관찰하다 보면 어느 순간 화가 사라집니다. 그러면 화나지 않는 그 마음과 앞에서 화났던 마음이 서로 분명하게 다르다는 것을 확인할 수 있습니다. 그렇게 비교 대조해 보면 그 둘이 어떻게 다른지 확실하게 알 수 있을 것입니다.

그 다음에도 마찬가지로 법에서 법을 법이라고 반복해서 봅니다. 이때 아주 중요한 것이 바로 '아-따-삐- 삼빠자-노 사띠마-ātāpī sampajāno satimā'입니다.

'아-따-삐'는 '노력하는 사람'을 가리키는 말로 원래의 의미는 '태우다, 열을 올려 뜨겁게 태우다'라는 뜻입니다. 다시 말하면 이 노력이란 열로 번뇌를 태운다, 즉 마음속에 갖고 있는 나쁜 성향을 모두 태워 없애버리려고 노력하는 것이 이에 해당됩니다.

'삼빠자-노'는 '확실한 앎', '삼'은 '잘, 잘 한다' 이런 뜻이고, '빠'는 '확실하게, 잘라서 하나하나 분명하게', '자나'는 '아는 지혜', 그러니까 '삼빠자-노'는 잘 알고 확실하게 아는 지혜라고 해석하면 되겠습니다. 다시 말하면 위빳사나 지혜이지요. 물질과 정신에 대해 확실하게 파악하는 지혜, 물질을 본다면 물질의 특징, 지대라면 지대의 특징들인 딱딱함, 부드러움, 무거움, 가벼움, 이런 것들을 확실하게 아는 것이 삼빠자노입니다. 우리가 어떤 사물을 볼 때 한쪽 방향에서 볼 때와 전후좌우 상하내외를 다 볼 때는 그 결과가 매우 다르다는 것을 압니다.

'사띠마-'는 '사띠'가 '잊지 않는 것'을 말합니다.

그러므로 위의 세 가지 즉 노력, 지혜, 사띠가 아주 중요한 수행의 길, 요소가 되는 것입니다.

대념처경과 팔정도의 관계

그러면 대념처경과 팔정도는 어떻게 서로 관련이 되는 가. 부처님의 가르침이 곧 팔정도인데 왜 다시 사념처를 하나뿐인 길이라고 했는가. 그 두 가지를 잘 살펴보면 사실은 같은 것인데 표현을 다르게 했다는 것을 알 수 있습니다.

부처님께서 처음 팔정도를 가르치실 때는 구체적인 대상을 언급하지 않고 단지 팔정도, 즉 깨달음을 위한 여덟 가지 올바른 길을 말씀하셨는데 사념처에서는 팔정도에 덧붙여서 몸·느낌·마음·법이라는 수행의 구체적인 대상을 함께 설명하고 계십니다. 아따삐가 바른 노력, 사띠마는 바른 사띠, 삼빠자노는 바른 지혜이지요. 그러면 팔정도에서는 여덟 가지 길이 있다고 했는데 왜 사념처는 세 가지만 있느냐고 물을 수도 있겠지만, 조금만 깊이 생각해 보면 어렵지 않게 그 까닭을 이해할 수 있습니다.

노력과 사띠가 있으면 틀림없이 집중이 생깁니다. 사띠가 있어 대상을 놓치지 않으면 마음이 한 대상에 머물게 되면서 집중이 됩니다. 그리고 집중이 있으면 지혜가 생깁니다. 그러니 노력과 사띠가 있으면 당연히 집중도 일어나고, 올바른 집중이 있으면 지혜가 따라오게 되어 있습니다.

그 관련성을 이해하기 위해 예를 들자면 이렇습니다. 사냥꾼이 사슴을 잡으려고 따라가며 화살을 쐈는데 화살을 맞은 사슴이 단번에 죽지 않으면 피를 흘리면서 도망을 갑니다. 그러면 사냥꾼은 땅에 흘린 핏자국을 보면서 계속 사슴을 쫓아갑니다. 그러다 시간이 많이 지나 피가 마르면 그 다음에는 사슴의 발자국을 살피며 계속 따라갑니다. 그러다가 어느 순간 바위가 나타났는데, 바로 앞까지 있던 발자국이 바위 앞에서 사라졌고, 바위 뒤에 계속 이어졌다면 틀림없이 사슴은 바위 위로 넘어갔을 것임을 알 수 있는데 이것을 '미가다와란짜나migadavalañcana'라고 말합니다. 결과인 이것을 보며 원인인 저것을 알 수 있다는 의미입니다. 이와 같이 지혜가 있으면 그 앞에 반드시 집중이 있습니다. 집중 없이는 지혜가 생길 수 없기 때문입니다.

마찬가지로 집중이 있다면 노력과 사띠가 앞에 원인으로 있는 것입니다. 이렇게 이해하면 왜 사념처에 팔정도가 있다고 하는지를 알 수가 있습니다. 같은 방식으로 더 살펴보면, 바른 견해가 있으면 바른 사유가 되는 것이지요. 바른 견해가 있는 사람이면 바른 사유가 되고, 사견을 갖고 있는 사람은 나쁜 생각 즉 잘못된 생각을 하게 되어 있습니다. 또 바른 노력, 바른 사띠, 바른 집중, 바른 지혜가 있다면 당연히 바른 지계가 될 수밖에 없습니다.

이렇게 사념처를 깊이 이해하면 거기에 팔정도가 다 포함되어 있다는 것을 알 수 있습니다. 이런 식으로 문장을 이해하는 방법

이 '라자빠다나rājāpadhāna'입니다. '라자'는 '왕'을 의미하고 '빠다나'
는 '주된 것으로 봐야 한다'는 뜻이 있습니다. 예를 들어 "대통령
이 오신다." 하면 대통령 혼자 오는 게 아니라 앞뒤에 경호원들이
있고 주변에 비서실장 등 수행원들이 함께 오게 되어 있습니다.
핵심을 말하면 나머지는 미루어 알 수 있다는 뜻이지요.

그래서 부처님께서 바른 노력, 바른 사띠, 바른 견해를 말씀하
셨으면 팔정도의 나머지들도 더불어 알아야 합니다. pāḷi어를 배
울 때 그런 공부를 많이 합니다. 그래야 어떤 문장을 보면서 그 말
의 정확하고 깊은 의미를 제대로 파악할 수가 있습니다.

따라서 팔정도와 사념처를 전혀 다른 별개의 경전이라고 보는
것은 옳지 않고 잘못 이해한 것입니다.

사념처 자체만으로는 수행을 할 수가 없습니다. 즉 몸·느낌·
마음·법에 사띠를 가져야 비로소 수행을 할 수가 있는데 이 사띠
는 팔정도 중 하나인 정념입니다. 또한 사띠를 가지기 위해서는
지속적인 노력이 필요하고, 이 노력 또한 팔정도 중 하나인 정정
진입니다. 이렇게 경전을 이해하는 힘이 생기면 팔정도, 사념처,
사성제, 12연기가 결국은 다 같은 것인데 표현만 다르게 했다는
것을 알 수 있을 것입니다.

다음은 저의 은사 스님께서 말씀해 주신 일화입니다.

우리 은사 스님 집안 쪽에 큰스님이 계셨습니다. 우리나라(미
얀마)에서는 불교와 관련된 글들은 모두 '나모따사'로 시작합니다.
'나모따사 바가와또……삼마 삼붓다사' 할 때의 '나모따사'이지요.

그때 그 큰스님의 법문이 아주 유명했습니다. 그래서 멀리 산
악지방에 있던 한 스님이 큰스님의 명성을 듣고 경전을 공부하기

위해 큰스님을 찾아왔습니다. 그런데 한 안거철이 다 끝났는데도 이 '나모따사'가 안 끝났다는 것입니다. 그래서 이 스님이 '아, 내가 많은 경전을 공부하러 왔는데 한 경전의 맨 위에 있는 나모따사만 3개월 내내 하고 계시니 내 공부가 언제 끝나겠나?' 하면서 큰스님 밑에서 경전 공부하는 것을 포기해 버렸습니다. 그래서 자기가 머물던 절로 돌아가 버렸지요.

절로 돌아가서 경전을 다시 보니 이상하게도 모든 경전의 내용을 자신이 다 알고 있고 이해가 아주 잘 되더랍니다. 큰스님이 나모따사 하나만 법문하시는 줄 알았는데 사실은 이 나모따사 한 줄로 모든 경전의 의미를 꿰뚫어 볼 수 있게 가르치신 것이지요. 그 사실을 뒤늦게 깨달은 이 스님이 다시 큰스님한테 돌아와서 "잘못했습니다." 하고 참회했다는 이야기가 전해지고 있습니다.

그런 것입니다. 부처님의 경전을 공부하면서 이렇게 서로 다른 경전의 핵심이 같음을 꿰뚫어 볼 수 있으면 공부가 제대로 된 것입니다.

'위네야 로께 아빗자─도마낫상vineyya loke abhijjhādomanassaṃ'.

이것은 여러분이 아침마다 같이 읽는 예불문의 「위빳사나 수행방법」에 나오는 이야기입니다. '무엇이 생기기를 바라지 마세요. 무언가가 없어지기를 바라지 마세요. 생기기를 바라는 것은 욕심이고, 없어지기를 바라면 성냄입니다' 하는 그 이야기입니다.

'아빗자'는 '탐욕', '도마낫사'는 '성냄', '로께'는 '세상'이고 '위네이야'는 피하는 것, 그러므로 세상에 대한 욕심과 성냄을 피하려고 노력하고, 사띠를 가지고, 확실한 앎으로 몸·느낌·마음·법을 반복해서 관찰하고 있으면 깨달을 수 있다는 의미입니다.

그러니 대념처경 수행 방법이 앞의 네 줄에 다 들어 있다고 볼 수 있습니다. 그래서 부처님 말씀 그대로인 이 네 줄을 늘 외우면서 수행하면 도움이 됩니다.

Ekāyano ayaṃ, bhikkhave, maggo sattānaṃ visuddhiyā, sokaparidevānaṃ samatikkamāya dukkhadomanassānaṃ atthaṅgamāya ñāyassa adhigamāya nibbānassa sacchikiriyāya, yadidaṃ cattāro satipaṭṭhānā.

반복해 말하자면, 팔정도는 수행 방법을 구체적으로 언급하지 않고 여덟 가지 수행 과제를 말했다면 대념처경은 수행의 대상과 수행의 방법을 구체적으로 밝혀 놓음으로써 수행자가 바르게 실천할 수 있도록 한 가르침이라고 보면 됩니다.

초전법륜경에 보면 팔정도만 나오고 팔정도를 가지고 어떻게 수행하는지 그 방법은 나오지 않습니다. 그런데 이 대념처경에서는 그 방법이 자세하게 나옵니다. 초전법륜경에서 법, 진리가 무엇(what)인지를 보여주고 있다면 대념처경에는 그 법을 어떻게 (how) 실천하는지를 설하고 있다는 말입니다. 예를 들어 초전법륜경에서는 '도성제란 무엇인가?'가 나오고 대념처경에는 '이 도성제를 어떻게 실행할까?'를 보여주는 것이지요. 따라서 대념처경은 팔정도의 실천법이라고 볼 수 있겠습니다.

대념처경의 큰 틀은 신身·수受·심心·법法인데, 몸에서 부처님이 첫 번째로 가르치는 것이 호흡입니다. 두 번째는 행주좌와行住坐臥 네 가지 자세이고, 세 번째가 그 네 가지 큰 자세 외의 모든 작은 동작들, 즉 앞으로 가는 것, 뒤로 가는 것, 가사 입는 것, 발우 드는 것, 대소변 보는 것 등을 아주 자세히 언급하고 다시 덧붙이시기를, 몸의 어떤 부분이든지 일어나는 그대로를 보라고 하셨습니다. 배의 부름 꺼짐을 관찰하는 수행은 여기에 포함됩니다.

첫째는 호흡, 둘째는 행주좌와, 셋째는 작은 동작들, 모든 작은 동작들에도 확실한 앎을 지녀야 한다, '삼빠자-냐빱방 sampajānapabbaṃ'이 그 의미입니다.

네 번째는 부정관不淨觀입니다. 더러움을 관찰하는 것이지요. '빠띠꾸-라마나시까-라빱방paṭikūlamanasikārapabbaṃ'은 먹는 것을 보며 더러움을 생각하는 것입니다. 우리는 보통 욕심으로 먹게 되는데 그 먹는 것에 대하여 '더러움'이라고 관찰하는 수행 방법입니다.

아침에 일찍 탁발할 때 '아, 이 먹는 것이 진짜 괴롭구나. 먹기 위해서 내가 지금 거지처럼 돌아다니면서 밥을 얻어야 되는구나'라고 생각합니다. 또 길을 가면서도 여러 가지들을 밟게 되는데 똥도 밟고, 흙도 밟고, 어떤 사람들이 뱉은 침도 밟으면서 '아, 먹기 위해서 내가 이 더러운 것들을 다 밟으며 가야 되는구나' 하고 깊이 마음에 새깁니다. 탁발한 음식을 입에 가져가면서도 '그릇에 있는 밥이 내 입 안에 들어오면 침과 섞이는데 이것을 뱉았다가 다시 입속에 넣기는 어렵겠구나, 더럽구나……'라고 생각합니다. 또 씹고 씹어서 음식물이 다 으깨지면 개밥 같고 개가 토해 놓은 것과 똑같겠지요. 계속 그렇게 더러움을 생각하면서 먹으면 먹는 것에 대한 욕심이 차츰 떨어져 나가게 됩니다.

이런 수행이 왜 필요한가를 생각해 봅시다. 우리 중생들이 원래부터 갖고 있는 욕망들 중에서 유독 강한 세 가지가 식욕, 수면욕, 성욕입니다. 그리고 이 세 가지만으로 사는 세상을 축생이라고 말합니다. 동물들은 태어나서 죽을 때까지 주로 이 세 가지로 삽니다. 사람들이 동물을 붙잡아서 강제로 일을 시키는 것을 제외하면 별로 하는 일이 없습니다.

그런데 인간 세상에서도 거의 이 세 가지로 사는 사람이 아주 많이 있습니다. 만물의 영장이라고 하는 인간도 사실은 동물과 크게 다르지 않은 삶이 많이 있습니다. 그 세 가지 욕구가 강한 삶일수록 동물과 비슷하고, 세 가지에 대한 탐욕이 약할수록 인간답다고 하는 것입니다. 그러니까 축생과 성인의 사이에 있는 범부는 동물 반, 성인 반이라고도 할 수 있겠지요.

그런데 우리의 밑바닥에서 당기는 힘인 이 세 가지 즉 식욕, 수면욕, 성욕은 대단히 강합니다. 지구도 지구의 중심에서 당기는 힘이 있기 때문에 우리가 이렇게 서 있을 수 있습니다. 물건을 위로 던져도 아래로 떨어지는 이유가 바로 이 힘, 중력 때문입니다. 로켓이나 미사일을 발사할 때 그것이 우주까지 가려면 지구의 중력을 벗어날 때까지는 계속 무언가가 터지면서 힘을 보태줘야 합니다. 그 힘이 모자라면 발사된 로켓이나 미사일은 지구 표면으로 도로 떨어져 버리고 맙니다. 그래서 미사일 안에 장착된 것이 한 번 터지고, 두 번 터지고, 세 번 터지면서 그 힘이 충분할 때 마침내 우주로 진입할 수 있습니다. 그렇게 되면 지구의 중력이 작용하지 않게 되어 우주의 목표지점에 머물면서 편하게 돌 수가 있게 됩니다.

범부가 성인으로 되는 것이 이와 같은 이치로 설명될 수 있습니다. 범부가 성인이 못 되는 이유는 '밑에서 당기는 힘'을 벗어나지 못하기 때문이어서 그 '세 가지 욕심'을 줄이고 줄여 나가야 합니다. 그래서 먹는 것도 적당히 먹어야 되고, 자는 것도 많이 줄여야 되고, 성적으로도 많이 조심해야 됩니다. 이 세 가지에서 벗어날수록 성인에 가까워지고 완전히 벗어났을 때 아라한이 됩니다.

죽지 않을 만큼 먹고, 성욕을 완전히 버리면 이때부터가 아나함입니다. 아나함이 되면 성에 대한 욕심이 완전히 없어집니다. 그래서 아나함들이 아라한이 안 된 상태에서 죽은 뒤 다시 태어나면 범천으로 태어나는데 범천 세상에는 남자 여자가 없습니다. 그곳은 얼마나 조용할지 생각해 보세요. 남자 여자가 있기 때문에 이 세상은 몹시 복잡하고 시끄럽지요. 남성 여성이 없으니 성차별 문제도 있을 리 없고 서로에게 상처 줄 일도 별로 없을 것입니다. 그래서 범천 세상이 중생 중에는 제일 행복한 세상이지만 그래도 윤회는 합니다.

'빠띠꿀-라마나시까-라'는 이렇게 먹는 것에 대해 더럽게 생각함으로써 계속 식욕이 떨어지게 하는 것입니다. 욕심으로 먹는 것이 아니라 죽지 않으려고 먹는 것뿐이지요.

경전에 나오는 이야기입니다.

어머니가 사막을 여행하는데 먹을 것이 없어서 죽게 생겼답니다. 그래서 죽은 자기 아들을 말린 고기를 먹으면서 걷습니다. 이런 경우는 순전히 죽지 않기 위해서 먹는 것이지요. 이 삼세윤회의 고통이라는 사막에서 힘들게 걸으면서 어쩔 수 없이 아들의 인육을 먹는 어머니의 마음으로 식사한다면 먹는 것에 욕심을 부리지 않을 거라는 가르침을 주기 위해 부처님께서 예를 들어 하신 말씀입니다.

그런 정신을 가지기 위해서 더러움을 계속 관하다 보면 어쩔 수 없어서 먹는 거지, 욕심을 부리며 먹고 싶어서 먹는 것은 별로 없어지게 될 것입니다. 이렇게 하는 것은 사마타 수행에 해당됩니다.

'다-뚜마나시까-라빱밤dhātumanasikārapabbaṃ', 이것은 사대수행인데, 하는 방법을 조금 구체적으로 말하자면 내 몸을 지대로 보려면 온몸에서 지대를 보는 것이고, 수대를 대상으로 한다면 온몸에서 수대를 보는 방식입니다.

지금 우리가 하고 있는 위빳사나 수행은 대상을 따로 정해 놓지 않고 매 순간 일어나고 사라지는 모든 것을 보는 것으로 이것은 아주 자연스러운 방식이라면, 사마타 수행에 속하는 이 4대수행은 자연스럽지가 않습니다. 내 몸을 딱딱함으로 보면서 온몸에 퍼져 있는 딱딱함을 느껴보는 식입니다. 위빳사나 수행에서는 자연스럽게 몸에 딱딱함이 있으면 딱딱하다고 압니다. 딱딱함이 없을 때 굳이 그것을 찾아갈 필요가 없지요. 그런데 사대수행을 사마타식으로 할 때에는 의식적으로 대상을 정해서 해야 합니다. 일단 내가 이 사대를 대상으로 두기 때문에 지대로 하면 지대를 찾고, 수대로 하면 수대를 찾고, 풍대로 하면 풍대를 찾아서 해야 하는 것입니다. 반면에 위빳사나식으로 할 때는 자연스럽게 일어날 때 일어나는 것을 보면서 지·수·화·풍을 다 보게 됩니다.

'나와시와티까빱밤navasivathikapabbaṃ'은 시체를 보면서 시체가 변해가는 여러 가지 모습을 보는 것입니다. 화장하거나 매장하지 않고 그냥 버려둔 시체의 변화를 보면서 하는 수행입니다. 이틀 사흘 지나면서 시체에서 물이 나오고, 얼굴과 몸의 색깔이 변하고, 시체가 팽팽하게 부풀어 오르고 하는 이런 모습들을 빠짐없이 관찰합니다. 새가 와서 쪼아 먹고, 개가 와서 뜯어먹고, 계속 부풀다가 터지면서 안에 있던 것들이 다 쏟아져 나오고, 살들이 다 없어져 뼈만 남고, 뼈들이 흩어지고……

이것은 사마타 수행 방법입니다. 시체 명상으로는 초선정밖에 안 됩니다. 왜냐하면 시체를 계속 관찰 대상으로 삼아야 하기 때문입니다. 이선정으로 가려면 '위딱까vitakka', 즉 일으키는 생각을 놓아 버려야 하는데 대상인 시체를 놓으면 안되어 위딱까를 버릴 수 없기 때문입니다. 그래서 시체를 보는 수행은 초선정밖에 안 되는 것입니다.

초선정과 이선정의 차이는 위딱까, 즉 일으키는 생각이 있느냐 없느냐를 가지고 따집니다. 호흡에서 생긴 표상을 지속적으로 가지기 위해서 위딱까가 끊임없이 일을 해야 합니다. 초선정에서 이선정으로 갈 때까지는 이렇게 위딱까가 반복적으로 일을 해줘야 합니다.

초선정에 능숙해지다 보면, 위딱까가 이렇게 애를 쓰는 것에 불편함이 느껴집니다. 위딱까가 표상을 반복적으로 가지는 행위 자체가 집중이 더욱 깊어질 수 없게 발목잡고 있는 것 같이 느껴집니다. 그런 상태를 넘어서기 위해 집중을 더 하다 보면 위딱까 없이 그 표상을 계속 살필 수 있게 됩니다. 그때 위딱까라는 요소 하나가 없어집니다.

일으키는 생각, 지속적인 고찰, 희열, 행복, 집중 이 5가지가 초선정의 구성요소인데, 이선정으로 가면 일으키는 생각이 없어지고, 지속적인 고찰, 희열, 행복, 집중 4가지만 남아 있게 됩니다.

그런데 시체를 보는 사람은 초선정까지는 잘 가지만 초선정에서 이선정으로 가기 위해 마음이 일으키는 생각을 놓으려고 하면, 시체라는 대상에 대한 마음이 일어납니다. 일으킨 생각을 내려놓고 계속 살펴야 이선정으로 들어가는데 시체를 다시 보려고 하는 마음이 일어나는 것입니다. 그래서 시체를 대상으로 하는 사마타 수행으로는 이선정이 어렵다는 것입니다.

물질을 대상으로 하는 수행에서는 14가지를 가르칩니다. 즉 호흡, 네 가지 큰 자세, 나머지 작은 동작들, 그리고 몸의 32가지 부위에 대한 부정관, 사대, 9가지 시체의 관찰, 이렇게 14가지입니다.

그런데 이론적으로 정리할 때는 이렇지만 실제로 수행을 할 때는 이런 것을 하나씩하나씩 순서대로 수행해야 하는 것은 아닙니다. 예를 들어 옷장에 보면 양말들이 따로 있고, 속옷들이 따로 있고, 셔츠들이 따로 정리되어 있지만 입을 때는 양말도 신고 속옷 겉옷 다 입는 것과 똑같습니다.

마찬가지로 우리의 일상생활 속에서는 이런 여러 가지 수행 방법을 자연스럽게 섞어서 할 수 있어야 합니다. 먹을 때 빠띠꿀-라마나시까-라, 탁발할 때 빠띠꿀-라마나시까-라, 식사하면서 더러움을 관찰하고, 서 있을 때는 서 있는 것을 관찰하고, 누워 있을 때는 누워 있는 것을 관찰하고, 행주좌와를 관찰하고, 행주좌와 중간 중간에 작은 동작들을 있는 그대로 관찰하는 것 등이 옷장에 따로따로 정리해 뒀던 옷들을 외출할 때 필요에 따라 적당히 갖춰서 입고 나오는 것과 같은 이치입니다.

그런데 어떤 사람들은 책에서 읽은 것과 똑같이 해야 한다고 생각하고 그렇게 하려고 애쓰는 사람들이 정말 많습니다. 만약 호흡을 관찰하겠다고 결정하면 호흡 외에 다른 것은 다 무시합니다. 굳이 하려고만 하면 그렇게 안 되는 것은 아니지만 자연스럽지 않다는 것입니다. 우리가 항상 호흡만 보면서 살 수는 없잖아요.

만약 출가를 하여 다른 일은 아무것도 안 하고 오직 수행만 할 수 있다면 몰라도 일반 사람들이 일상생활을 하면서 그렇게 하겠다고 하면 수행을 어떻게 하겠습니까? 하루에 호흡 관찰만 한 시간 한다, 그러면 23시간은 수행을 하지 않는 것이 됩니다.

그러므로 부처님께서 가르치신 사념처를 이론적으로 분류해 놓기는 했지만 일상생활에서는 그것들을 따로따로 하는 것이 아니라 그때그때 상황에 맞게 대상을 바꾸면서 해야 한다는 말입니다. 시체를 관찰하는 것은 자연스러운 일상생활을 가지고 하는 수행은 아니지요. 그런 것은 한 번 제대로 수행하면서 내면에 기억해 놓으면 될 것입니다.

장례식장에 갈 일이 생기면 가서 사진을 찍듯이 머릿속에 메모해 오는 것도 한 방법입니다. 우리나라도 제가 처음 출가할 때만 해도 죽은 사람 집에 가면 진짜 시체를 스님들에게 보여주었습니다. 요즘에는 조금 시대가 변해서 그런 걸 안 하는데, 제가 처음 출가할 1980년대만 해도 죽은 사람 집에 가면 스님들 옆에 시체를 그냥 눕혀 놓고 그걸 스님들이 자세히 보면서 관찰합니다. 머리카락, 이마, 코, 까만 점……, 이런 식으로 사진을 찍듯이 보며 기억해 놓고 절에 돌아와서 눈을 감고 그 모습을 다시 그리면서 수행을 하는 것입니다. 옛날에 인도에서는 화장터에 버려진 시체들이 있는 곳으로 가서 눈으로 직접 보면서 수행을 하기도 하고, 잊어버리지 않도록 아주 자세히 들여다 본 후에 절에 돌아가서 수행을 하기도 하였습니다.

자기가 누워 있을 때 마음으로 자기 몸을 시체로 만들어 관찰할 수도 있습니다. 집중이 깊어지면 자기 몸이 진짜 시체처럼 느껴져 많은 것을 볼 수 있습니다. 이때도 시체의 아홉 가지 부분 모두를 순서대로 할 필요는 없고 보이는 것만 자연스럽게 관찰하면 됩니다.

느낌 관찰도 아주 간단합니다. 행복함(즐거움), 괴로움(고통), 중간 느낌 이 세 가지를 있는 그대로 보는 것이 '웨다나-누빳사나-'입니다.

'찟따-누빳사나-', 마음을 반복해서 관찰하는 것인데 우리가 관찰할 수 있는 마음에는 16가지가 있습니다. 마음을 관찰하는 방법을 가르치기 위해서 부처님께서는 비구들에게 "마음에서 마음을 반복해서 관찰한다는 것이 무엇인가?"라고 물으신 다음 곧바로 이렇게 답하셨습니다.

"욕심나는 마음을 욕심나는 마음이라고 알고, 욕심 없는 마음을 욕심 없는 마음이라고 안다. '사라-강 와-찟땅 사라-강 찟딴띠 빠자-나-띠, 위-따라-강 와-찟땅 위-따라- 강 찟딴띠 빠자-나-띠sarāgaṃ vā cittaṃ cittan'ti pajānāti, vītarāgaṃ vā cittaṃ vītarāgaṃ cittan'ti pajānāti.*'"

이것이 수행입니다. '욕심부리지 마라'가 아니라 욕심부리고 있음을 그대로 보는 것입니다. 우리가 수행할 때 욕심나는 마음이

---

* 욕심 있는sarāga 마음이란 탐욕에 뿌리한 8가지 마음. 욕심 없는vītarāga 마음은 세간적인, 유익하거나 판단할 수 없는(avyākata, 無記) 마음.
성냄에 뿌리한 2가지 마음과 어리석음에 뿌리한 2가지 마음은 여기에 속하지 않는다.

생기면 그것을 관찰합니다. 이때 욕심나는 마음을 알면 '아, 욕심, 욕심, 욕심……' 하고 마음을 관찰할 때 아주 예리하고 빠르게 관찰해야 합니다. 그렇지 않으면 생각 속에 빠지게 됩니다. 물질을 관찰할 때는 어느 정도 느리게 해도 되는데 마음을 관찰할 때는 아주 예리하게, 확실하게, 빠르게 관찰하면 마음이 빨리 사라집니다. 물론 일어난 마음을 빨리 끝내기 위해서 그렇게 하는 것이 아니라 관찰하는 법 자체가 그렇습니다.

마음에서 일어나는 의도를 없애버리려고 하지 말고 일어난 마음을 그냥 확실하게 알려고, 빠르게 알려고 해보십시오. 그러면 욕심 있는 마음에서 욕심 없는 마음으로 바뀌는 것이 보입니다. 욕심 있는 마음을 관찰할 때는 앞에 있는 것이 욕심 있는 마음이고, 이어서 관찰하는 마음이 있지요. 이때 욕심 있는 마음의 힘이 세고 관찰하는 힘이 약하면 욕심 있는 마음이 다시 약하게 일어납니다. 그런데 관찰하는 마음이 더 세면 욕심 있는 마음은 없어지고, 그러면 욕심 없는 마음을 알게 됩니다.

성냄 있는 마음을 성냄 있는 마음이라고 알면서 보고 있으면, 즉 '사도상 와— 찟땅 사도상 찟딴띠 빠자—나—띠sadosaṃ vā cittaṃ 'sadosaṃ citta'nti pajānāti', 성냄이 사라져 성냄 없는 마음으로 변하는 것을 보게 됩니다. 이것이 '위따도상 와— 찟땅 위따도상 찟딴띠 빠자—나—띠vītadosaṃ vā cittaṃ 'vītadosaṃ citta'nti pajānāti'입니다.*

어리석음이 있는 마음을 어리석음 있는 마음으로 보고, 그 어

---

* 성냄 있는sadosa 마음은 성냄에 뿌리한 2가지 마음.
성냄 없는vītadosa 마음은 세간적인, 유익하거나 판단할 수 없는 마음.
나머지 10가지 불선한 마음은 이 두 마음에 속하지 않는다.

리석은 마음이 없어지면 어리석음이 없는 마음을 봅니다. 즉 '사모항 와- 찟땅 사모항 찟딴띠 빠자-나-띠, 위따모항 와- 찟땅 위따모항 찟딴띠 빠자-나-띠samohaṃ vā cittaṃ 'samohaṃ citta'nti pajānāti, vītamohaṃ vā cittaṃ 'vītamohaṃ citta'nti pajānāti'라고 합니다.*

'상킷땅 와 찟땅 상킷땅 찟땅띠 빠자-나-띠Saṅkhittaṃ vā cittaṃ 'saṅkhittaṃ citta'nti pajānāti', 이것은 마음을 계속 보고 있으면 마음이 안쪽 방향으로 꽉 조이는 듯하면서 점점 작아지는 것 같은 느낌이 들기도 하고, 반대로 마음이 바깥으로 향하면서 넓게 퍼져 나가는 것처럼 느껴지기도 하는 것으로 해태와 혼침에 빠진 마음입니다.

'윗킷땅 와 찟땅 윗킷땅 찟딴띠 빠자-나-띠vikkhittaṃ vā cittaṃ 'vikkhittaṃ citta'nti pajānāti', 이것은 산란한 마음으로 들뜸과 함께한 마음입니다.

'마학가땅 와- 찟땅 마학가땅 찟딴띠 빠자-나-띠, 아마학가땅 와- 찟땅 아마학가땅 찟딴띠 빠자-나-띠mahaggataṃ vā cittaṃ mahaggataṃ cittan'ti pajānāti, amahaggataṃ vā cittaṃ amahaggataṃ cittan'ti pajānāti', 이것은 선정을 말하는 것입니다. 선정을 거듭 관찰해 보면 선정이 있을 때의 마음을 관찰할 때와 선정 없는 마음을 관찰할 때가 다르다는 것을 알 수 있습니다. 선정의 마음은 높은 단계의 마음, 고귀한 마음인 색계·무색계의 마음이고 선정이 없을 때의 마음은 고귀하지 않은 마음, 즉 욕계의 마음입니다.

---

* 어리석음이 있는samoha 마음은 어리석음에 뿌리한 2가지 마음과 나머지 10가지 불선한 마음을 말한다. 어리석음이 없는vītamoha 마음은 세간적인, 유익하거나 판단할 수 없는 마음.

'사웃따랑 와ㅡ 찟땅 사웃따랑 찟딴띠 빠자ㅡ나띠, 아눗따랑 와ㅡ 찟땅 아눗따랑 찟딴띠 빠자ㅡ나ㅡ띠sauttaraṃ vā cittaṃ sauttaraṃ cittan'ti pajānāti, anuttaraṃ vā cittaṃ 'anuttaraṃ citta'nti pajānāti', 아직 위가 남아 있는 마음을 위가 남아 있는 마음이라 알고, 더 이상 위가 없는 마음을 위가 없는 마음이라고 알고 보는 것입니다. 위가 남아 있는 sauttaraṃ 마음은 욕계의 마음이고, 위가 없는anuttara 마음은 색계와 무색계의 마음입니다. 색계와 무색계의 마음들 중에서는 색계 마음이 위가 남아 있는 마음이고 무색계의 마음이 위가 없는 마음이 됩니다.

'사마ㅡ히땅 와 찟땅 사마ㅡ히땅 찟땅띠 빠자ㅡ나ㅡ띠samāhitaṃ vā cittaṃ 'samāhitaṃ citta'nti pajānāti', 이것은 근접삼매, 본삼매 마음입니다. 수행을 할 때 이것을 알고 있으면 큰 도움이 됩니다. 수행자들이 집중되는 마음으로 수행할 줄 모르고 집중되는 마음에서 욕심을 부려서 오히려 수행이 망가지는 경우가 매우 많습니다. 집중되는 마음을 다시 관찰하면 더욱 깊이 들어갈 수 있습니다. 그런데 그 집중되는 마음을 관찰하지 못하고 욕심을 부리니 그 집중이 사라지고 맙니다. 스스로 집중을 먹어치우는 셈이지요.

또한 망상 부리는 마음, 집중이 되지 않고 들뜬 마음으로는 수행할 수 없습니다. 마음이 붕 뜨고 들뜨면 그 들뜨는 마음을 그대로 관찰해야 되는데 들뜬 마음을 꽉 붙잡아 억누르면서 코를 본다, 배를 본다 하니까 수행이 마냥 어렵고 잘 되지 않는 것입니다. 그러므로 마음이 들뜰 때는 '아, 마음이 계속 흔들흔들 하는구나. 마음이 가라앉지 않고 움직이고 있구나'라고 알고 그 움직이고 있는 마음을 다시 관찰해야 합니다. 그래야 '아사마히땅 와 찟땅 아사마—히땅 찟땅띠 빠자—나—띠asamāhitaṃ vā cittaṃ 'asamāhitaṃ citta'nti pajānāti', 집중되지 않는 마음을 집중되지 않는 마음으로 아는 것입니다.

'위뭇땅 와 찟땅 위뭇땅 찟딴띠 빠자—나—띠, 아위뭇땅 와 찟땅 아위뭇땅 찟딴띠 빠자—나—띠Vimuttaṃ vā cittaṃ 'vimuttaṃ citta'nti pajānāti, avimuttaṃ vā cittaṃ 'avimuttaṃ citta'nti pajānāti', 해탈한vimutta 마음은 여기서는 욕계의 유익한 마음과 고귀한 마음인 색계·무색계 마음을 말합니다. 해탈하지 않은avimutta 마음은 위의 두 가지로 해탈하지 않은 마음입니다. 청정도론 주석서에서 5가지 해탈의 마음을 말합니다. 반대되는 것으로 대체함에 의한 해탈은 욕계의 유익한 마음을, 억압에 의한 해탈은 색계·무색계의 마음을, 근절에 의한 해탈은 도의 마음을, 편안히 가라앉음의 해탈은 과의 마음을, 벗어남에 의한 해탈은 열반을 말합니다. 어떠한 경우에도 출세간법은 심념처에 적용되지 않습니다.

그 다음으로 '앗잣땅 와— 찟떼 찟따—누빳시— 위하라띠, 바힛다— 와 찟떼 찟따—누빳시— 위하라띠, 앗잣따바힛다— 와— 찟떼 찟따—누빳시— 위하라띠ajjhattaṃ vā citte cittānupassī viharati, bahiddhā vā citte cittānupassī viharati, ajjhattabahiddhā vā citte cittānupassī viharati', '안에 있는 마음은 내 마음이고 밖에 있는 마음은 다른 사람의 마음이다, 내 마음은 알 수 있지만 다른 사람의 마음을 내가 어떻게 알겠는가?'라고 생각하는 것은 잘못된 생각입니다. 스스로 수행하면서 화나는 마음을 많이 관찰하여 화나는 마음의 실체를 알고 있으면, 다른 사람이 화내고 있을 때 그 사람의 마음 또한 그대로 느낄 수 있습니다. 다시 말하면 내가 나를 관찰하여 사실 그대로를 바르게 알게 되면 다른 사람의 마음도 그대로 알 수 있게 된다는 의미입니다. 자기 마음을 많이 관찰한 사람이 다른 사람의 마음도 미루어 알 수 있고 느낄 수 있는 것을 '앗잣따바힛다–'라고 말합니다.

자기 자신을 확실하게 알고 있으면 다른 사람들도 확실하게 알 수 있습니다. 어떤 음식을 여기서 먹고 그 맛을 알면, 다른 데 가서 그것을 먹어도 그것의 맛을 압니다. 두 번째 먹어보니 맛이 똑같고 세 번째로 먹어봐도 맛이 똑같으면 네 번째로는 굳이 먹어보지 않고도 그것의 맛을 미루어 알 수 있습니다. 내가 나를 확실하게 알면 남을 알게 되어 있다는 것은 그런 뜻입니다. 이런 것이 마음에서 마음을 관찰하는 방법입니다.

다음으로는 법을 관찰하는 방법을 보겠습니다.

그 첫째는 다섯 가지 장애, '니–와라나빱방nīvaraṇapabbaṃ'입니다. 수행 중에 계속 욕심 부리는 생각들이 올라오는 것도 5장애 중에 하나입니다. 싫어하는 것, 미워하는 것도 5장애에 속하고 나태 혼침, 의심, 들뜸과 후회도 5장애입니다. 그 장애들을 보는 것 자체가 법 관찰입니다.

'니–와라나nīvaraṇa'는 '덮개'라는 뜻으로 그릇의 뚜껑을 덮으면 무엇을 넣을 수가 없듯이 그 다섯 가지 장애가 수행을 가로막고 있으면 마음속으로 팔정도가, 선업이 들어갈 수 없습니다. 나태 혼침이나 들뜸 후회, 의심이나 욕심 또는 성냄이 있으면 수행이 안 되는 것이지요. 끊임없이 관찰을 하는 것이 수행인데 관찰은 하지 않고 그 장애에 이끌려 다니면 수행이 막히고 망가집니다.

그러나 그 5장애를 수행의 대상으로 삼아 그대로 관찰하면 그것은 수행입니다. 졸음이 올 때 졸음을 보는 것이 법입니다.

졸기 전에 먼저 해태 혼침이 있는데 이것을 아는 것도 법이에요. 오온, 곧 색·수·상·행·식을 알면 그것도 법입니다. '안眼, 이耳, 비鼻, 설舌, 신身, 의意'와 '색色, 성聲, 향香, 미味, 촉觸, 법法' 즉 십이처를 보는 것도 '아-야따나빱방āyatanapabbaṃ'이라고 하는 법입니다.

수행이 좋아져서 다시 노력을 보게 되고, 사띠를 보게 되고, 지혜를 보게 되고, 수행 도중에 그런 것들을 다시 보게 되는 것도 법입니다. 사성제 즉 고집멸도를 보는 것도 법입니다. 부처님께서는 사념처를 이런 순서로 가르치셨습니다.

결론적으로 정리하자면 사념처는 수행하는 구체적인 실천법이고 팔정도는 부처님의 핵심적인 가르침 즉 법입니다. 그렇게 이해하고 사념처 수행이 부처님의 말씀이라는 확신으로 열심히 수행하여 모든 고통 벗어나 닙바나 성취하길 기원합니다.

사두, 사두, 사두.

Buddha sāsanaṃ ciraṃ tiṭṭhatu (3번)
붇다사사낭 찌랑 띳타뚜

부처님의 가르침이 오래오래 머무소서.

사두, 사두, 사두.

여덟째 날

칠각지와
위빳사나

깨달음의 일곱 가지 요소

오늘은 깨달음의 일곱 가지 요소, 즉 칠각지七覺支에 대한 이야기를 하겠습니다. 이것을 부처님께서 말씀하신 원어로는 봇장가bojjhaṅga라고 합니다.

한 때 어떤 바라문이 부처님께 질문하였습니다.

"부처님, 깨닫기 위해서 어떻게 해야 됩니까?"

"깨닫기 위해서는 깨달음의 요소 일곱 가지를 수행해야 하고, 그 칠각지를 위해 사념처 수행을 해야 한다."

부처님이 그렇게 대답하셨습니다. 그리고 이어서 사념처 수행을 잘 하려면 육문六門을 잘 챙겨야 하고, 육문을 잘 챙기기 위해서는 세 가지 좋은 습을 키워야 한다고 하셨습니다.

세 가지 좋은 습이란 몸으로 하는 좋은 습 세 가지, 입으로 하는 좋은 습 네 가지, 마음으로 하는 좋은 습 세 가지를 말합니다. 몸으로 하는 좋은 습 세 가지는 살생을 피하는 것, 도둑질을 피하는 것, 삿된 음행을 피하는 것입니다. 입으로 하는 좋은 습 네 가지는 거짓말을 피하고, 이간질을 피하고, 욕설을 피하고, 쓸데없는 말을 피하는 것을 가리킵니다. 또 마음으로 하는 좋은 습 세 가지는 탐욕의 마음을 버리고, 성냄의 마음을 버리고, 사견을 피하는 것입니다.

육문을 잘 챙긴다는 것은 눈·귀·코·혀·몸·마음을 항상 챙겨야 한다는 의미인데 예를 들어 대상을 보면서 욕심 부리지 않고, 성내지 않도록 하는 것, 소리 들을 때 그것을 좋아하여 욕심 부리고 싫어하여 성내는 마음을 피하는 것 등등입니다. 눈이 잘 보여도 맹인처럼 행동하고 귀가 잘 들려도 귀머거리처럼 행동하라는 것이 그런 의미입니다.

귀를 막고 살 수는 없지만 들을 때 항상 마음을 챙기면서 조심스럽게 듣고, 이와 같이 형상·냄새·맛·몸의 감촉·마음 등을 잘 챙겨야 사념처 수행이 잘 되어 몸·느낌·마음·법을 바르게 관찰하게 되고, 그렇게 하면 올바른 칠각지 수행이 되고, 결국에는 깨달음을 이루게 됩니다.

즉 육문을 조심하고, 몸으로 나쁜 짓 안 하고, 입으로 나쁜 말 안 하고, 마음으로 나쁜 생각 안 하면서 사념처를 실천하는 것 자체가 칠각지를 실천하고 있는 것입니다.

칠각지는 깨달음의 요소를 말하는 것으로 그 깨달음의 정도가 100% 완전해졌을 때 마침내 깨달음을 성취했다고 말할 수 있습니다. 위빳사나로 말하면 위빳사나 지혜의 상태가 1도, 2도, 3도, 4도에서 99도까지가 위빳사나의 상태이고 거기에 1도를 마저 채워 100도가 되면 깨달은 것이 됩니다. 이렇게 깨달음으로 가는 데에 필요한 일곱 가지 요소를 칠각지라고 하는 것입니다. 그런데 그 칠각지라는 것이 그냥 쉽게 되는 것이 아니고 반복해서 많이 닦고 닦아야 됩니다. 그것을 원어로 하면 다음과 같습니다.

Bojjhaṅgo satisaṅkhāto dhammānaṃ vicayo tathā
vīriyaṃ pīti passaddhi bojjhaṅgā ca tathāpare
samādhupekkhābojjhaṅgā sattete sabbadassinā
muninā sammadakkhāta bhāvitā bahulīkatā
봇장고 사띠상카-또 담마-낭 위짜요 따타-
위리양 삐-띠 빳삿디 봇장가 짜 따타-빠레
사마-두뻭카봇장가- 삿떼떼 삽바닷시나-
무니나- 삼마닥카따 바-위따- 바훌리-까따-

부처님께서는 칠각지가 계속 반복해서 많이 쌓아가야 되는 것임을 강조하셨습니다.

칠각지의 내용

자세히 풀이하면서 살펴보겠습니다. '봇장고 사띠상카또 담마낭 위짜요 따타', 즉 '칠각지는 사띠와 지혜이다'라는 뜻입니다. '사띠상카또'는 '사띠를 말하고'로 풀이할 수 있고, '따타'는 '마찬가지로'의 의미입니다.

깨달음의 요소 일곱 가지 중 맨 처음에 나오는 것이 사띠입니다. 매 순간 사념처를 잊지 않고 주의 깊게 기억하고 있는 것을 의미합니다.

두 번째가 담마위짜야, 즉 법을 고찰한다, 법을 살펴 숙지한다는 뜻입니다. 법을 깊이 살펴 안다는 것은 곧 지혜를 가리킵니다. 지혜를 뜻하는 다른 말로 '빤냐'가 있는데 이것은 '확실하게 앎'을 의미합니다. 자동차 운전하는 것을 확실하게 안다면 자동자 운전의 빤냐가 있다고 할 수 있는 것이지요. 또 어떤 학자가 전공 분야의 학문에서 나름대로 전문적인 지식을 갖추고 있으면 그 분야에 빤냐가 있다고 말합니다. 이와 달리 담마위짜야는 법에 대한 지혜를 말하는 것입니다. 예를 들어 물질과 정신의 사실을 아는 지혜가 이에 속합니다. 수행자들이 호흡을 관찰하면서 지대, 화대, 풍대를 본다면 그것이 지대, 화대, 풍대를 제대로 아는 지혜, 담마위짜야라고 할 수 있습니다.

마음을 볼 때도 마찬가지입니다. 화나는 마음, 즉 마음이 어떤 대상을 인식하는데 그 대상을 싫어하고 미워하면서 마음을 망가뜨리려고 하고 있고, 마음이 망가지고 있는 것을 안다면 화나는 마음을 안다고 할 수 있습니다. 이렇게 화의 특징을 아는 것도 담마위짜야입니다.

반복하자면 담마위짜야의 핵심이 법을 아는 빤냐, 즉 지혜인데 이때의 법은 부처님의 가르침인 사성제, 진리 등의 의미라기보다는 물질과 정신, 오온에 대하여 있는 그대로를 아는 지혜를 뜻합니다.

'위리양 삐띠 빳삿디 봇장가 짜 따타빠레', '위리야'가 '노력', '삐띠'는 '희열, 기쁨', '빳삿디'는 '고요함'이라고 풀이할 수 있는데, 각묵 스님과 대림 스님이 번역한 책 『아비담마 길라잡이』에서는 '고요함'을 '경안輕安'으로 번역하는 것 같습니다.

칠각지 세 번째 요소는 위리야(노력)이고 네 번째는 삐띠(희열, 기쁨)입니다. 삐띠를 영어로는 'like'로 번역합니다. 이때의 '좋아하다'는 욕심으로 좋아하여 좇아가는 것과는 다릅니다.

욕심으로 좋아하는 것은 대상을 떠나지 못하고 계속 집착하는 마음입니다. 내가 만약 어떤 사람을 욕심으로 좋아하면 마음이 그 대상에 붙잡혀 있기 때문에 집에 있어도 그 사람이 생각나고, 어디를 가든 그 사람 생각이 계속 떠나지 않는 식으로 마음에 그 대상을 풀로 붙여 놓은 것처럼 끈적거리는 느낌과 비슷합니다.

그러나 삐띠는 욕심이 아닙니다. 희열, 기쁨은 순간순간 대상에 대하여 가지는 좋은 느낌으로 집착하는 마음이 전혀 없고 단지 그것을 순수하게 좋아하는 것입니다.

칠각지의 다섯 번째 요소는 '빳삿디' 즉 '고요함'입니다. 이것은 '시원하게 조용한 느낌'이라고 할 수 있습니다. 무더운 날씨에 에어컨을 틀었을 때의 느낌과 비슷하다고 할 수 있습니다. 몸과 마음이 시원하면서 고요해지는 그런 느낌입니다.

'사마두빽카봇장가 삿떼떼 삽바닷시나', '사마두빽카'는 '사마디'와 '우빽카'를 합친 말입니다. '사마디'는 '집중'이고, '우빽카'는 '평정'으로 번역되는 것 같은데 이때의 평정은 양쪽을 똑같게 한다, 한쪽으로 치우치지 않고 중립을 지킨다는 의미입니다. 즉 양쪽에 대하여 균형을 잡고 있다는 뜻입니다. 그러므로 칠각지의 여섯 번째는 집중이고 마지막 일곱 번째가 평정입니다. 우빽카가 그냥 대상을 무시하고 무관심하고 신경 쓰지 않는다는 뜻이 아니라 어느한 쪽 편을 들지 않고 중립적이라는 뜻으로 이해해야 합니다.

'봇장가 삿떼떼 삽바닷시나', '봇장가'가 '칠각지', '삿떼'는 '일곱 가지', '떼'가 '그것들', 그리고 '삽바닷시나'는 '부처님이 가르치는 일곱 가지 법'이라는 뜻입니다.

'무니나 삼마닥카따 바위따 바훌리까따', '무니나'는 '부처님이', '삼마닥카따'는 '잘 가르치신 이 칠각지'를, '바위따' 즉 '많이 모으세요', '바훌리까따'는 '반복해서, 수만 번, 많이 많이 수행하세요.' 즉 '부처님께서 가르치신 칠각지를 반복해서 많이 수행하십시오' 라고 풀이할 수 있습니다.

사띠의 중요성

　　그러면 부처님께서는 왜 사띠를 맨 앞에 두고 가르치셨는지를 생각해 볼 수 있습니다. 사띠를 제외한 여섯 가지 요소는 다시 세 가지씩 둘로 나뉘어서 그 둘이 서로 짝을 이룹니다. 그리고 그 두 갈래의 세 가지 요소들이 완벽하게 서로 균형을 이루어야 수행이 제대로 나아갈 수 있으므로 넘치지도 모자라지도 않게 해야 합니다. 그에 반해 사띠는 아무리 많아도 넘치는 것이 없고 사띠는 많으면 많을수록 좋습니다. 그만큼 사띠가 중요하기 때문에 칠각지의 맨 앞에 오는 것이라고 볼 수 있습니다.

　　따라서 수행 도중에 항상 사띠가 끊어지지 않도록 많이 노력해야 합니다. 사띠가 있어야 나머지 여섯 가지 요소를 바르게 수행할 수 있습니다. 여섯 가지 요소의 균형을 잡아주는 것이 사띠입니다. 사띠가 없는 것은 어떤 옷을 입을 때 끈 하나를 풀어버리면 옷이 지탱되지 않고 그대로 흘러내리는 것에 비유할 수 있고, 나사 하나를 빼버리면 모든 부속품들이 흩어져 버려 못 쓰게 되는 기계에도 비유할 수 있습니다. 그만큼 사띠는 수행에 필수적인 요소입니다.

사띠가 없으면 수행자가 자신의 노력 정도가 어떠한지를 알지 못합니다. 쓸데없이 애만 많이 쓰고 있어도 그것을 알아차리지 못하고, 게으름에 빠져 졸고 있어도 그것 또한 기억하지 못합니다. 수행 중에 사실을 아는 것은 지혜가 하는 일이지만 수행 대상을 기억하는 것, 자신의 현재 수행 상태를 기억하는 것은 사띠가 하는 일입니다. 수행 중에 노력이 지나친데도 계속 밀고 나가다가 결국은 머릿속이 멍해지고 가슴이 탁탁 막히면서 답답해지고, 배꼽 주위에 힘이 꽉 주어지면서 숨이 차오른다면 사띠가 없어서 노력이 넘친 상태입니다.

사띠는 관찰의 대상을 확실하고 분명하게, 마음을 붕 뜨지 않게 해주는 것으로 집중과는 다릅니다. 집중은 마음을 가만히 단단하게 대상에 놓아 두는 것이고, 사띠는 마음이 대상을 떠나지 않게 하는 것입니다. 즉 마음과 대상이 딱 붙어 있게 하는 것이 사띠가 하는 일이고, 마음이 대상에 붙어 있는 상태에서 흔들리지 않게 하는 것은 집중입니다. 아주 미묘합니다. 사띠가 없으면 대상과 마음이 잘 계합하지 않습니다. 예를 들어 호흡을 관찰 대상으로 했을 때 사띠가 없으면 마음이 호흡을 알긴 알지만 그것을 아는 마음과 호흡이 딱 부합하지 않기 때문에 호흡의 사실을 정확하고 깊게 알 수가 없습니다. 마음속에서 대상을 분명하고 확실하게 해주는 것이 사띠가 하는 일입니다. 강한 사띠가 있어서 마음속에서 대상이 분명해질 때 그 대상에 있는 마음이 흔들리지 않도록 단단하게 묶어 하나로 계합하는 것이 사마디, 집중입니다.

사띠와 사마디는 연결이 되어 있지만 하는 일이 서로 다릅니다. 사마디는 마음을 가만히 단단하게 하여 흔들리지 않게 하는 것입니다.

사띠와 사마디가 있어야 지혜가 생길 수 있습니다. 호흡이 수행 대상이라면 호흡 속이나 배의 움직임에 대한 사실, 경행이라면 걸어가면서 오른발걸음 왼발걸음을 알고, 그 걸음 속에 있는 물질의 특성과 정신의 특성을 있는 그대로 파악하는 것이 담마위짜야입니다.

담마위짜야에는 지금 이 순간을 파악하고 있는 담마위짜야도 있고, 그렇게 할 수 있도록 수행하기 전에 미리 알아야 하는 것, 예를 들어 수행의 필요성이나 수행 방법 등에 대한 앎도 담마위짜야라고 합니다. 기본적인 담마위짜야가 있어야 수행 도중에 담마위짜야가 생깁니다. 그러므로 위빳사나 수행 중에도 계속 칠각지 수행이 되고 있다고 할 수 있습니다.

그 다음에 위리아, 노력도 지혜와 관련됩니다. 칠각지에 신심은 포함되지 않지만 신심이 있어야 노력이 이루어지는데 신심은 지혜가 없으면 생기지 않습니다. 지혜가 있어야 신심이 생긴다고 말하는 이유는 알지 못하는 것에 믿음이 생길 수는 없기 때문입니다. 아는 만큼 믿을 수 있고 바르게 알기 위해서는 지혜가 필요합니다. 그러니 지혜가 있어야 노력한다고 할 수 있는 것입니다. 즉 수행에 대하여 아는 것이 있어야 수행을 할 수가 있고, 수행에 대해 아는 것이 없으면 수행을 하고 싶은 마음 자체가 일어나지도 않습니다. 수행에 대해 아는 것이 담마위짜야이고, 수행 도중에 알게 되는 것도 담마위짜야입니다. 수행 중에 일어나는 지혜가 다시 신심과 노력을 일으키는 힘이 됩니다.

노력이 있어야 사띠가 좋아지고, 노력이 있어야 지혜도 좋아집니다. 그만큼 수행에서 노력은 중요한 것입니다.

그런데 그 노력을 힘차게 할 수 있도록 도와주는 것이 삐띠, 희열입니다. 그래서 항상 강조하는 것이 수행을 기쁘게 하라는 것입니다. 수행을 소중히 여기면서 기쁘게 하면 노력이 좋아지게 되어 있습니다. 이것은 우리 몸의 세포들, 혹은 바이러스하고 비슷해서 하나가 있어야 둘이 되고, 둘이 있어야 넷으로 늘어나는 것과 같은 이치입니다.

그러니 지금 만약 삐띠가 없다면 억지로라도 삐띠를 일으켜야 그것을 바탕으로 더 큰 삐띠가 생기고, 그래야 그것이 차츰 퍼져 나갈 수 있습니다. 일단 하나가 생기면 확산되어 가는 것은 그리 어렵지 않습니다. 노력도 이와 같아서 앞의 노력이 있어야 그 다음 노력이 올 수가 있고, 그것을 바탕으로 노력이 점점 커지게 됩니다. 그래서 모든 일과 마찬가지로 수행에도 시작이 중요한 것입니다. 처음부터 기쁘게 수행을 시작하고 수행할 때마다 기쁘게, 기쁘게 하십시오. 기쁘게 해야 노력이 좋아집니다.

모든 것의 시작은 작은 것에서 비롯됩니다. 호흡 관찰을 예로 들자면, 숨을 들이쉬는 것에 사띠를 가지면서 노력하여 들숨을 분명하게 알아차리는 순간 '잘 되는구나' 할 때 기쁜 마음이 일어납니다. 그 기쁜 마음이 다음의 호흡을 관찰하는 마음으로 이어집니다. 하나 다음에 하나, 그런 노력으로 마음의 힘이 높아지는 것입니다.

그냥 멍하게 있을 때와는 달리 사띠를 가지면서 노력해서 마음을 대상에 딱 올려놓으니까 그 순간 마음이 깨어나는 특별한 느낌, 거기에 수행의 맛, 기쁨이 있습니다. 사람들은 좋은 물건을 좋아하게 되어 있는 것처럼 좋은 마음을 좋아하게 되어 있습니다. 수행을 하지 않을 때와 수행할 때의 마음 수준은 확실히 다릅니다. 대상 하나에서 제대로 노력해서 알아차리는 순간 그 마음의 수준이 높아지면서 그것에 대하여 생기는 기쁨이 있습니다. 그런 기쁨 하나가 생기면 그 다음에 다시 생기는 것은 쉬워집니다. 그리고 그 기쁨이 있으면 다시 노력하게 됩니다. 그래서 기쁨과 노력도 연결이 되어 있습니다.

기쁨이 가져오는 고요

그 다음이 고요함으로 이 고요함은 삐띠가 있어야 생깁니다. 우리가 배가 고픈데 먹을 게 없으면 고요할 수가 없지요. 화가 나고 열도 나고 속도 타고 몸도 안 좋아지고 마음도 안 좋아지면 고요함이 일어날 수 없습니다. 마찬가지로 마음이 안 좋고 불편하고 수행이 바라는 대로 안 된다는 생각이 있으면 욕심이나 들뜸이 생기면서 고요함이 오지 않습니다. 수행 도중에 안 좋은 생각이나 욕심 즉 '이것 하고 싶다, 먹고 싶다, 자고 싶다' 이런 생각들이 있으면 고요함이 올 수가 없는 것입니다.

고요함은 그런 욕구가 사라지고 삐띠, 기쁨이 있을 때 찾아옵니다. 그러므로 고요함이 일어나기 위해서는 기뻐야 되고, 기쁘면 만족감도 올라갑니다. 그 만족감이 올라와야 고요함이 생깁니다.

이와 같이 고요함도 깨달음의 요소인데 고요함이 있어야 집중이 옵니다. 고요하지 않은 마음은 항상 흔들려서 불안정합니다. 불안정하고 고요함이 없을 때 수행자들이 많이 막힙니다. 고요함이 집중으로 자연스럽게 옮겨가는 것과 내가 강제로 힘을 주어서 마음을 집중시키는 것은 아주 다릅니다. 억지로 집중하려고 지나치게 애를 쓰면 답답하고, 머리가 어지러워집니다. 집중은 강제로 되는 일이 아니고, 고요함에 뒤따라 자연스럽게 오는 것입니다. 우리에게 뭔가 걱정거리가 있으면 마음이 들뜨게 되어 있습니다.

어느 날 등산 갔다가 가만히 앉아 쉬고 있는데 문득 고요해져 오는 것을 경험한 적이 있을 것입니다. 그것은 내 마음에 걱정이 없으면 자연스럽게 고요함이 일어나기 때문입니다. 걱정 근심은 들뜨는 마음이고 너무 노력을 강제로 할 때는 마음이 흔들립니다. 그렇게 힘이 드는 마음으로 집중을 유지하려고 하다 보니 가슴이 답답하고 아프거나 가슴이 조이는 느낌이 일어나고 다음에는 인위적으로 숨을 멈추기도 합니다. 숨을 쉬면 마음이 흔들리는 걸 본인이 알기 때문인데 그것은 집중에 대한 욕심입니다. 수행하면서 집중이 잘 되었던 때를 계속 그리워하면서 그때로 돌아가고 싶어 하는 욕심 때문에 앉기만 하면 그 상태로 가려고 밀어붙이는 것이지요. 그러다 보니 상기가 되거나 숨이 차거나 가슴이 답답하거나 배꼽 주변이 꽉 조이는 등의 이상한 현상이 나타나고, 몸의 기운이 순환이 잘 안 되면서 통증이 엄청나게 일어나기도 합니다. 그런데 수행자는 그런 현상을 일어나는 즉시 깨닫지 못하고 한참 진행된 이후에야 알아차립니다. 왜냐하면 사띠를 놓치고 있었기 때문입니다.

집중에 대하여 욕심 부리는 마음은 가슴에 깊이 박힌 돌멩이와 같아서 잘 없어지지 않습니다. 그래서 밤에 잘 때도 안 좋은 꿈을 많이 꿉니다. 자신은 미처 모르고 있기가 쉽지만 그것은 화나는 마음입니다. 나를 압박하면서 뜻대로 되지 않는 것에 분노하여 생기는 현상입니다.

고요해야 집중이 온다는 것은 아주 기본적인 이론입니다. 그래서 수행할 때 지도하는 사람들이 몸과 마음을 이완시키라고 하는 것입니다. 몸과 마음이 이완되어야 고요함이 오고, 고요함이 있어야 집중이 될 수 있습니다. 그런데 사람 마음이 급하기 때문에 고요함이 없는데도 집중에 자꾸 욕심을 부립니다. 그러면 수행은 갈수록 힘들어집니다.

자동차도 엔진을 시원하고 고요하게 하는 쿨링 시스템이 있습니다. 수행은 자동차가 도로를 달리는 것보다 훨씬 힘든 일입니다. 왜냐하면 수행은 마음으로 하는 일이기 때문입니다. 물건으로 뭔가를 만들거나 하는 일은 비교적 쉽습니다. 마음으로 하는 일은 매우 어렵기 때문에 에너지 소모가 엄청나게 많습니다.

수행을 하면 이상하게 배가 고픈 것을 경험한 적이 있을 것입니다. 수행을 열심히 하면 많은 에너지가 필요하고 그렇다 보니 자꾸 배가 고픕니다. 그런데 수행이 잘 되어 불필요한 에너지를 쓰지 않으면 그 에너지가 절약됩니다. 그래서 수행이 아주 잘 되면 그 다음부터는 조금만 먹어도 배가 고프지 않게 됩니다. 쿨링 시스템이 좋아져서 엔진의 온도가 올라가지 않으니 엔진 과열이 되지 않고 차가 잘 굴러가는 것과 같은 이치입니다.

고요함 뒤에 집중, 사마디가 되고 그 다음에 우뻭카가 됩니다. 사마디가 깊어지면 깊어질수록 우뻭카 상태로 되어간다는 것을 선정에서 분명히 볼 수 있습니다.

초선정, 이선정, 삼선정까지는 희열, 행복, 사선정은 행복과 집중, 오선정으로 가면 중간 느낌과 집중으로 바뀝니다. 초선정부터 사선정까지 있던 희열이나 행복은 사라지고 오선정에서는 우뻭카, 평정의 느낌, 즉 차분해지면서 중간 느낌과 집중만 남아 있게 되는 것입니다.

수행 중에 사마디가 있어 마음이 차분하게 가라앉는 것입니다. 차분한 마음이 더 차분해지는 것의 원인이 됩니다. 즉 사마디가 있어야 사마디가 있다는 말이지요. 같은 말을 반복하는 것 같지만 이 말이 사실입니다. 사마디가 없으면 사마디가 없고, 앞에 사마디가 있어야 뒤에 사마디가 따라온다, 그런 의미입니다. 집중도 마찬가지여서 집중되는 마음을 다시 관찰하면 더 깊은 집중이 옵니다. 그러므로 집중을 키우는 법은 바로 집중되고 있는 그 집중의 마음 상태를 다시 관찰하는 것입니다.

집중이 빨리 안 오는 이유는 집중을 몰라서 그렇습니다. 처음에 앉을 때는 마음이 딴 생각들을 많이 하지만 조금 있으면 조용해집니다. 그 조용한 마음을 다시 보십시오. 그러면 점점 더 조용해지게 됩니다. 생각이 많으면 마음이 시끄럽습니다. 마음속에 생각이 많으면 그 생각이 머리로 가고 그것들이 머리에서 감정을 일으킵니다. 생각이 많을수록 감정이 복잡해지고, 감정이 복잡해지면 고요함이 다 날아가 버립니다.

그러므로 집중을 관찰할 때는 머리로 보지 말고 가슴으로 보아야 합니다. 수행하면서 마음이 고요해지면 10분에 한 번 정도씩 관찰하는 마음을 다시 관찰하라고 하지요. "보는 마음을 또 보세요." 하는 말이 그 말인데, 보고 있는 마음을 다시 보면 고요함이 느껴집니다. 그 차분하게 가라앉은 마음을 볼 줄 알면 그 가라앉음이 집중입니다. 그 집중을 보면 다시 더 집중이 됩니다. 수행하다 10분에 한 번 정도씩 다시 '지금 수행하고 있는 몸과 마음을 파악하는 것'은 수행의 기술입니다. 이렇게 자신의 수행을 체크하여 수행하고 있는 현재의 마음과 몸이 불편한지 편안한지, 좋은지 안 좋은지를 보면서 수행의 상태를 바로잡는 것도 수행입니다. 조금 집중되는 상태를 바로잡아 주게 되면 더 집중이 되게 되어 있습니다. 수행 중에 가라앉은 마음이 있으면 가라앉는 마음을 아는 것도 수행입니다. 수행자들이 호흡 관찰을 한다면서 무조건 호흡만 잡고 있는 것도 욕심일 수가 있음을 알아야 합니다. 수시로 자신의 수행 상태와 수행하고 있는 마음 상태를 점검하십시오.

원만한 깨달음의 조건

또 한 가지 조심해야 할 것이 있습니다. 수행하면서 자꾸 사띠를 놓치고 집중이 잘 안 되면 그것 자체를 차분하게 관찰해야 하는데 그렇게 하지 않고 끊임없이 도전합니다. '이렇게 할까, 저렇게 할까?' 계속 궁리를 하고, 수행이 잘 안 되는 것에 매우 자존심이 상하는 이유는 자만심으로 수행하기 때문입니다. 그럴수록 마음의 균형이 깨져 버려 더더욱 수행이 망가지는 위험을 초래합니다. 그런 위험에 빠지지 않기 위해서는 다시 마음을 체크하면서 지금 내 수행이 어떻게 되고 있는지를 보아야 합니다.

위빳사나 수행 방법을 보면 '바라는 마음도 없고 원하는 마음도 없고, 조급한 마음도 없고 걱정하는 마음도 없고, 두려워하는 마음도 없고 성급한 마음도 없고, 단지 현재의 현상에 마음만 있도록 해야 한다'는 구절이 나옵니다.

그러므로 수행 중 자신의 수행 상태와 마음을 점검하는 것은 아주 중요합니다. 무언가를 바라면서 수행하고 있다면 잘못하고 있는 것이지요. 수행은 단지 현재에 있는 것을 관찰해야 하는데, 현재에 있는 것은 잊어버리고 뭔가를 계속 바라면서 합니다. 그것은 이미 마음이 현재의 대상을 잃어버리고 있는 것입니다. 당연히 수행이 잘 되질 않겠지요.

원하는 마음이 없어야 하는데 원하는 마음이 아주 많습니다. 수행 중에 이거 원하고 저거 원하니 이미 수행을 놓치고 있는 것입니다. 수행 중에 마음은 또 얼마나 조급한지! 그러므로 수행 중에 수시로 그 마음을 스스로 점검하는 것이 꼭 필요합니다. 찬찬히 마음을 살펴보면 어떤 때는 걱정하고 있고, 또 어떤 때는 두려워하거나 조급해 하고 있음을 알게 됩니다. 그러함을 알아차리는 순간 그것들을 모두 놓아버려야 고요함이 오고 집중이 됩니다.

수행이 잘 안 되는 것은 집중이 문제가 아니고, 집중에 대한 욕심이 문제입니다. 수행에서 집중은 필수입니다. 당연히 집중이 필요한데 문제는 집중에 계속 욕심을 부리고 있다는 것입니다. 이때 수행자가 '아, 내가 집중에 욕심을 부리고 있구나'라고 알면 문제가 아닌데 대부분은 그런 사실을 알지 못하고 계속 거기에 빠져 있습니다. 수행은 지금 이 순간을 오직 관찰만 해야 하는데 관찰은 하지 않고 '어떻게 하면 집중이 될까?' 하고 계속 머리만 쓰고 있으니 머리에 열이 나서 뜨거워집니다.

사마디가 있어야 편안해지면서 우뻬카가 오고 그러면 욕심에도 쉽게 빠지지 않게 됩니다. 또 쉽게 성도 내지 않게 되어 마음이 단단해지고 흔들림이 없는 마음이 되어 계속 그 마음을 보게 됩니다. 이것들이 칠각지의 의미입니다.

칠각지에서 사띠를 빼면 여섯 가지가 남습니다. 그것을 다시 세 가지씩 묶어 둘로 나누면 한쪽이 노력 그룹이고 다른 한쪽이 집중 그룹으로 짝을 이룹니다. 담마위짜야(지혜), 위리야(노력), 삐띠(희열, 기쁨)가 노력 쪽이고 빳삿디(고요함), 사마디(집중), 우뻭카(평정)가 집중 쪽입니다. 수행이 잘 되려면 그 요소들이 균형을 유지해야 하고 두 그룹도 서로 정확히 조화를 이루어야 합니다.

사띠는 균형을 이룰 필요 없이 무조건 많아야 하고 절대로 없어서는 안 되는 것입니다. 세 가지 요소들이 균형을 이루는 것도 사띠가 있어야 가능합니다. 사띠가 없으면 깨달음의 요소들이 균형을 이루고 있는지 균형이 깨졌는지를 알지 못합니다. 그렇게 되면 수행이 완전히 망가지고 나서야 그렇다는 것을 알게 됩니다.

지혜가 많아지면 노력도 좋아지는데 노력이 지나치면 집중이 약해집니다. 지혜는 제대로 아는 것을 말하지만, 아는 것을 머리로 숙지하면서 계속 돌아보는 것도 지혜에 속합니다. 그런데 그렇게 머리로 생각하는 지혜가 지나치면 수행에 방해가 됩니다. 예를 들어, '아, 이렇게 하는 게 아니라 저렇게 해야 하는 거야' 또는 '아, 법문할 때 그렇게 들었으니 이렇게 해야지, 저렇게 해야지. 이렇게 하는 게 맞지, 아냐, 저렇게 해야 맞는 거야……' 이러다 보면 고요함이 깨지면서 집중이 사라져 버립니다.

이렇게 머리로 많이 그리는 지혜는 욕심 때문에 생기기도 하고 경우에 따라서는 신심 때문에 일어나기도 합니다. 신심과 욕심은 아주 가깝습니다. 수행이 잘 되면 신심이 좋아지는데 신심이 좋아지면 머리로 여러 가지 상태를 생각하기 시작합니다. 그래서 '아, 내가 무엇을 어떻게 해 봐야지, 내가 포교해야지, 내가 절을 지어서 사람을 어떻게 수행시켜야지……' 이렇게 계속 앉아서 머리를 씁니다. 그러면 수행은 망가지는 것입니다. 처음에는 신심으로 시작했던 것이지만 그 신심이 생각을 일으키면 그때부터는 신심이 아니라 욕심입니다. 올바른 신심은 단순하게 불·법·승을 좋아하고 믿으면서 그 힘으로 수행을 열심히 하는 것입니다.

생각이 많아지는 것은 지혜로도 생각이 많아지고, 신심으로도 생각이 많아지지만 그 둘의 성격이 조금 다릅니다. 지혜로 생각이 많아지면 신심이 떨어지고, 신심으로 생각이 많아지면 지혜가 떨어집니다. 아주 미묘한 관계입니다. 내가 신심이 일어나면서 생각이 점점 많아지면 이게 맞는지 틀리는지도 모르면서 마음이 들뜨게 됩니다. 그래서 지혜가 떨어지고 잠에 빠지는 쪽으로 바뀝니다. 잠에서 깨어난 뒤에는 후회만 남습니다. 신심으로 시작한 것이 후회로 끝나 버리는 경우입니다.

또 어떤 사람은 계속 지혜가 일어나면서 끊임없이 따지고 분석합니다. 그러다 보면 자기가 다 아는 것 같아서 수행의 필요성도 못 느끼게 되니, 수행은 조금만 하고 내내 생각만 하고 있으면서 점점 자신이 모든 걸 다 깨달은 것처럼 느끼기도 합니다. 그렇지만 당연히 그것은 제대로 아는 게 아닙니다. 그런 사람은 지혜가 잘못되었기 때문에 신심조차 망가지게 되는 경우입니다. 특히 머리 좋은 사람이 많이 조심해야 하는데, 머리 좋은 사람은 수행을 조금 해도 이해하는 것은 많을 수 있습니다. 실천력은 조금 있는데 이해력이 많아서 그 이해력으로 자신이 다 안다고 착각하게 되는 것입니다.

그런 사람들이, "어, 그냥 일주일 만에 수다원 되더라. 나한테 와. 당신도 그렇게 될 수 있도록 도와 줄 테니까." 하고 다니는데 이런 사람을 정말 조심해야 합니다. 머리가 비상하게 좋고 말을 잘 하는데다가 경전까지 알고 있다면 그런 사람은 더 무섭습니다. 이런 사람에게 없는 것이 신심입니다. 신심이 떨어지면 지혜가 떨어지게 되어 있습니다. 사기 중에도 대단한 사기이지요. 본인이 직접 수행을 해야 깨닫는 것이지 수행을 과외 수업시켜 남을 깨닫게 해준다는 것은 있을 수 없는 일입니다.

깨달음이 일주일에도 될 수 있고, 한 시간 안에도 될 수 있지만 실천수행이 없고서는 절대로 불가능합니다.

이렇게 깨달음을 향해 가는 길에는 각 요소들이 항상 균형을 이루는 것이 매우 중요합니다. 그것을 가능하게 해주는 것이 바로 사띠입니다. 수행 중에 신심이 오면 그러함을 알아야 합니다. 수행이 잘 되니 신심이 좋아지고 불·법·승에 대한 믿음이 강해지는 것은 좋은데 이것이 균형을 잃으면서 갑자기 '아, 아버지 어머니는 이 좋은 것을 모르고 가셨구나' 하고 눈물을 줄줄 흘리기 시작합니다. 그러고는 '아, 우리 동생도 수행시켜야지, 남편도 알면 좋을 텐데, 내 아들딸도 수행을 하면 얼마나 좋을까…….'

마음이 계속 그렇게 흘러가고 있으면 그 마음을 빨리 관찰해야 합니다. 신심이 넘쳐나면 그 다음은 욕심으로 넘어가게 되어 있기 때문입니다. 그 욕심이 제대로 채워지지 않으면 그 다음은 성냄으로 치솟게 되어 있습니다. '내가 애들에게 수행하라고 하는데 왜 안 하나? 왜 이렇게 말귀가 어두워?' 그렇게 되면 갑갑해지면서 수행이 망가지기 시작합니다. 신심이 넘쳐도 안 되고 지혜가 넘쳐도 안 되는 이유가 바로 이것입니다. 신심이 넘치면서 진정한 지혜가 없다 보니 지금 내가 제대로 하는 건지 아닌지도 모릅니다.

그러면 가족들과 갈등이 일어납니다. "아이고, 말만 하면 수행, 수행 하면서 하는 짓을 보면……" 이렇게 되고 맙니다.

또 지혜만 높아져도 문제이니 이런 사람은 실천과 수행이 나란히 병행해야 되는데 실천은 조금만 하고 생각은 아주 많이 합니다. 법문을 듣고 책을 읽어 아는 게 많다 보니 '수행하면 틀림없이 그렇게 될 것이다, 틀림없이 그럴 것이다' 하고 상상하게 됩니다. 그러나 상상은 상상일 뿐, 그 상상이 이론적으로 틀리지 않더라도 자신의 심리에 변화가 오지 않습니다. '아, 내가 이렇게 하면 이렇게 되는 거구나. 아, 경전에서 말하는 이것이 실천하면 이렇게 되겠구나' 하고 이해는 하지만 자신의 심리에는 변화가 없습니다. 이것이 수행으로 체험한 사람과의 큰 차이점입니다.

실제로 체험이 있는 사람은 반드시 심리에 변화가 옵니다. 그래야 사람이 성장합니다. 그런데 수행은 하지 않고 생각만 하는 사람은 지식과 지혜가 좋아서 말 잘하고 강의도 잘하지만, 인간적인 성장은 이뤄지지 않습니다. 그런 사람이 제일 위험한 사람입니다. 그런 사람이 바로 부처님의 가르침을 오염시키는 사람입니다. 그런 사람을 만났을 때 조심해야 하고, 자신의 수행 중에 그런 상태가 오는 것도 놓치지 않고 알아차려 경계해야 합니다.

다시 간단하게 정리해 보겠습니다. 지혜와 노력, 희열이 한 편이고, 고요함과 집중, 평정이 다른 한 편입니다.

지혜가 커지면 노력도 올라갑니다. 그런데 그 지혜가 수행에 의한 올바른 지혜가 아니라 계속 머리로 하는 이해에 의한 지혜일 경우에는 노력하는 만큼 집중이 되지 않습니다. 그래서 노력하는 만큼 집중이 안 온다면 틀림없이 머리로 하고 있다는 증거이니 조심해야 합니다. 실천하는 것보다 머리를 많이 쓰고 있으면 집중이 안 오고, 제대로 수행하여 노력하고 있다면 집중이 오게 되어 있는 것입니다.

수행이 잘 되고 있으면 차츰 몸과 마음이 편안해집니다. 만약 계속 몸과 마음이 불편하다면 자신의 수행 상태나 마음 상태를 점검하며 조심해야 합니다. 열심히 수행을 하고 있는 것 같은데도 집중이 안 온다면 알게 모르게 신심이 넘치거나, 지혜가 넘치거나, 노력이 넘치는 등의 문제가 생기고 있다는 증거입니다.

처음에는 삐띠가 수행을 도와줄 것입니다. 문제는 이 삐띠가 좋은 것일 수도 있고 나쁜 것일 수도 있다는 것입니다. 지혜가 좋은 사람은 지혜로 생각하면서 바르게 이해해도 삐띠가 올 수 있고 틀리게 이해해도 삐띠가 올 수 있습니다. 게다가 자만심과 함께 하는 삐띠도 있으니 삐띠를 100% 믿을 수는 없습니다. 욕심의 삐띠도 있어서 먹는 것 좋아할 때도 삐띠가 있고 영화 볼 때, 노래 부를 때, 남자 여자가 좋아할 때도 삐띠가 있습니다. 그러니 지금 삐띠가 있다고 하여 그것을 다 좋다고 믿을 수는 없습니다. 자만과 욕심으로 되는 삐띠도 있어서 '내가 잘한다, 내가 잘한다' 하면서 자신도 모르는 사이에 자만으로 떨어질 수도 있음을 알아야 합니다. 진실로 수행이 잘 된다면 자만은 줄어들게 되어 있습니다.

잘못된 삐띠로 열심히 노력하면 그 노력이 집중으로 가는 노력이 아니고 많이 생각하는 노력입니다. 그러면 욕심을 부리는 쪽으로 가게 되는데 이때에도 희열이 조금 있을 수는 있지만 이것은 욕심과 관계 있는 희열입니다.

그런 잘못에 빠지지 않는 사람은 타고난 체질 자체가 욕심이 많지 않은 사람이거나, 수행에 대해 전혀 아는 게 없어서 수행과 관련된 생각이 많지 않은 사람으로, 그런 경우에는 빨리 집중이 될 수 있습니다.

그런데 집중이 되면 또 다른 문제가 생길 수 있습니다. 집중이 되기 시작하면 처음에는 아주 고요하고 평온하다가 조금 있으면 잠에 빠져 버립니다. 집중이 되면 대상이 미세해지는데 마음이 이 미세한 대상을 미처 따라가지 못하기 때문입니다. 집중이 너무 강해지면 마음이 무거워졌다가 그 다음에는 작동을 안 합니다. 관찰하는 것을 멈춰 버린다는 말입니다. 그렇게 되면 더욱 강한 노력을 해야 합니다.

그때 반드시 필요한 것이 사띠입니다. '아, 마음이 무겁게 가라앉고 있구나' 하고 자신의 마음 상태를 제대로 파악하면서 노력을 강화시켜 확실한 관찰력으로 그 상태를 분명하게 알아차려야 합니다. 예를 들어 숨을 들이쉬면서 들이쉬는 것을 아는지 모르는지 확인해야 합니다. 알아차리는 마음이 희미해지면 들숨, 날숨 하고 명칭을 붙이면서 확인하는 것이 도움이 될 수 있고, 명칭을 안 붙여도 마음이 확실하게 알고 있는지를 확인해 보아야 합니다. 강하게 사띠하면서 조심스럽고도 확실하게 알면 노력과 지혜와 희열이 다시 올라오게 됩니다. 적절히 노력해서 대상을 확실하게만 관찰해 주면 지혜로 현재의 대상을 확실하게 알게 됩니다.

이렇게 사띠는 수행의 매 순간 항상 챙겨야 하는 수행의 필수 요건입니다. 수행에 어느 정도 경험이 있는 사람일수록 노력과 지혜, 희열 쪽에 문제가 많습니다. 노력이 넘치면 몸과 마음을 편안하게 이완시키면서 우뻬카를 올려 줍니다. 초심자의 경우 집중이 넘쳐 몽롱해지고 관찰이 무뎌지면 노력 쪽에 좀 더 힘을 기울여야 합니다. 이렇게 현재 자신의 수행 상태가 어떤지를 점검하기 위해서 사띠는 항상 필요하며 사띠의 힘은 많을수록 좋습니다.

수행 초보자는 집중에서 멈추면서 수행이 깨지고, 수행 경험자는 욕심으로 수행하기 때문에 수행이 발전하지 못합니다. 그걸 아시고 사띠를 연결시켜서 깨달음의 요소 여섯 가지가 균형을 이루도록 할 때 수행이 고르게 발전할 수 있습니다.

지금까지 살펴본 칠각지 게송을 함께 암송하겠습니다.

> Bojjhaṅgo satisaṅkhāto dhammānaṃ vicayo tathā
> vīriyaṃ pīti passaddhi bojjhaṅgā ca tathāpare
> samādhupekkhābojjhaṅgā sattete sabbadassinā
> muninā sammadakkhāta bhāvitā bahulīkatā
> 봇장고 사띠상카또 담마낭 위짜요 따타
> 위리양 삐띠 빳삿디 봇장가 짜 따타빠레
> 사마두뻭카봇장가 삿떼떼 삽바닷시나
> 무니나 삼마닥카따 바위따 바훌리까따

> 사두, 사두, 사두.

> Buddha sāsanaṃ ciraṃ tiṭṭhatu (3번)
> 붇다사사낭 찌랑 띳타뚜

> 사두, 사두, 사두.

아홉째 날

무아와
위빳사나

무아의 지혜

오늘은 부처님 가르침의 핵심을 담고 있는 무아경, 그리고 무아경을 위빳사나 수행과 연계하여 좀 더 깊이 이해해 보는 시간을 갖겠습니다.

무아無我라는 부처님의 가르침은 다른 교단에서는 찾을 수 없는 아주 독특한 법입니다. 부처님의 가르침을 삼학, 즉 계·정·혜로 축약하여 볼 경우 계율은 어느 교단에서든 나름대로 다 있습니다. 몸과 마음, 입으로 어떤 것을 하면 안 되고 또 어떤 것은 해야 하는지에 대한 가르침은 힌두교, 기독교, 유태교, 이슬람교 등에 다 있는 것인데 그 계율이 완벽한 지혜를 바탕으로 한 것인지 아닌지는 교단마다 차이가 있을 수 있습니다. 예를 들어 어떤 교단에서는 등이 하늘을 보고 있는 중생은 창조자가 인간으로 하여금 먹을 수 있게 하려고 만들었다고 말합니다. 인간의 머리가 하늘을 보고 있는 것과는 달리 소나 돼지 같은 대부분의 동물들은 등이 위쪽을 향해 있지요. 그래서 그런 동물들은 죽여도 별로 문제가 없다는 관점입니다. 그렇게 본다면 사람들이 밤에 잘 때 등이 천장 쪽으로 향하게 엎드려 자면 안 되는 거지요. 잠을 자는 동안에는 죽여도 된다고 말하는 사람이 있다면 어쩌겠습니까? 이렇게 계율도 완벽한 지혜를 근거로 하는 것과 그렇지 않은 것의 차이는 있을 수 있습니다.

'눈에는 눈!'이라는 말이 있지요? 다른 사람이 내 눈을 찌르면 나도 그 사람의 눈을 찌를 수 있다는 말입니다. 그런 가르침을 두고 간디가 말했습니다. "눈에는 눈이라고 한다면 이 세상 사람들은 모두 다 맹인이 될 것이다."

미움에는 끝이 없어서 그 미움을 품고 죽으면 다음 생에서도 또 미워하고 서로를 죽입니다. 그래서 부처님께서는 어떤 이유에서건 모든 살생을 반대하셨습니다.

세계적으로 유명한 마이클 샌델이라는 박사가 있습니다. 하버드대에서 27살 때부터 교수가 된 철학박사인데 한국에서는 『정의란 무엇인가?』라는 책의 저자로 알려져 있습니다. 그 책에서 마이클 샌델이 딜레마를 이야기했는데 그 비유가 아주 재미있습니다.

기찻길에 문제가 있는지를 검사하기 위해 사람이 타는 자동차를 트롤리trolley라고 하는데, 그 트롤리를 운전하는 중에 갑자기 브레이크가 고장이 나서 속도 조절이 불가능해졌습니다. 엄청난 속도로 달리고 있던 중이라 대형 사고가 일어날 판인데, 앞에는 그차가 마구 달려오는 것을 미처 못 보고 일을 하는 다섯 명의 인부가 있습니다. 핸들을 돌리지 않으면 그들이 모두 죽을 것입니다.

그리고 한 갈래의 다른 길이 있는데 거기에는 한 명만 있습니다. 자, 이럴 경우 여러분들이 운전자라면 어떻게 하겠는가라고 마이클 샌델이 독자들에게 묻습니다.

수행자 여러분들은 이럴 때 어떻게 하시겠습니까? 대부분은 한 명이 죽는 쪽을 선택하는 것이 마땅하다고 생각할 것입니다. 그런데 그 문제를 좀 다른 관점에서 생각해 볼 수도 있습니다. 운전하는 쪽이 아니라 죽는 사람 쪽에서 말이지요. 죽는 사람 입장에서는 자기 자신이 가장 중요하니까 한 명이건 다섯 명이건 그게 문제 되는 게 아닐 것입니다. 하필이면 왜 내가 죽어야 하느냐고 생각할 수 있으니까요. 혼자 있는 사람이 '아, 다섯 명이 죽는 것보다는 나 혼자 죽는 게 낫지. 내가 보살행을 해야겠다' 하면 문제가 없겠지만 그런 게 아니고 무턱대고 너는 혼자니까 죽으라고 한다면 그 사람 입장에서는 무척 억울할 겁니다. 이럴 경우 여러분들이 트롤리 운전자라면 어떻게 하시겠습니까?

자, 이번에는 또 다른 경우를 생각해 보겠습니다. 지금 내가 트롤리를 조종하는 사람이 아니고, 그 상황을 보고 있는 중입니다. 상황은 똑같습니다.

내가 만약 육교에서 그 위험한 상황을 내려다보고 있다고 가정해 봅시다. 핸들을 잡고 있는 사람은 어쨌든 사람을 죽이게 되어 있습니다. 다섯 명이냐 한 명이냐가 다를 뿐이지요. 그런데 그 상황을 내려다보고 있는 내 옆에 아주 뚱뚱한 사람이 서 있습니다. 그를 차 앞으로 밀어 떨어뜨리면 달리는 트롤리를 세울 수 있습니다. 물론 내가 뛰어내려도 달리는 그 차를 세울 수 있습니다. 그러면 어떻게 하시겠습니까?

자기 자신이 보살행을 하겠다고 결정한다면 그게 가장 간단한 해결 방법일 것입니다. 그런데 그렇지가 않을 경우, 차에 있는 사람이 핸들을 한 사람 있는 쪽으로 돌리는 것과 육교 위에서 뚱뚱한 사람을 아래로 밀어 떨어뜨리는 것 중 어떤 것이 더 쉬울까요? 사람들은 핸들을 돌리는 것이 더 쉽다고 생각합니다. 핸들을 돌려도 한 사람이 죽고, 육교에서 아래로 사람을 밀어 떨어뜨려도 한 사람이 죽는 것은 똑같은데도 생각은 다릅니다. 사실은 똑같은데도 사람의 심리는 이렇게 다릅니다. 또 여러 사람을 위해서 한 사람이 죽어야 마땅하다고 생각하는 것 역시 당연한 것은 아닐 수도 있어서 다시금 생각해 봐야 할 문제입니다. 얼핏 생각하기에는 쉬운 것 같아도 문제는 그리 간단하지 않습니다.

이것은 전쟁터에서 있었던 실화입니다. 아프가니스탄에서 일어난 전쟁에 미국 군인들이 참전하여 싸우고 있었습니다. 미군들이 반군들의 공격을 피하려고 숨어 있던 중에 양들을 몰고 오는 어린 아이 두 명이 미군들 곁을 지나갔습니다.

그때 미군들은 이 어린 아이들을 죽여야 하나 살려 보내야 하나 갈등을 합니다. 그냥 보내면 마을 사람들한테 얘기해서 자신들이 공격당할 위험이 있고, 죄도 없는 애들을 죽이자니 양심이 허락하지 않습니다. 그래서 고민하다 통과시켜 주었는데 염려한 대로 반군들이 공격해 와서 사랑하는 전우들 14명이 죽었습니다.

그때 살아남은 자에게 다시 물어봤답니다. "만약에 시간을 되돌릴 수 있다면 그런 상황에서 애들을 죽이겠는가, 살려 보내겠는가?" 하니까 "앞으로 그런 일이 다시 있다면 나는 틀림없이 죽일 것이다."라고 했답니다.

이렇게 다급한 상황에서 필요한 것이 지혜입니다. 현실은 '만약에……'라고 하여 다시 선택할 수 있는 문제가 아닙니다. 이 간단하지 않은 현실 속에서 완벽한 지혜가 있으면 억울한 일이나 이해 불가능한 일은 없을 것입니다. 일어날 일은 일어나게 되어 있고, 업에 의한 과보는 그 누구도 피하지 못합니다. 비행기가 추락해서 어른들을 포함한 모든 사람이 죽었는데 아주 어린 아이, 갓난 아이가 혼자 살아남은 일도 있습니다. 업이라는 것은 이렇게 놀라운 것입니다.

이야기가 한참을 돌았는데 다시 계·정·혜로 돌아오겠습니다. 어느 교단이건 계율은 다 있지만 그것이 완벽한 지혜를 바탕으로 한 것이냐 아니냐 하는 기준의 차이점은 있다는 것을 이야기 하였습니다. 부처님 가르침에서 계율은 기본이고 정, 집중에 대한 가르침도 매우 중요하고 지혜는 가장 중요하다고 가르칩니다. 이 지혜의 한가운데에 바로 '무아'가 있습니다. 다른 모든 가르침에서 '아我'를 가르치는 것과는 두드러지게 다른 점입니다.

무아의 여러 가지 측면

이 무아를 바르게 이해하기 위해서 무아의 여러 측면을 자세히 보도록 하겠습니다. '사미 앗따sāmī atta', '사미'는 '주인공', '앗따attā'는 '자아'라는 뜻이어서 '사미앗따'는 주인공인 나를 말합니다. 사미앗따는 모든 것이 내 뜻대로 된다고 착각합니다. 내가 일어나고 싶으면 일어나고, 서고 싶으면 서고, 내가 하고 싶은 대로 하고, 어떻게든 내 뜻대로 돼야 하고, 내 뜻대로 된다고 보는 자아입니다. 이 몸과 마음에 내가 주인공이라고 착각하고 있는 것입니다. 사실은 모든 것이 원인과 결과인데, 그런 걸 모르고 내 뜻대로 되고 내가 주인공이라고 착각하는 것입니다.

우리가 열심히 관찰하여 일어나고 사라지는 모든 것을 알고 있는데 다시 뒤에서 다른 어떤 놈이 전체적으로 알고 있는 것처럼 느껴지는 경우가 있다면 그것은 수·상·행·식 중에서 식에 해당됩니다. 그런데 그 앎인 식에 '나'를 갖다 붙여서 아는 내가 주인공이라고, 그것이 나라고 착각합니다.

'니와시 앗따nivāsī atta'란 태어날 때부터 지금까지 계속 변하지 않고 유지되는 '나'가 있다고 착각하는 '나'입니다. 무상을 제대로 알고 있어야 무아도 바르게 알 수 있습니다. 그런데 예전부터 지금까지 계속 살고 있는 것같이 느껴지는 '나'가 있습니다. 예를 들어 내가 여기에서 10년 살았다, 부산에서 20년 살았다 하면 계속 존재해 오는 것으로 여겨지는 아가 있는데 그것을 '나'라고 보는 것입니다. 이런 아상은 수·상·행·식 중에서 '상'과 관련이 많습니다. 상은 기억하는 것이지요. 어제를 기억하고 작년을 기억하고, 이렇게 과거를 기억하면서 그것을 '나'라고 착각하는 것입니다. 그러나 이 몸이라는 물질과 정신은 계속 변하여 영원한 것은 아무것도 없고 다만 상이 그것을 기억하고 있을 뿐인데 그것 때문에 내가 있다고 착각하게 되는 것입니다.

그 다음에 '까라까 앗따kāraka atta', 이것은 '~을 하는 사람' 즉 무언가를 하는 그것을 나라고 생각하는 것입니다. 보는 것도 내가 보는 것, 생각하는 것도 내가 생각하는 것, 수행하는 것조차도 내가 수행하고 있다고 보고, 그래서 수행처에 내가 왔다, 수행을 지금 내가 잘한다, 잘못한다, 열등감에 시달리다가 그 다음에는 '아, 내가 깨달을 수 있는 체질이 아닌가 보다' 하면서 그 '나'가 포기합니다. 이것은 아주 강한 '나'입니다. 아는 것도 내가 아는 거고, 모르는 것도 내가 모르는 것이며 모든 행을 '나'라고 착각합니다. 이것은 수·상·행·식 중에서 행과 많은 관련이 있습니다. 수행할 때도 '내가 노력하고 있다', '내가 게으르다', '아, 내게 신심이 일어나고 있다'고 하면서 모든 것에 '나'를 붙여서 생각합니다. 그러나 집중이 깊어지고 지혜가 높아지면 그렇지 않음을 보기 시작합니다. 신심은 신심일 뿐이고, 이 신심 또한 일어나고 사라지는 것이 지 영원하지 않습니다.

모든 행, 모든 일을 하면서 계속 '내가 하고 있다'고 하는 것이 바로 아상입니다. 수행하고 있는데 집중이 깊어져서 지혜가 좋아 지면 법을 보기 시작합니다. 그래서 "아, 스님, 제가 열심히 수행 하고 있는데 뒤에서 한 놈이 이렇게 보고 있어요." 이러면 수행 열심히 하고 있는 '놈'은 행, 뒤에서 그것을 전체적으로 알고 있는 '놈'은 식일 뿐 그게 '나'는 아닙니다. 내가 하는 것이 아니고 사실 은 행이 행을 하는 것입니다.

이렇게 색·수·상·행·식을 구별하여 볼 때 법을 본다고 말합 니다. 수행이 깊어져서 법을 많이 보게 되면 '무아'를 확실하게 깨 닫게 됩니다. 위빳사나 지혜가 있어서 계속 일어나서 사라짐을 알 고 있으면 거기에 아我가 붙지 못합니다. 왜냐하면 일어난 것이 즉시 사라지는 것을 계속 보고 있기 때문입니다.

'웨다까 앗따vedaka atta', 이것은 느낌을 가지는 것을 아我라고 보 는 것입니다. 행복할 때 행복한 나, 괴로울 때 괴로워하는 나, 고 통스러울 때 고통스러워하는 나가 있다고 생각합니다.

우리가 아, 자아라고 할 때에는 이 네 가지의 앗따(我)를 이해하 고 있어야 무아를 제대로 이해할 수 있습니다.

그러면 사실은 어떠한가? 우리의 몸과 마음은 단지 색·수· 상·행·식인 오온일 뿐인데 이 오온에 강하게 집착함으로써 그것 을 자아, 나라고 착각하는 것입니다. 몸이 있고 영혼이 있으며 이 몸은 영혼이 시키는 대로 하고 있다고 착각합니다. 그리고 이 몸 이 죽어도 영혼은 계속 다른 몸을 받아서 산다고 착각합니다. 그래서 이 영혼 쪽에 특히 아我가 매우 강합니다. 혼이라는 것이 정신이고 그것은 색·수·상·행·식 중에서 색을 제외한 수·상·행·식이지요.

수受는 느낌이어서 행복한 느낌, 괴로운 느낌을 말하는데 그 느낌에 '아'를 붙여서 행복한 사람, 행복한 나라고 보는 것입니다. 수행으로 깊이 관찰하면 사실은 그와 같이 행복이라는 느낌만 있을 뿐 행복한 자는 없고 괴로움의 느낌은 있어도 괴로운 자는 따로 없음을 압니다. 괴로움은 괴로움이라는 느낌일 뿐인데 괴로운 자가 있고 그것이 자기 자신이라고 착각하는 것이지요. 제가 자주 말하듯이 길을 가다가 좋은 차가 보이면 내 차라고 해 보세요, 그러면 그게 내 차가 되는지. 좋은 집을 보면서 내 집이라고 하면 내 집이 됩니까? 자기가 좋아하는 사람에게 가서 당신은 내 사람이라고 하면 어떻게 되겠습니까?

이 물질과 정신, 색·수·상·행·식 오온도 마찬가지입니다. 이 모든 것이 원인에 따른 결과일 뿐 나도 아니고 내 것도 아닙니다. 그것은 사견입니다.

색·수·상·행·식 모든 것이 변하고 사라집니다. 위빳사나 지혜가 없어서 모를 뿐 위빳사나 지혜가 일어나면 그 오온이 뚜렷하게 하나 다음에 하나, 하나가 생겼다가 사라지고 다시 하나가 생기고……, 오직 그럴 뿐, 오직 하나뿐입니다.

느낌(受)도 아주 뚜렷하게 하나 다음에 하나예요. 한 느낌이 사라지고 나서 다시 다른 느낌 하나, 그 하나하나가 계속 변해가기 때문에 무상하고 그것에 '나'라고 할 것이 없습니다. 생겨난 모든 것은 곧바로 사라지는 것인데 관찰하는 힘이 약해서 그 변화를 따라잡지 못하고 그것에 나라는 생각을 붙이고 집착하고 착각하는 것입니다.

다시 말하지만 수는 그냥 수일 뿐이고, 행위는 의도에 의해 일어난 행위일 뿐입니다. 그렇게 볼 수 있으려면 위빳사나 지혜가 일어나야 가능합니다. 위빳사나 지혜가 일어나지 않는 사람들은 수에서 항상 '나'를 동시에 만듭니다. '아, 행복하다' 그러면 '내가 행복하다', '아, 괴롭다' 하면 '내가 괴롭다' 이렇게 됩니다. '아, 자고 싶다. 자고 싶은데 못 자서 괴롭다' 그러면 내가 괴로운 거예요. '하고 싶은데 내가 못한다. 그래서 괴롭다' 그러면 내가 괴로운 거예요. '아, 맘대로 할 수 있다. 행복하다, 내가 하고 있다' 그러면 내가 행복하다고 여깁니다.

수에 대해 아가 생긴 것, 수에 대한 아상, 이것은 아주 미묘한 것이어서 수행을 안 하고서는 알 수가 없습니다. 수행을 하면 수라는 느낌에 '나'라는 생각을 붙여 놓고 있던 것이 계속 무너지는 것을 봅니다. 수는 수일 뿐 그것이 독립적으로 존재하는 '나'가 아니라는 것을 차츰 알게 됩니다. 행복함은 있는데 '행복한 나'가 따로 없고 괴로움이 있는데 '괴로운 나'는 따로 없음을 보기 시작하면 신·수·심·법 중에서 법을 보는 것입니다.

이렇게 신·수·심·법이 무엇인지를 바르게 알고 법을 보게 되면 오온이 보이기 시작하고 그 오온이 해체되어 보이게 됩니다. 하나하나가 다 따로따로 보입니다. 행복함이 있고, 행복함을 인식함이 있고, 그 행복함을 다시 보고 있음을 봅니다. 그러면 행복함이 수(느낌)이고, 그것을 보는 것이 식(의식)이고, 또 행복함을 다시 보고 있다면 그것은 상(기억, 인식)입니다.

그런데 이 상과 식은 아주 미묘합니다. 행과 수는 그 변화가 분명하기 때문에 그것이 '나'가 아니라는 것을 비교적 빨리 알 수 있습니다. 느낌이 따로 있고 그것을 느끼는 자가 따로 있는 것처럼 쉽게 분리가 되기 때문에 상대적으로 여기에서 아상을 놓기는 쉽다는 뜻입니다. 그런데 식과 상은 아주 미묘한 것이어서 여기에서는 아가 빨리 떨어져 나가질 않습니다. 이것은 수행을 깊이 해야 비로소 깨닫게 되는 것입니다. 상과 식은 뿌리가 워낙 깊어서 수행자들이 많이 조심해야 하는 두 친구입니다. 이 두 친구를 제대로 깊이 알아야 무아에 대한 지혜가 많이 일어날 것입니다.

이 뿌리 깊은 아견이 다 떨어져 나가야 무아를 알 수 있게 됩니다. 물질에서 무아를 아는 것은 비교적 쉽습니다. 왜냐하면 어느 정도 수행이 되면 물질은 모두 무너지기 때문입니다. 집중이 얼마만큼 되면 몸을 느끼지 못합니다. 몸은 수행 중에 쉽게 해체됩니다. 그러나 정신 쪽은 쉽게 사라지지 않고 아주 미묘합니다. 그래서 사람들은 몸은 죽어 사라지지만 영혼은 남아 있다고 착각하게 되는 것입니다. 물질에서는 무상을 쉽게 봅니다. 그러나 혼은 무상하지 않다고 여깁니다.

그래서 부처님의 가르침인 무아를 제대로 알려면 형성되고 있는 네 가지 법을 꿰뚫어 보아야 위에서 살펴본 '네 가지 아'가 무너질 수 있습니다.

아상의 해체법

혼魂에 대한 일종의 해체법을 알아보도록 하겠습니다. 이 혼이라고 하는 것이 어떻게 형성되고 있는가? 그 아상들이 어떻게 형성되는가?

무아를 바르게 깨닫기 위해서는 위에서 알아본 네 가지 자아 attā와, 다음에서 설명할, 네 가지 가나ghana를 잘 알고 있어야 합니다. 네 가지 앗따 즉 사미앗따가 주인공인 나, 니와시앗따는 계속 살고 있는 나, 까라까앗따는 모든 것을 하는 나, 웨다까앗따는 모든 것을 느끼는 나, 이렇게 네 가지의 아견이 있다는 것을 앞에서 공부했습니다.

물질과 정신을 자아로 착각하게 하는 것이 '가나'입니다. '가나'란 '형성하고 있는 것'이란 뜻으로 네 가지가 있습니다. 빠알리어에는 '가' 소리에 두 가지가 있습니다. 한국말 가나다라 할 때의 '가ga'가 하나이고, 두 번째는 ㄱ과 ㅎ이 붙어서 나는 것 같은 소리의 '가gha'인데 이때의 '가gha'는 '가ㅎ' 소리로 발음해야 합니다.

첫 번째 '산따띠가나santatighana', 사실은 하나 다음에 하나가 따로따로면서 계속 이어지는 것인데 그 속도가 엄청나게 빠르기 때문에, 그 하나하나를 분리해서 볼 힘이 없어 죽 이어져 있다고 보는 것입니다. 예를 들면 많은 개미들이 줄지어서 가는 것을 보면 개미가 한 마리씩 선명하게 보이지 않고 까만 줄이 움직이는 것처럼 보입니다. 그런데 가까이 다가가서 자세히 보면 한 마리 한 마리 다 떨어져 있잖아요. 산따띠가나가 바로 그런 의미입니다.

모든 물질과 정신이 이렇게 하나 다음에 하나로 각각인 것이 사실인데, 우리의 지혜가 낮아서 그것을 낱낱이 보지 못합니다. 전기를 예로 든다면 지금 우리는 전구가 계속 밝게 켜져 있는 것으로 보고 있지만, 사실은 전류가 끊어짐 없이 선으로 이어져 흐르는 것이 아니라 계속, 계속 전기가 나오면서 아주 미세한 간격을 두고 이어지는 것이고, 따라서 불이 켜지고 꺼지고, 다시 켜지고 꺼지기를 반복하지만 그 틈, 간격이 워낙 미세해서 어둠을 보지 못하고 있을 뿐입니다. 그래서 계속 밝음만 알다가 완전히 전기가 끊어져 불이 꺼져야 어둠을 알게 됩니다. 우리의 눈이 보는 속도가 만약에 그 빛의 속도보다 빠르다면 밝음과 어둠이 번갈아 바뀌는 것을 그대로 알 수 있을 것인데 인간의 눈은 빛의 속도를 따라가지 못합니다.

사실이 이와 같은데 우리는 사실과는 전혀 다르게 알면서 그것을 참이라고 착각합니다. 그러니 우리의 앎이라는 것을 믿을 수가 없습니다. 이와 마찬가지로 우리의 몸과 마음도 계속 일어나 사라집니다. 물질도 과정이고 정신도 과정이어서 하나가 생겼다가 사라지고, 또 하나가 생겼다가 사라지는 것이 엄청난 속도로 계속 되고 있습니다. 그 변화의 속도는 워낙 빠르고 그것을 따라갈 수 있는 지혜는 없어서 사실을 사실대로 모르는 것입니다. 물질 하나가 생겼다가 사라지고, 또 그렇게 생겼다가 사라지고, 마음도 하나가 생겼다가 사라지고, 또 한 마음이 일어났다가 사라집니다. 그것을 낱낱이 못 보는 데서 문제가 생기고 그것이 착각을 일으키는 것입니다. 원래는 없는 것을 있다고, 형성되었다고 착각하는 것이 바로 '산따띠가나'입니다.

위빳사나 지혜가 일어나면 그 지혜의 힘으로 몸과 마음이 해체되어 보이기 시작하고 따라서 형성되었다고 보는 것도 점점 줄어들게 됩니다. 물질인 몸이건 정신인 마음이건 마찬가지입니다. 즉 처음에는 아픔이 계속 이어진 하나의 아픔으로 느껴지지만 계속 집중하여 관찰하다 보면 그 아픔도 하나 다음에 하나라는 것을 알게 됩니다. 소리도 마찬가지여서 '사오' 소리를 '사사사사……', '오오오오……' 하는 식으로 토막토막으로 알게 됩니다. 그리고 지혜의 정도에 따라서 그 변화의 속도도 다 다르게 알아차립니다. 그래서 수행 중 집중이 깊어져서 지혜가 있을 때 소리를 들으면 평소에 들었던 소리를 뭔가 이상하다고 생각하며 듣지만 사실 소리가 달라진 것이 아니라 자신의 지혜가 달라진 것입니다. 그래서 그런 산따띠를 보게 되면 가나가 해체되면서 차츰 우리가 무상·고·무아를 깨닫게 되는 것입니다.

두 번째는 '사무하가나samūhaghana'인데, 내 몸과 마음을 '나'라고 착각하는 것입니다. 그런데 계속 수행을 해 보면 이 몸이 여러 가지 물질이고, 정신도 여러 가지 정신이 섞여 있으면서 상호작용하고 있는 하나의 과정임을 보기 시작합니다.

물질은 지·수·화·풍을 비롯하여 18가지가 있습니다. 하나가 아니예요. 사람이 18명 있을 때 그 사람들을 한 사람이라고 할 수 없듯이, 몸도 처음에는 하나라고 착각하는데 계속 관찰해서 실체를 보게 되면 그것들이 낱낱이 해체되어 18가지 물질로 그 하나하나를 보게 됩니다. 마음도 이와 같이 하나라고 착각하고 있던 것인데 수행을 통해 관찰하는 힘이 예리해지면 마음뿐만 아니라 마음부수도 여러 가지라는 것을 알게 됩니다.

그래서 이 몸과 마음이 하나가 아님을 알게 되고 그에 따라 '아, 하나가 아니구나. 이것을 나라고 한다면 저것은 누구인가? 만약 저것을 나라고 하면 그럼 이것이 누구인가?' 하면서 실체를 보게 되고 그래서 마침내 무아를 깨닫게 되는 것입니다. '사무하'의 원래 뜻이 '별개의 것이 합쳐져서 함께 일하고 있는 것'과 같은 의미입니다. 모임, 동아리 같은 것으로 여러 사람이 한 단체에 모여 같이 일을 하는 것에 빗대어 볼 수 있겠습니다. 이것을 해체해서 보지 못하고 하나라고 보는 데서 아견이 생기는 것입니다.

세 번째 '아람마나가나ārammaṇaghana', 이것은 마음, 식에 많이 달려 있습니다. '아람마나'는 대상을 형성하는 것입니다.

우리는 마음과 마음부수를 하나로 봅니다. 왜냐하면 마음과 마음부수가 같은 대상에서 움직이기 때문입니다. 예를 들어 화가 난다면 화는 마음이 아니라 마음부수입니다. 마음은 화남이라고 하는 대상을 인식하는 것뿐입니다. 즉 화는 마음이 아니라 인식의 대상입니다. 그런데 이 화라는 대상을 두고 수·상·행·식이 모두 각자 자기의 일을 할 뿐 이외에 '나'라고 할 수 있는 다른 존재가 없습니다. 그렇게 똑같은 대상에서 동시에 다른 일을 하면서 아

atta가 생깁니다.

그렇다면 우리는 마음이라는 것을 어떻게 이해해야 할까. 마음은 항상 다른 대상을 갖습니다. 다시 말하면 지금 이 대상에 대해 인식하는 마음이 하나이고, 또 다른 대상에서 인식하는 마음이 또 다른 하나의 마음입니다. 그러므로 대상이 다를 때마다 그것을 아는 마음도 다르다는 의미입니다. 소리를 듣는 마음과 형상을 보는 마음은 완전히 다른 것입니다.

대상이 다르면 그것을 아는 마음도 다르다는 것은 직접 수행을 해서 체험해야 알 수 있습니다. 원래부터 있던 마음이 가만히 있다가 소리가 생기면 그것을 듣고, 어떤 이미지가 있으면 그것을 보는 것이 아니라 볼 때 마음 하나가 생기고, 소리가 날 때 그것을 듣는 마음 하나가 새로 생기는 것입니다. 즉 대상이 다르면 마음도 다른 것입니다.

'아람마나가나'란 마음이 대상으로 어떤 것을 형성하고 그것을 실체라고 착각하는 것인데, 우리가 제대로 관찰할 줄 알게 되면 대상으로 형성한 그것이 사실은 계속 해체되고 있음을 알게 되고, 그 대상을 우리가 확실하게 구별하면 대상에 따라 마음이 각각 달라진다는 것도 알 수 있습니다. 그래서 항상 내가 주인공같이 여기는 마음, 식이 해체되어 버립니다. 마음도 하나 다음에 다른 하나일 뿐 태어날 때부터 지금까지 계속 존재하는 것이 아니고, 대상에 따라 마음이 생기고 다시 생기고 하는 것임을 알게 되는 것이 아람마나가나입니다. 대상이 어떤 실체처럼 보이던 것이 대상이 해체되면 그것을 인식하던 마음도 해체되고, 그러면 식에 대한 아가 많이 깨집니다.

마지막으로 '낏짜가나kiccaghana', 이것은 대상이 달라지더라도 거기에서 수·상·행·식이 같이 일하는데 그것을 '아'라고 착각하는 것입니다. 한 대상에서 수는 느끼는 일을 하고, 행은 여러 가지 일을 해내고, 상은 기억하는 일을 합니다. 하는 일이 각자 다르니 역시 하나가 아니지요. 예를 들어 의사는 치료를 하고, 변호사는 법원 일을 하고, 경찰은 경찰의 일을 하고 교사는 교사의 일, 스님은 스님의 일을 합니다. 그렇게 하는 일들이 모두 다르기 때문에 각각 일하고 있다고 하는 것입니다. 다시 말하면 마음과 마음부수가 하는 일이 다르고 마음부수들도 각자 하는 일이 다릅니다. 사띠의 일과 상(기억)이 완전히 별개로서 섞이지 않고, 사띠와 지혜도 별개입니다. 이러한 사실을 자신이 관찰하면서 알 수 있습니다.

이때 의심이 나라면 신심은 누구인가, 또는 지혜가 나라면 어리석음은 누구인가, 욕심이 나라면 무탐은 또 누구인가 묻고 들어가면 결국은 아라고 할 것이 없고 무아임을 깨닫게 됩니다.

신·수·심·법 중에서 법 관찰이 깊어질 때 마음부수들을 하나하나 분리해서 볼 수 있습니다. 마음부수 52가지를 일어난 대로 보게 되는 것입니다. 그러면 마음부수들이 하는 일이 서로 완전히 다름을 알 수 있습니다. 이렇게 알게 되면 아가 무너집니다.

부처님의 가르침 중 핵심인 무아법을 공부할 때 네 가지 형성과 네 가지 아를 알면 무아를 이론적으로 깊이 이해하게 됩니다. 이것은 아주 미묘한 면이 있어서 수행 체험이 없으면 이해하기가 매우 어렵습니다. 부처님만이 깨달으실 수 있었던 진리이고 아무리 뛰어난 철학자라도 상상조차 하지 못한 가르침이지요.

네 가지 가나와 네 가지 아를 개념적으로 알려고 해서는 이해가 불가능하고, 내 몸과 마음을 끊임없이 관찰하여 이 네 가지 아와 네 가지 형성법을 정확하게 알았을 때라야 무아를 깨달을 수가 있습니다. 사미앗따는 주인공 아, 니와시앗따는 영원한 아, 까라까앗따는 모든 것을 하는 아, 웨다까앗따는 모든 것을 느끼는 아, 그리고 산따띠가나는 앞뒤로 연결되는 형성(formation), 사무하가나는 여러 가지 물질과 정신이 합쳐지는 형성, 아람마나가나는 대상으로 조직하는 형성, 그 다음 낏짜가나는 일로 만들어지는 형성이라고 간단히 정리할 수 있겠습니다. 바른 노력, 바른 사띠, 바른 집중과 바른 지혜로 끊임없이 관찰했을 때 그 형성된 것들이 해체됨을 볼 수 있고, 착각으로 만들어진 '나'가 사실은 무아임을 깨닫게 될 것입니다.

그래서 여러분들이 네 가지 아를 버릴 수 있는 사람, 네 가지 가나를 해체할 수 있는 사람, 부처님의 가르침인 무아의 지혜를 가질 수 있는 사람이 될 수 있도록 팔정도 수행을 열심히 하여 모든 고통에서 벗어나 닙바나를 성취하길 기원합니다.

사두, 사두, 사두!

Buddha sāsanaṃ ciraṃ tiṭṭhatu (3번)
붇다사사낭 찌랑 띳타뚜

부처님의 가르침이 오래오래 머무소서.

사두, 사두, 사두.

열 번째 날

위빳사나 지혜
계발 과정

위빳사나 지혜의 첫 번째 단계

우리는 위빳사나 지혜를 얻기 위해 수행을 하지만 수행을 시작하자마자 지혜가 생기지는 않습니다. 사념처 즉 우리의 몸·느낌·마음·법을 있는 그대로 관찰하는 것이 위빳사나 수행 방법이라는 것은 이미 앞에서 살펴본 바 그대로입니다. 대상을 미리 정해 놓고 그것을 관찰하는 것이 아니라 지금 이 순간 인식되는 것이면 어떤 것이든 그것을 관찰 대상으로 하여 있는 그대로 관찰하는 것이 위빳사나입니다. 몸·느낌·마음·법에 대한 인식이 다 있을 수 있지만 한 순간에 인식할 수 있는 것은 오직 하나뿐, 동시에 두 가지를 인식하지 않습니다.

호흡 관찰을 예로 들어 설명하겠습니다. 숨을 들이쉬고 내쉴 때 따뜻함이나 차가움을 안다면 지·수·화·풍 중에서 물질의 화대의 특성을 아는 것입니다. 숨을 들이쉴 때 공기가 콧속 어딘가를 따,따,따,따 때리듯이 들어가고, 내쉴 때도 마찬가지로 때리는 듯한 느낌으로 나갈 때 공기의 흐름, 공기의 움직임을 알았다면 그것은 호흡의 특성 중 풍대를 아는 것입니다. 또 호흡에서 딱딱함을 느낄 수 있고 부드러움도 느낄 수 있고 무거움을 느낄 수 있고 가벼움도 느낄 수 있으면 그것은 지대입니다. 호흡에서 수대는 알기가 쉽지 않지만 나머지 지·화·풍대는 어렵지 않게 알 수 있습니다. 이때 지대·화대·풍대를 골고루 모두 알아야 하는 것이 아니라 인식되는 대로만 알면 됩니다.

호흡은 사념처로 말하면 몸(身) 즉 물질에 해당됩니다. 호흡하는 중에 와 닿는 감촉을 느낄 수 있는 감각기관이 물질이고, 감각기관에 와 닿는 감촉도 물질입니다.

몸에 대상이 닿는 것을 아는 신식이 있습니다. 예를 들어 코와 공기가 있고, 코에 공기가 닿는 부분에서 그 닿음을 인식하는 마음이 있는데 그 인식하는 마음을 신식이라고 하는 것입니다. 정리하면 감각기관에 와 닿는 물질이 있고, 그것을 감지하는 감각기관이 있고, 그것을 인식하려는 마음, 대상을 잊지 않으려고 노력하는 마음이 있습니다. 대상을 잊지 않고 기억하는 것이 사띠이고, 사띠를 계속 유지하려고 노력하는 마음이 있습니다. 그 노력과 사띠가 있어서 집중이 가능해집니다. 그래서 들숨과 날숨을 계속 관찰할 수 있게 됩니다. 즉 사념처로 팔정도 수행을 하는 것입니다.

집에 있어도 호흡을 하는데 굳이 수행처에 와서 들숨 날숨을 애써서 관찰할 필요가 있느냐고 묻는 사람이 있을 수 있습니다. 그러나 그냥 생각 없이 호흡을 하는 것과 호흡에 집중하여 그것을 관찰하는 것은 다릅니다. 집에서 일상생활을 다 하면서 호흡을 놓치지 않고 관찰하기는 매우 어렵다는 것을 수행의 경험으로 알 것입니다. 사실은 단 몇 분 동안 잊지 않고 호흡을 챙기는 것조차 쉽지 않습니다.

그렇다면 호흡의 들숨 날숨 과정을 놓치지 않고 안다는 것은 무슨 의미가 있는가. 다른 것을 모두 내려놓고 오직 호흡만 관찰하다 보면 물질적 대상인 호흡이 있고, 그것을 아는 마음이 있다는 것, 오직 이 두 가지밖에 다른 것은 없다는 사실을 깨닫게 됩니다. 물질과 정신 이 두 가지밖에 없음을 아는 것이 위빳사나 지혜의 첫 단계입니다.

나마루빠 빠릿체다 냐나nāmarūpa pariccheda ñāṇa, 이것은 정신·물질을 구별하는 지혜입니다. '나마'는 '정신', '루빠'는 '물질'을 뜻합니다. 대상이 있으면 우리 마음이 그 대상으로 기우는 것 같은 느낌이 듭니다. 소리가 나면 마음이 소리 쪽으로 가는 것 같은 느낌, 마음에 힘이 있을 때는 소리가 마음속으로 들어오거나 혹은 당겨지는 것 같은 느낌이 있습니다. 이것이 나마의 의미입니다. 마음과 마음부수 두 가지를 합쳐서 나마, 정신이라고 말합니다.

'루빠'는 물질을 의미합니다. 물질은 계속 변하는 것이 특징이어서 더우면 변하고 추워도 변하고 조건 따라 계속 빠르게 분명히 변합니다. 우리의 몸도 마찬가지로 금방 춥다가 더워지고, 좋은 느낌이었다가도 곧바로 고통스러운 느낌으로 끊임없이 변하고 바뀝니다. 이렇게 변하고 있는 것이 물질과 정신입니다.

또 뭔가를 알아차리는 인식 과정을 정신이라고 하고, 그런 인식 과정이 없는 것은 물질이라고 합니다.

'빠리'는 '아주 완벽하게, 뚜렷하게, 확실하게' 등의 의미가 있습니다. 완벽하다는 것은 한 측면만이 아니고 앞뒤, 아래위, 좌우, 안팎 등을 모두 아는 것을 말합니다.

'체다'는 '분석, 해체, 나눔' 등의 의미입니다. '체다'의 원래 의미는 '칼로 자르는 것'으로 하나하나를 다 나누어서 확실하게 아는 것을 말합니다. '냐냐'가 '지혜'이니까 '빠릿체다냐나'는 '물질과 정신을 나눠서 완벽하게 아는 지혜'를 뜻합니다.

그러면 어떻게 호흡을 물질과 정신으로 나누어서 분명하게 알수 있는가. 그것을 위해서는 아침에 일어날 때부터 오로지 호흡에 집중해야 합니다. 아침에 잠에서 깰 때 깨어나는 마음이 있습니다. 미세하긴 하지만 뭔가를 약하게 인식하는 마음이 생깁니다. 열심히 노력하는 사람이면 그런 미세한 마음을 알아차릴 수 있습니다. 밤에 잠자리에 드는 순간까지 관찰하면서 잠드는 사람은 아침에 자고 있던 마음에서 깨어나는 순간 어떤 구멍에서 뭔가가 빠져나오는 것같이 깨어나는 마음의 과정을 인식할 수 있습니다.

그 다음에 그것이 물질적으로 느껴지는 것입니다. '머리가 조금 맑구나, 어질어질하구나'라고 알기도 하고, 옆에서 나는 소리나 그 순간 일어나는 생각 하나하나를 인식하기도 합니다. '지금 몇 시인가? 일어나야지' 이런 생각들, 정신적인 것들이 보이기 시작할 수도 있습니다.

정신적인 면을 보는 것과 물질적인 것을 보는 것은 다릅니다. 정신을 볼 때 매 순간을 보기 때문에 급할 때 급한 마음, 화날 때 화나는 마음, 욕심날 때 욕심나는 마음, 질투 시기하면 질투 시기하는 마음 등 여러 가지를 그때그때 일어나는 대로 끊임없이 보면서 마음이 여러 가지가 있음을 알게 됩니다. 마음에 89가지가 있고, 깨닫지 못한 사람, 선정 없는 사람, 범부에게는 거의 45가지 마음이 끊임없이 일어나 사라지고 있습니다. 깨달은 자가 아니면

89가지 마음을 다 볼 수는 없고 일반적으로 45가지* 정도 마음을 볼 수 있습니다.

마음을 본다는 것의 의미는 이런 것입니다. 즉 매 순간 일어나고 사라지는 마음 상태의 있는 그대로를 보면서 지금 마음이 행복하면 행복한 것을 보고, 기쁘면 기쁜 것을 보고, 신심이 떨어지면 신심이 떨어지는 것을 보고, 지치면 지치는 것을 보고, 지루하면 지루한 것을 보고, 신나면 신나는 것을 보고……. 이렇게 일어나는 대로 그 마음을 반복해서 보다 보면 45가지 마음을 그대로 볼 수 있게 됩니다.

반복해서 관찰한다는 것은 이런 것입니다. 예를 들어 제가 수행자들을 처음 만났을 때는 얼굴을 잘 모릅니다. 두 번 만나고, 세 번 만나고, 그렇게 매일 만나다 보면 다음에 차차 익숙해지고 낯이 익어 이름은 몰라도 얼굴은 알게 되는 것과 똑같습니다. 수행 중에 한 번 관찰하고 두 번 세 번 관찰해 나가면, 안면이 있는 사람과 반복해서 만나면 누군지 알 수 있는 것처럼, 관찰하는 대상들을 모두 알 수 있게 되는 것입니다.

우리가 볼 수 있는 물질에는 28가지가 있습니다. 지·수·화·풍을 비롯하여 28가지가 있는데 그 중 위빳사나 수행의 대상으로 볼 수 있는 것은 18가지밖에 없습니다. 그 18가지 물질을 거듭 관찰하다 보면 차차 익숙해집니다. 볼 때마다 봄, 봄, 봄을 관찰하면 보는 형상을 잡을 수 있는 눈의 감성물질이 있음을 알 수 있습니

---

* 해로운 마음 12가지, 뿌리 없는 마음 17가지, 욕계 유익한 마음 8가지, 욕계 과보 마음 8가지.

다. 보는 것을 자세히 분석해 보면 어느 때는 마음이 형상으로 가고 어느 때는 마음이 눈의 감성물질로 가고, 또 어느 때는 안식으로 마음이 갑니다. 그러므로 관찰한다는 것도 한 가지가 아니라 그 세 가지 중 어느 하나일 수 있는데 수행할 때마다 그때그때 다릅니다.

어쨌든 보는 것을 관찰하면 틀림없이 눈의 감성물질·형상·안식 그 세 가지를 관찰하게 되는 것입니다. 들음을 관찰하면 귀의 감성물질·소리·이식, 냄새를 관찰하면 코의 감성물질·냄새·비식, 맛을 관찰하면 맛과 혀의 감성물질·설식, 몸을 관찰하면 몸의 감촉·몸의 감성물질·신식 이런 식으로 말이지요. 사람들을 반복해서 보다 보면 그들을 차차 구별할 수 있게 되듯이 18가지 물질과 45가지 마음, 그리고 마음부수 52가지를 알 수 있게 됩니다. 탐·진·치·자만·질투·시기 등 안 좋은 것, 무탐·무진·무치·신심·노력·지혜·사띠·연민·자애 등 좋은 것들이 다 마음부수입니다. 그런 마음부수들도 그때그때 수행 중에 보게 됩니다. 기쁠 때 기쁨을 보면 희열이 있고, 급한 마음을 보면서 어떻게 되고 싶다는 열의도 보게 되고, 이렇게 하나하나를 반복해서 보면 마음부수 52가지를 계속 보게 됩니다. 그 마음부수의 명칭은 모를 수 있지만 그렇다고 그 마음이나 마음부수를 못 보는 것은 아닙니다.

위빳사나 수행을 해서 지혜를 깨달았다면 누구나 이렇게 물질 정신을 구별해서 아는 지혜의 과정을 거치게 됩니다. 이런 과정 없이 깨달은 사람은 없습니다. 물질 정신을 확실히 다르게 아는 상태, 그런 과정이 꼭 있어야 합니다.

수행 중의 그런 상태를 수행자마다 다르게 여러 가지로 표현할 수는 있습니다. 예를 들어 "제가 앉아 있는데 또 다른 제가 있어서 한 사람이 다른 한 사람을 보고 있습니다."라고 말하는 사람은 물질과 정신을 나누어서 보고 있는 것을 그렇게 표현한 것입니다.

우리는 흔히 '이 몸이 나다'라는 생각이 이미 굳어져 있고, 또 '무언가를 아는 것이 나다. 내가 안다'라는 생각이 이미 습이 되어 있기 때문에 아는 것을 나라고 착각합니다. 그런 상태이기 때문에 알고 있는 정신 쪽과 대상인 물질을 각각의 사람, 즉 두 사람 이미지로 떠올리면서 한 사람인 내가 다른 한 사람인 나를 보고 있다고 여기는 것이지만 사실은 물질과 정신을 구분해서 보는 지혜가 생겼기 때문에 그렇게 되는 것입니다. 원래 물질과 정신은 다른 것이어서 그 둘이 섞이지 않습니다.

대부분의 사람들은 이미지로 보는 습이 있어서 뭐든지 이미지로 봅니다. 예를 들면 처음에 스님이 북치는 것을 어딘가에서 봤다면 이 모습이 기억에 남게 되어 스님의 이미지와 북소리를 함께 머릿속에 저장해 놓습니다. 그렇게 되면 나중에 그 북소리와 비슷한 소리가 나면 스님과 북치는 모습을 동시에 떠올리는 것입니다. 즉 소리만 들어도 이미지를 같이 떠올리게 되는 것이 습관이 되는 것입니다.

그런데 어느 날 북소리를 듣고 그 소리가 나는 곳을 직접 가보니 머릿속에 있던 스님이 아니라 전혀 다른 사람이 북을 치고 있습니다. 머릿속에 저장되어 있는 모습과 사실이 일치하지 않는 것입니다.

수행 중에도 마찬가지입니다. 수행자가 모든 대상을 있는 그대로 관찰한다고 하지만 '몸은 이런 거고 마음은 이렇다'라고 이미 갖고 있는 상이 있기 때문에 사실을 사실대로 본다는 것이 생각대로 쉽지 않습니다. 그래서 정신 쪽도 나라는 한 몸을 가지고, 물질 쪽도 나라는 한 몸을 가지면서 부풂 꺼짐이 일어나고 있는 몸이 하나이고, 그것을 관찰하고 있는 쪽도 또 다른 하나로 두 사람이 있다고 말하는 것인데, 이런 경우가 거의 물질 정신이 분리되는 느낌을 받을 때 하는 말입니다.

수행자가 수행을 직접 실천하여 체험한 것을 언어로 표현할 때는 서로 많이 다를 수 있습니다. 어떤 사람은 배를 보며 부풂 꺼짐을 관찰할 때 "벽에 진흙 반죽을 바르는 것처럼, 아주 말랑말랑한 뭔가를 하나씩하나씩 던져서 벽에 딱딱 붙이는 느낌이다."라고 말하기도 합니다. 그러면 '던졌다'는 것이 마음을 말하고 있는 것입니다. 마음이 대상을 인식하는 것을 진흙이 던져지는 것처럼 이미지로 느끼고 있는 것입니다. 또 가서 붙는 자리, 벽 같은 자리는 물질을 말하는 것입니다. 그래서 그렇게 표현하는 사람도 있습니다. "처음에는 부풂 꺼짐 관찰이 되게 어려웠는데 지금은 물건이 벽에 가서 딱딱 붙는 것처럼 분명하게 느껴집니다." 그것은 수행자가 물질과 정신을 분리해서 알고 있는 것입니다.

호흡을 관찰하면서 물질과 정신을 각각으로 인식하는 지혜 과정은 똑같은데 사람마다 표현은 다양합니다. 수행 중의 체험을 말로 옮길 때 아주 완벽하게 옮길 수 있는 사람은 부처님밖에 없습니다. 경전이라는 것이 부처님께서 수행을 실천하면서 체험한 것을 확실하게 기록한 것입니다. 그래서 경전을 무시하면 안 되는 것입니다. 부처님만 수행 과정을 확실하고 정확하게 표현할 수 있습니다.

사람들은 다들 자기 나름대로 말합니다. 부처님이 열반하시고 나서 많은 스님이 자기들의 체험을 자기 나름대로 써서 많은 책들을 남겼습니다. 그런데 그 사람이 제대로 깨달은 사람, 아라한이라면 모르겠지만 진실로 깨닫지 못했으면서 어느 정도 아는 것을 가지고 계속 책을 쓰는 사람들이 부처님의 가르침을 많이 오염시켰습니다. 그 사람의 의도는 좋았을 수 있지만 결과적으로는 부처님의 가르침을 오염시킨 것입니다. 그러므로 수행자들은 가능한 한 부처님의 경전을 바탕으로 배워야 합니다. 그리고 법문을 하거나 책을 쓸 때에도 항상 부처님의 가르침에 근거해야 합니다. '내가 지금 이렇게 말하고 있는 것이 경전의 어느 부분을 근거로 하고 있는가'를 반드시 따져보고 확인해야 합니다. 또한 경전의 바탕이 없이 자신의 체험을 이야기하는 사람들의 말을 들을 때도 조심해야 합니다. 개개인의 체험이라는 것은 아주 미묘합니다. 그런 것들을 각자 자기 마음대로 말해 버리면 오해가 일어나게 되어 있습니다.

1) 위빳사나 지혜 첫 단계의 공덕

물질과 정신을 확실하게 구분해서 아는 위빳사나 지혜가 생기면 심리에 변화가 옵니다. 수행의 모든 단계에 그런 변화가 있습니다. 수행을 하는데 아무것도 달라지는 것이 없다면 그것은 제대로 한 수행이 아닙니다. 바르게 하는 수행이라면 수행의 지혜 계발만큼 그 사람의 마음에 변화가 오게 되어 있습니다. 매 순간 아침에 일어날 때부터 밤에 잘 때까지 계속 관찰해 보십시오. 어느 순간부터 마음에 확신이 생깁니다. 자신의 분명한 체험이 있기 때문에 신심이 생기는 것입니다. "진짜 이 물질과 정신 두 가지밖에 없구나." 하고 말로 표현할 수도 있고, 그것을 굳이 말로 표현하지는 않는다 해도 있는 것은 이 두 가지밖에 없다는 것이 마음속에서 확실해집니다. 소금을 먹어보고 짠 것을 확실하게 아는 사람이 짜다고 말 안 해도 짠 것은 짠 것입니다. 물질과 정신 두 가지만 있다고 마음속에 분명히 알고 있는 사람은 그것을 말로 하건 안 하건 그 사실은 확실한 것입니다. 그 확신이 자기 안에 신심을 일으킵니다.

그렇다면 수행자에게 심리 변화가 어떻게 오는가.

먼저 우월감과 열등감이 많이 떨어져 나갑니다. 물질과 정신을 구분해서 보는 지혜가 없는 사람들은 누구나 똑같습니다. 즉 모든 것을 항상 비교합니다. 사람끼리 만나면 그 사람이 나보다 높은 사람인지 낮은 사람인지, 아니면 수준이 비슷한 사람인지 항상 비교합니다. 그러면서 나보다 잘 아는 것 같고 잘하는 것 같고 뭘 가지고 있는 것 같고 그러면 자기 마음이 조금 숙여집니다. 이것이 열등감입니다. 반면에 그 사람이 나보다 못한 것 같다면 그 사람한테 내가 빼기는 마음, 무시하는 마음이 일어납니다. 이것은 우월감입니다.

일반적으로 사람들의 마음은 자연스럽게 그렇게 움직입니다. 그 마음이 있는 한 항상 괴로운데 그런 마음은 아라한이 되어야 완전히 사라집니다. 아나함까지도 자만이 남아 있습니다. 그 자만이라는 번뇌 하나로도 사람이 얼마나 괴로운지는 체험으로 알 수 있을 것입니다. 이렇게 비교하면서 겪는 갈등과 고통은 가족 간에도 있습니다. 형제남매 간에도 있고, 친구끼리도 있고, 수행자들

사이에도 있습니다. 그래서 괴로운 것입니다.

그런데 이 '물질과 정신을 구분해서 보는 지혜'가 확실해지면 비교하는 마음이 점점 사라져 남을 높게 보지도 않고, 무시하지도 않게 됩니다. 그래서 대통령을 만나나 거지를 만나나 마음이 흔들리지 않고 똑같습니다. 나도 물질 정신, 너도 물질 정신, 거지도 물질 정신, 왕도 물질 정신, 개도 물질 정신……. 그래서 아주 동등한 느낌이 듭니다. 다른 사람을 무시하는 것이 아니고 내가 나를 높게 보는 것도 아니고, 사실을 있는 그대로 보게 됩니다. 그렇게 되면 마음이 편해져서 사람들이랑 같이 있는 것도 편하고, 가리는 것도 별로 없어지고, 하나가 되는 것같이 느껴집니다. 지혜가 계발될 때마다 이런 식으로 사람의 심리에 변화가 옵니다. 그만큼 사람이 성장하는 것입니다.

심리적으로 지나치게 예민하고, 마음이 편협하고, 항상 내 마음대로 생각해서 따져보고 비교하고, 겉으로는 티 내지 않지만 마음속으로는 가슴 아파하고, 다른 사람 눈치 못 채기를 바라면서 끙끙 앓는 이들이 이 세상에 얼마나 많습니까. 각자의 마음속에서 온갖 생각들이 끊임없이 일어나고 사라지기를 거듭하는 동안에 남모르는 괴로움을 안고 살아갑니다. 그런데 물질 정신밖에 없다는 것만 마음속에 꽉 차 있으면 얼마나 세상이 편해지는지요. 비록 깨달은 성인은 아닐지라도 그런 사람은 그만큼 인간 성장이 되는 것입니다.

그러나 이 지혜가 항상 있지는 않습니다. 수행을 하지 않으면 예전의 그 불편했던 마음들이 다시 슬그머니 일어나게 됩니다. 그러면 '아, 그때 내가 수행하고 있을 때 내 마음이 편했었는데 지금은 불편하네. 다시 수행해야지' 하는 마음이 생기면서 신심이 생깁니다. '아, 이렇게 하면 이렇게 된다. 안 하니까 되지 않는구나' 하고 원인과 결과를 아는 것입니다. 그래서 불·법·승에 대한 신심이 생깁니다. '아, 부처님과 아라한은 이렇게 평온한 마음, 청정한 마음을 항상 갖고 계셨구나' 그렇게 이해하고 부처님에 대한 신심이 생기고 승가, 깨달은 자에 대해 신심이 생기는 것입니다.

가끔씩은 '내가 지금 수행한다면서 만날 뭐하는지 모르겠다. 아침에 깨면 깬다, 걸어가면 걸어간다, 먹으면 먹는다……, 왜 이걸 하고 있는지 모르겠다' 할 수도 있습니다. 그러나 수행은 만병통치약이라는 지혜를 키우는 것입니다. 이 지혜가 계발되고 심리가 변화하면서 인간이 성장하면 한 문제만 풀리는 것이 아니고 모든 것이 달라집니다. 지혜의 범위는 엄청나게 넓습니다. 그래서 그 변화의 범위도 상상할 수 없을 만치 크고 깊습니다.

처음에 사람들은 한 가지 문제를 풀기 위해 수행처에 옵니다. "아, 제가 부인하고 무슨 문제가 있습니다. 남편하고, 아들하고, 딸하고 이러저러한 문제가 있어서 너무 괴롭습니다." 이러면서 옵니다. 처음에는 그렇게 수행을 시작합니다. 그런데 수행을 하다 보면 그것만이 아니고 다른 모든 문제까지 풀리게 됩니다. 회사의 동료들이나 친구들, 부모자식 간의 문제가 사실 뿌리는 하나입니다. 번뇌이지요. 그 번뇌만 해결되면 다 해결되는 겁니다. 그러니 수행이 만병통치약이라는 말이 과장이 아닙니다. 특별히 다른 데에 신경 쓸 필요 없고, 내가 해야 하는 일 즉 일어나는 대로 사라지는 대로 관찰만 확실하게 하고 있으면 거기에서 생기는 힘의 정도에 따라 문제가 해결됩니다. 내가 힘을 하나 정도 키울 수 있으면 그에 딱 맞는 만큼 문제가 해결되고, 내가 백의 힘을 모을 수 있으면 그 백에 맞게 문제가 해결되는 것입니다. 모든 것이 마음에서 비롯되는 것이기 때문에 이 마음이 변하면 모든 것이 변하게 되어 있습니다. 다른 것이 변하는 것이 아니라 내 마음 하나가 변하는 것이고, 내 마음이 변하니까 모든 것이 변하는 것처럼, 이 세상 자체가 다 변한 것처럼 느껴집니다.

사실 이 세상을 변화시키는 것은 아주 어렵습니다. 나 하나조차도 내 뜻대로 안 되는데 세상을 바꾼다는 게 사실은 말도 안 되는 소리입니다. 그러니 남을 변화시키려고, 세상을 바꾸려고 할 게 아니라 일단 나 자신을 변화시켜야 합니다. 내가 변하면 모든 것이 변한 것처럼 보이고, 내가 변하면 남을 변화시킬 수도 있게 됩니다. 자기 자신은 그냥 그 자리에 있으면서 남이 변화되기를 요구하는 것 자체가 얼마나 이기적인 마음인지를 알아야 합니다. 그런 이기적인 마음이 문제를 만들고 고통을 불러옵니다. 그런 바보짓을 하면 어쩔 수 없이 괴로울 수밖에 없고, 당연히 괴로움을 당해야 합니다. 그것이 마땅한 결과이기 때문입니다.

수행은 그런 것입니다. 나를 변화시키는 것이지요. 지혜가 계발되면 심리가 변화되고, 그러면 인간이 성장됩니다. 내가 이 자리에 있을 때 생기는 문제는 내가 한 단계 수준을 높였을 때라야 해결될 수 있습니다. 사람들이 싸울 때는 끼리끼리, 비슷한 수준일 때 싸우는 것입니다. 한 쪽에서 수준이 높아지면 나머지 사람들은 높아진 사람 밑에 있어서 상대가 되지 않고, 그러면 싸움 자체가 성립되지 않게 됩니다. 스포츠에서도 그렇습니다. 무슨 대회, 무슨 경기를 보면 급이 같아야 겨룰 수가 있습니다. 권투하는 사람들도 그렇지요. 헤비급과 라이트급은 아예 경기를 하지 않습니다. 라이트급인 사람이 헤비급의 사람과 싸우고 싶어도 헤비급의 사람이 상대를 안 하고 맙니다.

세상의 이치도 이와 같습니다. 내 지혜가 계발되고 심리 변화가 오고 내가 성장이 되면 내 수준에 안 맞는 문제는 스스로 일으키지 않습니다. 남이 와서 시비를 걸어도 괴롭지 않습니다. 그냥 '불쌍하구나' 하며 신경을 쓰지 않을 수 있습니다. 그만큼 내가 평화로워집니다. 그것은 남을 무시하는 것이 아닙니다. 라이트급인 사람이 헤비급인 사람한테 와서 계속 싸우자고 하면 '아, 이 사람은 그렇게 싸우면 위험한데. 죽을 수도 있을 텐데……' 하는 마음에 싸움을 피하고 맙니다.

사람 관계건 사물에서 비롯되는 문제건 똑같습니다. 처음에 나를 많이 괴롭혔던 문제도 내 마음이 커지면 그 내용이 나를 괴롭히지 못합니다. 예전과 똑같은 내용, 똑같은 사람, 똑같은 상황인데도 내 마음이 변화되고 성장하면 그 일에 대해 아무런 문제도 일어나지 않게 됩니다. 그렇게 달라지는 것입니다.

평범한 사람이 수행을 통해 조금씩 변화해도 그렇게 달라지는데 성인, 깨달은 분들은 어떻겠습니까? 사람들은 그런 경우를 연꽃에 흔히 비유합니다. 진흙탕 속에 살면서도 진흙을 묻히지 않고 피어나는 연꽃을 보십시오. 깨달으신 분들, 부처님과 아라한이 그런 분들입니다. 아주 더러운 세상에 살고 계셨으면서도 때가 하나도 묻지 않은 분들입니다. 왜냐하면 수준이 다르기 때문입니다. 이런 것을 생각해 보면 수행의 가치가 어떤 것인지를 가늠해 볼 수 있습니다.

수행은 단순한 것입니다. 복잡하게 생각할 것이 전혀 없습니다. 오로지 내가 해야 하는 일만 확실하게 하면 이것이 나의 지혜를 계발하고, 내 심리 변화를 가져오고, 나를 더 성장시킵니다. 자기 내면은 자신이 가장 잘 압니다. 내가 봐도 내 마음은 어린 아이 같고 깨끗하지 않습니다. 이런 마음을 변화시키고 싶기는 하지만 어떻게 해야 할지를 몰라 헤맵니다. 그 어린 마음을 변화시킬 수 있는 길은 수행뿐입니다. 그래서 지금 하고 있는 수행을 아주 소중하게 여기고 기쁘게 수행해야 합니다. 그런 마음으로 수행에 임해야 사띠가 유지될 수 있습니다.

사띠를 잘 챙기지 않으면 수행을 계속 이어나갈 수가 없습니다. 우리는 쓰레기는 가치가 없다는 것을 알기 때문에 쓰레기통에 버리지만 루비나 다이아몬드는 잘 챙깁니다. 수행 중에 자신이 계속 사띠를 놓치고 있다면 '아, 사띠를 내가 자꾸 잃어버리는 것이 내가 사띠를 쓰레기라고 생각하고 있기 때문이구나' 하고 알아야 합니다. 사띠를 소중하게 여기지 않고서는 수행에 희망이 없습니다. 지금 내가 수행 중에 사띠가 일어나면 참으로 기쁘게 생각하고 그것을 잘 간직해야 합니다. 들숨을 지금 알고 있을 때 아주 기뻐해야 하고, 지금 이 순간에 알 수 있는 것만으로도 아주 기뻐해야 합니다. 우리가 아주 소중하다고 생각하는 것은 항상 조심스럽게 다룹니다. 사띠도 이와 같이 아주 주의 깊게, 소중하게, 조심스럽게 챙기고 있으면 쉽게 날아가 버리지 않습니다. 그렇게 소중하게 여기면서 관찰하고 있으면 지혜가 계발되어 갑니다.

위빳사나 지혜의 두 번째 단계

　　이 물질과 정신을 아는 지혜가 계속 지속되면 그 다음 단계에서 원인과 결과를 아는 지혜가 생깁니다.

　　빳짜야빠릭가하 냐냐paccayapariggaha ñāṇa. '빳짜야'는 '원인', '빠릭가하'는 '가진다'는 것이며 '냐냐'는 '지혜'입니다. 즉 원인과 결과를 아는 지혜입니다.

　　처음에는 물질과 정신 두 가지만 구별해서 알아차립니다. 그런 상태에서 계속 깊이 집중하여 관찰하다 보면 뭔가를 알기 전에 알려고 하는 마음이 있다는 것을 인식합니다. 예를 들어 자신이 걷고 있으면서 그 걸음걸음을 관찰해 보면 걷기 전에 걷고자 하는 마음이 먼저 일어나는 것을 알 수 있습니다.

　　한편 새소리가 들려오면 그 소리를 듣는 마음이 거의 동시에 생겨납니다. 그 소리를 들으려는 마음이 기다리고 있다가 소리가 다가오면 듣는 것이 아니라 소리가 날 때 바로 듣는 마음이 생기는 것입니다. '그 소리 때문에 듣는 마음이 생기는구나' 이렇게 압니다. 오래 앉아 있으면 몸이 조금 불편해집니다. 그러면 몸을 살짝 움직여 자세를 바꿉니다. 불편하기 때문에 움직이고 싶고, 움직이고 싶은 마음 때문에 움직입니다. 그러다가 어딘가가 가려우면, 그 가려움을 싫어하는 마음이 생기고, 그 싫은 마음 때문에 가려운 것을 없애고 싶은 마음이 생기고, 그러면 손이 움직이면서 가려운 곳을 긁습니다.

그렇게 어떤 결과가 있으면 그 앞에 그것을 일어나게 하는 뭔가가 앞섭니다. 단독적으로 되는 것은 하나도 없습니다. 이것으로 인해서 이것이 있고, 저것으로 인해서 저것이 생겨납니다. 걸어갈 때도 걸으려고 하는 의도 다음에 걷게 됩니다. 눈 깜박 하는 것조차도 깜박 하려고 했다가 깜박 하는 것입니다. 지금은 그 과정 하나하나를 다 알지 못할 수도 있지만 계속 관찰해 나가다 보면 깜박거리고 싶은 마음, 깜박 하려고 하는 마음, 눈을 깜박 하는 움직임을 세밀히 다 알 수 있게 됩니다. 수행을 계속 해나가다 보면 이렇게 원인을 챙기는 마음이 생깁니다.

경행할 때도 그것을 확인할 수 있습니다. 벽 쪽으로 다 가서 끝에 도달하면 서야겠다는 마음이 먼저 일어나고, 벽에 부딪히기 전에 걸음을 멈춥니다. 서 있는데 돌고 싶은 마음이 없으면 돌고 싶지 않은 마음이 있기 때문에 계속 서 있습니다. 그러다가 어느 순간 돌고 싶다, 걷고 싶다 하는 마음이 생기면 몸이 삭 돌아섭니다. '아, 가려고 하니까 가는구나' 하고 알게 됩니다. 우리의 마음과 물질에 시키는 사람이 있고, 그것을 따라하는 사람이 있는 것 같은 느낌이 선명해집니다. 원인을 챙긴다는 게 그런 의미입니다. '이래서 이렇구나, 저래서 저렇구나. 이것이 있어서 저것이 있는 거구나……' 이것이 인과입니다. 이것이 처음에는 아무것도 아닌 것 같지만 그렇지 않습니다. 처음에는 아주 단순한 것을 알지만 다음에는 복잡한 것도 이해할 수 있게 됩니다.

'아, 그거야 당연한 거지. 아무것도 아니네. 그렇게 어렵지 않네' 그렇게 생각할 수도 있지만 깊이 생각해 보십시오. 일어나고 싶은 마음 따라 일어나는 것, 걷고 싶은 마음 따라 걷는 것, 목이 좀 불편했다가 침을 삼키는 것……. 이런 것들을 하나하나 알아가다 보면 흔히 대단하다고 여기는 12연기를 이해할 수 있게 됩니다. 이 12연기를 이해하는 지혜로 업과 과보를 다 보게 되는 것입니다. 지금까지 내가 살아온 과정의 원인과 결과를 이해하게 됩니다. 지금 내가 겪고 있는 일들이 처음에는 억울하다고 생각되던 것도 그 원인을 알게 되면 쉽게 이해가 갑니다. 업과 과보, 12연기가 바로 이 '원인과 결과를 보는 지혜'에서 비롯되는 것입니다.

그렇게 되면 의심들이 많이 사라집니다. 정말로 선업 불선업이 있을까, 선업의 과보 불선업의 과보가 있을까, 전생이나 다음 생이 있을까……, 이런 의심이 다 사라집니다. 모든 것이 원인과 결과입니다. 그래서 위빳사나의 첫 번째 지혜가 생기면 사견이 많이 사라지고, 두 번째 지혜만 있어도 의심이 많이 사라집니다. 그래서 그 두 번째 지혜가 있으면 작은 수다원이라고 말합니다. 완전하지는 않지만 수행 도중에 원인 결과를 아는 지혜가 있을 때는 사견과 의심이 없어지기 때문입니다.

그렇다면 물질과 정신 이외에 다른 것이 없다는 것을 아는 것이 무슨 의미가 있는가.

물질과 정신만 있을 뿐임을 깨닫게 되면 너·나·남자·여자, 아상·인상·중생상·수자상 등 일체 상이 다 착각임을 깨닫게 됩니다. '물질 정신 두 가지만 있을 뿐 나라고 할 수 있는 것이 아무것도 없구나' 하는 깨달음 때문에 사견이 사라지게 되는 것입니다. 이 깨달음은 결코 사소한 것이 아닙니다. 위빳사나의 아주 기본적인 지혜만 있어도 사견이 많이 사라집니다. 단지 들숨 날숨과 그 들숨 날숨을 아는 마음에 온전하게 집중할 때 '나'라는 것을 잊게 되고, 내가 누구이고 어디에 있는지 이런 생각도 모두 사라져 버립니다.

거리에 가면 좋은 집들이 많고 좋은 차들도 많습니다. 그런 것에 '이건 내 차, 이건 내 집……'이라고 말해 보세요. 그러면 지나가던 사람들이 '이 사람 정신이 나갔나?' 할 것입니다. 그런데 우리가 하는 짓이 바로 그런 것과 다르지 않습니다. 이 물질과 정신을 보면서 '이게 나이다, 내 몸이다, 내 마음이다……' 하는 것과 똑같습니다.

하지만 이런 깨달음은 직접 수행을 하지 않고서는 얻을 수 없습니다. 수행을 하지 않고 『금강경』을 평생 읽어 보십시오. 태어날 때부터 죽을 때까지 읽어도 아상은 절대로 깨지지 않습니다. 그런데 이 물질과 정신밖에 없다는 사실을 꿰뚫어 보는 지혜가 있는 순간 아상·인상·중생상·수자상이 곧바로 사라집니다.

그렇지만 노력이 줄어들어 사띠가 약해지면 사마디가 약해지고, 그러면 지혜도 약해집니다 그러면 바로 '나'라는 생각이 일어납니다. '아, 내가 지금 앉아 있다. 몇 시 됐나? 15분 지났구나' 이렇게 됩니다.

관찰하는 마음이 끊어지지 않게 해야 한다는 것은 그렇게 중요한 것입니다. 아상이 사라진 그 상태를 얼마나 유지시킬 수 있는 가가 여러분들이 깨달을 수 있는 가능성의 유무를 말해 줍니다. 그 상태에서 한 시간, 두 시간, 세 시간, 네 시간……, 이렇게 되면 위빳사나의 두 번째 지혜가 일어납니다. 원인과 결과를 아는 지혜 입니다.

'이래서 이렇구나. 저래서 저렇구나. 이것 때문에 이렇구나. 이 것이 없으면 저것이 없고 저것이 없으면 이것도 없구나' 이렇게 되는 마음이 생기면 이 세상의 모든 것이 원인과 결과밖에 없다 는 것을 이해하게 됩니다. 그것이 부처님의 중요한 가르침입니다. 그 인과 외에 나라고 할 수 있는 것이 아무것도 없습니다. 그러면 사견이 사라지고 의심도 사라지고 또 창조자에 대한 생각이 다 없어집니다. 창조자가 있나 없나 하는 의심이 사라지고, 오직 원 인이 있어서 결과가 있다는 것을 알게 되면 깊은 신심이 일어납 니다.

이 두 가지 지혜는 아주 기초적인 것이어서 위빳사나의 기본에 해당됩니다. 학교로 치면 아직까지 유치원, 어린이집이에요. 그 런데 이것만 해도 얼마나 대단한지, 그 지혜를 가지고 죽으면 그 사람은 두 번째 생까지는 사악처로 안 갑니다. 그래서 그것을 '쭐 라소따빤나cūḷasotāpanna', 작은 수다원이라고 하는 것입니다. 이 아 상·인상·중생상·수자상을 깨버리면서 가는 마음을 내가 어느 정도 유지시킬 수 있느냐에 따라 지혜 계발, 심리 변화, 인간 성장 의 길이 정해집니다.

1) 위빳사나 지혜 두 번째 단계에서 필요한 요소

우리가 부처님의 법을 실천하기 위해 매 순간 노력하며 팔정도 수행을 합니다. 중단 없이 계속 노력을 할 수 있도록 힘을 주는 것은 무엇인가요. 그것은 신심입니다. 신심이 생기려면 불·법·승에 대한 확신이 있어야 합니다. 즉 신심을 위해서 지식이나 지혜, 이해나 체험이 필요한 것입니다. 그렇게 하기 위해 법문을 많이 들어야 되고, 경전 공부를 많이 해야 되고, 직접 수행하여 체험도 많이 해봐야 합니다. 그렇게 하여 신심이 있으면 노력이 좋아집니다. 바른 노력이 좋아지면, 바른 사띠, 대상을 놓치지 않고 그 대상을 지속적으로 가지게 됩니다. 그러면 마음이 그 대상에 붙으면서 집중이 됩니다. 그래서 바른 견해, 바른 생각이 일어납니다. 그럴 때가 수행자들이 해야 하는 일을 다 하고 있는 것입니다.

매 순간 바른 노력과 바른 사띠가 있으면 그 다음 것들은 저절로 다 따라오게 되어 있습니다. 그런데 정작 우리가 신경 쓰는 것은 집중과 지혜입니다. 노력과 사띠에 신경을 써야 되는데 집중과 지혜에만 신경이 쏠리니 계속 생각 속에 빠지게 됩니다. '아, 그날은 정말 집중이 잘 되었는데 지금은 왜 이러지? 그 집중이 어떻게 해야 다시 생길 수 있을까?' 이렇게 계속 머리로 생각을 굴립니다. 한 걸음 한 걸음 쉬지 않고 걸어가는 것이 노력과 사띠인데 그것은 하지 않고 계속 머리만 굴리니 집중이 될 리 없습니다.

다시 강조하지만 수행자가 바른 노력과 바른 사띠만 챙기면 바른 집중이 되게끔 되어 있고, 집중이 되면 지혜가 일어나게 되어 있습니다. 바른 집중이 되어 꿰뚫어 보는 것만 되면 물질과 정신을 꿰뚫어 보게 되어 있습니다. 그러니 항상 노력과 사띠에 관심을 두고 그것에만 힘을 쏟으십시오.

자신이 지금 올바른 노력을 하고 있는지, 그 노력이 약한지 강한지, 어떤 마음 상태로 수행을 하고 있는지 끊임없이 살피면서 치우치지 않는 적당한 노력을 꾸준히 지속적으로 해야 합니다. 한 번, 두 번, 세 번, 네 번……, 이런 식으로 아침에 깰 때부터 밤에 잘 때까지 아주 적당한 양의 노력을 끊임없이 해나가야 합니다. 그 노력의 힘으로 대상을 확실하게, 분명하게 놓치지 않고 기억하게 됩니다. 기억하기만 하면 대상을 놓치지 않는 것이고, 대상을 놓치지 않으면 집중이 되게 되어 있습니다. 그리고 지혜가 집중 뒤를 따릅니다.

처음에는 정신없이 이것저것 관찰했다가 다음에 힘이 좀 붙으면 대상이 쉽게 움직이지 않습니다. 사마타와 위빳사나를 구분할 때, 사마타는 영어로 control이란 의미가 있습니다. 통제, 강제 그런 의미입니다. 대상에 대해서 마음을 강제적으로 통제함으로써 그것이 다른 데로 나가지 못하게 하는 것입니다.

이와 달리 위빳사나는 관심 있게 지켜보는 것입니다. interesting, 이 대상을 알고 싶은 마음으로 합니다. 숨을 들이쉴 때 들숨이 어떤 것인지를 자세히 들여다봅니다. 어떤 대상을 관심 있게 보고 있으면 마음이 쉽게 다른 대상으로 옮겨가지 않습니다. 그때 마음이 대상에서 달아나지 않도록 통제를 하는 것이 아니라 오로지 지켜보기만 하는 것입니다. 관심 있게, 주의 깊게, 조심스럽게, 잊지 않고 깨어 있으면서 그냥 지켜보는 것, 그렇게 관찰하는 것입니다. 위빳사나는 그렇게 해야 합니다.

사마타도 관심 있게 보면 좋은데 관심 있게 보기만 하는 것이 아니라 마음이 다른 데로 나가려고 하면 무조건 막는 것이 사마타입니다. 대상을 놓치면 무조건 제자리로 다시 끌고 와야 합니다. 그런 면에서 사마타는 독재형이고 위빳사나는 민주형이라고 비유할 수도 있겠습니다.

위빳사나의 경우 대상에 관심을 두면서 조심스럽게 지켜보고 있는데 마음이 딴 데로 나가면 그것을 통제하지 않고 함께 따라 나가 줍니다. 호흡을 관심 있게 보고 있는데도 불구하고 마음이 딴 데로 가고 있습니다. 호흡을 잊어버립니다. 그러면 무조건 호흡으로 돌아오는 게 아니라 딴 생각을 하고 있음을 알아차리고 그 생각을 관찰하거나 생각하고 있는 그 자체를 봅니다. 초보자일 경우 '생각, 생각……' 하고 있으면 조금 있다가 그 생각이 없어지게 됩니다. 그러면 다시 호흡을 보면 됩니다. 그런데 조금 수행의 기술이 익으면 생각을 아는 순간 생각이 멈춥니다. 멈춘다고 끝났다, 하고 바로 돌아오는 것이 아니고 그 멈춘 자리에서 가만히 있습니다. 그 곳이 마음의 자리, 마음의 토대입니다. 그것은 물질입니다. 그 물질을 아는 것이 신·수·심·법 중 법에 해당하는 것입니다.

마음 토대, 생각이 일어나면 생각하는 것을 아는 순간 생각이 없어지면서 순간적으로 텅 비어 있는 자리 같은 것이 있습니다. 거기에 마음을 가만히 대어 놓고 있으면 마음 토대를 알 수가 있습니다. 그것이 쉽지는 않고 초보자는 잘 안 될 수도 있지만, 수행을 얼마만큼 하여 집중이 어느 정도 되는 사람이면 누구나 할 수 있습니다. 그렇게 하면 마음을 볼 수 있습니다. 그렇게 하지 않으면 마음을 보기가 어렵습니다. 한 마음을 보고 있는데 그 마음이 사라지고 없습니다. 그러면 사라져 없는 그 자리에 관찰하는 마음을 놓고 가만히 있어 봅니다. 그러면 또 다른 어떤 생각이 하나 일어납니다. 그것을 아는 순간 즉시 사라져 버립니다. 마치 어떤 구멍에서 머리가 쏙 나왔다가 도로 쏙 들어가는 그런 느낌과 비슷합니다. 그것이 마음의 토대를 느끼는 방법입니다.

생각 하나 나올 때 딱 보면 없어지고, 또 보면 없어지고……. 그렇게 되고 있으면 신·수·심·법 중에 심을 볼 줄 아는 것입니다. 마음을 보는 수행은 거기에서 시작합니다. 수행을 시작하자마자 마음을 보는 것은 어렵습니다. 그래서 초보자는 어쩔 수 없이 '생각하네' 하고 알면 다시 호흡으로 돌아가게 됩니다.

그런데 어느 정도 수행에 익숙해져 있는 사람들은 그때 수행의 기술을 활용해야 합니다. 그 마음이 '어, 생각하네' 하고 아는 순간 생각이 사라진 그 자리에 마음을 놓고 가만히 있어야 합니다. 정신 즉 마음이나 마음부수를 관찰할 때와 물질을 관찰할 때가 조금 다릅니다. 물질은 확실하기 때문에 상대적으로 관찰이 쉽습니다. 분명한 물질적 대상에 대한 느낌 역시 분명하기 때문입니다. 그러나 정신적인 마음과 마음부수를 관찰할 때는 항상 '내가 관찰하고 있는 건가? 관찰 대상을 놓친 게 아닌가?' 이렇게 헷갈릴 수 있습니다. 그렇게 되면 헷갈리는 그 마음을 봐야 합니다. 다른 생각은 없고 그 의심하는 마음, 헷갈리는 마음이 가만히 있으면 그 헷갈리는 마음을 알고 있는 것입니다. 그때 살펴보아야 하는 것이 '생각이 있는가 없는가' 하는 것입니다. 생각이 없으면 내가 뭔가를 알고 있는 것입니다. 만약에 뭔가를 생각하고 있으면 이미 사띠가 사라진 것입니다. 사띠가 있으면 생각이 없습니다. 꿰뚫어 보는 지혜가 있으면 생각이 없고, 생각이 있으면 꿰뚫어 보는 지혜가 없습니다. 이 두 가지가 같이 존재하지 않습니다.

우리가 마음을 보고 있는데 마음이 없어졌고 생각하는 마음도 멈춰 버렸습니다. 멈춰 버린 자리를 오로지 아무 생각 없이 보고 있으면 그 마음을 보는 것입니다.

그런데 그것을 볼 때 '내가 호흡을 봐야 하는 것 아닐까? 배를 봐야 하는 것 아닐까? 지금 내가 관찰은 하지 않고 가만히 있는 것이 아닐까?' 그렇게 하고 있다면 생각이 있는 것입니다. 그 생각 자체가 또 하나의 마음입니다. 그러면 그 마음을 다시 보십시오. 그러면 다시 조용해집니다. 가만히 보고 있으면 또 다른 생각이 일어납니다. '아, 이것은 뭔가 잘못하고 있는 거 아닌가?' 그러면 그 '잘못하고 있는 거 아닌가' 하는 마음을 다시 봅니다. 그럼 또 다시 조용해집니다. 그 자리가 바로 마음의 자리입니다. 그것을 볼 줄 알면 마음을 볼 줄 아는 것입니다.

생각이 있으면 꿰뚫어 보는 것이 없는 것이고, 꿰뚫어 보고 있으면 생각이 없는 것인데, 생각은 머리로 하고 수행은 마음으로 합니다. 그래서 hand education, head education, heart education이라고 말하기도 합니다. hand education은 솜씨, 스킬, 기술을 가르치는 것입니다. head education은 머리 교육입니다.

우리가 태어날 때부터 지금까지 머리로 하는 교육만 받아 왔습니다. 사람들이 행복하지 못한 이유가 그것 때문입니다. 공부하는 기간이 20년이라면 그 기간 내내 머리 교육만 시킵니다. 그러니 머리가 터질 것 같습니다. 머릿속에 쓰레기통까지 다 들어 있는데 정작 자신의 마음을 아는 능력은 별로 없습니다. 머리로 아는 것은 많지만 그 힘이 아주 약합니다. heart education, 마음의 교육이 없어서 그렇습니다. 지금 우리가 수행하는 것이 그 마음의 교육입니다. 그래서 우리 아이들을 진정으로 사랑한다면 어릴 때부터 마음 교육을 시켜야 합니다. 그래야 아이들이 참되게 행복한 삶을 살 수가 있습니다. 경제적으로 부유한 나라 사람들이 행복하게 살지 못하는 이유도 그것입니다. head education만 있고 heart education이 없어서 그런 것입니다.

수행은 머리로 하는 것이 아니고 마음으로 합니다. 마음으로 바라보며 있는 그대로를 그냥 지켜봅니다. 마음으로 대상을 직면하여 있는 그대로를 압니다. 말없이 그냥 알기만 합니다. 갈수록 내면에서 말이 없어지고 그 속말이 온전히 사라져 조용해지면 수행이 아주 잘 되고 있는 것입니다.

수행 중에 완전히 속말이 없어지면 너무 조용하기 때문에 이상하다고 느낄 정도로 조용해집니다. 그것이 좋은 것입니다. 조용하고 아무 말이 없지만 그것을 아는 마음은 있습니다. 집중이 아주 잘 되고 있는 것이지요. 속말이 있으면 아직 수준이 낮은 것이고, 속말이 완전히 꺼져 있을 때가 수준이 높은 것입니다. 그런데 수행자들은 그걸 모르기 때문에 좋을 때마다 항상 스스로 망가뜨립니다. 조금 조용해지면 '아, 이상하네? 이거 어떻게 해야 하나? 계속 해야 되나 말아야 하나?' 이러면서 일부러 생각을 꺼내서 일으킵니다. '이렇게 해야 하는 것 아닐까? 저렇게 해야 하는 것 아닐까? 이거 관찰해야 하는 거 아닌가? 저거 관찰해야 하는 거 아닌가?' 이런 것이 틀린 방법입니다.

수행 중에 내가 누군지 모르겠고, 내가 남자인지 여자인지조차도 모르게 되고, 내가 앉아 있는지 서 있는지도 모르겠고. 내가 어디 있는지도 모르겠고……. 그런 개념들이 다 깨질 때가 진짜, 궁극적인 실재로 들어가고 있는 것입니다. 논장을 조금 공부한 사람들이라면 알 수 있는데, 이 상태가 바로 개념들이 깨져 나가고 실재를 알기 시작하는 순간입니다. 개념들이 깨지기 때문에 내가 누군지를 모르고, 내가 남자인지 여자인지도 모르고, 내가 앉아 있는지 서 있는지도 모르고, 내가 어디 있는지도 모르고, 오로지 수행 대상에 마음이 있을 때, 그때가 되면 우리가 평생 살아오면서 알았던 것과는 다른 느낌이기 때문에 이상하다고 생각하는 것입니다.

익숙하지 않기 때문에 낯설게 느껴지는 이 상태를 계속 관찰하지 못하고 그 상태에서 서둘러 나와 버립니다. 그것이 수행에서 사실 아주 좋은 상태인데 마치 자살하듯이 거기에서 나가 버리는 것입니다. 그러므로 수행 중에 그렇게 조용해지면 그것이 궁극적인 상태, 실재를 보고 있을 때임을 알아야 합니다. 그 궁극적인 실재를 봐야 진리를 봅니다. 진리가 바로 거기에 있는 것입니다. 진리가 수행처 어디에 있는 게 아니라 바로 이 자리, 궁극적인 실재 속에 있는 것입니다. 그 궁극적인 실재를 봤다면 수행자가 진리와 많이 가까워져 있다는 뜻입니다. 그런데 우리는 그걸 모르고 다시 나옵니다. 그렇게 될 때마다 다시 나오니 그것이 수행을 망치는 것입니다. 그렇게 조용해지면 그것이 제대로 가고 있는 것이니 두려워하지 말고 조심스럽게 그걸 그대로 따라가십시오.

2) 위빳사나 지혜 두 번째 단계의 공덕

물질과 정신을 끊임없이 관찰함으로써 일단 계율이 깨끗해집니다. 아침부터 밤낮으로 계속 관찰하고 있으면 나쁜 말을 못하고 나쁜 행도 못합니다. 나쁜 생각조차도 하지 못합니다. 일어나는 대로 그 즉시 바로 관찰하고 또 관찰만 하니까 번뇌를 지치게 하고 있는 것입니다. 점점 번뇌가 일어나지 않게 됩니다. 그렇게 하여 계율이 깨끗해져서 마음이 청정한 정이 생기는 것입니다.

이렇게 계와 정이 아주 논리적 합리적으로 연결됩니다. 미묘하고 신비로운 것이 하나도 없고 이해 못할 것이 하나도 없습니다. 내가 하는 대로 되고, 하는 만큼 되는 것입니다. 여러분들이 세속에서 했던 일반적인 삶과 지금 하고 있는 수행의 삶을 비교해 보십시오. 잠에서 깨는 순간부터 매 순간 닦고 닦으면 몸으로 짓는 업이 줄어들고, 입으로 짓는 업도 줄어들고, 마음으로 짓는 업도 줄어듭니다. 또 강하고 크게 일어나는 번뇌들이 사라져서 몸과 입이 청정해지니까 마음도 따라 청정해집니다.

찟따위숫디cittavisuddhi, 마음의 청정함. 그렇게 해서 마음이 청정해지는 것이 집중입니다. 마음이 깨끗하니까 힘이 생기고, 그렇게 생기는 힘으로 집중이 되는 것입니다. 그 집중의 힘이 있어서 있는 사실을 그대로 확실하게 볼 수 있게 되고, 그 사실이 곧 무상·고·무아입니다. 있는 사실이 무상인데 우리가 모르고 영원하다고 사견으로 잘못 알고 있는 것입니다. 지금 있는 사실이 매 순간 일어나 사라지기 때문에 너무 고통스러운데 우리는 그것이 행복인 줄로 착각하고 있습니다. 있는 사실이 무아인데 우리는 나다

너다, 남자다 여자다 하면서 상을 만들고 그것을 진실하다고 착각합니다.

마음이 청정해지면 그것이 집중으로 나타나는 것입니다. 마음이 청정해야 집중이 되고, 집중이 되면 사실을 확실하게 알고, 그 사실이 무상·고·무아이니 그것을 알 수 있게 된다는 뜻입니다.

위빳사나 수행을 하면 처음에는 물질 정신의 두 가지 특징을 알게 됩니다. 수행을 계속 해 나가면 우리의 마음에 생길 수 있는 45가지 마음을 다 보게 되고 52가지 마음부수도 다 보게 되고 18가지 물질을 번갈아서 다 보게 됩니다. 그런 식으로 계속 보아 나가면 못 보는 것이 별로 없어지게 됩니다. 그렇게 되면 차츰차츰 물질 정신 두 가지의 느낌이 완전히 다르다는 것을 구별하는 지혜가 생깁니다. 그래서 사견이 많이 사라지고, 사견이 사라졌기 때문에 자아에 대한 개념이 사라지고, 내가 남자다 여자다 나누는 마음이 사라지고, 내가 앉아 있는지 서 있는지, 어디에 있는지도 모르게 되고, 그런 개념이 다 깨지면서 궁극적인 실재만 알게 되는 것입니다. 그 궁극적인 실재를 계속 파악하고 있으면 '이것 때문에 이것이 있고, 저것 때문에 저것 있는 거구나'라고 원인과 결과를 아는 지혜가 생기고, 의심들이 많이 사라지게 됩니다. 모든 것이 원인과 결과일 뿐 우연이란 것은 없습니다.

그렇게 계속 보고, 보고, 또 보면서 세상을 바르게 이해할 수 있게 되는 것입니다. 그 두 번째 지혜만 있어도 사람이 얼마나 착해지는지를 체험으로 알 수 있게 됩니다. 그렇게 사람에게 심리 변화가 오면서 업을 확실하게 이해하게 됩니다. 그래서 자기 안에 오는 모든 것들이 억울하다는 생각이 없어지면서 진정으로 현상을 이해할 수 있게 됩니다. 원인과 결과를 알게 되어 '아, 그래서 그랬구나. 그 사람이 나한테 말한 것이 그래서 그랬구나. 저래서 저랬구나' 이렇게 모든 것이 이해가 가니 사람이 지극히 선량해집니다. 그러니까 따로 용서가 필요 없습니다. 이해가 되면 용서가 저절로 이루어집니다. 입장을 바꾸면서 생각하게 되는 것입니다. 심지어는 살인하는 사람까지 이해가 갑니다. '그렇지, 내 안에 그 마음과 그 생각이 들어오면 나 역시 그렇게 살인을 할 수도 있겠구나' 그렇게 되면서 이 세상에 나쁜 사람이 안 보이고 모든 이들을 다 좋은 사람으로 보게 됩니다. 순간적으로 뭔가를 잘못하는 사람은 있지만 나쁜 사람은 없다는 것을 알게 됩니다. 이렇게 두 번째 지혜만 깨달아도 사람의 심리 변화가 엄청나게 대단합니다. 심리가 완전히 변화되고, 세상을 보는 눈이 달라집니다.

사람들이 죽기 직전에도 그와 유사한 마음들이 생긴다고 합니다. 죽기 직전이 되면 사람들이 다 착해져서 잘못 살아온 것을 후회하게 되어 '아, 내가 왜 그때는 그런 말을 했나, 왜 내가 이렇게 살아왔나, 이런 것을 왜 내가 좋다고 생각했나, 이런 것 다 무시하고 살아도 되었던 것을……' 이런 생각을 하게 된다는 것입니다.

사람이 중병이 들어 많이 아플 때도 그렇게 생각합니다. 내가 아플 때, 죽을 만큼 아플 때 그런 생각이 나는 것을 경험한 적이 있을 것입니다. '왜 그때 내가 중요하지도 않은 일에 그렇게 연연해했을까, 왜 그렇게 아기같이 굴었을까, 다 나으면 절대로 그렇게 살지 말아야지, 나으면 얼른 그 사람에게 사과해야지……' 그렇지만 병이 다 나으면 그 순간에 몽땅 잊어버립니다. 사람이라는 존재가 그렇습니다. 그렇긴 하지만 어떤 면에서는 사람이 태어나서 죽을 때까지 한 번은 심하게 아파 봐야 조금이나마 정신을 차릴 수 있게 되기도 합니다.

두 번째 지혜만 해도 신심이 일어나는 게 대단합니다. 그런데 두 번째 지혜가 한 시간 안에 생겼다가 한 시간 안에 날아가는 사람이 있고, 한 달 두 달 있는 사람이 있는데 당연히 오래갈수록 좋습니다. 어떤 지혜이든 아주 강력하게 오래가면 쉽게 안 잊어버릴 수 있어서 그것이 진짜 내 것이 됩니다. 잠깐 있다가 금방 끝나 버리면 큰 의미가 없습니다. 그래서 수행을 자주 해야 하고 지속적으로 해야 합니다.

수행을 자주 하면 지혜가 지속적으로 향상됩니다. 수행 잘하는 사람은 똑같이 다시 밑의 단계에서 시작해도 발전하는 속도가 다릅니다. 처음에는 1단계에서 20분 걸리던 것이 다음에는 2단계에서 2분 만에 3단계로 올라갈 수도 있고 3단계에서 1시간 하던 사람이 2분, 3분 있다가 바로 4단계로 올라가기도 합니다. 그리고 수행할 때마다 이 지혜를 자꾸 반복하게 됩니다.

지혜가 오르내리는 것이 수다원이 되어야 반복하지 않을 수 있습니다. 수다원이 되어도 수행은 4단계에서 시작해야 합니다. 즉 수다원이 된 다음에 수행하더라도 일어남 사라짐을 다시 보기 시작한다는 뜻입니다. 처음 1·2·3 단계는 건너뛰고 하지 않지만 4단계부터는 보게 되어 있습니다.

따라서 아직 깨닫지 못한 사람은 아무리 수행이 좋았던 적이 있어도 지금 내가 있는 이 자리에서 시작해야 됩니다. 가장 잘 되었던 그 자리가 아니라 지금 내가 있는 바로 여기에서 시작해야 한다는 의미입니다. 그런 단계를 자꾸 반복하고 또 반복하면 그 지혜가 익어지면서 실생활에서도 그 지혜가 저절로 드러나게 됩니다. 그래서 별것 아닌 일에 신경 쓰지 않도록 마음이 넓어지고, 마음이 깊어지면서 아주 성숙해지고 착해져서 모든 것을 이해하고, 용서를 잘하고 그렇게 사람이 성장합니다. 적개심이 사라지고 관대해지고 평화로워집니다. 그러면 누가 행복합니까? 우선 본인이 행복합니다. 마음이 그렇게 커질수록 그 사람이 행복해지고, 마음이 작고 약할수록 본인이 괴로운 것입니다.

마음의 폭이 넓은 만큼, 그릇이 큰 만큼 그 사람이 세상에서 흔들림 없이 살 수 있습니다. 삶의 흐름을 잘 타고 가게 됩니다. 그것이 두 번째 지혜인 원인과 결과를 아는 데서 오는 변화입니다. 그리고 업과 과보를 많이 이해하니까 말과 행동이 조심스러워집니다. 또한 그렇게 되니 수행이 더 좋아지게 되고 이렇게 앞뒤가 연결됩니다. 그렇게 될 때 비로소 위빳사나 지혜의 세 번째 단계가 옵니다.

위빳사나 지혜의 세 번째 단계

세 번째 단계인 무상·고·무아를 아는 지혜, 삼마사나 냐나sammasana ñāṇa가 일어나면 생겨나는 모든 것이 끊임없이 사라지는 것을 보게 됩니다. 원인과 결과를 아는 단계에서 다시 한 단계 올라선 이 단계에서는 모든 것이 매우 빠르게 변화하는 것을 느끼게 될 것입니다. 뭐든지 보면 변하거나 사라지고, 더위, 추위, 딱딱함, 부드러움, 아픔 등의 변화가 매우 다양하고 빠르며, 아픈 것도 여러 가지이고 아픈 정도가 몹시 심할 수도 있습니다. 그 세 번째 단계가 되면 관찰하는 대상들이 쏟아지듯이 많아져서 관찰이 힘들다고 느낍니다.

위빳사나 수행의 첫 단계 때에는 수행자가 대상을 잡고 있으면서 관찰하는 속도가 매우 느립니다. 하나 관찰하고 한참 있다가 다시 하나 관찰하는 식으로 느리게 진행됩니다. 그런데 세 번째 지혜가 되면 관찰하는 속도가 엄청나게 빨라지고 빠른 만큼 대상들도 많이 보이니까 그 대상이 쏟아지는 것처럼 느껴지는 것입니다. 내가 관찰하겠다는 마음으로 하나를 관찰하는데 한꺼번에 넷, 다섯, 여섯……, 이렇게 다양한 대상들이 쉴 새 없이 몰려드는 것처럼 느껴집니다. 그렇게 되면 내가 제대로 관찰하기도 전에, 미처 다 알아차리기도 전에 사라져버리는 것처럼 느껴지면서 힘이 들고, 계속 사라지기만 하니 모든 것이 무상하게 여겨지게 됩니다. 몸의 여기가 조금 불편하여 여기를 보면 보는 순간 그것이 없어지고, 또 다른 데가 이상이 있어 그곳을 보면 그 즉시 없어지고, 그래서 '아, 진짜 무상하구나. 모든 것이 보면 변하는구나. 모든 것이 가만히 있는 게 하나도 없구나' 그런 생각이 많이 듭니다.

그리고 무상한 게 고통스럽게 느껴지고 몸과 마음도 매우 고통스럽습니다. 수행 도중에 몸도 마음도 몹시 괴로워서 수행을 포기하고 싶은 마음이 많이 생깁니다. 그렇지만 아직 이 단계까지는 아무래도 물질 쪽을 많이 봅니다. 물론 처음 1단계 때의 물질보다는 많이 미세해진 물질이고, 보면 다 해체되는 느낌이 듭니다. 그 세 번째 단계까지는 몸이 완전히 사라지는 느낌은 별로 없습니다. 부분적으로는 사라진 느낌이어서 손발, 머리, 다리 등 몸의 어떤 부분은 없는 것 같고 어떤 부분은 있는 것 같은 그런 느낌들인데 그 상태에서 집중이 더 강해지면 점점 대상이 사라져 감을 느낍니다. 뭔가가 있는 것 같아 관찰하면 그것들이 해체되면서 흩어지는 느낌이 듭니다. 다리를 봐도 처음에는 분명하게 느껴지던 것이 계속 관찰하다 보면 차츰 아무것도 없는 느낌으로 변합니다. 그런 식으로 내가 관찰하는 부분이 다 흩어지고 해체가 되면서 처음에 알고 있던 모양과 크기가 없어지고 나중에는 지·수·화·풍의 느낌들만 남습니다. 따뜻함이나 차가움, 가볍고 무거움 등의 느낌만 남고 손으로 잡을 수 있을 것 같은 물질적 느낌은 모두 사라진다면 세 번째 단계의 수행이 잘 되고 있는 상태입니다.

그러면 세 번째 단계에서 무조건 다 아파야 되느냐 하면 그렇지는 않습니다. 사람의 성향에 따라 다른데 원래 마음이 아주 평온한 사람들이나 별로 화가 나지 않는 사람들은 아프지 않은 사람도 있을 수 있지만 많지는 않습니다. 또 사마타 집중수행을 많이 했던 사람들도 별로 아픈 것을 모르고 바로 바로 다음 단계로 올라가는 사람들도 있습니다.

그렇기는 하지만 대부분의 사람들은 이 세 번째 단계에서 엄청난 고통을 느끼게 됩니다. 오만 가지가 통째로 다 나타나니 머리끝부터 발끝까지 안 아픈 데가 없습니다. 여기 아프다가 없어지고, 저기 아프다가 없어지는 그 속도가 엄청나게 빨라집니다. 너무 많은 것들이 한꺼번에 일어나니 무엇부터 관찰해야 하는지 정신을 차릴 수가 없게 됩니다. 이걸 관찰하면 또 다른 무엇이 생기고, 그것을 보다 보면 또 다른 것이 쏟아져 내리는 것 같습니다. 뭔가 괴로운 것이 되게 많고, 아픈 곳도 되게 많고, 병이 나는 곳도 아주 많습니다. 딱딱한 것을 보면 딱딱한 것이 없어지고, 몸이 뜨거웠다가 그것을 보면 다시 뜨거운 것이 없어지고, 이런 식으로 보면 없어지는데 처음 그 단계를 시작할 때는 오래가기도 합니다. 처음 보면 오래가는데 한 번 제대로 보면서 변하면 '아, 진짜 무상하다' 이런 마음이 확고하게 생깁니다. 이 단계에서 무상을 한 번 보면 머리로는 무상을 천 번 만 번 그려 보게 됩니다.

세 번째 지혜는 그런 것입니다. 무상·고·무아를 수행의 체험으로 아는 사실이 한 번이라면 이것을 계속 반복해서 숙지하는 것은 수없이 반복하게 되는 것입니다. 그렇기 때문에 지혜보다 생각이 많아집니다. 그런 식으로 하다 보니 모든 것이 무상이다, 고통스럽다, 무아이다 이런 마음만 꽉 차게 됩니다. '아, 진짜 고통스럽다' 하는데 이 단계에서의 고苦는 사실 '고고'입니다. 정말 아프고, 너무나 괴롭고, 견디기 어려울 만큼 힘듭니다. 그때 수행자가 그 고비를 넘어가지 못하면 수행에서 몹시 어려워집니다. 그 고비를 잘 넘겨야 합니다. 그 고비를 못 넘기는 사람은 그 고비가 무섭고 두려워서 다음에 수행하면 진땀부터 납니다.

그 힘든 고비를 넘어서고 나면 '아, 너무도 행복하다' 하면서 어떤 사람은 자신이 깨달은 줄로 착각하기까지 합니다. 하지만 사실은 그 힘든 것을 넘어가서 행복한 것이지 자신이 깨달은 법이 대단해서가 아닙니다. 너무 고통스러웠던 것이 없어지니까 행복한 것이지요. 처음에 아프다고 울다가 이번에는 너무나 행복하다면서 웁니다. 특히 여자들이 눈물을 많이 흘리는 경향이 있지만 남자들도 눈물이 나게끔 되어 있습니다.

이 단계에 이르면 사람에 따라 다르지만 빛 같은 게 나타나기도 합니다. 몸이 날아갈 듯 가볍고 사띠가 아주 좋아집니다. 그때부터 놓치는 것이 없는 것처럼 느껴집니다. 그래서 자신이 깨달았다고 착각하는 사람이 많은데 사실 그것은 아무것도 아닙니다. 자기가 태어나서 처음 경험해 보는 경지라서 대단한 것처럼 여겨지지만 그것은 착각입니다. 어린 아기가 자기 아버지를 대단하다고 생각하는 것과 똑같습니다. 학교로 따지면 지금 막 유치원 어린이 정도랄까, 아직 초등학교도 안 간 상태입니다. 그 정도 단계인 것입니다. 그렇지만 그것도 사실은 대단한 것입니다. 그때부터는 수행에 어려움이 사라지고 흔들림도 없어집니다. 그 세 번째 고비를 넘으면 한 시간 앉아도 괜찮고, 두 시간 앉아도 괜찮고 별로 몸에 대한 고통이 없어집니다. 왜냐하면 앉아서 집중만 되면 이 몸이 사라지기 때문입니다. 사마타건 위빳사나건 그 세 번째 단계는 공통입니다. 화두 수행에서도 똑같은 현상이 나타날 것입니다. 화두 수행 중에도 어떤 때는 너무 힘들다가 그것만 넘어가면 너무 행복해서 울게 됩니다. 그러나 그것은 깨달음이 아닙니다.

위빳사나 수행을 하는 사람은 세 번째 단계에서 네 번째로 갈 때에 계속 물질과 정신을 끊임없이 관찰하기 때문에 무상·고·무아를 반복적으로 보게 됩니다. 사마타로 가는 사람은 지도자가 없으면 거기서 멈추게 됩니다. 백 명 중에 백 명이 멈춰 버리고 죽을 때까지 그 행복했던 상태를 그리워하면서 살게 됩니다. '아, 그때 좋았었는데. 아, 그때 내가 대단했었는데……' 하면서 현재 자신의 수행이 제자리에 멈춰 있다고 걱정하고, 지난날의 수행에 대해 스스로 백 점 만점의 점수를 주면서 그때를 그리워합니다. 거기서 멈춘 사람은 어떻게 하면 예전처럼 될까를 고민하며 제대로 수행을 하지 못하니 더 이상 수행의 진도가 나아가질 않습니다. 그래서 사마타건 위빳사나이건 그 고비를 잘 넘어가야 합니다.

1) 위빳사나 지혜 세 번째 단계의 특징

세 번째 지혜의 특징은 고찰하는 것입니다. 이때의 고찰은 생각으로 살피는 것과 비슷합니다. 지혜가 있긴 있지만 꿰뚫어 보는 지혜와 생각하는 지혜가 섞여 있습니다. 그런 식으로 모든 것을 무상·고·무아로 봅니다. '내가 진짜 무상하네, 영원하지 않네, 계속 변화하네……' 이런 생각이 계속 됩니다. 숙지하는 마음이 많은 것입니다. 그런 식으로 가다 보면 고통이 올라옵니다. 그 고통을 다시 열심히 관찰하게 되면 수행이 좋아져서 4단계로 올라갑니다.

우다얍바야 냐나udayabbaya ñāṇa라고 하는 4단계에서는 몸이 아프지 않은 상태에서 사띠가 아주 좋아 놓치는 것이 별로 없어지고, 갈수록 관찰하는 속도가 빨라지면서 뭐든지 생기면 바로 사라지고, 생기면 바로 사라져서 생멸밖에 없게 됩니다. 4단계에서도 심리 변화가 많이 있습니다. 4단계로 가면 욕심이 많이 떨어져 나가기 때문에 욕심부리는 마음이 잘 안 일어납니다. 왜냐하면 모든 것이 무상하다고 여겨져 무엇을 가지고 싶은 마음이 거의 없어지기 때문입니다. 또 아상·인상·중생상·수자상도 많이 줄어들게 됩니다.

세 번째 단계만 가도 스스로가 깨달았다고 착각할 만큼 달라지지만 지혜가 있는 순간만 그러할 뿐 그 지혜가 없어지면 다시 아래 수준으로 떨어집니다. 그 지혜를 유지만 시킬 수 있으면 세 번째 단계로도 사람이 아주 다른 모습으로 살 수 있습니다. 그러나 그 상태를 유지시키는 것이 쉽지 않습니다.

위빳사나 지혜의 네 번째 단계

진정한 위빳사나 지혜는 네 번째 단계부터입니다. 그래서 네 번째 단계에 도달했으면 본인이 이번 생에 깨달을 수 있는 사람이라고 스스로 결정 내릴 수 있습니다.

부처님께서 말씀하시기를 건강하고, 신심이 있고, 노력하고, 정직하며, 이 네 번째 지혜인 '우다얍바야 냐나udayabbaya ñāṇa'가 있으면 그 사람은 바로 이번 생에서 깨달을 수 있는 사람이라고 하셨습니다. 건강해야 되고, 신심이 좋아야 되고, 노력도 해야 되고, 또 정직해야 하고, 이 네 번째 지혜까지 일어나고 있으면 바로 이번 생에 깨달을 수 있는 사람이라는 것을 다른 사람에게 물어볼 필요 없다고 부처님께서 단언하시는 것입니다.

이 단계에 들어가기 시작하면 몸이 사라지기 시작합니다. 온몸의 느낌이 어디에서나 똑같아서 머리, 코, 목, 배 등 어디에서 보든지, 조금 더 미세한 뭔가가 몸이라고 할 수 없는, 마음속으로 알고는 있는데 분명하지는 않은 뭔가가 있고, 그것도 계속 빠르게 일어나 사라지고 있는 것을 보기 시작하는 단계입니다.

그런 때는 수행 중에 갑자기 허전한 느낌이 들 수가 있습니다. 처음엔 물질 쪽으로 많이 보고 있는데 그 물질들이 다 없어지는 느낌이 들면서 자신의 수행이 완전히 망가지는 것 같은 느낌이 있습니다. 그래서 세 번째 지혜의 단계에서 네 번째 지혜로 넘어갈 때 수행자들이 많은 어려움을 느낍니다.

처음엔 이 세 번째 지혜 때 대상이 너무 빠르게 일어나고 사라지기 때문에 그 대상들을 따라 관찰하느라 매우 바쁩니다. 그래서 1시간이 어떻게 가는지도 모릅니다. 또 아플 때도 아프면서 집중이 되고 있기 때문에 대상이 아주 또렷합니다.

그러다가 세 번째 지혜를 넘어서면 갑자기 몸 전체가 대상을 관찰하는 것같이 느껴지면서 수행이 어렵게 여겨지고 어떻게 해야 하는지도 모르겠고, 갑자기 수행할 줄 모르는 것 같은 느낌이 계속 듭니다. 그렇기 때문에 수행자가 너무 답답하고 또 그때 어떻게 해야 되는지 모르기 때문에 수행이 깨지는 사람도 많습니다.

수행 단계가 무너지면 다시 1단계에서 시작합니다. 호흡을 봤다가, 배를 봤다가, 물질 정신을 구별하는 단계로 다시 내려왔다가 하면서 그렇게 왔다 갔다 하는 과정을 많이 합니다. 세 번째 지혜에서 밑의 단계로 떨어지면 몸이 다시 느껴지고, 아주 분명히 앉아 있을 때 앉아서 눈을 뜨면서 보는 것같이 몸이 다 느껴지는 단계로 다시 돌아가는데 처음보다 속도는 빨라집니다. 그런 상태에서 조금만 있으면 집중되어 방금 전의 그 자리로 다시 옵니다. 그렇게 1단계, 2단계, 3단계를 아주 빠르게 내려갔다 올라갔다 잘하는 상태가 되는 것입니다.

그러다가 3단계의 초기 단계가 되면 원래 보고 있던 물질이 아주 미세해지면서 물질의 느낌보다는 정신 쪽의 느낌이 강합니다. 그렇지만 아직 마음이 그런 마음 상태를 관찰할 줄 모르기 때문에 자꾸 망상을 부립니다. 생각이 자꾸 일어납니다. 그래서 수행자는 '아, 내가 열심히 하는데 수행이 안 된다. 처음보다도 안 된다' 그렇게 착각합니다.

마음이 너무 빨리 변화하며 들락거리고 그것을 빨리 따라잡지 못하면서 집중도 안 된다고 느낍니다. 처음 3단계에서 아플 때는 한 시간 정도가 그대로 집중이 됩니다. 아프니까 대상이 분명합니다. 그러다가 차츰 아픔이 없어지면 대상이 희미하게 느껴지면서 마음이 허전하게 느껴지고 수행자는 자신의 수행이 완전히 망가진 줄 알지만 사실은 그렇지 않습니다. 그때 대상이 전혀 다르게 바뀌기 때문에 수행자가 새로운 대상을 못 잡고 있어서 그럴 뿐입니다. 그럴 때가 바로 수행지도자의 역할이 아주 중요한 단계입니다. 그때에 편안하게 인내심을 가지고 미세해지고 묘해지는 대상을 놓치지 않고 차분하게 따라가면서 관찰할 수 있도록 해야 합니다. 그렇게 하면 아주 빠른 속도로 일어나고 사라지는 것을 수행자가 놓치지 않고 따라가면서 관찰할 수 있게 되고 마침내 네 번째의 지혜가 시작되는 것입니다.

네 번째 지혜가 되면 대상이 미세하기 때문에 그 집중은 원래 있었던 집중보다 엄청나게 깊은 집중입니다. 그렇게 해서 네 번째 집중이 네 번째 단계에 있는 대상에 집중할 수 있는 힘이 생기면 상상을 초월하는 변화가 오게 됩니다.

사실 세 번째 지혜의 끝부분부터 큰 변화가 일어나는데, 엄청나게 눈이 부실 정도로 빛이 나올 때도 있고, 어느 때는 그 빛이 워낙 강해서 다른 사람들이 눈으로 볼 수 있을 정도의 빛이 뿜어져 나오는 경우도 있습니다. 얼굴 피부 색깔이 완전히 달라지기도 합니다. 강력한 희열이 사방으로 퍼져나가기도 합니다. 희열에는 강도의 차이에 따라 다섯 가지 정도로 나뉘는데 처음에 생기는 희열은 등이 서늘하거나 추운 것 같은 느낌이 들다가 조금 세지면 파장이 몸으로 퍼지는 것 같은 느낌이 오고, 어느 때는 발가락부터 머리까지 전류가 관통하는 느낌이 들기도 합니다. 어느 때는 손발이 날아가는 것처럼 갑자기 움직여지기도 하고 몸통이 흔들리기도 합니다.

그런 것이 다 희열인데 네 번째 지혜에서 생기는 희열은 엄청나게 묘합니다. 예를 들자면 기름 한 방울을 솜에 떨어뜨리면 그 기름은 한 방울 정도의 적은 양인데도 차츰차츰 솜으로 다 번져나갑니다. 그런 것같이 희열이 내 몸의 세포 하나하나까지 퍼져나가는 느낌이 듭니다. 온몸이 편안해져서 안 좋은 데가 없을 정도이고 불편한 데가 없습니다. 지·수·화·풍의 느낌에 치우침이 없이 아주 원활하고 조화롭게 되기 때문에 아무것도 못 느낄 정도로 몸이 부드러워지고 온몸에 엄청난 희열이 퍼져나갑니다. 그러면서 온몸이 고요해지고 평온해집니다. 그럴 때는 쉽게 땀이 나지 않습니다. 그 지혜에 들어가면 편안하고 에어컨을 쐬는 것같이 시원하고 상쾌합니다. 세 번째 단계에서는 몸에서 땀이 많이 나고 냄새도 아주 심합니다. 화장실에 가서 볼일을 볼 때도 냄새가 몹시 많이 납니다. 그런데 그 단계를 넘어가면 4단계부터는 몸이 매우 좋아지기 때문에 그런 독한 냄새들이 없어지고 땀도 많이 안

납니다.

　똑같은 온도에서 수행할 때 네 번째 지혜가 안 오는 사람은 많이 지치지만 그 지혜가 일어나는 사람은 지치지 않고 이렇게 몸 상태도 두드러지게 좋아집니다. 그때는 사띠도 엄청나게 좋아져서 생각하지 않으면서도 많은 기억들이 저절로 떠오릅니다. 어느 때는 현재에서 시작하여 거꾸로 과거를 죽 기억하면서 특별히 생각하지도 않는데 40살에서 39살 때, 38살 때, 37살 때……, 이런 식으로 과거로 죽 돌아가서 네 살, 세 살 때까지의 기억 속으로 들어가는 사람도 있습니다.

　이 4단계 지혜에 오래 머무르면서 계속 수행하면 그 단계의 지혜가 점점 뚜렷해집니다. 어떤 사람은 이 단계에 오래 머무르지 않고 다시 더 성숙한 단계로 올라갑니다.

　그런데 4단계 지혜가 뚜렷하지 않은 상태에서 수행에 문제가 생길 수 있습니다. 방금 전에 말한 것처럼 사띠가 매우 좋아지면서 빛이 보이고 몸의 느낌이 매우 좋아지면서 그런 것을 깨달음이라고 착각하는 사람이 매우 많습니다. 기쁨과 행복의 느낌이 엄청나게 강렬하기 때문에 그런 착각을 일으키는 것입니다.

　지혜의 청정함이 생기지 않으면 이 상태에서 멈추면서 자만이 강해지고 점차로 수행이 망가집니다. 그렇게 망가지면 무너져 내려 다시 1단계부터 시작해야 합니다. 그 1단계에서 4단계로 올라가는 속도는 처음보다 매우 빠를 수 있지만 그렇게 계속 왔다 갔다 하기만 하면 진정한 위빳사나 지혜가 쌓이지 않습니다.

1) 네 번째 단계 지혜의 공덕

이 네 번째 지혜 단계에서 제대로 수행하는 사람은 빛이 보이면 그 빛을 관찰해 보거나, 그 빛에 이런 저런 생각이 들면 그 생각을 관찰해 보기도 하고, 궁금한 것이 일어나면 그 궁금한 것을 관찰하기도 합니다. 또 온몸에 퍼져 있는 희열이 있으면 그 희열을 관찰합니다. 성숙한 단계로 못 가는 사람은 그 희열이 오면 '아, 되게 좋다' 하고 거기서 욕심을 부리고, 그 상태에서 깨달았다고 착각하며 자만을 부립니다. 또 여러 가지 생각에 빠져 집중이 떨어져서 수행이 잘못되면서 앞으로 나아가질 못하게 됩니다.

수행의 단계에서 오는 현상을 왜곡하지 않고 지속적으로 바르게 관찰하는 사람은 성숙한 단계로 올라가게 됩니다. 4단계 초기에서 계속 수행하여 성숙한 단계로 가게 되어 진정으로 생멸을 보는 것이 '우다얍바야 냐나udayabbaya ñāṇa'로, 그때부터가 진정한 위빳사나 지혜의 시작입니다. 그 4단계를 오래 보면 계속 일어남 사라짐의 속도가 점차 빨라집니다. 사람의 힘에 따라 속도는 똑같지 않습니다. 예를 들어 무상을 1초에 한 번 알다가 두 번 알다가……, 하는 식으로 변화가 오고 그 정도도 사람마다 다르다는 것입니다. 그 삼법인을 아는 정도가 매우 빨라지면 진짜 행고, 즉 상카라둑카saṅkhāradukkha라는 것이 무섭다고 느끼게 되고, 매 순간 내가 죽임을 당하는 느낌이 옵니다. 죽음이 와서 편안하게 한 번 죽는 것으로 끝나면 좋은데 그렇지가 않아 태어나고 죽고, 또 태어나고 또 죽는 느낌이 드니 너무 괴로운 것, 그것이 고입니다. 거기서 무아를 아는 것이지요. 내 뜻대로 되는 것이 하나도 없습니다. 완전히 원인에 따른 결과일 뿐 원인이 내가 아니고 결과도 내가 아니고 원인에도 손을 쓸 수 없고 결과에도 어찌해 볼 수 없이 있는 것을 오직 바라보기만 할 뿐입니다.

내가 의지할 수 있는 것이 전혀 없이 모든 것이 무너지는 걸 알고 있는 것 자체가 무척 무섭고 두렵고, 그 변화의 속도가 엄청나게 빨라지니까 다음에는 생기는 것을 보기보다는 사라지는 것을 더 많이 보게 됩니다. 차가 빨리 지나가면 앞 번호는 안 보이고 뒤 번호만 겨우 조금 볼 수 있는 것과 비슷합니다. 이 상태에서 계속 집중하여 관찰하면 다음 단계로 넘어갑니다.

위빳사나 지혜의 다섯 번째 단계

그것이 방가 냐나bhaṅga ñāṇa라고 하는 위빳사나 지혜 다섯 번째 단계입니다. 그 방가 냐나가 아주 강할 때는 눈을 뜨고 있는데도 모든 게 계속 사라지는 듯이 생생하게 느껴져서 바닥을 보면 바닥이 사라지는 것 같고, 나무를 봐도 나무가 해체되는 것처럼 나무 모습이 흩어져 보입니다. 발을 바닥으로 내려디디면 발과 바닥이 함께 아래로 쑥 들어가는 느낌이 있어서 일반적으로 보고 느끼는 것과는 완전히 다릅니다.

모든 것이 다 무너지는 것처럼 보이니 점 같은 미세한 대상들이 계속 움직이는 것처럼 보이는데 이것은 방가가 너무 센 까닭입니다. '내가 눈이 나빠졌나?' 하고 착각할 정도로 눈을 뜨고 있을 때도 그런 현상이 나타납니다. 그 상태에서 지속적으로 관찰하면 사람을 봐도 사람의 윤곽이 뚜렷하지 않은 느낌을 받습니다.

위빳사나 지혜의 여섯 번째 단계

그 다음 지혜로 넘어가면 바야 냐나bhaya ñāṇa라는 여섯 번째 지혜가 생깁니다. '바야'는 '무섭다'는 뜻입니다. 끊임없이 무너지는 것을 보면서 몹시 무서워하는 것입니다.

수행자들이 수행하면서 일어나는 지혜를 말로 표현할 때는 다 다른 것 같지만 사실은 모두 무상을 보고 있는 것입니다. 무상을 보면서 고를 알 때가 있고, 무상을 보면서 무아를 알 때도 있습니다. 방가 냐나 단계에서도 고를 많이 알게 됩니다. 계속 무너지는 것을 보면서 '아, 이것이 가치 있는 게 아니다. 그 어떤 것도 영원한 게 없다. 너무 괴롭다……' 이런 것이 다 고에 해당되는데 이런 고를 25가지로 느낄 수가 있습니다.

우리는 고를 무조건 고통으로 알고 있는데 사실 고통에도 여러 가지가 있습니다. 나를 계속 고문하는 느낌이 오면 괴롭힘을 당한다고 느끼므로 이것 또한 고입니다. 부처님께서 말씀하시는 둑카는 가치가 없는 것, 확고하지 않은 것, 고문하는 것, 괴롭히는 것 등등이 모두 포함되는 의미입니다.

수행 중에 보는 모든 것이 무상합니다. 관찰하면 그 즉시 사라지는 걸 보는 과정에서 계속 알게 되는 느낌은 그때마다 조금씩 다릅니다. 처음에는 일어나고 사라지는 것을 봤다가 나중에는 계속 사라지는 것만 보게 되는데, 계속 사라지는 것을 보니까 무서워지기 시작합니다. 이 무서움은 무상을 보는 데서 일어나는 것입니다.

위빳사나 지혜의 공통점은 무상·고·무아를 보는 것입니다. 그 무상·고·무아를 보는데 어느 지점이 되면 특별히 강하게 느껴지는 것이 있어서 그것으로 지혜의 단계를 나누는 것이고, 위빳사나 지혜 4단계부터 깨달음에 도착할 때까지는 계속 무상을 봅니다.

무상을 보며 무아를 느낄 때가 있고, 고를 느낄 때가 있으며, 깨달음에 들어가기 직전 마음, 도의 바로 직전 마음까지는 지속적으로 무상을 보는 것입니다.

그런데 그 마음 다음의 도마음은 해탈을 봅니다. 무상의 소멸, 원인과 결과의 소멸을 보는 것이 도지혜 과지혜이고 그 도의 바로 앞 마음까지는 무상만 봅니다.

일어나 사라지는 물질과 정신의 과정, 그 무상을 보는 것이 4단계 위빳사나 지혜의 처음 단계부터 깨달을 때까지 똑같다는 뜻입니다.

그런데 몸과 마음의 무상을 볼 때 지혜와 집중 정도에 따라서 그 보는 대상은 다릅니다. 방가는 계속 무너지는 것이고 바야는 무서운 느낌이 강하게 오는 것입니다. 무서움 때문에 자리에서 벌떡 일어나 수행 안 하고 가버리는 사람도 있는데, 그것은 제대로 관찰하지 못하고 사띠를 놓쳐 버리는 데서 온 결과입니다. 처음에는 제대로 관찰하여 무상이 무서운 것을 보았는데 그 무서움이 점점 커지면서 공포심이 더 커지니까 마음이 약해지는 것입니다. 마음이 약해지면서 제대로 관찰하지 않으니까 생각이 들어온 것이고, 생각이 들어오니까 그 공포감이 일반적인 무서움으로 넘어가 버린 것입니다. 수행으로 보게 된 무서움이 평소 알고 있는 일반적인 공포감으로 바뀌면서 관찰을 하지 못하게 된 경우입니다. 그래서 수행을 멈춰버리고 우는 사람도 있고, 수행처에서 도망가는 사람도 있고, 여러 가지 이상한 현상들이 일어날 수도 있습니다. 이것은 위빳사나 수행 방법 자체에 문제가 있는 것이 아니고 본인의 과정에서 온 잘못입니다. 본인이 마음으로 끊임없이 관찰해야 되는데 관찰하지 못하고 생각들이 많아지면서 수행이 망가졌기 때문입니다.

위빳사나 지혜의 일곱 번째 단계

그 바야, 무서움의 단계에서 무너지지 않고 제대로 관찰하면 다음에 일곱 번째 지혜인 아디나와 냐나ādīnava ñāṇa, 비참함의 지혜가 생깁니다.

'아, 사실이 이런 것이구나' 하면서 물질과 정신에 대해 완전히 정이 떨어지는 단계입니다. 계속 우리가 '나'라고 하는 것이 실체가 없는 것을, 착각한 것임을 알게 되는 지혜입니다. '나'를 '무아'로 보는 것, 나를 부정하는 것이지만 화로 보는 게 아니라 있는 사실 그대로를 봅니다. 매 순간 무너지기 때문에 너무나도 무섭고 그것을 비참하다고 압니다.

예를 들면 부부가 있는데 남편이 부인을 지극히 사랑합니다. 그런데 알고 보니 부인이 계속 바람을 피우고 있었는데 자신이 그걸 모르고 있었다는 걸 깨달은 후에 '아, 전혀 좋은 게 아니었구나. 너무도 나쁘구나, 무섭구나' 하고 아는 순간과 같은 것입니다. 그것을 알고 나면 부인의 나쁜 점이 계속 눈에 들어오면서 더 이상 사랑하지 못하게 되는 것이지요.

그것이 집성제가 계속 무너지고 있는 것으로 고를 알면 집이 계속 무너지는 것이 그와 같습니다. 도성제로 계속 관찰하고 있는 것이 고성제이며 이 지혜의 힘으로 여덟 번째 위빳사나 지혜인 닙비다로 넘어갑니다.

위빳사나 지혜의 여덟 번째 단계

여덟 번째인 닙비다 냐나nibbidā ñāṇa는 너무 지루하고 모든 게 혐오스러워지는 단계입니다. 이때 수행자가 잘못하면 진짜 게으름에 떨어질 수 있습니다. 너무 심심하고 뭐든지 하기 싫고 먹기 싫고, 잠을 자는 것도 싫고 수행을 하는 것 자체를 싫어할 정도가 됩니다. 이 단계에서 제대로 수행을 하지 못할 경우에는 자꾸만 화가 나고 세상이 싫어지고 심지어는 자살욕이 일어나기도 합니다. 물론 이 닙비다 단계에서 제대로 깊게 관찰하면 끊임없이 일어나고 사라지는 무상을 아주 깊게 볼 수 있게 되는데, 수행의 힘이 약해지면서 관찰을 제대로 못하면서 일상생활에서 닙비다가 오는 것입니다.

그건 제대로 마음을 챙기지 못했기 때문에 올바른 지혜에서 조금 비뚤어진 쪽으로 가버린 상태로 잘못하면 생각이 엄청나게 많아질 수 있습니다. 제대로 관찰하는 사람은 이 상태가 위빳사나 지혜가 일어나는 동안에 생기는 현상임을 알고, 지루함이나 혐오감도 수행 중에 생긴 것일 뿐 그것이 일상생활의 지루함과는 상관이 없다는 것을 알 수 있습니다.

이 마음 상태를 계속 놓치지 않고 집중하여 관찰하면 그 다음에는 '아, 지루하다, 이런 생을 더 받고 싶지 않다, 다시 윤회하고 싶지 않다.' 하는 마음이 강해지면서 그때부터 해탈을 강력하게 원하는 마음이 일어나기 시작합니다. 윤회하지 않고 모든 것이 소멸되는 것이 해탈이지요. 일체 원인과 결과가 소멸되는 단계, 원인이 모두 사라지니 당연히 결과도 사라지는 것이 해탈인데 마음이 그 쪽을 향해 강하게 방향 전환을 합니다.

위빳사나 지혜의 아홉 번째 단계

　　그래서 아홉 번째가 문찌뚜까먀따 냐나muñcitukamyatā ñāṇa
입니다. 지금 이 상황에서 벗어나 해탈로 가고 싶은 마음, 이 몸과
마음, 오온에서 일어나고 사라지는 현상을 계속 보면서 참기 어렵
게 지루하고, 그 지루함에서 벗어나고 싶은 강렬한 마음, 이렇게
견디기 어려운 지루함에서 벗어나 해탈을 성취하고자 함이 문찌
뚜까먀따, 이것도 지혜입니다.

　　지루하고 혐오스러운 마음 상태를 관찰하여 문찌뚜까먀따 상
태로 넘어서면 물질과 정신의 일어나고 사라짐, 끊임없이 자신을
괴롭히는 이 행고saṅkhāradukkha에서 벗어나서 해탈로 가고 싶어지
는데 여기에서도 바르게 수행하지 못하면 생각이 많아지고, 그렇
게 되면 수행을 그만두고 어딘가로 도망가고 싶은 마음이 일어납
니다. 수행처에 있으면 집으로 도망가고 싶고, 집에 있으면 또 다
른 어딘가로 떠나고 싶어져서 진득하게 한 곳에 머무르지 못하고
어디에 있든지 항상 불편해 합니다. 항상 마음이 안정을 못 찾아

방황하게 되는데 그때는 다시 수행하는 수밖에 없습니다.

물질 정신의 일어나고 사라지는 과정을 보면서 지혜가 생겨야 되는데, 사람들의 집중이 떨어지고 지혜가 부족하여 계속 놓쳐버리고 마음이 또 딴 생각으로 가버리고, 그 생각들을 챙기지 못하면 마음이 헤매게 됩니다.

위빳사나 지혜의 열 번째 단계와 그 이후

그런 상태를 분명하게 관찰하여 계속 지혜가 커지면 그 다음 열 번째 단계가 빠띠상카 냐나paṭisaṅkhā ñāṇa라는 지혜가 생깁니다. '빠띠'는 '다시', '상카'는 '노력하는 것'입니다. 수행을 다시 시작하는 것이지요. 이제 더 이상은 다른 핑계거리를 찾지 않습니다. 4단계부터 확실해지는 것이 도리가 없다, 오로지 수행하는 이 길밖에 없다는 것을 본인이 잘 압니다. '아, 진짜 벗어나고 싶은데 다른 길이 없구나' 하는 자연스럽고 강한 이 느낌이 강하게 밀려옵니다. 계속 관찰하면서, 그 관찰하는 과정과 결과가 아무리 괴로워도 '괴롭구나, 그런데 이 길밖에 없구나' 하는 마음이 일어나면서 그때부터는 수행에서 도망치고자 하는 마음이 완전히 사라집니다. 그래서 끊어지지 않는 관찰이 시작됩니다.

무상을 계속 보는 마음이 별로 무섭지도 않고 고통스럽지도 않고, 여기에서 벗어나기 위해서는 이 수행밖에 없다는 확신이 들기 시작합니다. 그래서 그 빠띠상카 지혜 다음에 마지막으로 상카루뻬기saṅkhārupekkhā, 최고의 지혜가 오는 것입니다.

이 상카루뻬카는 위빳사나 지혜 중에서 최고 단계입니다. 상카라는 지금 계속 일어나고 사라지는 사실이고 우뻬카는 중립, 평정심입니다. 무서움도 없고, 지루한 것도 없고, 벗어나고 싶은 것도 없고, 모든 상황을 아주 평정하게 받아들이면서 보는 것입니다. 그래서 상카루뻬카가 아주 강할 때는 아라한의 마음하고 거의 다르지 않습니다. 별로 놀라는 일도 없고 어떤 두려운 상황에서도 무서워하지 않고, 화도 거의 일어나지 않습니다.

그 상카루뻬카 지혜도 영원하지 않아 언젠가는 깨지지만, 한순간에 깨져 무너지고 사라지는 것은 아닙니다. 그 밑에 있는 약한 지혜들은 깨지면 바로 0으로 떨어져서 다시 시작할 때는 첫 단계인 밑바닥에서 시작해야 합니다. 그러나 상카루뻬카는 그렇게 쉽게 깨지지도 않고, 깨졌다 해도 한꺼번에 사라지지는 않습니다. 조금씩 약해지면서 서서히 무너집니다.

상카루뻬카를 강하게 갖고 있는 사람은 아라한이 어떤 분인지 비로소 이해하게 됩니다. 욕심 부리지도 않고 화나지도 않습니다. 예를 들면 보통 사람들은 가장 사랑하던 막내아들이 갑자기 죽으면 눈물 안 나는 사람이 없을 것입니다. 그런데 상카루뻬카 상태에 있으면 눈물을 마구 쏟거나 쉽게 마음 아파하지 않습니다. 계속 무상·고·무아를 보고 있기 때문에 사람이 죽은 것을 평정심으로 받아들입니다. 왜냐하면 계속 지금 여기에서 무상, 죽음을 보고 있기 때문입니다. 그래서 '아, 죽었구나'를 아는 순간 그 마음이 슬프기 마련인데, 그 슬픔이 일어나는 즉시 싹 사라지고 계속 중립이 유지되면서 특별한 반응을 보이지 않습니다. 그렇다고 사람이 멍청해지는 것이 아니라 아주 분명하게 사실을 확실히 알고 있으면서 그렇게 됩니다.

그래서 상카루뻭카 지혜를 확실하게 가져본 사람만이 아라한 을 이해할 수 있습니다. 그 상카루뻭카를 갖고 있는 순간의 마음 이 제일 깨끗한 순간입니다. 잠재적 번뇌까지 완전히 약해지는 상 태입니다. 잠재의 번뇌가 완전히 없어지는 건 아니지만 거의 없는 듯한 상태가 되는 것입니다.

이 상카루뻭카 상태를 그대로 계속 유지할 수 있다면 그때가 바로 깨달음이 일어날 수 있는 기회이고, 이때를 놓치지 않고 중 단 없이 수행하면 마침내 깨닫는 것입니다. 상카루뻭카 지혜의 마음에 머물 수 있으면 사람이 지극히 청정해지면서 도지혜가 어 떤 한 순간에 일어나는 것입니다. 상카루뻭카에서 도가 일어날 때는 상카루뻭카를 한 단계만 넘어가면 다시 되돌아오지 않고 그 대로 도를 성취하는 데까지 나아가게 됩니다.

그런데 상카루뻭카와 도지혜 사이에 마음이 몇 개 있습니다. 상카루뻭카 다음 마음이 빠리깜마parikamma, 우빠짜라upacāra, 아눌 로마anuloma, 고뜨라부gottarabhū라는 네 가지 마음 다음에 도지혜의 마음이 일어납니다.

빠리깜마는 준비하는 과정이라고 할 수 있습니다. 상카루뻭카 에서 도의 상태로 들어갈 때 마음이 준비하는 것이 빠리깜마이고 그 다음에 우빠짜라, 이 단계가 되고 난 후에 두 번, 세 번 될 수 는 있지만 많은 시간을 지속하는 것이 아니어서 한 시간 두 시간 씩 있을 수는 없습니다. 상카루뻭카로 넘어가서 우빠짜라로 나아 가면 이것은 도로 들어가기 위해서 도의 마당으로 들어가는 것에 비유할 수 있습니다.

우빠짜라가 도의 마당으로 들어선 것으로 비유된다면 그 다음이 아눌로마인데 이것을 영어로 하면 adjust입니다. 우리가 전기 코드 꽂을 때 전압이 안 맞으면 중간에 연결시켜 주는 어댑터가 있는데 그것과 흡사합니다. 그런 것이 아눌로마예요. 지금 일반적인 마음, 범부의 마음에서 성인의 마음으로 가려고 하는데 그 중간에 어댑터가 필요하다는 의미입니다. 그래서 아눌로마라는 마음 하나가 있는데 이것도 위빳사나에 포함되는 마음이며 아눌로마 냐나anuloma ñāṇa입니다. 빠리깜마, 우빠짜라, 아눌로마는 모두 무상을 봅니다.

그 다음이 고뜨라부 냐나gotarabhū ñāṇa인데 이것은 범부의 성姓을 잘라버리는 것으로 범부의 경계선을 넘어선다는 의미입니다. 범부의 성이 끝나고 성인의 성으로 넘어가는 단계가 꿰뚫어 봄인데 고뜨라부가 바로 그 경계선입니다. '고뜨라'는 '성姓'이고 '아비부'는 '넘어왔다, 넘쳤다, 넘었다'는 뜻이어서 '원래 있던 성을 넘어섰다'는 의미입니다. 그 다음이 마침내 도지혜가 됩니다.

그런데 고뜨라부부터는 무상을 보는 것이 아니고 해탈을 보기 시작합니다. 그 도의 마음 직전 마음이 고뜨라부인데 고뜨라부 때는 해탈을 봅니다. 고뜨라부 전까지인 빠리깜마, 우빠짜라, 아눌로마까지 물질 정신을 대상으로 물질 정신의 무상·고·무아 셋 중에 하나를 알고 그 다음 단계인 고뜨라부, 다음이 도지혜magga ñāṇa입니다. 도 다음에는 바로 과지혜phala ñāṇa로 도지혜는 딱 한 번 있지만 과지혜는 두세 번 될 수 있습니다.

빳짜웩카나 냐나paccavekkhaṇā ñāṇa는 뒤돌아보는 지혜로 거기까지 오면 깨달은 것입니다. 뒤돌아본다는 것은 생각으로 하는 것이 아니고 '아, 방금 전에 그랬구나' 하고 해탈을 순간적으로 보는 것입니다. 해탈은 한 번만 보는 것으로 도지혜를 딱 한 번 보면 그 도지혜가 해탈을 보는 것이고, 그것이 번뇌를 잘라버리는 일도 동시에 합니다. 다시 말하면 사성제를 동시에 안다는 뜻입니다. 사성제를 동시에 안다는 것은 불을 켜면 환해지는 것과 어둠이 사라지는 것이 동시에 일어나는 것과 같은 이치입니다.

불을 켜자 어둠이 순식간에 없어지고 밝아지는 것처럼 도성제가 되는 즉시 고성제가 되는 것이고, 집성제를 버리는 것이고, 멸성제에 이르는 것입니다. 이것이 사성제가 동시에 된다는 뜻이고, 도의 단계는 단 한순간이며 그 다음에 바로 과마음입니다. 도지혜와 과지혜를 다시 비유하여 설명하자면, 힘차게 뛰던 사람이 갑자기 멈추면 그 자리에서 곧바로 서지 못하고 한두 걸음 앞으로 더 나아가게 되는 것처럼 도지혜 다음에 곧바로 과지혜가 이어지는 것을 말합니다.

뒤돌아보는 지혜, 빳짜웩카나 냐나paccavekkhaṇā ñāṇa는 방금 전의 아주 충격적이고 선정의 힘이 강한 상태에서 '아, 그랬구나!' 하면서 자신이 버린 번뇌를 알고, 남아 있는 번뇌도 알 수 있으며, 방금 전에 본 해탈을 다시 새겨볼 수도 있습니다. '빠띠(pati=pacca)'는 '뒤돌아', '악카나(akkhaṇā=vekkhaṇā)'는 '봄'입니다. 그런 지혜가 생기면서 한 단계가 끝나는 것이고 그것이 수다원의 도와 과 단계입니다.

깨달음이라는 것은 이런 과정을 거쳐 이루어지는 것입니다. 그래서 단번에 깨닫는다고 말한다면 그것은 심리를 분석하지 못했거나 깨달음의 정의를 몰라서 하는 말입니다.

깨달음의 의미

위빳사나가 이렇게 지혜의 단계를 거치면서 이루어지는 수행임을 알고, 단번에 깨달을 수 있다는 생각은 버려야 합니다. 단 한 번에 깨달았다고 하면 그것은 진짜 깨달음이 아닌 것을 깨달음으로 착각한 것일 수도 있고, 진짜 깨달음이라면 본인의 심리 분석을 제대로 못하고 수행 단계를 계속 올라간 사람일 것입니다. 수행이 제대로 되고 있으면 지금까지 말한 느낌들과 그 과정들이 틀림없이 있습니다. 그런 과정을 위빳사나 지혜라고 말하는 것입니다.

앞에서 설명한 것처럼 위빳사나 지혜가 무르익어갈 때 물질과 정신의 매 순간 일어나서 사라짐을 보는 것은 똑같은데 수행자의 지혜, 거기에서 받는 느낌이 다른 것으로 지혜의 단계를 나누는 것입니다. 무상을 보면서 무서워하기도 하고, 거기에 대한 지루함이나 혐오감을 보기도 하는 것이지요.

상카루뻬카에 이르면 수행하려고 굳이 애쓰지 않아도 수행이 스스로 수행을 합니다. 원래 수행은 본인이 애써 노력하지 않으면 불가능합니다. 그런데 상카루뻭카는 그렇게 애쓸 것 없이 수행이 자기 스스로 걸어가는 것처럼 저절로 됩니다.

그 상카루뻭카 지혜가 내게 있는지 없는지는 아주 뚜렷하기 때문에 스스로 확인할 수 있습니다. 이 상태에 오면 24시간 안 자고 수행할 수 있습니다. 상카루뻭카 지혜가 있는 사람은 잠자는 것이 별로 필요 없습니다. 5분 정도만 졸아도 다섯 시간을 잔 것처럼 힘이 생기고 피로가 사라집니다. 한 번씩 졸기는 하지만 우리가 매일 하듯이 잠자리에 누워서 자야 할 필요는 없습니다. 또 상카루뻭카 상태가 되면 자기 자신이 어떤 상황에 있든지 수행할 수 있게 됩니다. 이런 상카루뻭카 지혜를 얻어 보면 아라한이 어떤지 알게 되어 진정한 해탈을 간절한 마음으로 추구하게 됩니다.

석가모니 부처님도 전생에 십바라밀 보살행을 하시면서 위빳사나 수행을 많이 하셨는데 상카루뻭카 상태에서 멈춰 있었습니다. 왜냐하면 부처가 돼야 되기 때문이었는데 상카루뻭카를 넘어가서 아라한이 되고 나면 부처가 될 수 없습니다. 아라한이 되면 윤회가 끝나버리기 때문에 내가 꼭 부처가 돼야겠다고 마음먹고 있는 사람은 절대로 상카루뻭카를 넘어서지 않습니다.

위빳사나 수행을 열심히 해 보면 내가 보살인지 아닌지를 알 수 있습니다. 자신의 수행에 아무 문제가 없고, 수행을 이보다 더 열심히 할 수는 없을 만큼 하는데도 상카루뻭카를 넘어서지 못하면 아마 보살이 될 수도 있을 것입니다. 넘어가지 않는 이유는 붓다가 되겠다는 큰 원력 때문입니다. 붓다가 되겠다고 보살행을 계속 해왔던 원력이 참으로 강한 사람은 수행의 모든 것을 갖춰도

상카루뻭카에서 다음 단계로 넘어가지 못합니다. 지혜도 뛰어나고 노력도 대단하고, 건강과 신심이 더할 수 없이 좋은데다 상카루뻭카까지는 잘 갔는데 여기에서 더 나아가지 못하고, 가고 싶지도 않다면 틀림없이 자신을 보살이라고 생각할 수 있습니다. 보살인지 아닌지를 검증할 수 있는 단계가 바로 이 상카루뻭카입니다.

어떤 수행에서 시작하든 몸과 마음을 관찰하여 위빳사나 지혜가 일어나면 틀림없이 깨달을 수 있는 길을 가는 사람이고, 그런 것이 없으면 깨달음의 길이 아닙니다. 사마타 수행을 하면 아무리 잘한다 해도 선정을 얻을 뿐 깨닫지는 못합니다.

깨닫는 길로 가고 있으면 틀림없이 지금까지 공부한 이 과정을 거쳐 가게 되어 있습니다. 그게 사실인지 아닌지는 수행자 본인이 수행을 함으로써 스스로 검증할 수 있습니다.

이렇게 하여 부처님의 가르침을 어떻게 수행하는지, 그 단계가 각각 어떠한지를 모두 살펴보았고 불·법·승 삼보가 서로 어떻게 연관되어 있는지도 다 살펴보았습니다.

다음 게송을 함께 암송하겠습니다.

불·법·승의 공덕을 숙지하고 공덕을 쌓으면서 그 공덕을 진실로 말해서 여러 사람의 행복을 기원하는 아주 아름다운 게송입니다.

Buddho loke samuppanno, hitāya sabbapāṇinaṃ

Dhammo loke samuppanno, sukhāya sabbapāṇinaṃ

Saṅgho loke samuppanno, puññakkhettaṃ anuttaraṃ

Etena saccavajjena sukhitā hontu sādhavo.

붓도 로께 사뭅빤노, 히따야 삽바빠니남
담모 로께 사뭅빤노, 수카야 삽바빠니남
상고 로께 사뭅빤노, 뿐냑켓땀 아눗따람
에떼나 삿짜왓제나 수키따 혼뚜 사다워.

부처님께서 이 세상에 오신 것은 모든 중생의 이익을 위해서이다.
부처님의 법이 이 세상에 오신 것은 모든 중생의 행복을 위해서
이다.
승가가 이 세상에 오신 것은 중생들이 선업이라는 씨앗을 심기에
좋은 논밭이 되어 주기 위해서이다.
이 진실을 말함으로써 모든 중생이 행복하기를.

Buddha sāsanaṃ ciraṃ tiṭṭhatu (3번)
붇다사사낭 찌랑 띳타뚜

부처님의 가르침이 오래오래 머무소서.

사두, 사두, 사두.

열한 번째 날

부처님의
마지막 가르침

Namo tassa bhagavato arahato sammāsambuddhassa (3번)

나모 땃사 바가와또 아라하또 삼마삼붓닷사

모든 번뇌를 완전히 여의시어 온갖 공양과 예경 받으실 만하며

사성제 진리 모든 법을 올바르게 스스로 깨달으신

그 존귀하신 부처님께 절합니다.

고통 받는 중생들 모든 고통에서 벗어나기를

위험 처한 중생들 모든 위험에서 벗어나기를

걱정 있는 중생들 모든 걱정 근심에서 벗어나기를 (3번)

Dukkhappattā ca niddukkhā

bhayappattā ca nibbhayā

sokappattā ca nissokā

hontu sabbepi pāṇino (3번)

둑캅빳따 짜 닛둑카

바얍빳따 짜 닙바야

소갑빳따 짜 닛소까

혼뚜 삽베뻬 빠니노

사두 사두 사두

Etadattani sambhūtaṃ, brahmayānaṃ anuttaraṃ

niyyanti dhīrā lokamhā, aññadatthu jayaṃjayaṃ

에따닷따니 삼부땀, 브라마야낭 아눗따랑

니얀띠 디라 로깜하, 안냐닷투 자양자양

• • •

11일의 집중수행을 마치는 해제법문입니다. 그동안의 법문을 압
축시켜 말한다면 '부처님의 가르침이 팔정도이다'라고 할 수 있겠
습니다.

위의 게송은 이 팔정도에 대한 게송입니다. 수행자 여러분께서 거
처로 돌아가신 뒤에도 이 게송을 부르면서 팔정도 수행을 하시게
되기를 바랍니다.

법승의 사람들

한때 부처님께 다가온 아난 존자가 그날 있었던 일을 전하였습니다.

"부처님, 제가 오늘 탁발을 하려고 길을 걷다가 마차 한 대가 지나가고 있는 것을 보았습니다. 지나가던 모든 사람들의 시선이 쏠린 그 마차에는 흰색 옷을 입는 자눗소니Jāṇussoṇi라고 불리는 큰 부자인 바라문이 타고 있었고, 흰 말 8마리가 끌고 가는 마차도 온통 흰색으로 치장이 되어 있어서 매우 아름다웠습니다. 그리고 마차 뒤를 따라가는 사람들도 모두 흰옷을 입었고, 마부도 흰색 옷을 입었을 뿐만 아니라 마부가 들고 있는 회초리까지도 흰색이 었습니다.

그것을 구경하던 사람들은 감탄하여 소리를 질렀는데 '아, 이 것이 진짜 범천의 마차(브라마야나)이다' 하며 칭찬을 쏟아놓는 것을 들었습니다.

부처님, 사람들은 그 마차를 매우 대단하게 여기면서 관심을 보였는데 부처님의 가르침에 그 정도로 대단한 차(수레)는 없습니까?"

그러자 부처님께서 이렇게 대답하셨습니다.

"나의 가르침에는 아주 대단한 차가 있다. 그 차는 바로 브라마야남 담마야남 아눗따로 상가마위자요brahmayānaṃ dhammayānaṃ anuttaro saṅgāmavijayo이다."

담마야나, '담마'는 '법'이고 '야나'는 '탈 것, 수레, 승乘'이니 '법승' 즉 '법이라는 마차'라는 뜻입니다. 차는 사람들이 원하는 곳으로 가기 위해 타는 것이지요. 그러니 부처님께서 하는 말씀을 풀이하자면 '법이라는 차에 올라타면 자기가 원하는 곳이면 어디든지, 가장 좋은 곳으로 갈 수 있다. 그 차가 곧 브라마야나, 최고의 차이고 아눗따라 상가마위자야, 더 이상 좋을 수 없으며 싸움에서 항상 이기는 최고의 차이다'라는 의미입니다.

옛날에는 마차를 세 가지 종류로 분류했다고 합니다. 하나는 아주 일반적인 마차로 두세 사람이 탈 수 있는 것이고, 또 하나는 위에서 말한 말 8마리 정도가 끄는 아주 크고 대단한 차이며, 마지막으로 하나는 전쟁터에서 사용하는 혼자 타고 싸우는 마차입니다. 부처님이 말씀하신 '브라마야남 담마야남 아눗따로 상가마위자요brahmayānaṃ dhammayānaṃ anuttaro saṅgāmavijayo' 그 세 가지 마차는 바로 팔정도를 가리키는 것입니다. 아무리 훌륭한 말 8마리가 끄는 마차일지라도 이 세상 끝까지 갈 수는 없습니다. 그런데 팔정도라는 법승法乘을 타면 인간의 세상에서 신의 세상으로 갈 수 있고, 인간의 세상에서 범천의 세상으로 갈 수도 있으며, 인간의 세상에서 세상을 초월하고 해탈까지 갈 수 있다는 의미입니다.

제가 가끔씩 농담 삼아 "나는 대승도 아니고 소승도 아니고 바로 법승이다."라고 말하곤 할 때의 그 법승이 담마야나입니다. 한국에서는 소승 대승을 말하는데 부처님의 가르침에는 원래 소승도 없고, 대승도 없습니다. 대승을 원어 그대로 번역하면 '대'는 크다는 뜻의 '마하', '야나'는 수레라는 뜻이어서 '마하야나'이고 소승은 히나야나로 번역합니다.

그런데 이때 '소'라는 말과 '히나'의 뜻에는 약간의 차이가 있습니다. 즉 '소'는 '작다'라는 뜻인데 '히나'는 '낮다'라는 뜻입니다. '대소'는 '크고 작음'이라는 의미이니 소승을 바르게 번역하려면 '작다'는 뜻의 '쭐라야나'가 되어야 할 것입니다. '낮다'는 말인 '히나'의 반대말은 '높다' 즉 '에까'입니다. 그런데 세상에서 일반적으로 번역되어 쓰이는 말은 '마하야나, 히나야나'이니 그 의미가 좀 어중간하고 명확하지가 않습니다. 하여간 삼장법, 오부니까야에는 '마하야나, 히나야나'라는 단어 자체가 나오지 않습니다. 그것은 부처님이 열반하시고 불교에 여러 파가 생기면서 나중에 생긴 말입니다. 부처님께서 말씀하신 것은 오직 하나, '담마야나' 즉 법승 法乘입니다. 법승이 다른 것이 아니라 팔정도인데 이 팔정도라는 법의 수레를 타면 아주 좋은 데에 갈 수 있고, 모든 싸움에서 이긴다는 말이지요.

'상가마위자요sangāmavijayo'라는 단어를 다룬 경전들이 있습니다.

어떤 사람이 출가하려고 하면 신들이 "아, 어느 지방에서 어떤 부모의 아들딸이 지금 출가하려고 한다."라고 소리를 지른답니다. 혹시 여기 출가하신 스님들 중에 그런 소리를 들으신 분 안 계신가요?

　그 다음에 어느 사람이 머리 깎고 수염 깎고 가사를 입을 때면 다시 "어느 지방의 어떤 집안 아들딸이 전쟁터에 나가려고 갑옷을 입고 있다." 하고 크게 소리를 지른다고 합니다. 이 가사가 갑옷, 번뇌와 전쟁하는 갑옷입니다.

　또 그 다음에 그 사람이 열심히 수행 정진하여 아라한이 될 때 아주 큰 소리를 지른대요. 그런데 열심히 수행을 하지 않아서 그런 소리가 안 들린다는 것이지요. 신들이 그렇게 소리를 지른다고 할 때에 바로 '상가마위자야'라는 말이 나옵니다. '상가마'는 '전쟁'을, '위자야'는 '이긴다'는 뜻입니다.

　우리가 축구나 야구 경기를 보면서 소리를 지르듯이 신들은 우리가 열심히 수행을 할 때 박수를 친다고 생각해 보십시오. 축구 야구 보다가 선수들이 잘 못하면 소리 지르고 욕하는 것처럼 우리가 수행을 제대로 못하면 신들이 "아이고, 아쉽네." 이러고 있을지도 모릅니다.

진정한 승리자

부처님께서는 아난 존자에게 팔정도라는 법승을 타는 사람이 진정으로 지혜로운 자라고 말씀하셨습니다. 왜냐하면 모든 싸움에서 이기고 최고로 좋은 곳에 갈 수 있는 마차가 바로 이 팔정도이기 때문입니다. 수행을 하면서 힘이 들 때 이 게송을 암송하면 큰 힘이 생길 것입니다.

Etadattani sambhūtaṃ, brahmayānaṃ anuttaraṃ

niyyanti dhīrā lokamhā, aññadatthu jayaṃjayaṃ

에따닷따니 삼부땀, 브라마야낭 아눗따랑

니얀띠 디라 로깜하, 안냐닷투 자양자양

부처님께서 대열반에 드시기 직전 마지막 제자인 수밧다에게 해 주신 말씀도 다름 아닌 이 팔정도입니다. 이런저런 의문 나는 것들을 묻는 수밧다에게 부처님께서는 이렇게 말씀하셨습니다.

"이제 시간이 별로 없구나. 다른 이야기는 하지 말고 이 말을 잘 들어라. 팔정도가 있는 가르침에 첫 번째로 깨달은 자인 수다원이 있다. 두 번째로 깨달은 자 사다함이 있고, 세 번째로 깨달은 자 아나함이 있으며, 네 번째로 깨달은 자인 아라한이 있다. 팔정도가 없는 가르침에는 이 네 종류의 깨달은 자가 없다. 내가 지금 출가한 지 51년째인데 이 가르침 외에 다른 가르침으로 깨달은 자를 보지 못했다."

이것은 부처님께서 마지막으로 하신 말씀입니다. 그만큼 여러분들이 팔정도에 대해서 확신을 가질 만합니다. 지금 여러분들이 이렇게 팔정도를 공부하고 계시니 바른 길을 가고 있다고 자신감을 가지셔도 됩니다.

부처님께서는 덧붙이시기를, 비구들이 이렇게 팔정도를 열심히 수행하고 있으면 이 세상에 아라한은 끊이지 않을 거라고도 말씀하셨습니다.

우리 수행자가 팔정도를 제대로 실천하면서 잘 살면 부처님의 가르침이 오래 오래 머물 수 있고, 우리가 잘못 살면 부처님의 가르침은 빨리 사라질 수도 있습니다. 그리고 이 세상에 아라한이 있는 한 부처님의 가르침은 결코 사라지지 않을 것입니다.

부처님의 가르침이 사라지는 것의 단계를 다섯 가지로 봅니다. 첫 단계는 깨달은 자가 하나도 남아 있지 않은 것입니다. 아라한이 없어지고, 아나함이 없어지고, 사다함도 수다원도 모두 없어져서 깨달은 자가 한 명도 살아 있지 않으면 부처님의 가르침이 사라졌다고 볼 수 있겠지요. 인간 세상이건 천신 세상이건 범천 세상이건 깨달은 자가 하나도 없다면 부처님의 가르침이 사라졌다고 할 수 있습니다. 깨달은 자가 하나도 남아 있지 않는 것이 첫 번째 사라짐, 빠띠웨다사사나paṭivedha sāsanā입니다.

그래도 부처님의 가르침이 아직은 남았다고 말할 수 있습니다. 깨달은 자가 없어도 깨닫기 위해서 실천하고 있는 사람들이 있다면, 제대로 된 비구 비구니가 살아 있어서 계·정·혜를 실천하고 있다면 아직까지는 부처님의 가르침이 완전히 사라진 것이 아닙니다. 이것의 사라짐이 두 번째, 빠띠빳띠사사나paṭipatti sāsanā입니다.

세 번째 사라짐은 빠리얏띠사사나pariyatti sāsanā입니다. 제대로 된 승가가 없고 제대로 계율을 지키지 않는 스님만 남아 있을 때입니다. 그 스님들은 머리 깎고 가사 입고 공부를 하고 가르치기는 하지만 겉모습만 승가입니다.

그 다음에는 링가사사나liṅga sāsanā, 이때가 되면 스님들이 평복으로 입는 가사는 사라지고 행사 때만 가사를 입게 됩니다. 더 나아가서는 가사를 입지는 않고 가사의 귀퉁이를 조금 잘라 몸에 걸쳐 스님임을 표시하게 됩니다. 머리도 기르고 가사를 귀에 조금만 걸어도 스님이라고 인정하는 시대가 오고, 어떤 사람은 가사를 끈처럼 해서 손이나 목에 걸고 다니기도 합니다. 시간이 갈수록 차차 그렇게 될 것이라고 경전에 나옵니다. 그래도 부처님의 가르침이 조금은 남아 있는 시기입니다.

그런데 맨 끝에 가면 부처님의 가르침에 관한 지식까지 모두 없어집니다. 해인사에 있는 팔만대장경이나 미얀마에 있는 돌에 새긴 경전이 남아 있을지라도 그게 무슨 뜻인지를 아무도 모르게 되는 시대입니다. 이렇게 이 세상, 신의 세계, 범천의 세계 그 어디에도 부처님의 가르침을 아는 사람이 하나도 없을 때가 되면

이 세상에 있는 모든 부처님의 사리도 사라집니다. 그것이 완전히 끝, 사리라사사나sarīra sāsanā입니다.

완전히 끝나는 그 다섯 가지 단계가 첫째는 깨달음의 단계, 둘째는 실천의 단계, 셋째는 경전 공부의 단계, 넷째는 겉모습의 단계, 다섯째는 완전히 부처님의 사리까지 끝나는 단계입니다. 그러니 비구 비구니, 재가자 사부대중이 제대로 부처님의 가르침을 실천하며 사는 것이 부처님의 시대가 오래오래 갈 수 있게 하는 길입니다.

그래서 부처님이 마지막으로 하신 말씀이 다음과 같습니다.

> handa dāni, bhikkhave, āmantayāmi vo,
> vayadhammā saṅkhārā, appamādena sampādethā
> 한다 다니 빅카웨 아만따야미 워
> 와야담마 상카라 압빠마데나 삼빠데타

'한다'는 한국말로 '아이고, 응'이라는 말이에요. 힘들어서 하는 감탄사 같은 것이겠지요. '다니빅카웨', '빅카웨'는 '비구들이여', '다니'는 '이제', '아만따야미 워'에서 '워'는 '당신들한테', '아만따야미'는 '마지막 말을 해야 되겠다', '와야담마 상카라', '상카라'는 '조건 따라 움직이는 이 법인 물질과 정신, 이 몸과 마음, 이 모든 것'이 , '와야담마'는 '사라지는 법이다', 그러니 '압빠마데나' 즉 '잊지 않음으로, 사띠로', '삼빠데타' 즉 '너희들이 해야 하는 일을 완벽하게 하라.'

'해야 하는 일'이란 '삼사라 왓따 둑카또 못짜낫타야 빱밧장 야
짜미|saṁsāra vaṭṭa dukkhato mocanatthāya pabbajjaṁ yācāmi', '삼사라'가 '윤
회', '와따'가 '굴레', '둑카또'가 '고통', '못짜낫타야'가 '벗어나기 위
해'라는 뜻입니다. 출가자의 출가 이유는 딱 한 가지, 고통에서 벗
어나기 위해서입니다.

그래서 부처님의 마지막 말씀도 "너희들이 해야 하는 일이란
다른 일이 없다, 오직 고통에서 벗어나기 위해서 잊지 않음으로
완벽하게 하라."라는 것이었습니다.

반드시 해야할 일

잊지 않으면 고통에서 벗어날 수 있다는 말입니다. 그 잊지 않음이 논장에서 말하는 사띠입니다. 그 잊지 않음에 대한 부처님의 설명이 많이 있는데 핵심은 불·법·승 삼보와 선업을 잊지 않는 것입니다. 선업을 잊지 않음 속에도 가르침이 많이 있지요. 몸으로 하는 나쁜 짓 세 가지, 입으로 하는 나쁜 말 네 가지, 마음으로 하는 나쁜 짓 세 가지를 하지 말아야 하는 것이 아주 중요합니다. 그 나쁜 세 가지를 하고 오욕락에 빠져 있으면 완전히 잊어버린 사람, 나쁜 세 가지는 안 하지만 선업도 하지 않는 사람이 두 번째로 잊어버린 사람, 세 번째 잊어버린 사람은 나쁜 것 세 가지는 하지 않고, 선업을 하긴 하지만 대충 하는 사람입니다.

지금 이 세상에 이렇게 법문 듣고 수행하는 사람이 몇 명이나 있겠습니까? 대부분의 사람들이 오욕락에 빠져 살고 있습니다. 또 그 오욕락에 빠져 있는 사람들 중 대부분이 몸으로 살생도 하고 도둑질도 하고 삿된 음행을 하기도 합니다. 또 입으로 거짓말하고 이간질하고 쓸데없는 말 하고 욕설하고 그런 사람도 있고, 직접 몸으로는 하지 않더라도 마음으로 욕심 부리고, 성내고, 사견을 갖고 있는 사람도 있습니다. 이렇게 잊지 말아야 할 것을 잊고 있는 사람은 깨닫지 못한다는 말입니다. 물론 그런 사람들은 고통에서 벗어날 수도 없습니다.

선업을 앞뒤가 끊어지지 않게 연결시키면서 꾸준히 하는 사람만이 잊지 않고 있는 사람입니다.

젊기 때문에 자만이 생기는 것도 잊고 있는 것이고, 건강하기 때문에 자만하게 되는 것도 잊고 있는 것이며, 외모가 잘 생기고 예뻐서 자만하는 것도 잊어버리고 있는 것이라고 부처님께서 말씀하셨습니다.

이런 식으로 잊어버림과 잊지 않음에 대한 부처님의 가르침이 많이 있는데 핵심은 선입니다. 선을 잊지 않고 잘 기억하고 있으면 아빠마다, 선을 잊어버리면 바로 악, 빠마다이지요. 고통에서 벗어날 수 있는 열쇠는 바로 잊지 않음, 사띠이고 실천적으로 말하면 사념처입니다. 사념처를 잊어버리면 안 됩니다. 몸, 느낌, 마음, 법 중 어느 하나에는 항상 사띠를 가지고 있어야 깨달음에 도달할 수 있습니다.

부처님의 가르침은 다양하고 아주 많지만 궁극적으로는 다음 한 가지입니다.

한다 다니 빅카웨 아만따야미 워
와야담마 상카라 압빠마데나 삼빠데타

마지막 말, 유언遺言은 아주 중요한 말이지요. 부모가 돌아가시기 전에 자식들에게 마지막으로 남기는 말이 그 순간 생각나는 것 중에서 제일 중요하다고 느끼는 것을 말하는 것입니다.

오늘 수행 마지막 날인 해제법문에서 수행자 여러분들께 부처님의 마지막 가르침을 선물로 드립니다.

한다 다니 빅카웨 아만따야미 워
와야담마 상카라 압빠마데나 삼빠데타

부처님께서 마지막으로 이 말씀을 하시고 더 이상 아무 말씀 안 하신 채 열반하셨습니다. 여러분들이 그 말 한마디만 마음 깊이 담아 두고 잊지 않아도 수행에 큰 도움이 될 것입니다. 잊지 않음, 항상 깨어 있음으로 해야 하는 일을 완벽하게 하시기를 바랍니다. 사두 사두 사두!

지금까지 해온 계·정·혜 수행 공덕을 부처님께 공양 올리겠습니다. 부처님께 올리는 공양에는 가사 공양도 있고, 꽃 공양, 촛불 공양 등 많이 있지만 그중 최고의 것은 실천수행하는 공양, 즉 빠띠빳띠라고 부처님께서 말씀하셨습니다. 즉 삽바 다낭 담마다낭 지나띠sabba dānaṁ dhammadānaṁ jināti, 모든 보시를 법의 보시가 이긴다는 말씀입니다.

imāya dhammānu dhammapaṭipattiyā Buddhaṁ pūjemi
이마야 담마누 담마빠띠빳띠야 붓당뿌제미

실천을 한다고 하지만 잘못하고 있는 사람들이 있습니다. 네 가지 도, 네 가지 과, 닙바나를 성취할 수 없는 법을 수행하고 있다는 것입니다. 그렇지만 우리는 빠띠빳띠, 바르게 실천수행해 왔습니다. 그 수행 공덕을 부처님께 공양 올립니다.

imāya dhammānu dhammapaṭipattiyā Buddhaṁ pūjemi

imāya dhammānu dhammapaṭipattiyā Dhammaṁ pūjemi

imāya dhammānu dhammapaṭipattiyā Saṁghaṁ pūjemi

idaṁ me puññaṁ nibbānassa paccayo hotu

이마-야 담마-누 담마빠띠빳띠야 붓당뿌-제미

이마-야 담마-누 담마빠띠빳띠야 담망뿌-제미

이마-야 담마-누 담마빠띠빳띠야 상강뿌-제미

이담 메 뿐냥 닙바낫사 빳짜요 호뚜

이 계 · 정 · 혜 수행 공덕이 생노병사 삼세윤회 모든 고통에서 벗어나 닙바나를 성취하기 위한 밑거름이 되기를 기원합니다.

idaṁ me puññabhāgaṁ sabbasattānaṁ dema bhājema

이담 메 뿐냐바강 삽바삿따-낭 데마 바-제마

이 공덕을 은혜로운 부모, 모든 조상, 모든 중생께 회향합니다.

'회향공덕'을 함께 읽겠습니다.

오늘 하루 쌓아올린 모든 선업 공덕을
스승님, 부모형제 그리고 친지들,
도움 주신 천신들 그리고 성인들,
친구든 원수든 차별없이 회향하니
모두들 행복하길 기원합니다.
저의 이러한 공덕의 회향으로
모든 이들 불선업에서 완전히 벗어나
삼세 행복 성취하길 기원합니다.
이 모든 선업을 모든 이들이
고르게 고르게 고르게 나누어 가지소서.

사두, 사두, 사두.